ROBERT BOURASSA

Du même auteur

Un minou fait comme un rat, Leméac, 1982.

Croquenote, La Courte Échelle, 1984.

De Laval à Bangkok, Québec/Amérique, 1987.

Guy Lafleur. L'Ombre et la lumière, Art Global
   et Libre Expression, 1990.

Christophe Colomb. Naufrage sur les côtes du paradis,
   Québec/Amérique, 1991.

Le Moulin Fleming, LaSalle et ministère
   des Affaires culturelles, 1991.

Québec-Québec, Art Global, 1992.

Inuit. Les Peuples du froid, Libre Expression
   et Musée canadien des civilisations, 1995.

Le Génie québécois. Histoire d'une conquête, Libre Expression
et Ordre des ingénieurs du Québec, 1996.

Souvenirs de Monica, Libre Expression, 1997,
   réédité sous le titre *Monica la Mitraille*, 2004.

Céline, Libre Expression, 1997.

Le Château, Art Global, 2001.

Les Coureurs des bois. La Saga des Indiens blancs, Libre Expression
   et Musée canadien des civilisations, 2003.

Thérèse Dion. La vie est un beau voyage, Libre Expression, 2006.

L'Homme au déficient manteau, Libre Expression, 2007.

Un musée dans la ville, Musée des beaux-arts de Montréal, 2007.

René Angélil. Le Maître du jeu, Libre Expression, 2009.

La Fureur et l'Enchantement, Libre Expression, 2010.

GEORGES-HÉBERT GERMAIN

ROBERT BOURASSA

Libre Expression

Une compagnie de Quebecor Media

Catalogage avant publication de Bibliothèque et Archives nationales du Québec et Bibliothèque et Archives Canada

Germain, Georges-Hébert, 1944-
    Robert Bourassa
    ISBN 978-2-7648-0793-4
    1. Bourassa, Robert, 1933-1996. 2. Québec (Province) - Politique et gouvernement - 1960-1976. 3. Québec (Province) - Politique et gouvernement - 1985-1994. 4. Premiers ministres - Québec (Province) - Biographies. I. Titre.

FC2925.1.B68G47 2012   971.4'04092   C2012-940048-3

Édition : André Bastien
Direction littéraire : Marie-Eve Gélinas
Révision linguistique : Marie Pigeon Labrecque
Correction d'épreuves : Julie Lalancette
Couverture et mise en pages : Axel Pérez de León
Photo de l'auteur : Jacques Migneault

Remerciements
Nous reconnaissons l'aide financière du gouvernement du Canada par l'entremise du Fonds du livre du Canada pour nos activités d'édition.
Nous remercions le Conseil des Arts du Canada et la Société de développement des entreprises culturelles du Québec (SODEC) du soutien accordé à notre programme de publication.
Gouvernement du Québec – Programme de crédit d'impôt pour l'édition de livres – gestion SODEC.

L'éditeur remercie Me Jean Masson, fiduciaire, et la Fiducie de commémoration de la mémoire de Robert Bourassa pour leur participation à la recherche. L'éditeur a en outre déployé tous les efforts possibles afin de retracer l'auteur et propriétaire de la photographie apparaissant sur la couverture de cet ouvrage. Il apprécierait toute information à cet égard.

Les Éditions Libre Expression
Groupe Librex inc.
Une compagnie de Quebecor Media
La Tourelle
1055, boul. René-Lévesque Est
Bureau 800
Montréal (Québec) H2L 4S5
Tél. : 514 849-5259
Téléc. : 514 849-1388
www.edlibreexpression.com

Dépôt légal – Bibliothèque et Archives nationales du Québec et Bibliothèque et Archives Canada, 2012

ISBN : 978-2-7648-0793-4

Distribution au Canada
Messageries ADP
2315, rue de la Province
Longueuil (Québec) J4G 1G4
Tél. : 450 640-1234
Sans frais : 1 800 771-3022
www.messageries-adp.com

Diffusion hors Canada
Interforum
Immeuble Paryseine
3, allée de la Seine
F-94854 Ivry-sur-Seine Cedex
Tél. : 33 (0)1 49 59 10 10
www.interforum.fr

« Un homme politique, c'est un homme qui est
persuadé qu'il va réussir où d'autres ont échoué,
un homme qui se croit digne de la tâche
qu'il entreprend, qui croit au succès de ses idées. »

Colette

L'homme à la fenêtre

Le 24 juin 1996, très gravement malade, Robert Bourassa a regardé passer le défilé de la Saint-Jean depuis sa chambre du cinquième étage de l'hôpital Notre-Dame, rue Sherbrooke. En compagnie de sa femme Andrée et de quelques amis. On a d'abord entendu les tambours et les clairons. Puis, devant les corps de majorettes, les chars allégoriques et les mouvantes forêts de drapeaux du Québec, on a vu s'avancer un groupe de dignitaires qui ouvraient la parade. Parmi eux se trouvait un homme claudiquant, appuyé sur une canne. « Regardez, a dit Robert Bourassa, c'est Lucien. » Lucien Bouchard, premier ministre du Québec depuis janvier, avait été amputé d'une jambe en décembre 1994, alors qu'il était chef du Bloc québécois. « Vous voyez, ajouta l'ex-premier ministre du Québec, il y a un an et demi, il était lui aussi entre la vie et la mort. Et aujourd'hui, il est bien vivant. »

Robert Bourassa luttait depuis six ans contre un cancer de la peau, dur combat qu'il n'abandonna jamais et qu'il songeait encore à poursuivre. Et si, ce jour-là, très affaibli, il rappelait à Andrée et à ses proches que son ami Lucien était revenu du séjour des morts, c'était qu'il croyait encore qu'il pouvait lui aussi s'en sortir, même si la maladie avait déjà deux fois récidivé, et même si les médecins, eux, semblaient désespérer de son cas. Il était prêt à recevoir de nouveaux traitements à l'interleukine terriblement toxiques, épuisants et douloureux, auxquels il s'était déjà soumis trois ans plus tôt.

Le défilé longeait maintenant le parc La Fontaine. Lucien, pour qui cette longue marche devait avoir été bien pénible, parlerait sans doute aux Québécois. Et ceux-ci l'écouteraient avec ferveur. Il était celui qu'ils aimaient désormais. Ils l'avaient accueilli comme un sauveur quelques mois plus tôt, comme celui qui pouvait leur donner la victoire au référendum. Robert Bourassa savait bien qu'ils ne l'avaient jamais aimé comme ça, lui, jamais comme ils aimaient maintenant Lucien ou comme ils avaient aimé René Lévesque. Il n'avait jamais su, comme ces hommes, charmer les foules et soulever les passions. Il n'avait jamais été ce qu'on appelle un « leader charismatique ». Et il n'aurait pas voulu en être un. Ce sont des êtres douloureux et torturés, comme tous les séducteurs, emportés par leurs émotions, prisonniers de leurs rêves. Contrairement à eux, lui a toujours parfaitement maîtrisé ses émotions. Il n'a jamais étalé ses états d'âme sur la place publique. Voilà pourquoi peut-être on a dit de lui qu'il était un être froid et insaisissable. Il a eu pourtant, tout autant qu'eux, la passion du Québec. Toute sa vie, il a travaillé à y créer de la richesse, du mieux-être, du bonheur.

Les interminables débats sur la Constitution auxquels il a été forcément mêlé l'ont cependant beaucoup embêté et ennuyé. Quand on est appelé à gouverner, on ne devrait pas passer son temps à faire et refaire des débats qui ne mènent nulle part ou qui ramènent toujours tout le monde au point de départ ; on doit gouverner. C'était ce qu'il avait préféré faire. C'était ce qu'il avait bien fait.

Les fanfares s'étaient tues. Le gros soleil d'été inondait la rue Sherbrooke maintenant déserte, ce beau soleil qu'il avait tant aimé, et qui le tuait désormais, tous les jours, impitoyablement. On entendait, portés par le vent, les cris de la foule. Lucien était-il en train de leur parler ? Que pouvait-il bien leur dire qui les rende si heureux, si fiers ? Ils sont si souvent en colère, ils aiment tellement leur colère ! Même s'ils sont, presque tout le temps, doux comme des agneaux. Il a passé toute sa vie d'études et de travail à les observer, à penser à eux, avec parfois des bouffées de tendresse, et à tenter de les comprendre, de réaliser leurs rêves. Mais il a connu d'autres bonheurs depuis eux, des bonheurs qu'il n'avait pas vus venir. On ne voit jamais rien venir, en fait, ni le bonheur ni le malheur. Mais on n'oublie pas pour autant, ni les peines qu'on a connues ni les jours heureux.

Quelques mois plus tôt, il suivait encore l'actualité avec grand intérêt, et il pensait certains jours écrire ses mémoires. Mais pour la première fois de sa vie, il goûtait au doux plaisir du farniente, il écoutait de la musique avec Andrée dans leur belle, grande, lumineuse maison d'Outremont, attendant l'heure d'aller chercher ses petits-fils. Il passait des heures à jouer avec eux, ce qu'il n'avait jamais fait avec son propre fils, François, qui, lui disait souvent Andrée, lui ressemblait beaucoup. Il avait son même caractère, secret, cachant comme lui ses émotions, non pas dans le travail et les jeux politiques, mais au cœur d'une musique que son père trouvait hermétique, à laquelle en fait il ne comprenait pas grand-chose. La musique, c'était le monde d'Andrée ; elle prenait François sur ses genoux, quand il avait trois ou quatre ans, et lui faisait répéter de courtes pièces de Mozart ou de Chopin. Et François, même s'il ressemblait à son père, était allé de ce côté, du côté de la musique. Il a fait ce qu'il voulait faire de sa vie. Rien n'est plus important.

Michelle, c'était un tout autre monde, l'exubérance en personne. Quand elle était petite, il la prenait dans ses bras. Forcément ! Elle grimpait sur ses genoux, sur son dos, sur ses épaules, elle lui enlevait ses lunettes, lui ébouriffait les cheveux, lui tirait les oreilles. Ils avaient ensemble mille jeux, ils se taquinaient. Il prenait plaisir à la faire fâcher. Quand il avait la barbe longue, il frottait sa joue rugueuse contre la sienne si douce, si fraîche. Elle criait, se sauvait, revenait. Il l'appelait «mon p'tit cadeau», «mon beau trésor en or pur». Plus tard, ayant compris que son père avait une phobie des microbes, Michelle s'amusait à s'approcher de lui en toussant ; alors il se sauvait, et elle le poursuivait en riant dans toute la maison.

Mais il était souvent parti. Et même quand ils étaient tous ensemble dans la maison d'Outremont ou à Sainte-Anne-de-Sorel, il passait beaucoup de temps au téléphone ou dans son bureau. Il ne s'est jamais occupé de ses enfants comme il l'a fait de ses petits-enfants, Mathieu et Simon, qu'il a tant aimés, qu'il a si hâte de revoir, il les emmènera au parc et à la Ronde, dès qu'il sera guéri, ils joueront à cache-cache, ils regarderont *Passe-Partout* et *Robin et Stella* ensemble.

Et dans cette nouvelle vie, il ne fera pas de politique. Quand il a été opéré et, plus tard, quand il a subi ses traitements à l'interleukine, il ne pensait qu'à y retourner. Toute sa vie, toutes ses études, toutes ses pensées avaient toujours été axées sur la politique. Ce n'était plus le cas. Quelque chose s'est produit dans sa vie, qui l'a détourné peut-être pour toujours de la politique. Ça s'est fait progressivement, au cours de l'été de 1994, qui fut peut-être l'une des plus belles années de sa vie, même si par moments il vivait dans la peur. Il voyait beaucoup Lucien à cette époque; ils allaient en fin de journée à l'école Buissonnière, rue Querbes, chercher, lui, ses petits-enfants, Lucien, ses enfants. Ils les emmenaient au parc Pratt ou au parc Saint-Viateur, ils s'assoyaient tous les deux sur un banc, à l'ombre, ils regardaient jouer les enfants et ils parlaient, de politique, bien sûr. Lucien avait encore ses deux jambes. Et lui, il entretenait encore beaucoup d'espoir, même s'il avait, comme il disait, cette épée de Damoclès qui lui pendait au-dessus de la tête. Il n'enviait pas Lucien Bouchard, alors chef de l'opposition à Ottawa – où il avait fait élire des députés bloquistes dans 54 des 75 circonscriptions du Québec –, qui se préparait à plonger dans la tourmente référendaire aux côtés de Jacques Parizeau, dont il allait bientôt prendre la place, à la tête du Parti québécois.

En fin de compte, Robert Bourassa a entretenu des liens plus étroits et plus amicaux avec des adversaires politiques comme Lucien Bouchard, comme René Lévesque ou Claude Charron, ou encore Pierre Bourgault ou même par moments Jacques Parizeau, qu'avec la majorité des membres de son propre parti. Peut-être faut-il avoir une certaine distance idéologique pour engager une conversation, une relation amicale, une fructueuse réflexion. Il a estimé, admiré, aimé ses adversaires les plus sérieux, ceux qui, par leurs idées ou leurs rêves ou même leurs illusions, le stimulaient, le forçaient à comprendre le monde dans lequel il vivait, à le gouverner mieux. Ce temps-là était fini. Il allait faire autre chose.

Andrée était là, heureusement, qui ne le laissait jamais, toujours près de lui, rassurante, douce et prévenante. Elle dormait dans sa chambre toutes les nuits, comme elle l'avait fait à l'hôpital Bethesda, au National Cancer Institute, où il avait reçu ses traitements d'interleukine. Chaque fois qu'il se réveillait, elle était là, allongée sur un petit lit pliant qu'elle avait fait installer près du sien, ou assise dans le fauteuil près de la fenêtre, un livre sur les genoux. Elle avait toujours été là pour lui, elle avait toujours été la femme de sa vie. Grâce à elle, il avait été indépendant de fortune ; il avait pu se consacrer à sa passion : la politique. Et elle l'accompagnerait jusqu'au bout.

Il se souvenait de ce qu'il avait été, de ce qu'il avait fait dans ce pays, la Loi sur la langue officielle, la Baie-James, l'assurance-maladie. Il se souvenait de tout ; de ce moment grisant, six ans plus tôt, presque jour pour jour, devant l'Assemblée nationale émue, quand il avait dit : « Quoi qu'on dise et quoi qu'on fasse, le Québec est aujourd'hui, et pour toujours, une société distincte, libre et capable d'assumer son destin et son développement. » Il se souvenait de ses paroles. Et il était fier, satisfait, content de lui. La musique et les chants se faisaient entendre de nouveau et, au parc La Fontaine, la fête continuait. Le soleil, doucement, déclinait. Il n'allait pas mourir.

Un si gentil garçon

Robert Bourassa a passé son enfance dans un quartier populaire de l'est de Montréal, sur le Plateau Mont-Royal. Quand il est né, le 14 juillet 1933, la famille habitait au rez-de-chaussée du 4837 de la rue Parthenais. Il avait une sœur, Marcelle, de quatre ans son aînée ; une autre, Suzanne, naîtra en 1935. Trois ans plus tard, l'été des cinq ans de Robert, la famille déménageait presque en face, au 4840, rue Parthenais, du côté ouest, toujours au rez-de-chaussée. Il avait à lui tout seul la chambre qui donnait sur la rue. Un gros arbre bien droit se tenait juste devant sa fenêtre. La chambre des parents et celle des filles étaient à l'arrière, de part et d'autre de la cuisine. Le père Bourassa, Aubert de son prénom, était fonctionnaire fédéral au Service des douanes du port de Montréal, dont les bureaux se trouvaient dans l'ouest de la ville, rue McGill. Ses patrons parlaient anglais, une langue qu'il ne comprenait pas très bien et qu'il évitait autant que possible d'utiliser.

Aubert Bourassa était un homme mince et frêle, plutôt timide, doux, sobre et réservé, qui n'élevait jamais la voix, qui n'aurait pas fait de mal à une mouche. Il avait une grande dévotion à saint Joseph et au frère André. Il emmenait régulièrement ses enfants à l'Oratoire. Le soir, après que ceux-ci se furent mis au lit, il allait les embrasser et leur faisait avec le pouce une croix sur le front. Jamais personne ne l'a vu en colère. Il avait une flopée de frères et de sœurs qu'il voyait beaucoup. Son père, Toussaint Bourassa, qui avait été grand capitaine du port de Montréal, était resté une figure quasi mythique dans la famille.

Adrienne Courville, la mère de Marcelle, de Robert et de Suzanne, était beaucoup plus extravertie que son mari. Parfois trop, au goût de ce dernier. Elle adorait la musique et le chant, qu'elle avait étudié; elle avait une voix de soprano puissante et juste. Avant de se marier, elle chantait régulièrement dans des mariages de grands airs tirés des opéras de Bizet ou des opérettes d'Offenbach, et des mélodies de Fauré à l'occasion. Elle s'était même déjà produite avec un chœur de chant à l'hôtel Ritz-Carlton.

Mais Aubert Bourassa, qui appelait toujours sa femme « Lou », n'aimait pas la voir s'exhiber ainsi en public. Elle a donc cessé de chanter en solo, sans en éprouver de regret ou d'amertume. Elle était, il faut croire, d'un naturel heureux. Elle est entrée dans la chorale de la paroisse Saint-Pierre-Claver. Et elle chantonnait souvent quand elle s'adonnait à ses travaux ménagers, lorsqu'elle préparait les repas ou faisait la lessive, de sorte qu'une atmosphère joyeuse et sereine régnait dans sa maison.

Robert Bourassa et ses sœurs ont d'ailleurs toujours dit qu'ils avaient eu une enfance très heureuse. « On n'était pas riches, mais on ne manquait de rien. Et on était bien ensemble, on s'aimait beaucoup. » Marcelle et Suzanne ont toujours parlé de leur frère comme d'un être d'une extraordinaire gentillesse et elles comprenaient tout à fait que leurs parents aient adoré cet enfant charmant et intelligent qui, lui non plus, n'élevait jamais la voix, ne faisait jamais de colères. « Comment aurait-on pu ne pas l'aimer? disent-elles. Il était si gentil. » Il faisait le bonheur de leur mère qui, entre Marcelle et lui, avait perdu une autre enfant, morte à la naissance. Elle préparait à son fils unique chéri les plats qu'il aimait et elle faisait ses moindres caprices. « Sans craindre de le gâter, dit Marcelle. Parce que Robert était raisonnable, jamais exigeant. Il ne demandait jamais rien. Il ne se plaignait jamais non plus. » Il faut dire qu'il avait fort peu de raisons de le faire. Et qu'il n'en aurait jamais beaucoup.

Robert Bourassa ne demandait jamais rien à personne. Pas besoin. Tout le monde autour de lui voulait toujours tout lui donner, accédant avec plaisir et empressement à ses moindres désirs sans même qu'il ait besoin de les exprimer. Il en sera toujours ainsi. Sauf pendant ses années d'études à Montréal, à Oxford ou à Harvard, il ne portera jamais de montre, il n'aura jamais d'argent, ni de clé, ni de portefeuille dans ses poches. D'aucuns calculeront tout ça pour lui, l'heure et l'argent, d'autres lui ouvriront les portes et le conduiront au bon endroit au bon moment.

Un prince né dans un quartier ouvrier de l'est de Montréal !

En septembre 1939, il est entré à l'école Saint-Pierre-Claver, tenue par les frères de l'Instruction chrétienne. C'était tout près de chez lui, à l'angle du boulevard Saint-Joseph et de l'avenue de Lorimier, moins de deux cents pas d'enfant, une ruelle et une seule rue à traverser, une bâtisse de brique rouge, cinq étages, avec de gros arbres devant, une grande cour de récréation derrière.

Quelques jours plus tôt, l'armée allemande avait envahi la Pologne. Et le dimanche qui a suivi la rentrée scolaire, le 10 septembre, le Canada se rangeait aux côtés de la Grande-Bretagne et déclarait la guerre à l'Allemagne. Il y avait alors énormément d'action dans le monde, énormément d'inquiétude aussi. On ne parlait que de cela, le soir au souper, et dans la classe et dans la cour de l'école. La guerre, encore ! La guerre mondiale ! Des géants furieux se dressaient sur l'Europe. Et on disait à la radio que cette fois-ci le monde entier allait s'embraser, qu'il y aurait peut-être la guerre partout, même dans la province de Québec. Heureusement, la maison de la rue Parthenais restait un douillet et rassurant cocon.

Robert avait deux copains, Jacques Godbout et Claude Poirier. Chez Godbout, il y avait des livres, des journaux, des discussions sur la politique, l'actualité. Adélard Godbout, qui venait d'être élu premier ministre du Québec, était le cousin germain de Fernand, le père de Jacques. Avec Poirier, il y avait la rue et les sports. Robert n'en pratiquait aucun. Mais avec son ami, il se rendait parfois au stade de Lorimier, à une petite demi-heure de marche de chez eux, voir jouer les Royaux de Montréal, principal club-école des Dodgers de Brooklyn. Robert connaissait les forces et les faiblesses, les scores de chacun des joueurs. Il prit très vite l'habitude de regarder les statistiques dans les journaux, les moyennes au bâton, les coups sûrs, explorant l'énorme masse de chiffres que génère le baseball. Il entraînait parfois sa sœur Marcelle au stade. Comme elle était grande pour son âge, il lui disait de rentrer les épaules, de se faire toute petite et de se donner un air innocent, afin de payer le demi-prix des moins de douze ans. Ça marchait chaque fois. Et ça le ravissait.

Qu'un enfant de six ou sept ans se soit passionné pour le baseball n'avait rien d'exceptionnel. Au début des années 1940, le baseball faisait courir les foules montréalaises presque autant sinon plus que le hockey. Mais on a beau chercher parmi ceux et celles qui ont connu Robert Bourassa enfant, interroger ses sœurs, ses amis d'enfance, Jacques Godbout, devenu cinéaste et écrivain, ou Claude Poirier, aujourd'hui connu comme étant le « Négociateur », personne ne semble avoir la moindre idée de l'origine de la dévorante passion qu'il a acquise très tôt pour la politique. Lui-même avouait, près d'un demi-siècle plus tard, lors de la dernière grande entrevue qu'il a accordée sur les ondes de la station de radio communautaire CIBL, qu'il ignorait comment et pourquoi, à huit ans, il avait pris cette habitude de suivre de près ce qui se passait dans la politique provinciale et municipale et d'assister à tous les débats contradictoires et à toutes les assemblées partisanes qui se tenaient dans son quartier.

« Mes parents n'étaient pas très politisés, disait-il. Ils allaient voter, mais ils parlaient rarement de politique. » On ne sait pas non plus comment lui est venue, alors qu'il était encore tout jeune, cette habitude, presque une manie compulsive, de lire les journaux, mais dans la mémoire de ses deux sœurs, il y a des images de lui, assis dans le salon ou sur la galerie, plongé dans *La Presse*, qu'il lisait d'un bout à l'autre.

Bien sûr, il y avait la guerre. Et une vive polémique dont on ne pouvait pas ne pas entendre les échos, et qu'un enfant de huit ou neuf ans le moindrement éveillé pouvait comprendre. Et dont il pouvait vraisemblablement s'inquiéter. On disait que le gouvernement fédéral pourrait bientôt, si le conflit s'envenimait, décréter la conscription et obliger tous les Canadiens en âge de le faire à aller se battre contre les Allemands. Il fallait bien se défendre, défendre la liberté, la religion, la famille.

À neuf ans, le petit Bourassa savait donc ce qui se passait dans le monde. Et ceux qui l'ont plus tard fréquenté affirment qu'il avait gardé des souvenirs très vivaces de ces années, des moments précis, des déclarations entendues à la radio ou lues dans les journaux et qu'il se rappelait par cœur. Comme la déclaration de guerre du Canada à l'empire du Japon. Si on lui avait demandé la date exacte, il aurait répondu avec son petit sourire en coin, très fier, que ça s'était produit le jour de l'Immaculée Conception, le 8 décembre 1941. Peut-être aurait-il fait un petit ajout sur le temps qu'il faisait ce jour-là. Robert Bourassa avait une phénoménale mémoire des dates, des chiffres, des statistiques, des noms, des visages, des mots. Il avait d'ailleurs une quasi-vénération pour cette mémoire qui le servait si bien. Il en parlait comme on parle d'une amie très chère et admirée.

Ses sœurs se souviennent aussi qu'il avait une carte géographique. On ne sait pas si elle était punaisée au mur de sa chambre ou roulée dans un tube de carton ou encarté dans un manuel scolaire, ni même si elle était en noir et blanc ou en couleur, ni même si c'était quand il avait huit ou neuf ans ou un peu plus tard, mais il avait cette carte du monde sur laquelle il suivait quotidiennement les péripéties de la guerre en Europe et de celle du Pacifique. Ainsi, à l'âge où tous les petits garçons jouaient aux cow-boys et aux Indiens ou collectionnaient des photos des avions Spitfire, Hurricane, Messerschmitt, de tanks et de navires de guerre, Robert Bourassa, lui, cherchait à comprendre les événements qui marquaient le monde, comment et par qui et pourquoi tout ça arrivait, qui tirait les ficelles. Et il savait sans doute déjà, par les révélations de son ami Godbout, qu'un premier ministre faisait partie de ce monde-là, qu'il décidait de la marche du monde, qu'il était un tireur de ficelles.

Celui du Canada, par exemple, Mackenzie King, avait promis de ne pas imposer la conscription, ce qui avait contribué à lui faire gagner les élections de 1940, parce que les gens n'étaient pas très chauds à l'idée d'aller faire la guerre. Il était donc entendu que seuls les soldats de carrière partiraient au front. Mais au printemps de 1942, King décidait de tenir un référendum pour demander aux Canadiens de le relever de sa promesse et de le laisser imposer la conscription s'il le jugeait nécessaire. La réponse fut favorable, dans l'ensemble du Canada, à 63,7 %. Mais au Québec, c'était l'inverse, on était contre à 71,2 %. Le jeune observateur qu'était Robert Bourassa vivait donc dans deux mondes, deux sociétés bien distinctes, le Canada anglais qui voulait partir en guerre, et le Canada français qui ne voulait pas y aller, mais qui serait vraisemblablement forcé de le faire quand même, à ce qu'on disait. Dans les débats auxquels il assistait, des voix s'élevaient, furieuses, déclarant d'un bord que les Canadiens français étaient des pleutres qui refusaient de se battre, soutenant de l'autre que les Canadiens français se faisaient humilier par l'armée canadienne, qu'ils recevaient tous leurs ordres en anglais uniquement, qu'ils ne prenaient jamais aucune décision, ne donnaient jamais d'ordres et ne servaient, en fin de compte, que de chair à canon.

Le premier ministre du Québec, Adélard Godbout, avait battu Maurice Duplessis aux élections de 1939, avec l'aide de la machine électorale de Mackenzie King. Il ne pouvait plus qu'appuyer ce dernier, à qui il devait en bonne partie sa victoire, et le laisser instaurer la conscription. Beaucoup de gens lui en ont voulu. Et lui en voudront encore plus quand, le 19 août 1942, 2 000 hommes, en majorité des Canadiens, trouveront la mort sur les plages de Dieppe en tentant de prendre la *Festung Europa*, la Forteresse Europe, du terrifiant Adolf Hitler.

Au printemps de 1943, quelques semaines avant les dix ans de Robert, la famille déménageait de nouveau, au 4697 de la rue de Lorimier. Pour la même raison que la précédente fois : le garçon du propriétaire venait de se marier et allait s'installer dans l'appartement qu'occupaient les Bourassa. Cet été-là, Aubert Bourassa a acheté une bicyclette à ses enfants, une bicyclette de fille, que Marcelle, très sportive, a beaucoup utilisée. Suzanne, de temps en temps. Robert, pratiquement jamais. Il n'aimait pas la bicyclette. La plupart des garçons de son âge en avaient une. Certains faisaient des livraisons pour les épiciers du quartier, ce qui leur donnait un peu d'argent de poche. Pas Robert. Une bicyclette, c'était compliqué, salissant, dangereux. Tout occupé à tenir le guidon, à pédaler, à regarder devant soi, on n'a pas le temps de penser. Il préférait marcher. Ou prendre le bus ou le tramway. Il pouvait alors regarder le paysage, les gens dans le bus ou dans les rues. Ou lire un journal. Apprendre par exemple que les Alliés débarquaient en Sicile et dans les Abruzzes, et que l'Italie était devenue un vaste champ de bataille. Et que la guerre se répandait dans les Balkans, en Afrique du Nord, partout dans le monde.

« À dix ans, raconte Marcelle, mon frère avait la carte du monde en tête. Et il connaissait les noms des chefs d'État de dizaines de pays. »

Au mois d'août, cet été-là, une importante conférence s'est tenue au château Frontenac à Québec, où étaient réunis le président américain, Franklin D. Roosevelt, et les premiers ministres de Grande-Bretagne et du Canada, Winston Churchill et Mackenzie King, tous de très grands tireurs de ficelles. On disait qu'ils allaient décider ensemble du sort du monde. « À la maison, on ne s'intéressait pas trop à ces choses, explique Marcelle. Mais lui, s'il en avait eu les moyens, il serait parti à Québec voir Churchill et Roosevelt. »

À l'école, Robert était premier dans toutes les matières. Des quelques témoignages glanés auprès des gens qui l'ont connu à l'époque, on peut affirmer qu'il s'ennuyait toujours un peu. En classe, le temps lui paraissait bien long, parce que, pour que tout le monde comprenne, le frère enseignant devait maintes fois répéter ce qu'il avait compris, lui, du premier coup. Et dans la cour de récréation, il s'ennuyait à périr quand il fallait jouer au baseball, au drapeau, au ballon volant, toutes des activités qu'il exécrait au plus haut point. S'il sut plus tard s'amuser de sa maladresse, il ne l'acceptait peut-être pas si facilement lorsqu'il était enfant. Et on imagine aisément que, dans la cour de l'école, le jeune Robert Bourassa, à dix ou onze ans, malhabile dans tous les sports, était parfois en butte aux quolibets de ses petits camarades. Et qu'il a sans doute appris très tôt à ne pas s'en faire, à encaisser sans broncher les moqueries et les insultes des élèves, qui ne se gênaient certainement pas pour le traiter de « menette » ou de « moumoune ».

L'été de 1944 a été riche en rebondissements. D'abord, avant même la fin des classes, il y a eu ce débarquement réussi en Normandie. La *Festung Europa* n'était plus imprenable. Pendant l'été, Robert allait pouvoir suivre, sur sa carte géographique, l'avancée des Alliés en France. Et lire dans les journaux que les armées d'Adolf Hitler allaient bientôt être écrasées. Les Alliés avaient pris pied sur le continent européen. Il y avait dans l'air comme un commencement de fête, un regain d'espoir. Et en plus, à la fin de juin, deux semaines après le débarquement, le premier ministre du Québec, Adélard Godbout, déclenchait des élections, le plus passionnant jeu du monde.

Tout l'été, il y eut des assemblées et des débats contradictoires, sortes de joutes oratoires dans lesquelles un représentant de chacun des partis défendait un programme politique, devant un public plus ou moins important, plus ou moins agressif. Ces débats, qui duraient parfois des heures, permettaient aux participants de se faire connaître, mais surtout de convertir des auditeurs à leurs idées. Une fois que tous les orateurs s'étaient fait entendre, chacun avait un droit de réplique. Puis la salle se mettait de la partie. Les questions et les objections fusaient, les esprits s'échauffaient, on en venait parfois aux insultes et aux coups. Le petit Bourassa ne manquait jamais ces événements. Il distribuait des tracts à teneur libérale à la Palestre nationale, au marché Saint-Jacques, rue Amherst, au stade de Lorimier, à l'entrée de la salle paroissiale de Saint-Pierre-Claver. Il connaissait les organisateurs, les candidats.

Jamais de sa vie il n'oubliera ces élections de 1944, les premières qu'il a suivies. Il a souvent raconté, par la suite, avoir été impressionné par la maîtrise de l'art oratoire de certains des hommes politiques qui s'affrontaient alors, surtout André Laurendeau, du Bloc populaire, qui se présentait dans Laurier, le comté voisin de Montréal–Mercier où habitait la famille Bourassa. On ne peut savoir en toute certitude où et quand il aurait entendu Laurendeau. Mais il est bien possible que ce soit le 3 août, cinq jours avant les élections. Le Bloc populaire tenait, ce soir-là, une grande assemblée au stade de Lorimier. Personne, dans la parenté, ne se souvient si Robert Bourassa y est allé. « Mais c'est plus que probable, disent ses sœurs. C'était près de chez nous. Et il courait tous ces événements. » Si tel était le cas, le jeune Robert aurait donc entendu également Henri Bourassa qui, à près de quatre-vingts ans, restait l'une des grandes voix du nationalisme canadien-français. Le fondateur du *Devoir* était sorti de sa retraite pour appuyer le Bloc populaire, pour s'opposer à la conscription, comme il le faisait depuis toujours, et pour des raisons qui, si Robert Bourassa les a entendues, ont dû stimuler ou rassurer l'adolescent.

Sous Wilfrid Laurier, à l'époque de la Seconde Guerre des Boers en Afrique du Sud, puis sous Robert Borden, pendant la Grande Guerre 1914-1918, et encore sous Mackenzie King au moment de la guerre 1939-1945, Henri Bourassa avait lutté contre la conscription, qu'il appelait « l'impôt du sang ». Selon lui, ce sacrifice aurait été envisageable uniquement si le Canada avait pu agir comme un pays indépendant, délivré de la tutelle coloniale. Il y avait certainement là, pour le jeune Bourassa, matière à réflexion, des idées fécondes et fortes auxquelles il était exposé.

Le 8 août, Adélard Godbout était battu par Maurice Duplessis, bien que son parti eût obtenu un plus important suffrage populaire. Les libéraux avaient en effet recueilli près de 40 % des votes ; les unionistes, à peine plus de 38 %. Mais le parti de Duplessis allait occuper 48 sièges à l'Assemblée législative, 11 de plus que les libéraux. Ceux-ci avaient beau crier à l'injustice et dire que la carte électorale était à refaire, ils n'allaient pas pour autant exercer le pouvoir au cours des prochaines années.

Jacques Godbout, l'ami de Robert, avait passé une partie de l'été à la campagne, avec sa famille d'allégeance libérale. Il était rentré, peu avant les élections, en racontant que, dans le village de Lanoraie, en majorité unioniste, les gens leur criaient des noms et leur lançaient des pierres, parce qu'ils étaient libéraux. Robert avait déjà une bonne idée de la violence des passions que déclenchait la politique. Il avait assisté à des échauffourées, à des bagarres, lors de certaines assemblées contradictoires. Il ne s'est jamais battu et ne le fera jamais. Mais il n'avait pas peur. Il a même dit à Godbout, ce jour-là, qu'il avait la ferme intention d'être un jour premier ministre du Québec. Il était donc prêt à se faire lancer des pierres, à recevoir des coups et à se faire crier des noms.

Il ne prendra pas de détours. Toutes les études qu'il a entreprises par la suite, tous ses loisirs et ses lectures, toutes les relations qu'il a établies, les amitiés qu'il a nouées n'avaient qu'un but : former et entraîner le premier ministre qu'il allait devenir.

Et pour ce type d'entraînement, quoi de mieux, à l'époque, que le collège Jean-de-Brébeuf, le prestigieux établissement d'enseignement tenu par des jésuites et fréquenté par les garçons de la belle, riche et sportive bourgeoisie canadienne-française ? C'était sans doute une charge financière importante pour le petit fonctionnaire qu'était Aubert Bourassa. Il y avait d'autres collèges, dont les frais de scolarité étaient moins élevés. Mais comme le précisent les sœurs de Robert, il n'y eut pas d'hésitation. « Nos parents voulaient ce qu'il y avait de mieux pour lui. » Il prenait l'autobus, coin Saint-Joseph et de Lorimier, puis le tout neuf tramway 29 de la côte Sainte-Catherine, si joliment bordée de maisons cossues entourées de plates-bandes fleuries et de pelouses. Dans son sac, ses cahiers, ses livres et le lunch que lui avait préparé sa mère ou sa sœur Marcelle.

La guerre venait juste de finir pour de bon quand Robert est entré à Brébeuf. Le monde découvrait alors avec stupeur les horreurs des camps de concentration, qui s'ajoutaient à celles d'Hiroshima et de Nagasaki. Des images d'une violence et d'une haine inouïes, terriblement inquiétantes.

Robert a commencé par être le meilleur de sa classe. Premier dans pratiquement toutes les matières, latin et grec, mathématiques, histoire, français, géographie, histoire religieuse. Sauf éducation physique, qui ne comptait pas vraiment, et l'anglais. Certains confrères avaient voyagé, ils avaient passé une partie de l'été au bord de la mer, dans le Maine ou dans le New Hampshire. Plusieurs étaient parfaitement bilingues. Lui, qui n'était jamais sorti de Montréal sauf pour aller quelques fois dans les Laurentides, chez ses tantes du côté de son père, aurait sans doute toujours un accent. Ainsi, il ne parlait pas bien anglais, mais il apprenait vite, grâce à sa fidèle mémoire et à un formidable pouvoir de concentration qui lui permettaient de mémoriser les *Fables* de La Fontaine ou les poèmes de Victor Hugo ou des vers en latin de Virgile ou d'Horace, après deux ou trois lectures.

Il comprit probablement très tôt qu'il avait du talent, qu'il était plus doué intellectuellement que tous les garçons de sa classe. Il ne pouvait en douter. Dans sa famille, on le lui avait beaucoup dit et répété. À l'école Saint-Pierre-Claver aussi. À Brébeuf, lui, le fluet, le pauvre garçon de l'est, il s'est taillé, parmi la fine fleur de la riche bourgeoisie canadienne-française outremontaise, une réputation de fort en thème, de « bollé », ce qu'on appellera plus tard un *nerd*. Il avait en effet l'allure et le style du parfait *nerd*, il portait des lunettes, il était un peu voûté, maigrichon, il s'intéressait à tout ce qui touchait au domaine scientifique en général, et en particulier aux matières dites difficiles, mathématiques, chimie, physique, qui rebutaient la grande majorité de ses confrères.

En syntaxe et en méthode, quand il parvenait à trouver des interlocuteurs ou des auditeurs attentifs, il pouvait discuter inlassablement de la reconstruction des pays d'Europe durement touchés par la guerre, de la création de l'ONU, de la réforme du système monétaire mondial ou des accords de Bretton Woods, qui allaient permettre de redessiner les grandes lignes du système financier international, des choses qui laissaient plutôt froids les garçons de son âge.

Il faisait souvent ses devoirs et ses leçons dans le tram et l'autobus. Le soir, à la maison, pendant que ses sœurs et sa mère préparaient le souper et faisaient la vaisselle, il lisait les journaux, il écoutait les nouvelles et le baseball à la radio.

À l'été de 1946, sa passion du baseball prit momentanément le dessus sur celle de la politique. Il n'y avait pas d'élections, cette année-là, ni au fédéral, ni au provincial, ni au municipal. Pas de grandes discussions publiques comme au temps de la conscription. On parlait, bien sûr, des communistes soviétiques, qui ne croyaient ni à Dieu ni à diable, mais ils ne constituaient pas réellement une menace pour le Canada. Chez les Royaux, cependant, il y avait du nouveau, une recrue pas comme les autres : Jackie Robinson, le premier joueur de race noire évoluant dans les ligues majeures du baseball, un athlète de génie, très charismatique. Il a été l'idole incontestée du jeune Bourassa, comme de nombreux autres Montréalais. On l'admirait pour ses prouesses au bâton, mais aussi pour le courage et la détermination dont il faisait preuve devant un public parfois hostile. Sa présence parmi les Royaux avait engendré un très vif débat aux États-Unis, toujours profondément marqués par la ségrégation. Pour le public noir américain, Robinson était un héros. Mais il y avait, parmi les Blancs, des réactions racistes intransigeantes et violentes. Certains dirigeants des grands clubs de la Ligue nationale de baseball avaient même prétendu que, si on laissait les joueurs noirs entrer dans les rangs du baseball majeur, le public noir se mettrait à fréquenter les stades, ce qui entraînerait une dépréciation de la valeur des franchises de baseball. Les nègres devaient, selon eux, rester dans l'American Negro League. La pression était donc considérable sur les épaules de Robinson, souvent hué dans les stades américains, malgré – ou à cause de – son immense talent. Mais à Montréal, il était adulé, porté en triomphe. À l'automne, après avoir donné aux Royaux la victoire du championnat de la Ligue internationale, il est parti jouer avec les Dodgers de Brooklyn. Ses partisans montréalais ont vécu un véritable deuil, mais ils pouvaient se targuer d'avoir, par leur attitude et l'accueil qu'ils avaient réservé à Robinson, changer le baseball américain.

Robert Bourassa restera à jamais un admirateur de Jackie Robinson, qu'il se vantait souvent d'avoir vu jouer, l'été de ses treize ans. Il restera également un fin connaisseur de baseball, le seul sport qu'il prendra plaisir à regarder de temps en temps à la télé ou à écouter à la radio. Le hockey, dont les règles étaient trop simples à son goût, et la pratique, trop inutilement violente, ne l'a jamais intéressé sauf pour l'effet qu'il avait sur l'humeur des gens. Quand les Glorieux gagnaient, le monde était de bonne humeur, le gouvernement pouvait alors hausser les impôts ou même présenter un budget déficitaire sans craindre un soulèvement populaire. Si la Sainte-Flanelle perdait, mieux valait flatter la bête publique dans le sens du poil.

Le parti pris

Qu'est-ce qu'un garçon de treize ans sans réelle culture politique, sans connaissances vraiment profondes de l'histoire, jamais sérieusement initié aux idéologies courantes pouvait comprendre dans un débat contradictoire qui durait trois ou quatre heures, parfois plus ? Et comment cet enfant a-t-il choisi pour seconde famille le Parti libéral plutôt que le Bloc populaire ou même l'Union nationale ? Qui éclairait sa lanterne ? Comment a-t-il pu démêler, tout seul ou presque, l'écheveau d'idéologies politiques de l'époque, et comment a-t-il trouvé celle qui lui convenait, qui était compatible avec sa foi, son projet, ses valeurs ?

Son père et sa mère votaient libéral. Comme la plupart des gens de cette partie du Plateau Mont-Royal, mieux nantie que les quartiers plus au sud ; sans être cossues, les maisons de pierres et de briques étaient bien tenues, et il y avait de beaux espaces verts. Aux élections du 8 août 1944, le comté de Montréal-Mercier, où habitait la famille Bourassa, avait résisté à la vague unioniste. Le libéral Joseph-Achille Francœur, plombier de profession, inventeur de la fameuse fournaise à eau chaude Francœur, avait été réélu, même si son parti avait perdu le pouvoir. Autour du jeune Robert, on était donc majoritairement libéral. Mais les voix de l'Union nationale et celles du Bloc populaire se faisaient entendre elles aussi. Et très fort. La guerre, la conscription, les diverses tendances du nationalisme canadien, le féminisme naissant, le fascisme encore très actif, tout ça formait un troublant concert de sirènes. La société canadienne-française de cette époque était très homogène, très peu métissée, toujours réticente à intégrer de nouveaux apports culturels, mais elle était traversée par des idées souvent contradictoires, des aspirations difficilement réconciliables.

Il y avait l'Église et ses dogmes incassables. Il y avait des émules d'Arthur de Gobineau, l'inventeur du mythe aryen, et de Charles Maurras, qui avait soutenu Mussolini et Franco puis collaboré à la politique de Pétain, fustigeant Juifs et francs-maçons. Dans les années 1940, pendant que l'adolescent Bourassa s'éveillait à la chose politique, des intellectuels canadiens-français, comme Paul Bouchard, qui dirigeait la revue *La Nation*, et Raymond Barbeau, rédacteur en chef de *Laurentie*, penseurs catholiques, souvent antisémites, résolument à droite, étaient très écoutés. Le jeune garçon, que ses parents ont laissé très libre d'aller là où il voulait et d'écouter les voix qui s'y exprimaient, était en contact avec ces grandes idées qui circulaient alors dans son monde. En comprenait-il tout le sens ? Comment, enfin, expliquer qu'il soit resté rigoureusement fidèle à Adélard Godbout et, jusqu'à la fin de ses jours, aux libéraux ?

Il les admirait, il les aimait. Mais il écoutait également les autres. En 1995, aux auditeurs de la chaire Jean-Monnet de l'Université de Montréal, il confiait avoir assisté dans son adolescence – « ce que je considère comme un privilège », disait-il – à des assemblées électorales animées par André Laurendeau ou Adélard Godbout. Mais il a parlé également d'une assemblée électorale tenue un jour de grande chaleur au marché Saint-Jacques, où il avait vu et entendu Maurice Duplessis, lui-même, en personne. Il a toujours été très attentif à ce que pensait et à ce que disait l'autre, l'adversaire. Ce fut l'une de ses grandes forces : savoir écouter.

Que Robert Bourassa ait dit à onze ans qu'il voulait devenir premier ministre du Québec, passe encore. Des garçons de six ans annonçaient alors qu'ils voulaient devenir pape. Ce qui étonne chez lui, c'est qu'il n'a jamais changé d'idée, qu'il a toujours voulu devenir premier ministre et qu'il le soit devenu. Et redevenu. Les enfants de onze ans qui rêvent d'être pompier ou pilote d'avion font, très souvent, tout autre chose de leur vie. Il n'a eu, lui, presque jusqu'à la fin de sa vie, qu'un rêve, qu'une vie, qu'une passion.

Il aurait très bien pu être séduit par les idées du Bloc populaire, voire de l'Union nationale. Quand celle-ci reprit le pouvoir, en 1944, elle n'était pas encore démonisée comme elle le sera à la fin des années 1950. Duplessis n'avait été au pouvoir que pendant un seul mandat et il avait suscité, au sein de la population canadienne-française, plus d'espoir que de rancœur.

Les valeurs qui nourrissaient alors le Parti libéral paraissent aujourd'hui, sans doute par un effet de perspective déformant, plus neuves, plus fraîches, plus jeunes que celles dont se réclamait à l'époque l'Union nationale. Mais en 1944, pour beaucoup de gens, l'Union nationale était le parti qui avait dénoncé publiquement la corruption du gouvernement libéral de Louis-Alexandre Taschereau devant le Comité des comptes publics de l'Assemblée législative. C'était un parti jeune, un parti très nationaliste et militant, mettant en valeur l'aspect traditionnel, rural, catholique et francophone du Québec.

En fait, dans ces années 1940, le vieux parti, c'était le Parti libéral, étroitement lié au milieu des affaires. De 1897 à 1936, il avait régné sans aucune interruption sur le Québec, jusqu'à ce que le fougueux et pugnace Maurice Duplessis réussisse à déloger Taschereau qui, pendant près de seize ans, avait exercé avec sa bande un pouvoir presque absolu sur la société québécoise. Pour beaucoup de gens, une majorité en fait, Duplessis était un héros, le preux David unioniste terrassant le libéral Goliath.

Robert Bourassa, onze ans, s'est rangé du côté de ce dernier. Pour toujours. Certaines réalisations d'Adélard Godbout l'avaient sans doute intéressé. Malgré l'opposition très ferme de l'Union nationale et de l'archevêque de Québec, Mgr Rodrigue Villeneuve, Godbout avait obtenu en 1940 que les femmes aient le droit de vote ; Adrienne Bourassa, la mère de Robert, a pu voter pour la première fois aux élections de 1944. Pendant son mandat, Godbout avait également rendu obligatoires les études scolaires jusqu'à l'âge de quatorze ans et instauré la gratuité de l'éducation au primaire. Son gouvernement adopta aussi un nouveau code du travail qui donnait aux travailleurs le droit de se syndiquer. Enfin, il créa Hydro-Québec en nationalisant la très influente Montreal Light, Heat and Power Consolidated. Droits des femmes, des jeunes et des travailleurs, libertés individuelles, éducation, contrôle des richesses naturelles : voilà des réalités qui seront à jamais présentes dans les politiques de Robert Bourassa.

La deuxième famille

Aubert Bourassa a passé le dernier week-end du mois de mai 1950, et le dernier de sa vie, au chalet de ses deux sœurs à Sainte-Agathe, sur le lac des Sables. Il les a aidées à faire le gros ménage du printemps, ils ont enlevé les fenêtres doubles, posé les moustiquaires, ramoné la cheminée. Son garçon Robert était resté à Montréal avec sa mère et ses sœurs. Il n'aimait pas particulièrement la campagne ni le travail manuel. Et il devait préparer ses examens de fin d'année en rhétorique.

Aubert et ses sœurs sont rentrés à Montréal le dimanche, en fin de journée. Il faisait doux. Il est allé se coucher tout de suite après le souper en disant qu'il avait un poids sur le cœur. Il semblait fatigué. Il s'est levé pendant la nuit. Il avait si mal qu'il a crié. Adrienne aussi a crié. Et les enfants ont couru dans la chambre de leurs parents. Le médecin est venu. Il a dit qu'il ne pouvait rien faire. Et il est parti. Les enfants ont vu leur père mourir, une main sur le cœur.

« Robert était debout au pied du lit, raconte Marcelle. Il tremblait tellement, que j'ai cru qu'il allait perdre connaissance. Mais il s'est ressaisi et il est allé dans sa chambre. »

Rien n'avait laissé prévoir cette tragédie. Aubert Bourassa ne s'était jamais plaint. Comme beaucoup d'hommes de sa génération, il n'avait jamais vu d'autres médecins que ceux qui avaient accouché sa femme et, à cinquante-sept ans, il n'avait jamais pensé qu'il était, comme on disait à l'époque, pris du cœur.

Son fils avait alors seize ans, presque dix-sept. Il a gardé en lui une méfiance à l'égard des médecins, qu'il jugeait impuissants et manquant de bonté. Ceux-ci détenaient à ses yeux des pouvoirs et des savoirs qu'ils monnayaient trop durement. Les pauvres gens, surtout dans ces quartiers de misère plus au sud, dans le « Faubourg à m'lasse », par exemple, étaient terrorisés à l'idée de tomber malades, parce qu'ils n'avaient pas les moyens de se faire soigner. C'était aux yeux de Robert Bourassa la plus grande injustice qu'on puisse imaginer. Tous n'étaient pas égaux devant la souffrance et la mort.

Jusqu'à quel point la disparition de son père a changé la ligne de vie de Robert Bourassa ? De quel poids cet homme, petit fonctionnaire timide et gentil, a-t-il pesé sur la formation et la destinée du futur premier ministre du Québec ? Il semble bien que le garçon a trouvé et tracé sa voie lui-même, sans l'aide ni l'avis de son père. Robert Bourassa l'a dit plusieurs fois, son père ne s'intéressait pas vraiment à la politique, alors que ce sera pour lui toute sa vie. À onze ans, Robert était engagé, peut-être bien innocemment, dans l'action politique au sein du Parti libéral. Il y restera pendant un bon demi-siècle. La mort de son père ne l'a pas fait dévier de sa trajectoire. Il avait avec ses sœurs et sa mère une entente lui permettant de poursuivre son projet, lequel était sans doute connu de son père, qui avait tout fait pour en favoriser la réalisation. Aubert Bourassa croyait en son fils. On peut donc conclure que, s'il n'a pas su ou pas voulu l'orienter dans la vie, il a contribué, comme sa femme et ses filles, à lui donner confiance en lui et l'a aidé à réaliser ses rêves.

Robert ressemblait beaucoup à son père. Comme lui, il détestait la confrontation. Comme lui, il était secret et réservé. Mais contrairement à son père, et malgré les apparences, il ne manquait pas de confiance en lui ; il était pleinement conscient de sa valeur, persuadé qu'il pouvait réussir là où d'autres avaient échoué. À dix-sept ans, il croyait au succès de ses idées, se pensait digne et capable de remplir les plus hautes fonctions.

Pour Adrienne, vivre dans la maison de la rue de Lorimier, dormir dans cette chambre, dans ce lit, où son homme avait connu la mort, était terriblement pénible. Elle était fatiguée et déprimée, toujours au bord des larmes. Son médecin lui conseilla de déménager. Elle trouva un grand appartement, rue Saint-Denis, dans le quartier Ahuntsic. Robert allait devoir mettre plus de temps pour se rendre au collège, mais il avait encore sa chambre à lui, où sa mère avait installé un petit bureau, une bibliothèque dans laquelle il rangeait ses livres et ses dictionnaires, ses cartes géographiques et ses coupures de journaux.

«Après la mort de notre père, il n'a jamais été question que Robert abandonne ses études, raconte Suzanne, même si les revenus de la famille étaient considérablement diminués. C'était notre priorité, à ma mère, ma sœur et moi.»

Suzanne a même laissé ses études pour que son frère puisse terminer les siennes. «On n'aurait jamais voulu, pour tout l'or du monde, que son talent soit gaspillé.» Il avait dit à sa mère et à ses sœurs: «Tout ce que je demande, c'est d'être nourri et logé, je m'occupe du reste.» Le reste étant ses frais de scolarité, ses livres et ses journaux, ses billets d'autobus, quelques vêtements. Il devait gagner des sous. Il a été manutentionnaire dans un comptoir de la Commission des liqueurs, l'ancêtre de la SAQ. Il a passé quelques semaines dans un *sweatshop* à plonger des lés de laine écrue dans des bacs teinturiers, il a vendu des cartes de bingo à la salle paroissiale Saint-Dominique. Il a même travaillé comme couvreur. Pas longtemps, cependant. Il a laissé échapper son marteau, qui est tombé dans la cuisine d'un restaurant chinois, et il a été remercié sur-le-champ. C'était un mal pour un bien. Il est entré comme commis dans une banque. Le monde propre, ordonné, parfait des chiffres lui plaisait infiniment plus que le goudron, la tôle et le marteau. Il avait laissé entendre au gérant de la banque, pieux et malin mensonge, qu'il cherchait un poste permanent. Mais à quelques jours de la rentrée des classes, il l'informa qu'il retournait aux études parce que sa grand-mère lui payait ses cours, ce qui était faux, évidemment. Et le soir, il faisait rire ses sœurs et sa mère en leur racontant la déconvenue du pauvre gérant.

Il ne dépensait rien. Tout l'argent qu'il gagnait, il le mettait de côté pour payer ses études. Il n'allait jamais au restaurant ni au cinéma. Le samedi soir, il descendait – parfois à pied, pour économiser, mais aussi pour le plaisir, car il aimait déjà beaucoup marcher – à la bibliothèque municipale, rue Sherbrooke : une grosse heure de marche. Il lisait les rares journaux européens qu'on trouvait à l'époque, des livres d'histoire, des biographies de grands hommes politiques. Il rentrait à temps pour écouter les nouvelles de 22 heures à la radio. Le dimanche après-midi, il allait parfois nager à la Palestre nationale, rue Cherrier. C'était son seul loisir. Ses temps libres étaient presque exclusivement consacrés à la politique. Il était devenu membre du parti quelques mois après la mort de son père. Désormais, les libéraux formaient sa seconde famille.

Rien de plus disparate qu'un parti politique. S'y réunissent toutes sortes de gens, étroitement liés par des idéaux communs et des intérêts très divers mais, en principe, compatibles. Un tel cherche la gloire, un autre le pouvoir ou la fortune, un autre l'amitié, la camaraderie. Il y a des intellectuels de haut vol, des hommes de terrain et des hommes de main ; des esprits intègres et des escrocs, des humanistes et des profiteurs. Tous dans le même bateau, obéissant à un chef. Robert Bourassa a été vite considéré comme une recrue de grand talent par les stratèges et les organisateurs du parti, qui l'ont invité à participer à des débats contradictoires, même s'il était loin d'être en âge de voter.

Quand Bourassa est entré dans la grande famille libérale, Georges-Émile Lapalme venait de remplacer George Carlyle Marler qui, après la démission d'Adélard Godbout, avait dirigé le parti par intérim. Député de Westmount, le notaire Marler était un personnage assez particulier, surtout connu pour ses études de philatélie sur les séries de timbres à l'effigie du roi George V en uniforme d'amiral émises entre 1911 et 1918.

Lapalme, avocat de formation, était un intellectuel austère, pas très grand orateur, mais un homme de culture et d'idées brillant et stimulant, très ouvert. Il avait été député de Joliette à Ottawa, où il avait défendu âprement les pouvoirs du Québec. Il voulait faire du Parti libéral celui des idées nouvelles, de la contestation, du rejet de certaines valeurs passéistes, d'une ouverture d'esprit et, d'abord et avant tout, de l'opposition aux idées jugées rétrogrades de Maurice Duplessis. Il sera l'un des principaux théoriciens et architectes de la Révolution tranquille.

Il y eut des élections en 1952, le 16 juillet. Robert Bourassa, qui avait eu dix-neuf ans deux jours plus tôt, étudiant en philosophie II au collège Jean-de-Brébeuf, passionné de politique, membre très actif du Parti libéral, ayant participé à des débats contradictoires dans Berthier et dans Mercier, n'a pas pu voter, même s'il connaissait sans doute mieux que la majorité des gens la valeur des candidats, des programmes et des enjeux. Il fallait avoir vingt et un ans à l'époque pour voter.

Malgré une augmentation substantielle de leur part du vote ainsi que de leur nombre de sièges, les libéraux n'ont pas réussi à vaincre la puissante machine électorale de Duplessis, qui fit élire 68 députés sur 92. Celui qu'on appelait « Le Chef » régnait toujours en maître quasi absolu sur le Québec.

« Je ne me souviens pas d'avoir vu mon frère déprimé parce que les libéraux avaient perdu les élections de 1952, même s'il y avait travaillé très fort, raconte sa sœur Suzanne. Il devait l'être, mais il ne le manifestait pas bien fort. Mon frère gardait toujours ses émotions pour lui. » Les témoignages sur le sujet abondent. Dans les circonstances les plus exaltantes ou les plus terriblement déprimantes, Robert a toujours su rester de glace, apparemment indifférent, insensible, gelé ou figé, on ne sait. « Un animal à sang froid », a-t-on dit. Le soir de la défaite de 1952, il est rentré à la maison. Il a écouté les nouvelles à la radio. Pas grand-chose de neuf. Il est allé dormir.

À vingt ans, pendant que les jeunes hommes de son âge draguaient les filles ou faisaient la fête à la taverne ou dans l'un ou l'autre des nombreux *dancings* qu'il y avait alors à Montréal, Robert Bourassa fignolait l'homme politique qu'il rêvait de devenir, comme un sculpteur travaillant son œuvre.

Voilà pourquoi, en septembre 1953, il est entré en droit à l'Université de Montréal. Voilà pourquoi, dès la première année, il s'est impliqué dans la vie sociale de la faculté, où il s'est rapidement fait connaître. Il écrivait dans le *Quartier latin*, le journal de l'AGÉUM (l'Association générale des étudiants de l'Université de Montréal). Il signait, dans le numéro de décembre, un long article dans lequel il proposait que les vacances d'été soient allongées de quelques semaines afin de permettre aux étudiants non pas de profiter davantage de la belle saison en pratiquant le farniente, comme l'aurait souhaité la majorité de ses confrères, mais de gagner des sous pour aider leurs parents à payer leurs études. Sans doute que, « bollé » comme il l'était, il aurait très bien pu assimiler la matière au programme en cinq ou six mois au lieu de neuf. Mais ce n'était pas le cas pour tout le monde. Et sa proposition n'a jamais été sérieusement considérée. Ni par les étudiants, ni par la direction.

L'année scolaire n'étant pas raccourcie, l'étudiant Bourassa aura beaucoup de temps à perdre. Plutôt que de s'ennuyer comme il le faisait à la petite école et au collège, il multiplia les activités para-académiques. Élu délégué des étudiants auprès de l'Association France-Canada, il a participé à toutes sortes de colloques et de débats. Il a continué d'écrire de temps en temps dans le *Quartier latin*. Surtout, il a donné de son temps au Parti libéral, même l'été, alors qu'il travaillait pour payer ses cours.

En 1955, grâce à une connaissance, un organisateur libéral qui avait connu son père au ministère des Transports, il a eu un bon boulot au péage du pont Jacques-Cartier. Les heures étaient longues, et il travaillait souvent de soir ou de nuit, en profitant pour lire et étudier. À la rentrée, il possédait la matière de sa troisième année de droit. Il est quand même allé à tous les cours. Robert Bourassa était un étudiant consciencieux, un homme de devoir, un péagiste incorruptible.

Plus tard, quand on lui demandera de parler de sa jeunesse (ce qu'il ne faisait jamais spontanément), il aimera évoquer cette époque. Et il laissera entendre que son nationalisme était né dans ce milieu, par réaction, alors qu'il était au service d'une institution fédérale, où il y avait peu de place pour les Canadiens français, sauf pour ceux qui occupaient de petits emplois mal rémunérés. Son père avait connu ces humiliantes réalités.

Un soir, un ami qu'il avait perdu de vue depuis quelque temps, George Boudreault, s'est présenté au péage dans sa vieille Peugeot 403. Avec, en tout et pour tout, 20 cents dans ses poches. L'aller simple coûtait 15 cents ; il lui manquerait donc 10 cents pour le retour. Il a demandé à Robert de le laisser passer. Celui-ci a refusé. « Je peux pas, j'ai pas le droit. » Mais il lui a prêté les 10 cents manquants. Et ils ont convenu de se retrouver le lendemain soir à la Binerie de la rue Mont-Royal – la fameuse binerie que *Le Matou* d'Yves Beauchemin allait plus tard rendre célèbre –, où Robert avait ses habitudes à l'époque.

Originaire de Saint-Félicien, au Lac-Saint-Jean, George Boudreault avait eu une enfance plutôt misérable. Il s'était enfui à quatorze ans de l'orphelinat où son père, veuf et père de dix enfants, l'avait placé quand il avait trois ans. Et depuis, il s'était débrouillé tout seul, en faisant de la plonge, du pelletage de neige et du balayage de feuilles mortes, du nettoyage de cours, du coupage de gazon, du lavage de vitres, un peu de menuiserie, un peu de taxi sans permis, il fut placier au théâtre, boulanger, garçon de ferme. Drôle, éminemment sympathique, il s'était fait plein d'amis dans toutes sortes de milieux. Il était un insatiable « connaisseur de monde », comme il disait. Voilà pourquoi il s'était joint à une chorale à Ahuntsic, celle-là même où chantait Adrienne, la mère de Robert Bourassa : pour connaître plus de monde.

Mme Bourassa lui avait demandé un jour de venir chez elle, pour exécuter de menus travaux : resserrer les poignées de portes, décoincer une fenêtre, faire un peu de peinture. Rien de bien compliqué, ni d'éreintant, ni de salissant. George s'était donc étonné de trouver chez Mme Bourassa un grand escogriffe de son âge, qui n'avait rien de mieux à faire que de lire un livre, pendant qu'il rafistolait les poignées de portes et décoinçait la fenêtre. Mme Bourassa lui avait alors expliqué que son garçon ne faisait pas de travaux de ce genre. Il était étudiant, il serait avocat un jour et il ferait probablement de la politique. Il était déjà membre du Parti libéral.

Or, George était lui aussi membre du parti. Et il avait un projet : venger son père, qu'il avait vu pleurer de rage un jour parce que le permis de poste qu'il convoitait avait été donné à un unioniste. George avait alors juré qu'il effacerait l'Union nationale de la carte électorale. Et il y travaillait activement. Malgré leurs différences de caractère, de culture et d'intérêts, les deux garçons étaient devenus amis pour la vie.

George, l'orphelin, était fasciné par la famille Bourassa, dans laquelle Robert était traité comme un coq en pâte. «Tu as trois mères-poules qui s'occupent de toi, lui disait-il. Moi, j'en ai même pas eu une.» Cela dit sans amertume aucune. Malgré la misère qu'il avait mangée, George était d'un naturel heureux.

Ce soir-là, à la Binerie, il a parlé à Robert des hôtels d'été que possédaient sa sœur et son beau-frère dans le Maine, à Old Orchard, le Long View Hotel et le Perlin Hotel, en face du Gables Inn, lieu de rendez-vous très couru des Montréalais. George s'y rendait presque toutes les fins de semaine, dans sa 403, pour y conduire ou en ramener des clients. Robert lui dit alors que sa mère et une amie à elle, une dame Viger, cherchaient justement une place où passer quelques semaines au bord de la mer. On a fait des arrangements. Et la semaine suivante, George conduisait les deux femmes, «la gentille Mme Bourassa et l'exécrable Mme Viger», à Old Orchard. Elles s'y sont tant plu qu'elles ont pris l'habitude d'y passer une bonne partie de leurs étés. Marcelle et Suzanne s'y rendaient parfois avec elles. Robert, plus rarement, et pour de courts séjours, parce qu'il avait ce travail au pont Jacques-Cartier qu'il ne pouvait quitter longtemps. À l'époque, il ne nageait pas dans la mer, comme il le fera plus tard avec tant de plaisir. Mais il avait déjà une passion pour la marche. Il partait seul. On ne le voyait pas pendant des heures. Ou il s'installait au gros soleil avec un livre ou des journaux. Souvent seul, toujours un peu à l'écart. Il découvrit cet été-là la mer et le soleil qu'il chérira toujours.

George Boudreault fréquentait alors le Club de réforme, fief libéral situé sur la rue Sherbrooke, à Montréal. Il y avait une salle de quilles au sous-sol, où il passait des heures en compagnie des organisateurs et des hommes de terrain du parti. Il croisait parfois des apparatchiks du parti, des huiles, des gens importants ou qui le deviendraient, comme Georges-Émile Lapalme, Jean Lesage, Paul Gérin-Lajoie.

Une bande d'amis s'était formée, composée en bonne partie de jeunes militants libéraux, garçons et filles. Robert cependant n'était pas vraiment un «gars de gang». Si l'on décidait d'aller tout le monde ensemble au cinéma, ou au parc Belmont, ou en pique-nique sur la montagne, il se désistait la plupart du temps sous prétexte qu'il n'avait pas d'argent ou qu'il avait des lectures ou des études à faire. Il était plutôt solitaire, en fait. Mais régulièrement, il télépho-nait pour prendre des nouvelles, pour savoir ce qui se pas-sait dans le groupe. Il en faisait partie, mais sans y être réel-lement. «Robert a toujours été un *lonesome wolf*», dit George Boudreault, lui-même surnommé le «Loup blanc» parce qu'il a eu, très jeune, les cheveux tout blancs.

Une histoire d'amour

Au printemps de 1956, Robert Bourassa, vingt-deux ans, s'est impliqué plus que jamais dans les élections provinciales. Pour la première fois de sa vie, le 20 juin, il allait pouvoir voter. Presque toujours accompagné de son ami George, qui lui servait de chauffeur, il a participé à plusieurs assemblées contradictoires, dont une mémorable, à Sainte-Scholastique, dans le comté de Deux-Montagnes, fief unioniste qu'occupait à l'époque le très populaire député Paul Sauvé, que tous considéraient comme le dauphin de Maurice Duplessis.

Il s'est alors produit un incident bénin, qui allait prendre aux yeux de l'histoire une certaine importance. Aimé Legault, le candidat libéral, ne pouvait parler à cause d'une extinction de voix. Certains ont prétendu que ce malaise était purement stratégique et commandé par la peur qu'inspirait le charismatique Paul Sauvé. Quoi qu'il en soit, le jeune Bourassa s'est proposé pour affronter cet homme ayant plus de deux fois son âge et une longue expérience de la politique et de la vie. Sauvé avait été, à vingt-trois ans, député conservateur, puis au milieu des années 1930, avec Maurice Duplessis, l'un des membres fondateurs de l'Union nationale, qui succédait au Parti conservateur du Québec. Bien qu'il se fût, pour des raisons nationalistes et politiques, opposé à la conscription, il s'était enrôlé comme volontaire. Il avait participé au débarquement de Normandie et avait commandé le régiment des Fusiliers Mont-Royal dans la campagne de libération de la France en 1944. Il avait le prestige inaltérable du bel héros militaire décoré de la Croix de guerre française.

Peu après les élections qui, cette année-là, l'avait ramené au pouvoir, Duplessis avait créé le ministère de la Jeunesse et du Bien-être social, dont Paul Sauvé, alors âgé de trente-sept ans, a été le premier titulaire.

Il fallait donc avoir du front tout le tour de la tête pour se mesurer à un tel homme, dans son propre fief, Deux-Montagnes. Malgré sa jeunesse et ses airs timides, Robert Bourassa, étudiant en droit, n'avait pas froid aux yeux.

Il y avait, ce jour-là, à Sainte-Scholastique, un troisième larron, un membre du Parti social-démocrate, qui tenait lui aussi à prendre la parole, un jeune homme arrogant, très sûr de lui, très éloquent. Paul Sauvé et le jeune Bourassa se sont consultés : officiellement, le débat devait se faire entre les ténors des deux grands partis. Selon Bourassa : « Qui dit contradictoire dit deux personnes, deux partis, donc l'Union nationale et le Parti libéral, personne d'autre. » Et il signifia lui-même au représentant social-démocrate qu'il n'aurait pas voix au chapitre. Celui-ci était furieux. Il n'avait pas l'habitude qu'on lui refuse quoi que ce soit. Il était riche, il avait étudié à Brébeuf et fait son droit, lui aussi, *magna cum laude*, il avait voyagé de par le monde. Il s'appelait Pierre Elliott Trudeau. Et il ne put parler. Il est parti, hors de lui, dans sa petite voiture sport. Il a rédigé un texte vengeur qu'il a lui-même porté au *Devoir*, qui l'a fait paraître quelques jours plus tard. Sans signature. Cc fut le premier d'une longue série d'affrontements entre Robert Bourassa et Pierre Elliott Trudeau.

Le 20 juin, Maurice Duplessis a de nouveau battu les libéraux. Avec 52 % des voix, il faisait entrer 73 députés à l'Assemblée législative, où ne siégeront que 19 libéraux. Robert Bourassa n'était pas pour autant découragé par la politique. Bien au contraire. À la rentrée des classes, il briguait la présidence de l'AGÉUM. Ces élections étudiantes étaient fortement politisées. Les candidats, qui étaient élus par les délégués de chacune des facultés et des écoles de l'université, se présentaient sous la bannière d'un des grands partis politiques, le Parti libéral ou l'Union nationale. Dans ses discours, l'étudiant Robert Bourassa défendit donc les idées et les valeurs libérales, parlant du respect des droits individuels, des pouvoirs qu'on devait toujours disputer à Ottawa, des idées de Georges-Émile Lapalme, qu'il admirait. À cela, il ajouta, comme il se doit, son programme étudiant, reprenant sa vieille idée d'allonger les vacances d'été afin que les étudiants pauvres puissent travailler et aider leurs parents à couvrir les frais de leurs études.

Les délégués des facultés, majoritairement unionistes, à l'instar du clergé et de la haute direction de l'université – dont le nouveau recteur, nommé l'année précédente, était Mgr Irénée Lussier –, sont restés pour la plupart insensibles à son programme. Le libéral Bourassa a donc connu sa première défaite électorale. Malgré les huées qu'on lui a servies, il a prononcé un discours de défaite très sobre, très serein, ne manifestant aucune amertume, comme si tout ça avait peu d'importance, alors qu'il avait investi dans cette campagne électorale tout son temps, toutes ses énergies, et beaucoup d'espoir.

Une jeune femme l'avait remarqué cependant, Andrée Simard, la déléguée de l'Institut de pédagogie familiale, une école affiliée à l'Université de Montréal où l'on apprenait aux jeunes filles de bonne famille tout ce qu'il fallait faire et ne pas faire pour tenir maison, élever une famille, plaire à son homme.

Elle était issue d'un milieu extrêmement aisé. Son père, Édouard Simard, était l'un des plus puissants industriels canadiens, grand patron, avec ses frères Joseph et Ludger, de Marine Industries, une entreprise de dragage établie à Sorel et à Tracy, qui entretenait les ports du Saint-Laurent et qui avait connu une expansion fulgurante dans les années 1930 et 1940, en construisant des navires de guerre, des canons, toutes sortes d'équipements lourds pour les armées d'Europe et d'Amérique. La guerre terminée, Marine Industries avait obtenu de lucratifs contrats du gouvernement fédéral, qui avait entrepris la canalisation et le creusage de la voie maritime du Saint-Laurent.

Robert et Andrée se sont croisés à quelques reprises sur le campus de l'université. Ils se saluaient, se souriaient, sans plus. Elle le trouvait beau garçon, « et vraiment pas comme les autres ». Il y avait chez lui une gravité et un sérieux qui lui plaisaient. Mais elle avait un autre prétendant qui terminait cette année-là sa médecine. Et elle croyait, sans en être certaine, que Robert avait une petite amie. Puis un jour, comme ils sortaient en même temps de la bibliothèque, ils ont engagé la conversation et ont descendu ensemble les escaliers qui menaient à la rue Maplewood (aujourd'hui Édouard-Montpetit), où elle habitait. Mais il ne l'a même pas raccompagnée jusque chez elle, il ne lui a pas proposé d'aller prendre un café, il ne lui a pas dit : « Quand est-ce qu'on se revoit ? » Rien. C'est elle qui est allée vers lui, qui l'a emmené dans sa famille et dans son monde.

Invitée au mariage d'une amie, elle a tout de suite conçu un plan. Mais avant de le mettre à exécution, elle y a pensé pendant des jours et des jours. Il était plutôt inhabituel, à l'époque, qu'une jeune femme fasse des avances à un homme. Mais elle savait instinctivement que, lui, il ne ferait jamais les premiers pas, même s'il en mourait d'envie. « Alors j'ai décidé d'agir. »

En avril 1957, quelques semaines avant le mariage de son amie, Andrée s'est lancée sur le sentier de l'amour. Elle connaissait Jacques Tétreault (futur maire de Laval, futur député conservateur de Laval-des-Rapides et candidat défait par Rodrigue Biron à la chefferie de l'Union nationale), qui étudiait en droit, comme Robert Bourassa. Elle l'a prié d'agir comme intermédiaire et de demander à son collègue s'il voulait l'accompagner à un mariage. Le lendemain, Robert est venu lui dire qu'il acceptait avec plaisir. Elle était profondément troublée à l'idée de passer une journée avec ce jeune homme qui faisait battre son cœur, mais aussi parce qu'elle réalisait qu'elle devrait signifier à son cavalier étudiant en médecine qu'il risquait fort de devenir son ex.

Robert Bourassa n'avait jamais fréquenté ce milieu plutôt huppé et argenté où évoluaient les mariés. Ses chaussures n'étaient pas toutes neuves et son habit n'était pas d'aussi bonne coupe que ceux que portaient les autres invités. Mais il était tout à fait à l'aise, très sûr de lui, même s'il ne faisait pas les premiers pas et n'allait pas spontanément au-devant des gens.

Ce jour-là, il a parlé à la belle Andrée de ses projets de vie. Elle était fascinée par le plan de carrière très détaillé qu'il lui a exposé. C'était limpide, tout bien dessiné. « Robert a toujours su ce qu'il voulait faire dans la vie. Et il l'a fait, dit-elle. Il avait déjà, quand je l'ai connu, une parfaite maîtrise de sa vie. Moi, je n'étais pas très sûre de moi ; je n'avais pas de plan. Je n'avais même jamais pensé à en avoir. Pas d'idéal, non plus, comme lui, qui rêvait de changer le monde. »

Elle l'a invité chez elle, dans le bel appartement qu'elle avait, rue Maplewood, juste en face de l'université. Elle lui avait demandé ce qu'il aimerait manger. « Du poisson, a-t-il dit, un filet de sole, par exemple. » Ce fut une sole à la poêle avec sauce tomate et oignons.

Deux semaines plus tard, Robert était admis au Barreau de la province de Québec et il recevait la Médaille que le gouverneur général du Canada décerne chaque année au meilleur étudiant en droit. Après son assermentation au palais de justice, il a emmené Andrée à Ahuntsic, chez sa mère et ses deux sœurs.

Et ils ont commencé à se fréquenter sérieusement au cours de cet été de 1957. Ils allaient au cinéma, ce qui était pratiquement une découverte pour lui. Il aimait les intrigues policières, qui intéressaient moins Andrée. Il s'est laissé entraîner à quelques reprises au théâtre du Gésù, où se produisaient les Compagnons de Saint-Laurent. Elle lui a fait entendre les musiques qu'elle aimait, Mahler, Chostakovitch, Ravel, Debussy, auxquelles de son propre aveu il ne comprenait rien.

Elle adorait l'entendre disserter. Il avait des sujets de conversation qui, tenus par d'autres que lui, ne l'auraient jamais intéressée. Sur le traité de Rome, par exemple, et sur la constitution de la toute nouvelle Communauté économique européenne, sujets qu'il savait rendre passionnants.

Pour le troisième été consécutif, il travaillait au péage du pont Jacques-Cartier. Andrée venait parfois le chercher dans la Chrysler de son père. Ils allaient marcher sur la montagne. Puis ils roulaient, au hasard. Il parlait, elle écoutait. Parfois, elle l'emmenait au domaine familial à Sainte-Anne-de-Sorel. Fut-il impressionné par le faste des lieux, les haies de grands arbres qui bordaient l'allée menant à l'immense maison, les impeccables pelouses qui entouraient la piscine, la promenade de gravier qui longeait le fleuve, la plage de sable fin, le débarcadère, le yacht, les serviteurs? Pas vraiment. S'il l'a été, ça ne paraissait pas. Il a tout de suite été parfaitement à l'aise dans ce monde, comme s'il y avait toujours vécu.

Pourtant, la famille Simard ressemblait bien peu à la sienne. On y parlait fort, on discutait ferme, chacun avait des opinions clairement exprimées. À six ans, Andrée, sa sœur Michelle, ses frères Claude et René, avaient l'habitude des machines-outils, des usines, des moteurs; à seize ans, ils savaient conduire autos, tracteurs, yachts et motos. Parmi eux, Robert faisait figure de fascinant extraterrestre. Il n'élevait jamais la voix, il ne savait rien faire de ses dix doigts, il n'aimait pas les machines, ni les chats, ni les chiens, ni les chevaux.

Andrée avait demandé à son frère Claude de montrer à conduire à Robert. Ce fut loufoque. Et complètement inutile. Les conditions étaient pourtant idéales. On se trouvait sur les chemins de gravier du domaine des Simard. Après une demi-heure d'essai, Robert a garé la Chrysler devant l'une des portes du garage, il s'est tourné vers Claude et lui a dit : « Est-ce qu'on pourrait s'arranger pour que je n'aie pas à conduire? » On a vite compris que cet étrange jeune homme ne faisait jamais ce qu'il n'avait pas envie de faire. Il avait d'autres plans, d'autres jeux, d'autres idées en tête.

Édouard Simard était tout le contraire d'Aubert Bourassa, le père de Robert; c'était un fonceur, un homme rude, rieur, qui aimait prendre un coup, qui ne portait pas les curés dans son cœur, qui n'avait pas froid aux yeux et qui était partout à l'aise, tant avec les politiciens les plus influents qu'avec les ouvriers qu'il employait dans ses usines.

Édouard Simard et ses frères étaient, comme tous les autodidactes, de gros travaillants. Ils étaient nés pauvres, à Baie-Saint-Paul. Ils avaient construit un véritable empire industriel engageant des masses de travailleurs avec qui ils avaient connu parfois de violents conflits. Ils avaient cependant gardé, de leurs humbles origines, l'habitude des rapports humains directs. Et Édouard éleva ses enfants ainsi, de manière à ce qu'ils connaissent la valeur des choses et des gens. Nul snobisme chez eux. Jamais d'arrogance. Andrée était une chic fille, sans prétention, très aimée, très entourée d'amis. Que le jeune homme sur lequel elle avait un œil appartienne à un tout autre milieu social que le sien n'avait, à ses yeux, aucune importance. Ni aux yeux de ses parents. Il n'y eut jamais de la part de la famille Simard de résistance ou de réticence à l'égard de ce jeune homme sans fortune. Édouard Simard et sa femme Orise, née Brunelle – aux États-Unis, où elle fut élevée –, ne jugeaient pas les gens en fonction de leurs origines. Robert Bourassa fut donc bien accueilli dans la famille Simard. Très rapidement, une véritable amitié s'est développée entre le richissime industriel sexagénaire et le jeune avocat de vingt-cinq ans qui rêvait d'être un jour premier ministre du Québec.

Édouard Simard n'avait pourtant jamais eu beaucoup d'estime pour les hommes politiques. Il les avait vus trop souvent à plat ventre devant les gens d'affaires, incapables d'exercer sans eux le pouvoir qu'ils croyaient détenir. Le vrai pouvoir, selon lui, avait toujours été dans les affaires, pas dans la politique. Et voilà qu'un jeune homme, chargé d'idées libérales et sociales-démocrates, parvenait à le convaincre que la politique pouvait changer le monde. Et pour le mieux. Édouard Simard n'avait plus vraiment d'ambition personnelle. Sa fortune était faite ; sa famille était élevée. Mais il déplorait haut et fort que le monde dont il était issu, le Canada français, manque d'audace, qu'il soit passif et facilement soumis à toute autorité.

Il détestait Duplessis et, contrairement à ses frères, il le disait ouvertement. Il voyait bien que des changements radicaux se préparaient au Québec. Il comprenait qu'un jeune homme comme Robert Bourassa soit tenté d'y participer. Et il aurait bien aimé l'aider. Il était toutefois plus proche des milieux politiques fédéraux que provinciaux. Il avait été un bon ami de Mackenzie King. Juste avant la guerre, avec l'aide de ce dernier, il s'était rendu à Londres, où il avait rencontré des industriels et des politiciens. Il les avait informés qu'il avait, à Sorel, dans un environnement très sécuritaire, inaccessible aux frappes allemandes qui ne manqueraient pas de fondre sur les chantiers maritimes britanniques, la main-d'œuvre qualifiée et les infrastructures nécessaires à la construction de machines de guerre, destroyers, canons, etc. Il décrocha ainsi de très gros contrats. Marine Industries a construit des barges de débarquement, des Liberty Ships, et fabriqué des canons pour les Anglais, les Français, les Américains, les Canadiens. Et aussi des wagons de chemin de fer, des pièces de machinerie industrielle.

Comme tout homme qui a réussi, Édouard Simard aimait parler de lui. Et Robert Bourassa l'écoutait avec plaisir et lui posait mille questions.

Sans jamais donner l'impression d'être suffisant ou de se prendre pour un autre, Robert Bourassa avait une très grande confiance en lui. Andrée, malgré la fortune de son père et ses qualités personnelles, n'avait pas cette assurance. Et elle se disait, certains jours, qu'elle ne pouvait sûrement pas intéresser un homme de cette intelligence et de cette qualité. Elle avait voyagé, elle avait plein d'amis, elle avait étudié le piano et l'orgue, elle aimait le théâtre, les concerts, les expositions. Mais il lui semblait toujours que sa culture à lui était supérieure à la sienne. Robert ne s'est jamais intéressé aux musiciens ou aux peintres qu'elle aimait; elle était, elle, captivée par ce qu'il était, ce qu'il pensait, ce qu'il faisait, ce qu'il connaissait. Il y a des gens qui admirent; d'autres qui sont admirés. Andrée était sans doute plus attentive aux autres que ne l'était son amoureux.

Robert lui avait dit qu'il voulait faire de la politique. Et si ça ne marchait pas en politique, il avait un plan B : il serait journaliste. Et s'il ne trouvait pas son bonheur dans le journalisme, il avait un plan C : il enseignerait. Il avait déjà fait un peu de journalisme au *Quartier latin*, des articles sérieux, sur des sujets arides. À Brébeuf, il avait donné des cours de rattrapage à des confrères en mathématiques, en chimie, en physique.

Il était entendu que, quel que soit le choix que lui permettrait la vie, politique, journalisme ou enseignement, ce serait toujours au plus haut niveau. Pas question pour lui de faire de la politique comme homme de terrain, ni d'enseigner dans une école secondaire ni même un collège classique, ou d'écrire pour une feuille de chou sur des sujets légers. La politique, ce serait au Québec ; et dans le rôle de premier ministre. Le journalisme, au *Devoir*. L'enseignement, à l'Université de Montréal. Il pousserait donc davantage ses études. Il avait déjà fait une demande de bourse avec l'aide de sa sœur Suzanne, qui dactylographiait ses travaux d'université et avait rempli pour lui les formulaires de demande de bourse Rhodes, dont les récipiendaires, majoritairement issus des pays du Commonwealth, pouvaient étudier gratuitement à l'Université d'Oxford, près de Londres. Quelques rares Canadiens français, dont Paul Gérin-Lajoie, membre du Parti libéral, l'avaient déjà obtenue.

Robert Bourassa était confiant. N'avait-il pas eu la Médaille du Gouverneur général du Canada ? N'était-il pas sorti premier de la Faculté de droit de l'Université de Montréal ? Tout de même, au cas où ça ne fonctionnerait pas, Suzanne avait déjà préparé les formulaires de demande de bourse de la Société royale et de la Fondation Mackenzic King. Robert avait décidé d'étudier l'économie politique et les finances publiques. Pour gouverner un pays, il faut savoir où est son argent, d'où il vient et où il va, à quoi et à qui il sert.

Robert a su au début de l'été qu'il n'avait pas la bourse Rhodes. Deux semaines plus tard, la Société royale du Canada lui accordait une bourse de 5 000 dollars, une somme substantielle à l'époque ; il recevrait en plus une subvention de la Fondation Mackenzie King. Même si elle s'y attendait, Andrée eut un choc le jour où il lui annonça qu'il partait pour Oxford, où il étudierait pendant deux ans!

C'est alors qu'elle a réalisé qu'elle était vraiment amoureuse. Elle savait bien qu'il n'aurait pas les moyens de revenir avant un an. Ils s'étaient vus tous les jours de l'été. Et penser qu'ils n'auraient plus leurs conversations la peinait beaucoup. Édouard Simard, même s'il avait bien apprécié le jeune Bourassa, tentait de raisonner sa fille. «Il y a d'autres garçons. Oublie-le.» Mais elle n'avait pas envie de l'oublier.

À la mi-août, deux semaines avant de partir, Robert lui avouait enfin qu'il voulait faire sa vie avec elle. Elle était troublée. Et le fut davantage quand, deux jours plus tard, il lui dit qu'il reviendrait à Noël pour se fiancer avec elle, si bien sûr elle était d'accord. Elle était folle de joie. Et un peu inquiète aussi. «Je ne voulais pas avoir de la peine, ni en faire. J'étais tentée de me protéger. Mais en même temps, j'avais la certitude que je pouvais m'engager dans quelque chose de grand. Pour une fois, ma vie avait un sens; pour une fois, j'avais un plan.»

Robert, elle le savait, avait longuement réfléchi. Il avait fait des calculs. Il a rencontré Édouard Simard et lui a demandé la main de sa fille en l'assurant qu'il pouvait la faire vivre décemment. Il était déjà licencié en droit et membre du Barreau du Québec, il avait l'intention d'étudier en économie et en fiscalité. Pas de doute qu'il occuperait, dans quelques années, de hautes fonctions bien rémunérées.

Que serait devenu Robert Bourassa sans cette richissime belle-famille? Sans cette histoire d'amour qui naquit à l'été de 1957, au moment où il entreprenait sa dernière année de droit à l'Université de Montréal? Sa carrière eut sans doute été différente. Mais c'est vrai pour tout le monde. Ce sont les rencontres faites qui forgent l'identité de chacun, ce sont les amours, et la chance aussi. Tout autant sans doute que le travail et le talent.

Sans la fortune dont il a pu profiter, Robert Bourassa n'aurait pas été moins brillant, ni moins ambitieux. Il avait décidé et annoncé qu'il serait un jour premier ministre du Québec longtemps avant de rencontrer Andrée Simard. Aurait-il été tenté de répondre à l'appel de sirènes qui lui promettaient des fortunes et d'aller, plutôt qu'en politique, vers le milieu des affaires? «Jamais de la vie», répondent unanimement ceux qui l'ont connu. Il aurait vécu pauvrement, simplement, dans un quatre et demi s'il n'avait pu trouver mieux. Il aurait porté des vestons défraîchis, des chaussures élimées, il serait allé moins souvent à la mer et au soleil, mais il aurait été premier ministre du Québec. Il y serait arrivé par des chemins différents, très certainement. Et plus tard, peut-être. Mais il ne serait jamais allé travailler dans un bureau d'avocat, ni dans la fonction publique.

Robert Bourassa a été admiré, soutenu, aimé par ses parents et ses sœurs, par sa femme et la famille de sa femme. Mais ce ne sont pas eux qui l'ont fait, qui l'ont orienté dans la vie. Il leur doit son bonheur, peut-être. Mais pas sa carrière. Andrée Simard a eu plus d'importance par l'influence qu'elle a eue sur Robert Bourassa et les conseils qu'elle lui a donnés que par sa fortune. Elle a été la seule et unique femme de sa vie. Et aussi sa première conseillère.

La social-démocratie

À la fin d'août 1957, Robert s'est embarqué pour South-ampton. Après être allés le conduire au port de Montréal, Andrée et ses parents étaient rentrés à Sainte-Anne-de-Sorel. Deux heures plus tard, le paquebot à bord duquel il se trouvait passait devant chez eux, à quelques encablures de leur débarcadère. Ils l'ont aperçu, sur le pont, ils lui ont fait de grands signes de la main auxquels il a répondu avec retenue. Il avait dit à Andrée qu'il était heureux et triste, confiant et inquiet. Il se retrouvait seul pour la première fois de sa vie, loin de sa famille, qui prenait si bien soin de lui, et loin de la femme qu'il aimait.

À Southampton, il a pris un train pour Londres ; puis un autre train pour Oxford. Il avait réservé par la poste une chambre d'étudiant, dans un *dormitory*, sur le campus de l'université. Il allait, pendant deux ans, sous la direction d'un tuteur, étudier la taxation des biens de capital, études qui exigeaient des connaissances en droit et en économie, beaucoup de lecture et de rédaction.

Il avait à l'époque une connaissance passive de l'anglais, c'est-à-dire qu'il en connaissait le vocabulaire et les règles, mais en maîtrisait mal la pratique. Il a dû bûcher très fort. Et, pour la première fois de sa vie, le petit garçon à sa maman devait faire sa lessive, ranger la minuscule chambre qu'il habitait, bref, s'occuper de lui-même. Le tutorat permettait par contre d'établir un horaire très souple ; l'étudiant rencontrait son tuteur une ou deux fois par semaine, il lui parlait de ses recherches, s'ouvrait à lui de ses doutes, lui remettait les travaux qu'il avait préparés, écoutait ses conseils. Il n'y avait pas de cours commun où il pouvait côtoyer d'autres étudiants et discuter avec eux. Et Robert n'était pas du genre à fréquenter les pubs étudiants, ou à se joindre à un club de foot ou d'échecs. Il préférait les longues marches en solitaire dans les parcs ou le long des rivières d'Oxford. En fait, ses rares loisirs étaient liés à sa formation. Régulièrement, il prenait le train pour Londres et se rendait assister aux débats à la Chambre des communes.

Il écrivait chaque semaine à sa compagne ; aux deux semaines, à sa mère et à ses sœurs. Comme promis, il est revenu se fiancer à Noël, en avion, cette fois. Il a vu sa mère et ses sœurs, mais il a passé le plus clair de son temps à Sainte-Anne-de-Sorel, chez les Simard. Il faisait désormais partie de la famille. Édouard Simard, dont l'entreprise était alors en déclin, prenait parfois conseil auprès de son futur gendre.

Les amoureux allaient se retrouver à Pâques, en Europe. Andrée était lourdement chaperonnée par sa mère, son père et son frère Claude. Robert avait fait ses devoirs et ses lectures et obtenu de son tuteur la permission de s'absenter un plein mois. Il a rejoint les Simard à Paris. Il a voyagé avec eux dans le sud de la France et en Italie. Puis Édouard et Orise Simard, sans doute rassurés par le sérieux du jeune homme, ont consenti à laisser leur fille aînée partir seule avec lui à Londres, où ils ont passé « trois jours en amoureux ». Ils ont choisi, au 29, Victoria Road, à Oxford, l'appartement qu'ils allaient occuper quand, mari et femme, ils y reviendraient au mois d'août suivant.

Au début de l'été 1958, Robert était de retour au Québec pour les grandes vacances d'été. Il a repris contact avec ses amis du Parti libéral, qui depuis mai avait un nouveau chef. Jean Lesage, un bel homme charismatique, très dynamique, qui avait été député à Ottawa, venait en effet de succéder à Georges-Émile Lapalme, après une course à la chefferie au cours de laquelle il avait défait Paul Gérin-Lajoie. Duplessis cependant était toujours au pouvoir. Et même si un vent de changement se levait sur le Québec, il continuait, avec l'appui du clergé, d'exercer une incassable autorité.

Robert n'a pas repris son poste au péage du pont Jacques-Cartier. Il entrerait bientôt dans la famille Simard et n'aurait plus jamais besoin de faire ce genre de travail pour gagner sa vie. Édouard Simard connaissait son projet et l'encourageait. Il voyait les changements qui s'opéraient dans la société québécoise. Et il croyait son futur gendre capable d'assumer un jour d'importantes fonctions au sein du gouvernement.

Les Simard avaient un camp de pêche et de chasse au lac Sleigh (aujourd'hui lac à la Traîne), en Mauricie, en haut de la rivière Matawin, un lieu magnifique. Nature grandiose, presque intouchée, immense camp de bois rond, au toit mansardé, aux murs garnis de têtes d'orignal et de cerf, de peaux de lynx et d'ours. Robert n'était pas vraiment à l'aise dans ce rude environnement. Il ne savait pas mettre un canot à l'eau, ni pagayer, évidemment. Et il n'a jamais voulu apprendre. Il ne savait pas faire un feu dans le foyer, ni fendre du bois, ni brancher le gaz propane. Il réussit toutefois à maîtriser le pédalo, dont il fit un usage régulier. Seul ou avec Andrée, il partait pendant des heures, avec des journaux, des livres. Il s'installait dans une baie, à l'abri du vent, au gros soleil.

Une chose fascinait Claude, son beau-frère. Robert ne faisait rien, il ne rendait jamais aucun service. Il ne demandait jamais rien non plus, pas directement. Mais on aurait dit que les autres devinaient qu'il avait envie d'un jus d'orange, ou d'un chandail sur ses épaules, ou qu'on baisse le son du tourne-disque. Et tous faisaient avec plaisir ses quatre volontés.

Ainsi, Andrée est allée lui acheter un habit de noce et des chaussures (de pointure 10) qu'il a essayés à la maison. Il n'aimait pas et n'aimerait jamais le magasinage, surtout pas pour s'habiller. Trop de choix, trop de temps perdu. Et il distinguait mal les couleurs, qu'il était incapable d'agencer.

Le mariage eut lieu le 23 août 1958, à l'église Saint-Pierre-de-Sorel. La réception fut grandiose. Sous les blancs chapiteaux posés sur les pelouses se rassemblèrent 400 invités, des ministres, des gens d'affaires américains, canadiens, européens, dont certains étaient arrivés en hélicoptère. Les enfants s'ébattaient autour de la grande piscine. Il y avait des fleurs à profusion, un orchestre de chambre et un groupe rock.

Adrienne Bourassa et ses filles, Marcelle et Suzanne, étaient là, bien sûr, pas du tout étonnées que leur Robert, cet être d'exception, ait épousé une belle, riche, brillante et gentille héritière. C'était dans l'ordre des choses. Le soir venu, Édouard Simard ouvrit le bal en dansant élégamment la première valse avec sa fille chérie dans ses bras. Puis Robert entra dans la danse, si maladroitement qu'il fit rire tout le monde. Mais il n'était pas honteux le moins du monde. Il a ri, lui aussi. Il a toujours su, heureusement, rire de lui.

Déjà, il appelait sa femme «Lou», comme l'avait fait son père avec sa mère.

Deux semaines plus tard, ils faisaient ensemble la grande traversée. Avant de s'établir à Oxford, le jeune couple a fait une croisière en Méditerranée – Afrique du Nord, mer Adriatique, Grèce, Turquie. Robert n'aimait pas beaucoup voyager en touriste. Il adorait marcher dans les villes inconnues, mais les musées, les monuments, les belvédères et les promenades, ça ne l'intéressait pas beaucoup, pour ne pas dire pas du tout. C'était toujours l'actualité qu'il voulait comprendre. Chaque fois qu'il tombait sur un interlocuteur susceptible de l'informer, à Tanger, Marseille, Dubrovnik ou Istanbul, il lui posait mille questions sur les débats politiques en cours, les conflits de travail, l'économie.

À la fin de septembre, le couple amorçait pour de bon la vie commune sur Victoria Road, à Oxford. Cette fois, ce fut Andrée qui dut s'habituer à un monde inconnu. Jamais elle n'avait vécu dans un environnement si petit, si peu confortable. La chambre à coucher était chauffée à l'électricité ; le minuscule salon, au gaz ; la cuisine, au charbon. Quant aux toilettes, elles n'étaient pas chauffées du tout ; c'était une sorte de cagibi auquel on avait accès depuis un balcon extérieur. Pour les ablutions à la mitaine, il y avait le lavabo.

On prenait son bain dans un hôtel voisin. « On était jeunes et amoureux, on était heureux », dira-t-elle.

Elle avait apporté ses disques. Ils ont loué un phono. Le soir, elle mettait du Beethoven, du Mahler, les compositeurs russes contemporains, qu'elle écoutait à faible volume pour ne pas déranger son mari qui étudiait. Il n'entendait pas grand-chose à la musique qu'elle appréciait, trop savante, trop moderne. Mais il aimait bien de temps en temps une chanson de Trenet, de Piaf ou de Mouloudji… Son bureau se trouvait dans la chambre à coucher; c'était sa table de chevet, en fait. Il n'y avait pas de télé. Mais Robert prenait les nouvelles à la radio. Il suivait avec passion la guerre d'Algérie et la grave crise politique qu'elle avait provoquée dans la France métropolitaine, où, au printemps, la Quatrième République était tombée. Et Charles de Gaulle, qu'il admirait, était de retour.

Andrée faisait les courses, la cuisine trois fois par jour. Ils sortaient peu. Robert continuait de se rendre régulièrement à la Chambre des communes. Il avait beaucoup d'estime pour le leader socialiste et pacifiste Aneurin Bevan, soixante ans, fougueux orateur, considéré comme un héros par la gauche anglaise, principalement pour le rôle qu'il avait tenu dans la création du National Health Service, la Sécurité sociale britannique. Bourassa était fasciné par ces mesures qu'avait adoptées le Parlement: ainsi, dans ce pays, les pauvres pouvaient désormais se faire soigner aussi bien que les riches.

Bevan était de plus farouchement opposé aux armements nucléaires. On était alors en pleine Guerre froide. Un état de tension permanent régnait entre les États-Unis, l'URSS et leurs alliés respectifs, formant deux blocs dotés de moyens militaires considérables et défendant des systèmes idéologiques et économiques pratiquement irréconciliables. Selon Bevan, la course aux armements ne pouvait qu'engendrer, à plus ou moins long terme, des conflits catastrophiques. Robert Bourassa, qui n'aimait pas et n'aimera jamais les affrontements et les conflits, qui était fondamentalement un homme de paix, approuvait et faisait siennes les attitudes et les idées pacifistes de Bevan.

Né au pays de Galles dans une pauvre famille de mineurs, Bevan travaillait, à treize ans, au pic et à la pelle ; à dix-neuf ans, il était à la tête du syndicat local des mineurs. Et il était resté sensible aux réalités des petites gens. C'est beaucoup grâce à lui que Robert Bourassa s'est ouvert aux idées de la social-démocratie. Et qu'il est devenu, comme il se plaira plus tard à le répéter, membre du Parti travailliste. Il a toujours admiré ce genre d'hommes issus du monde ouvrier, forts en gueule, si différents de lui.

Chaque année, un peu avant les Fêtes, l'ambassadeur du Canada organisait un grand bal pour les étudiants canadiens qui fréquentaient les universités et les collèges anglais. Seul, Robert n'y serait probablement pas allé. Mais Andrée lui signifia qu'il n'y aurait pas de mal à rencontrer du nouveau monde, des couples de leur âge avec qui ils pourraient avoir une vie sociale… sans bien sûr nuire aux études. Il y avait beaucoup d'animation, de fumée, d'alcool, de musique, des *mixer dances* qui amenaient les danseurs à changer régulièrement de partenaire. Robert ne dansait pas. Il ne buvait pas non plus. S'il s'était écouté, il n'aurait parlé à personne. Andrée, plus liante, allait d'un groupe à l'autre, elle faisait la connaissance de jeunes Canadiens qu'elle présentait à son mari. Peu à peu, elle forma autour d'eux un cercle d'amis. Robert finit par comprendre, grâce à elle, qu'il devait sortir de son cocon et de sa bulle s'il voulait faire de la politique un jour.

Ils ont passé les Fêtes au Québec. Surtout pour faire plaisir à Édouard Simard. Andrée aurait préféré rester à Oxford avec son mari. Ils étaient bien ensemble, dans leur minuscule et frigorifique appartement de la rue Victoria. Mais son père aurait eu trop de peine. « Il me manquerait un pain de ma fournée », avait-il écrit à sa fille.

Peu après leur retour à Oxford, au début de 1959, Andrée annonçait à Robert qu'elle était enceinte. Robert n'avait jamais été expansif ou exubérant. Mais cette fois, il a manifesté son bonheur sans retenue. Il n'avait pas de travail. Il lui restait encore au moins deux années d'études. Mais il avait un plan de carrière. Et pas de soucis matériels. Avoir un enfant le comblait de joie.

Au printemps, dès que son mari eut terminé ses travaux et obtenu sa maîtrise ès arts en économie politique, Andrée est rentrée au Québec. Resté en Europe, Robert a voyagé pendant un mois avec sa sœur Marcelle. Ils ont visité, en car et en train, la côte d'Azur, Paris, Londres, la Scandinavie. C'était lui qui avait déterminé l'itinéraire. Il choisissait les meilleurs restaurants, car il aimait bien manger, et les hôtels les plus minables, parce qu'il ne voulait pas dépenser pour rien. À sa grande sœur qui parfois déplorait l'état lamentable des lieux, il répondait qu'on n'a pas besoin d'avoir une belle chambre pour dormir ; que ce soit dans un château ou un taudis, une fois dans les bras de Morphée, on ne voit pas la différence. Marcelle, comme toujours, se pliait aux volontés de son jeune frère qui faisait, bien sûr, les frais de la conversation.

Il lui parlait de ses études et de ses lectures, du Parti travailliste britannique, dont il était membre, d'Aneurin Bevan, pour qui il avait toujours une profonde admiration, de ses projets de faire un jour de la politique au Québec et de changer le monde.

L'exilé volontaire

S'il y avait quelque parfum de changement dans l'air quand Robert Bourassa et sa sœur Marcelle sont rentrés au Québec, au milieu de l'été, juste à temps pour les vingt-six ans de Robert, il devait être fort subtil. Robert savait que sa vie à lui allait changer : il serait père pour la première fois dans quelques semaines. Côté politique, cependant, rien ne semblait devoir bouger avant longtemps. Duplessis était au pouvoir sans interruption depuis plus de quinze ans et, malgré la vive opposition, parfois même au sein de son Union nationale, rien ne laissait présager un virage significatif.

Robert avait obtenu une bourse de la Fondation Ford pour étudier les finances publiques et le droit des compagnies à l'Université Harvard, à Boston. Andrée et lui se sont installés pour le restant de l'été à Sainte-Anne-de-Sorel. Andrée allait bientôt accoucher. Robert vivait désormais comme chez lui au sein de la famille Simard, totalement libre, ne se mêlant qu'aux conversations sérieuses qui pouvaient avoir quelque lien avec la politique. Dès qu'on abordait des sujets qui, pour lui, présentaient peu d'intérêt, les voitures, par exemple, ou la musique ou la mode, il se levait de table et allait lire ou marcher le long du fleuve... Et il parvenait à faire tout ça sans froisser personne, ni sa femme, ni les membres de sa belle-famille.

De temps en temps, il allait à Montréal en autobus depuis Sorel. Son beau-frère Claude lui disait qu'il sauverait du temps s'il savait conduire, il répondait qu'il en perdrait, au contraire. En autobus, il avait tout son temps. Il pouvait penser et lire. À Montréal, il voyait sa mère et ses sœurs, puis il passait au Club de réforme, rencontrait George Boudreault, ses amis du Parti libéral.

Et puis, au matin du 7 septembre 1959, le lundi de la fête du Travail, un électrochoc secoua le Québec : Maurice Duplessis était mort subitement, à Schefferville.

Tout allait changer. Trois jours plus tard, Paul Sauvé devenait premier ministre du Québec. Dès l'ouverture de la session parlementaire, il déposait une série de 27 projets de loi. En présentant son Cabinet à la presse, il a lancé un mot qui allait rester dans la légende politique du Québec : « Désormais », donnant le ton, la promesse d'un tout nouveau style de gouvernance, axé sur les réformes. Dans les rangs libéraux, on ressentit alors de l'inquiétude et beaucoup d'amertume : ces changements qu'on voulait faire depuis des décennies, qu'on espérait, qu'on attendait, serait-il possible qu'un autre les fasse ?

On peut toutefois imaginer l'excitation que devait éprouver le jeune Robert Bourassa. Tout était concevable. Un nouvel ordre se mettait en place. Il ne pouvait pour le moment y prendre part. Mais il ferait tout pour entrer dès que possible dans le cercle du pouvoir.

Robert et Andrée sont partis pour Boston à la mi-octobre, avec un poupon de trois semaines, François, né le 28 septembre 1959. Ils ont repris la vie d'étudiants et découvert le métier de parents. Andrée tenait maison et s'occupait du bébé. Mais tous les soirs, pendant qu'elle préparait le souper, celui-ci pleurait à fendre l'âme. Robert le prenait alors dans ses bras et marchait avec lui dans la maison. Il était d'une extraordinaire et attendrissante gaucherie. Parce qu'il avait toujours la tête ailleurs. Au Québec, le plus souvent. Il lisait avec le plus vif intérêt les journaux montréalais, qu'il recevait par la poste avec trois ou quatre jours de retard. Il appelait régulièrement George Boudreault pour avoir plus d'informations.

Paul Sauvé n'a pas eu le temps de mener à terme toutes les réformes qu'il avait annoncées : il est mort subitement

DES PARENTS AIMANTS
Adrienne Bourassa, née
Courville, adorait la musique
et le chant. Une atmosphère
joyeuse et sereine régnait
dans sa maison.

Aubert Bourassa, fonctionnaire fédéral au service des
douanes du port de Mont-
réal, était un homme timide,
sobre et réservé, très pieux,
très doux. Il avait une grande
dévotion pour saint Joseph
et pour le frère André.

1

UNE ENFANCE HEUREUSE

Robert et ses sœurs, Marcelle
et Suzanne. Chez les Bourassa,
on n'était pas riche, mais on ne
manquait de rien. Et on était bien
ensemble, on s'aimait beaucoup.

Robert a été un enfant choyé,
adulé par ses parents et par
ses sœurs. Un prince né dans
un quartier ouvrier de l'est de
Montréal !

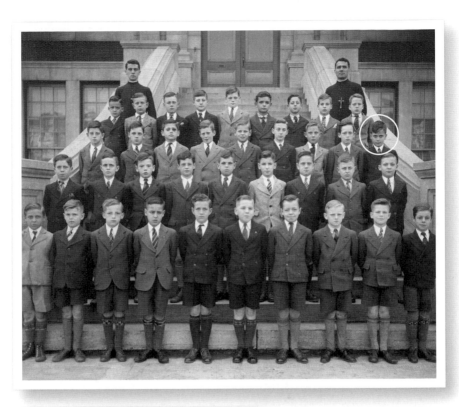

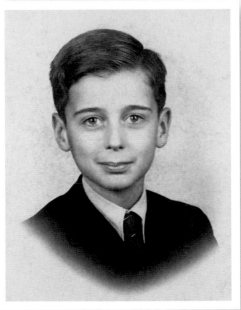

PREMIER DE CLASSE
Enfant sage et studieux, Robert a fait ses études primaires à deux pas de chez lui, à l'école Saint-Pierre-Claver, tenue par les frères de l'Instruction chrétienne. Il détestait les sports et l'éducation physique, mais il excellait dans toutes les autres matières.

VOIR LE MONDE

En 1958, pendant ses études à Oxford, Robert a voyagé en Europe et en Afrique du Nord. Il ne s'intéressait pas vraiment aux musées, aux monuments ou aux paysages, mais plutôt à l'économie et aux débats politiques en cours dans les pays visités. Il était déjà alors un vorace lecteur de journaux, celui qu'il a en poche sur la photo du haut en témoigne.

LE GOÛT DU SOLEIL Même s'il a été toute sa vie tourné vers l'Europe, dont l'activité politique le fascinait, c'est sur la côte atlantique, en Nouvelle-Angleterre et surtout en Floride, que Robert Bourassa, passionné de soleil, de plage et de mer, prenait du bon temps.

LA BELLE-FAMILLE BIEN-AIMÉE
Édouard et Orise Simard ont accueilli leur gendre comme un fils. Édouard, l'un des plus puissants industriels canadiens de l'époque, à l'aise tant avec les politiciens les plus influents qu'avec les ouvriers qu'il employait dans ses usines, a été pour Robert Bourassa un protecteur et un mentor.

UN PÈRE HEUREUX Que le jeune homme que sa fille aînée avait choisi pour époux soit sans fortune n'avait, aux yeux d'Édouard Simard, aucune importance. Une véritable amitié s'était développée entre le richissime industriel sexagénaire et son gendre, jeune avocat de vingt-cinq ans, qui rêvait d'être un jour premier ministre du Québec.

UNE FEMME POUR LA VIE
À vingt-cinq ans, toujours
étudiant, Robert Bourassa
épousait la belle, riche,
brillante et gentille héritière
qu'était Andrée Simard.
C'était elle qui avait fait
les premiers pas, qui l'avait
emmené dans son monde,
dans ses voyages.

le 2 janvier 1960, plongeant le milieu politique dans une profonde stupeur. Bien qu'il n'eût été au pouvoir que pendant cent douze jours, il avait changé le visage et l'humeur du Québec. Des historiens ont parlé de la « Révolution des 100 jours ». Ce fut, en tout cas, un prélude à ce qui deviendra la Révolution tranquille. Antonio Barrette, qui succéda à Sauvé, n'eut ni assez de temps ni assez de talent pour laisser sa trace, bonne ou mauvaise, dans l'histoire du Québec. Cinq mois plus tard, le 22 juin, les libéraux de Jean Lesage prenaient le pouvoir, en remportant 51 des 95 sièges à l'Assemblée législative.

Jamais le Québec n'avait été à ce point séduisant et stimulant. C'était dans ce monde nouveau, dans cette ronde que rêvait d'entrer Robert Bourassa, toujours membre du Parti libéral. Mais même s'il était bardé de diplômes et passionné de politique, même s'il était, à vingt-sept ans, mieux préparé que la très grande majorité des hommes qui se lançaient en politique, il n'avait toujours pas de liens avec les instances dirigeantes du parti. Il ne connaissait évidemment pas Jean Lesage, ni aucun de ceux avec qui ce dernier allait créer sa fameuse « équipe du tonnerre ».

« Il était, dira son beau-frère Claude, comme un excellent joueur de baseball, conscient de sa valeur, mais forcé de rester sur le banc, alors que son équipe dispute le match du siècle. »

Son beau-père, Édouard Simard, qui entretenait des relations d'affaires avec les libéraux, lui avait promis que, le temps venu, quand Robert rentrerait de Harvard, il lui ferait rencontrer des gens qui pourraient l'introduire dans les hautes sphères du pouvoir.

Mais Robert Bourassa tenait à parfaire sa formation. Il s'est trouvé un emploi au ministère fédéral du Revenu. Il n'avait aucune intention de faire carrière dans la fonction publique. Surtout pas à Ottawa. Mais il estimait qu'on ne pouvait comprendre la fiscalité du Québec si on ne connaissait pas celle du Canada et les liens qui existaient entre les deux administrations. Voilà pourquoi, à son retour de Boston, il avait décidé de s'exiler à Ottawa pendant deux ou trois ans.

Pour devenir le spécialiste le plus éclairé de la question du partage fiscal entre Québec et Ottawa. Il n'ignorait pas qu'il serait ainsi, tôt ou tard, indispensable.

Sa belle-sœur Michelle et son beau-frère Claude étudiaient eux aussi à Ottawa, où ils partageaient un grand appartement. Pour sa petite famille, Andrée s'est occupée de trouver une maison qu'elle a fait restaurer. Elle aimait discuter avec les architectes, les décorateurs, et n'essayait même pas d'intéresser son mari aux travaux en cours. Celui-ci, à Sorel, préparait les cours d'introduction à l'économie qu'il allait donner, plus tard à l'automne, à l'Université d'Ottawa, en plus de travailler au ministère du Revenu. Professeur ! C'était son plan C, après journaliste et homme politique. En attendant que la maison de Riverside Drive soit prête, il voyageait deux fois par semaine à Ottawa. Par autobus. Les week-ends, tous se retrouvaient à Sorel.

Robert et Édouard reprenaient leurs longues palabres, leurs interminables marches le long du fleuve. Il y avait alors énormément de mouvement en politique. Selon Édouard, les choses pourraient évoluer plus rapidement que prévu pour son gendre bien-aimé.

Andrée, elle, n'aurait pas été fâchée que son mari fasse carrière au ministère du Revenu du Canada, où il aurait pu très facilement se trouver un poste pépère, sûr, bien rémunéré. Un plan D, qu'il n'a en fait jamais considéré. Pourtant, grâce à elle, il était indépendant de fortune. Il pouvait donc faire ce qu'il aimait. Et que ce qu'il aimait. Or, il croyait fondamentalement pouvoir être utile au Québec. Et elle l'aimait assez pour ne pas chercher à contrecarrer ses plans.

Dans la nuit du 28 septembre 1960, le téléphone a sonné dans l'appartement qu'occupaient Claude et sa sœur Michelle, à Ottawa. Quand il répondit, Claude n'entendit d'abord que des sanglots. Puis il reconnut la voix de Robert qui lui dit dans un souffle : « Ton père est mort, Claude. Venez-vous-en. » Transporté d'urgence à l'hôpital Notre-Dame, Édouard Simard avait succombé à une crise cardiaque. Il avait soixante-quatre ans. Robert Bourassa perdait un second père, un homme qu'il avait profondément aimé, un allié précieux, un ami, un conseiller éclairé qui avait toujours eu une très grande confiance en lui.

À la mi-octobre, la petite famille emménageait dans la maison qu'Andrée avait trouvée et fait rénover sur Riverside Drive, à Ottawa. Robert était conseiller fiscal au ministère du Revenu, dans cette ville ensommeillée qu'était alors la capitale du Canada. Chaque fois qu'il le pouvait, il se rendait à la Chambre des communes et assistait à la période des questions. Le Parti progressiste-conservateur, dirigé par John Diefenbaker depuis juin 1957, était alors au pouvoir. À l'élection de 1958, il avait même remporté la plus grande majorité parlementaire de l'histoire du Canada. Bourassa avait l'impression que son gouvernement ne comprenait pas le Québec, où s'opéraient pourtant des changements majeurs ; il semblait indifférent, pour ne pas dire hostile à ce qui s'y passait. Diefenbaker était un homme d'un autre âge, d'un autre pays. Il ne parlait pas français. Le gouvernement qu'il dirigeait n'avait rien d'inspirant, comme ces hommes nouveaux qui, au Québec, s'apprêtaient à changer le monde : Lesage, Lapalme, Lévesque, Gérin-Lajoie, des hommes que Bourassa brûlait toujours de connaître.

Andrée s'était inscrite au cours d'introduction aux sciences économiques que donnait son mari à l'Université d'Ottawa, après s'être assurée qu'un autre professeur corrigerait ses copies d'examen. Elle découvrit que Robert était un excellent professeur. Elle fut peut-être la première à le dire. Mais son opinion fut par la suite partagée par de très nombreux étudiants des universités européennes ou nord-américaines où Robert Bourassa a enseigné.

Le soir, en rentrant à la maison, ou le lendemain matin, pendant le petit-déjeuner, elle lui faisait un compte rendu critique de son cours, signalant qu'il avait passé trop vite sur tel ou tel sujet, qu'elle n'avait pas eu le temps de comprendre, ou trop lentement sur tel autre. « Si j'ai eu une influence sur lui, c'est à ce niveau, disait-elle, je l'ai amené à vulgariser, à clarifier sa pensée… Et il m'écoutait, comme il a toujours écouté tout le monde. Robert faisait toujours à sa tête, mais après avoir écouté et consulté plein de gens. »

Deux ans passèrent au cours desquels la Révolution tranquille, carrefour des courants de pensées qui depuis vingt ans avaient traversé et secoué le Québec, battait son plein. Le discours du Parti libéral de Jean Lesage et ceux que tenaient les mouvements nationalistes traditionnels étaient réconciliés dans l'action, dans un projet commun, le projet du siècle : sortir le Québec des limbes.

Et dans l'ombre outaouaise, le fonctionnaire Bourassa rongeait son frein, attendait son heure.

La perle rare

L'occasion s'est enfin présentée, au début de l'année 1963, de pénétrer dans le cercle de la haute fonction publique à Québec. Jean Lesage avait demandé à Marcel Bélanger, diplômé de Harvard, comptable et fiscaliste renommé, de présider une Commission royale d'enquête sur la fiscalité. Ottawa avait déjà sa commission Carter qui enquêtait sur le sujet ; l'Ontario avait sa commission Smith qui faisait de même.

Une commission d'enquête sur la fiscalité ! C'était en plein dans les cordes de Robert Bourassa ! Il y avait des années qu'il se préparait, il était formé pour ça. Plus que n'importe qui. Il en était sûr et certain. Mais qui d'autre que lui le savait ?

Le hasard fut bon pour lui. Il y avait souvent des litiges à régler entre les ministères du Revenu fédéral et provincial. On lui avait confié un cas compliqué d'impôts à départager entre les deux instances. Et son vis-à-vis à Québec n'était nul autre que Marcel Bélanger. Celui-ci craignait que le problème traîne en longueur si le fonctionnaire fédéral était le moindrement pointilleux et cherchait à se montrer plus catholique que le pape. Or, dès la première rencontre, les deux hommes se sont très bien entendus et ils ont expédié l'affaire en moins de deux heures. Et alors le jeune Bourassa a dit à Marcel Bélanger qu'il aimerait bien participer à la commission d'enquête que celui-ci était en train de former. Bélanger s'attendait à cette proposition. Carl Goldenberg, bien connu à Québec et à Ottawa pour avoir agi comme arbitre dans de durs conflits de travail, avait parlé à Jean Lesage d'un certain Robert Bourassa qui avait fait son droit, qui était diplômé en économie et en fiscalité d'Oxford et de Harvard, et dont il avait eu l'occasion d'apprécier le sérieux et la compétence. Jean Lesage avait transmis l'information à Bélanger, qui cherchait justement un secrétaire capable de comprendre les mécanismes de perception de l'impôt et les compétences du fédéral et du provincial dans ce domaine. La perle rare !

Favorablement impressionné par le travail et les connaissances du jeune Bourassa, Bélanger a appelé le patron de ce dernier, sous-ministre au ministère du Revenu, afin de savoir s'il pouvait le lui emprunter pour un an ou deux. On l'a assuré qu'il s'agissait d'un garçon brillant et travailleur. « Tu peux quand même le prendre et le garder aussi longtemps que tu veux, lui a dit le sous-ministre. Mais faut que tu saches une chose : ce gars-là n'est pas du tout intéressé par la fonction publique ; il ne pense qu'à faire de la politique. Et pas à Ottawa. À Québec. »

Ayant appris que le salaire annuel du jeune homme au ministère du Revenu était de 14 000 dollars, Marcel Bélanger faillit renoncer à lui faire une offre. Bourassa est revenu à la charge.

« J'aimerais bien que tu viennes travailler avec moi, lui dit alors Bélanger, mais je peux pas t'offrir plus que 10 000 dollars.

— Aucun problème, répondit Bourassa. J'ai pas besoin d'argent. »

Bélanger s'étonnait fort qu'un jeune homme si compétent, de surcroît père de famille, accepte une telle diminution de salaire. Mais l'homme en question était ambitieux. Et Bélanger comprit bientôt qu'il était indépendant de fortune. « Faut pas s'inquiéter pour lui, a dit Goldenberg, il a marié une Simard de Sorel. »

Robert Bourassa fut donc nommé, à l'été de 1963, secrétaire et directeur de la recherche de la commission Bélanger, à laquelle il travaillera pendant près de trois ans aux côtés de Carl Goldenberg et de Charles Perrault, ingénieur métallurgiste et homme d'affaires de Saint-Hyacinthe, qui venait d'opérer chez Casavant, le fameux fabricant d'orgues, un redressement spectaculaire.

Avec femme et enfant, Robert déménagea à Québec, où la commission Bélanger tenait ses assises. Il n'était pas encore tout à fait entré dans le Saint des Saints. Mais il s'en était considérablement rapproché. La commission Bélanger devait faire enquête et proposer des recommandations sur les sources de revenus du gouvernement du Québec, des municipalités et des commissions scolaires. Le Québec, qui comptait alors 28 % de la population du Canada, ne possédait que 23 % de la richesse du pays. Et il avait des besoins sociaux criants. La commission devait pouvoir découvrir s'il y avait moyen, sans accabler les contribuables, d'aller chercher dans les champs d'impôt de quoi grossir un tant soit peu le trésor public. Elle allait donc enquêter sur les sources de revenus du gouvernement du Québec et sur le système de taxation, notamment l'impôt sur le revenu et l'impôt sur le capital, les impôts à la consommation et les autres types de droits produisant des revenus. Arides réalités dans lesquelles Robert Bourassa allait passer près de trois ans de sa vie. Il allait, ce faisant, connaître intimement le Québec, ses avoirs, ses besoins, ses gens, ses grands et petits fonctionnaires, ses pauvres et ses riches.

Le politicien a besoin d'un réseau de connaissances, de personnes-ressources, comme l'araignée d'une toile. Pendant qu'il travaillait à la commission Bélanger, Robert Bourassa, aspirant politicien, œuvrait à se faire connaître au sein de la fonction publique et de l'appareil gouvernemental québécois. À peine installé à Québec, il avait demandé à Marcel Bélanger si celui-ci pourrait un jour lui faire rencontrer Jean Lesage. « Commence par nous faire une bonne job, lui répondit Bélanger. Tu verras le grand chef quand le temps sera venu. » Bourassa a fait son travail de secrétaire avec rigueur et bonheur. Du début de 1963 à la fin de 1965, il ne manquait jamais une occasion de se faire apprécier des gens de pouvoir. Il savait parfaitement qui ils étaient, ce qu'ils faisaient, ce qu'ils valaient. Le plus souvent, il communiquait lui-même avec eux. Ainsi, il a un jour appelé Claude Morin, alors sous-ministre aux Affaires intergouvernementales, qui relevait à l'époque directement du premier ministre. Morin fut bien sûr impressionné par la culture politique que Bourassa étalait habilement devant lui. Il connaissait les rouages, les systèmes, les institutions et leur fonctionnement. Il semblait avoir tout lu, tout compris.

Et puis un jour, Bourassa l'a invité, en même temps que Marcel Bélanger, au camp de pêche des Simard, sur le lac Sleigh, au cœur de la forêt mauricienne. Morin était franchement étonné. Il connaissait Robert Bourassa depuis peu, mais il ne pouvait imaginer ce spécialiste de la fiscalité, ce garçon d'apparence austère, taquinant la truite. Il devina vite que Bourassa voulait simplement se faire ami, parler, se rendre intéressant et attachant.

Au camp du lac Sleigh, où ils rencontrèrent son beau-frère, Claude Simard, et quelques amis, Robert Bourassa passait son temps à discuter, à parler politique, à lire les journaux et les magazines français et canadiens qu'il avait apportés. À l'époque, on ne trouvait à Québec que *Le Soleil* et *L'Action catholique*. Bourassa, lui, était abonné au magazine français *L'Express* et au vénérable hebdomadaire britannique *The Economist*, alors très peu connu, même des Québécois bien informés. Il avait donc une très bonne idée des événements qui secouaient les sociétés européennes et des idées qui circulaient de l'autre côté de l'Atlantique. Il avait aussi la revue hautement intellectuelle que publiaient les Dominicains, *Maintenant*. Il semblait connaître la politique française autant sinon plus que celle du Québec. Il ne montait jamais dans les canots et les chaloupes des pêcheurs, préférant ses balades solitaires en pédalo. Le soir, à table, il les entretenait des événements et des développements de la politique des pays d'Europe. Et les autres l'écoutaient avec plaisir.

L'enquêteur Bourassa, secrétaire de la commission Bélanger, cherchait partout des chiffres, dans les domaines des pâtes et papiers, des mines et des pêcheries, de l'industrie touristique et du commerce de la chaussure, de la machinerie agricole, des boissons alcooliques, le montant total des taxes de vente perçues en Gaspésie, à Montréal ou sur la Côte-Nord. Il cherchait à gauche et à droite, s'adressait dans chaque ministère aux fonctionnaires responsables. Mais il avait souvent du mal à trouver les chiffres dont il avait besoin, certains fonctionnaires étant, pour diverses raisons, réticents à lui ouvrir leurs livres ou refusant par paresse de collaborer. Il a touché un mot de ses difficultés au ministre du Revenu, Eric Kierans. Celui-ci, économiste de formation, brillant et riche homme d'affaires, avait dirigé la Faculté de commerce de l'Université McGill et la Bourse de Montréal avant d'entrer en politique, en 1963, dans le but de prendre part aux transformations majeures que vivait alors le Québec. Il croyait au rôle d'intervention de l'État dans l'économie. Et il savait que Lesage attendait beaucoup de la commission Bélanger. Il pressa donc son chef de cabinet, Charles Denis, d'aider le jeune enquêteur.

Denis, français d'origine, occupait un immense bureau dans le bel édifice qui se trouvait sur la rue Craig (aujourd'hui Saint-Antoine), juste à l'est de Saint-Hubert. Il vit arriver, une fin d'après-midi, un mince jeune homme un peu voûté qui cherchait des chiffres, des renseignements globaux sur la perception de diverses taxes, sur leur historique. Il lui a donné rapidement ce dont il avait besoin. Puis ils ont parlé pendant plusieurs heures, passant en revue la politique québécoise, canadienne, européenne. Denis découvrait que Bourassa connaissait par cœur dans l'ordre tous les présidents de la République française, avec leurs années au pouvoir, leurs bons et leurs mauvais coups… Il avait une mémoire extraordinaire. Des noms, des chiffres, des visages. Et il voulait entrer en politique. Quand ils se sont quittés, vers 21 heures, ils savaient l'un et l'autre que leurs chemins se croiseraient de nouveau.

Bourassa prit également l'habitude de passer voir Raymond Garneau, le chef de cabinet de Jean Lesage. Garneau avait fait lui aussi des études en économie. Et ils parlaient ensemble pendant des heures. De même, il fréquentait, seul ou avec Andrée, les clubs et les restaurants de Québec où se tenaient les libéraux. Il rencontra ainsi René Lévesque, Paul Gérin-Lajoie, Pierre Laporte… Et, auprès de tous, son charme opérait. Il n'était ni flamboyant ni hâbleur, mais il était, dans le milieu politique, un objet de curiosité. Pour toutes sortes de raisons. Parce qu'il avait épousé la fille la plus riche du Québec. Parce qu'il était hypercompétent dans un milieu pas toujours très stimulant ni très stimulé. Il avait en effet un bagage que personne d'autre ne portait, que peu de gens comprenaient, mais que tous savaient rare et utile. Il connaissait les chiffres, il savait lire les plus arides dossiers et en tirer de justes conclusions. On écoutait donc cet homme qui savait de quoi il parlait. Et qui en outre savait écouter.

Il fut invité chez René Lévesque, rue Woodbury, à Montréal. Lévesque avait infiniment plus d'expérience politique que Bourassa, il connaissait mieux que lui les médias, mais il n'était pas vraiment à l'aise dans le monde de la fiscalité et de la monnaie. Il a vite compris que Bourassa avait des connaissances qui seraient fort utiles, quelles que soient les voies dans lesquelles il s'engagerait, et qu'il serait bien de l'avoir comme compagnon de route.

En décembre 1965, une refonte de la carte électorale ajoutait 13 nouvelles circonscriptions aux 95 existantes depuis Duplessis, ce qui a fait, plusieurs jours de suite, la une des journaux qui, dans leurs pages financières, signalaient aussi qu'un certain Robert Bourassa, trente-deux ans, avait remis officiellement le rapport de la commission Bélanger au premier ministre Jean Lesage. Et celui-ci, qui s'y connaissait en la matière, avait été très franchement impressionné. Le secrétaire Bourassa, qui savait soigner son image, s'est rendu lui-même au *Devoir* remettre en mains propres le rapport de la commission Bélanger à un intellectuel qu'il admirait, Claude Ryan. Trois volumes, 160 recommandations.

Le rapport de la commission Bélanger proposait une réforme complète de la fiscalité du Québec. Il fallait s'assurer d'abord et avant tout que le fisc recevait tout son dû. Faire un nouveau partage des impôts entre le fédéral et le provincial. Augmenter taxes et impôts, tout en ménageant les investisseurs et en évitant qu'ils partent faire leurs affaires ailleurs. Ces objectifs fondamentaux ont orienté la politique fiscale de Bourassa au cours de ses années de pouvoir.

Par ailleurs, la commission Bélanger sur la fiscalité a constaté, entre autres choses, que les revenus des Québécois étaient inférieurs de 32 % à ceux des habitants de l'Ontario, et que cet écart se répercutait fatalement dans le rendement des impôts entre les deux provinces ; que le Québec comptait presque deux fois plus d'assistés sociaux et une plus grande proportion de la population passive que l'Ontario. Un espoir, cependant : la population québécoise était plus jeune que celle de la province voisine. Cette jeunesse est alors devenue l'une des réalités autour desquelles Bourassa a développé sa pensée, ses politiques. Il disait souvent à Andrée qu'il fallait trouver à cette jeunesse, « notre plus grande richesse », un projet mobilisateur.

Robert Bourassa a passé les Fêtes de 1965 à Sainte-Anne-de-Sorel, dans la famille de sa femme. Il était heureux, comblé, disponible. Grâce à son travail d'enquêteur, il connaissait de mieux en mieux le Québec, ses richesses et ses besoins, son monde. Il n'avait toujours pas de place au sein de « l'équipe du tonnerre », mais il s'était bien acquitté de sa tâche. Il avait été apprécié et remarqué. *La Presse, Le Soleil* et *Le Devoir* avaient dit le plus grand bien de son rapport. Et il avait enfin rencontré le grand chef, Jean Lesage, qui l'avait chaleureusement félicité. Ils parlaient le même langage. Ils avaient beaucoup en commun. Ils aimaient tous les deux les chiffres, les gros projets, le pouvoir.

Une bonne école

Jean Lesage adorait le soleil et les plages de Miami, où il aimait bien recevoir parents et amis et tenir des réunions politiques. En tout temps, hiver comme été, il arborait un glorieux bronzage.

Pendant les vacances de Pâques de 1966, il se trouvait donc là-bas avec quelques-uns de ses stratèges politiques. Un sondage récent avait informé les libéraux qu'ils pouvaient remporter 85 circonscriptions sur 108. Fort de ces prévisions, Lesage décidait de déclencher des élections qu'il croyait pouvoir remporter facilement.

Il n'était au pouvoir que depuis trois ans et demi. Mais pour maintenir les acquis de la Révolution tranquille et mettre en place les principales recommandations du rapport Bélanger, Lesage avait besoin de beaucoup d'argent et d'un gouvernement majoritaire très fort. Il prévoyait faire encore de grosses dépenses, notamment dans les domaines de l'éducation et de la santé. Et il devrait réaménager toute la fiscalité de manière à augmenter le rendement des impôts, ce qui ne pouvait se faire sans douleur. Il devrait également négocier avec Ottawa un nouveau partage des revenus. Robert Bourassa avait été très clair à ce sujet dans les conversations qu'il avait eues avec le premier ministre : Québec n'avait pas sa quote-part.

La conjoncture semblait parfaite. L'économie roulait bien. Le taux de chômage était à la baisse. L'humeur générale paraissait fort bonne. La préparation de l'Exposition universelle de Montréal avait créé dans tout le Québec de nombreux emplois et une fierté sans précédent. Montréal s'apprêtait à recevoir quelque 50 millions de visiteurs. Des autoroutes fonçaient de tous azimuts sur la ville, dont l'opération bulldozer avait transformé le centre, où s'élevaient maintenant de hautes tours à bureaux. On venait d'inaugurer la Place des Arts, la construction du métro prenait fin, et celle de la Maison de Radio-Canada avait été annoncée quelques années plus tôt ; et Manic V, Habitat 67, et bien d'autres ouvrages d'architecture et d'ingénierie étaient en chantier.

Rentré de Floride, Lesage annonçait, le lundi 18 avril au matin, qu'il y aurait des élections le 5 juin.

Robert Bourassa était déjà sur les rangs. Son heure était enfin venue. Il était pratiquement inconnu de la population, mais dans le milieu de la politique et des médias intéressés par la chose publique, on savait qui il était. Depuis des années, il avait pris soin de se faire valoir auprès des gens qu'il jugeait importants. Une fois élu, si son parti restait au pouvoir, il serait sans doute ministre des Finances. Qui d'autre ?

Mais pour se lancer en politique, il faut avoir une machine à sa disposition, des personnes dévouées, des conseillers éclairés. Robert Bourassa, s'il était bien vu et apprécié des dirigeants du parti et des hauts fonctionnaires québécois, n'avait toujours pas beaucoup de liens avec ce qu'on appelle « la base ». Au début de mai 1966, un mois avant les élections, il ne savait toujours pas dans quel comté il allait se présenter. Il y avait Saint-Laurent, peut-être, un comté sûr et libre, nouvellement circonscrit lors de la refonte de la carte électorale. Il comptait beaucoup d'anglophones qui, depuis longtemps, formaient le socle inébranlable et inamovible du Parti libéral. Il y avait aussi Outremont, tout aussi sûr, fief de la bourgeoisie canadienne-française. Mais le fougueux Jérôme Choquette, président de la commission politique du parti, le convoitait.

On ne sait pas tout à fait comment Bourassa a arrêté son choix. Certains disent que c'est son ami Lévesque qui lui aurait conseillé de se présenter dans Mercier. Pour plusieurs raisons. « Si tu te présentes dans Saint-Laurent, tu seras élu, c'est sûr, raisonnait-il. Mais tu te feras dire que tu l'as eu facile et que tu as été élu par des Anglais naturellement libéraux. Si t'es ambitieux et que tu veux durer et peut-être devenir un jour quelqu'un d'important dans le parti, t'es mieux d'avoir une base populaire et francophone. »

Paul Gérin-Lajoie avait une tout autre version des faits. Il ne percevait pas Bourassa comme un homme influençable. Il le voyait plutôt comme un être calculateur qui savait écouter, qui cueillait à droite et à gauche tous les conseils qu'on voulait bien lui donner, mais qui faisait finalement à sa tête. Selon lui, Bourassa a choisi de se présenter dans Mercier parce qu'il s'y sentait chez lui, il y était né, il y avait passé son enfance et son adolescence. Il connaissait l'organisateur du parti, Jacques Grenier, qui l'assura de son soutien. George Boudreault, dit le Loup blanc, qui militait toujours au sein du parti avec cette rage au cœur, ce projet de vengeance, cette volonté de détruire l'Union nationale, serait également de l'équipe.

Robert Bourassa fut nommé par acclamation lors de l'assemblée d'investiture de Mercier. Il a tout de suite commencé à arpenter les rues de ce comté, ces quartiers de son enfance qu'il connaissait par cœur. Il a formé son comité électoral.

Boudreault et Grenier, la femme, la mère, les sœurs du candidat Bourassa, ses beaux-frères ont travaillé pour lui pendant tout le mois de mai. Ils étaient bien organisés, confiants, même si Mercier n'était pas un comté sans risque. Jean-Baptiste Crépeau, le député sortant, que Lesage venait de nommer juge municipal dans la toute nouvelle ville de Laval, y avait été élu en 1962, mais il était alors porté par la déferlante vague libérale qu'avait créée le projet de nationalisation de l'électricité. Le candidat unioniste, Gérard Thibault, maître-fourreur de son métier, grand promoteur d'organisations sportives, avait remporté les quatre élections précédentes. Cette fois, le principal adversaire du candidat Bourassa était Conrad Touchette, un homme d'affaires bien connu dans tout l'est de Montréal.

La bonne conjoncture économique présentait bien sûr un avantage pour le parti au pouvoir. Mais dès le milieu de la campagne, on sentit que les choses seraient moins faciles que prévu. Lesage n'arrivait pas à défendre les nombreuses et coûteuses réformes de la Révolution tranquille dans les domaines de l'éducation, de la fiscalité et des fonctions publiques et parapubliques. Tout cela s'était fait trop vite, au goût de certains, et avait bousculé trop de gens. Et ce n'était pas tout le monde qui en avait profité.

Quelques semaines avant les élections, le Front de libération du Québec, alors dirigé par Pierre Vallières et Charles Gagnon, avait commis des attentats à la bombe à l'usine de chaussures Lagrenade, rue Rachel. Une femme avait été tuée. Quelques jours plus tard, un autre attentat était perpétré à la Dominion Textile de Drummondville. Un soir, pendant que René Lévesque tenait une assemblée libérale au centre Paul-Sauvé, des bâtons de dynamite placés dans les toilettes explosaient. Il y avait un mouvement de fond contre le Parti libéral et ses alliés naturels, les Anglais, le milieu des affaires, les grandes entreprises. Tout cela créait une atmosphère tendue.

De plus, la machine unioniste, qu'on croyait poussive, se révélait étonnamment puissante. Six mois plus tôt, en novembre 1965, elle avait contribué à battre Jean-Noël Lavoie, principal artisan du regroupement des municipalités de l'île Jésus pour former Laval, deuxième ville la plus populeuse du Québec. Et Daniel Johnson était un leader populaire, un tribun solide qui avait des idées proches de celles qui avaient mené les libéraux au cours des récentes années. Il était donc difficile pour ses adversaires de l'attaquer ou de décrier ses politiques.

Le 5 juin était un dimanche. Le premier beau dimanche de l'été. C'était la première fois au Québec qu'on tenait des élections un jour non ouvrable. Les conseillers de Lesage avaient voulu, en choisissant ce jour, suivre l'exemple de certains pays européens, les plus progressistes, la France, l'Italie et l'Allemagne, qui depuis quelques années avaient pris cette habitude d'appeler la population aux urnes un dimanche, de manière à ne pas interrompre les travaux d'usine ou l'activité des bureaux. Mais au Québec, le jour du Seigneur était encore quasi sacré ; pratiquement tous les commerces fermaient. Et tout le monde décrochait.

Quelques jours avant les élections, les libéraux savaient qu'ils risquaient de perdre. Même s'il était entouré d'hommes forts, intelligents, prestigieux, Jean Lesage avait tout misé sur sa personne, confinant ses candidats-vedettes dans leurs circonscriptions. À la télé, à la radio, sur les affiches, on ne voyait et on n'entendait que lui, son visage replet et rubicond, son sourire satisfait qui avait fini par lasser, pour ne pas dire exaspérer une importante partie de la population.

Robert Bourassa, lui, restait ostensiblement fidèle à son chef, même si l'on murmurait contre lui au sein du parti. Chaque fois que l'occasion se présentait, il défendait la politique fiscale et financière de Lesage et il rappelait que celui-ci était très respecté à Ottawa.

Le dimanche 5 juin 1966, Robert Bourassa fut élu de justesse dans le comté de Mercier. Avec 44,3 % du vote, contre 42,3 % pour le candidat unioniste : 518 votes de majorité. Mais le Parti libéral perdait le pouvoir au Québec. Bien qu'il eût recueilli 47 % du vote, soit 7 % de plus que l'Union nationale, il n'avait remporté que 50 sièges, soit six de moins que le parti que dirigeait Daniel Johnson. Lesage accepta très mal la défaite et menaça de contester. Johnson, radieux, lui a rappelé sur les ondes de Radio-Canada : « Si M. Lesage n'est pas certain d'avoir perdu les élections, nous sommes sûrs de les avoir remportées. »

Ainsi, Robert Bourassa se retrouvait dans l'opposition libérale. Déçu, bien sûr, mais persuadé que l'opposition était une bonne école. Il allait enfin entrer à l'Assemblée législative où, à défaut d'être ministre des Finances, il serait sans doute critique financier. « Qui d'autre ? » pensait-il. Rares étaient les politiciens qui, à l'époque, parlaient systématiquement d'économie. Et il n'avait pas joué sa dernière carte. Depuis plusieurs années déjà, il s'intéressait sérieusement au Marché commun européen et aux rapports nouveaux qu'entretenaient les pays membres. Il amenait ainsi dans la discussion sur l'évolution du fédéralisme canadien une réflexion originale et bien documentée. Sa culture politique, ses idées de centre gauche, ses connaissances dans les domaines de l'économie et de la finance impressionnaient dès le départ les gens autour de lui. Si, pour certains, il restait un étrange énergumène, il était, pour beaucoup d'autres, un jeune prodige. Il faisait désormais partie de la grande famille libérale, était désormais à tu et à toi avec Laporte, Lévesque, Yves Michaud, François Aquin, lesquels avaient également été élus et seraient avec lui membres de l'opposition.

Au sein du parti, cependant, l'humeur était plutôt maussade. On critiquait Jean Lesage de plus en plus ouvertement. Beaucoup de députés lui en voulaient d'avoir tenu, par vanité, à faire campagne sur sa personne et d'avoir conduit le parti à la défaite.

Il fallait dresser un bilan, autre bel exercice auquel participa le studieux député Bourassa. Pour diriger les opérations, Jean Lesage fit appel à Paul Desrochers, quarante-trois ans, l'homme fort, craint, admiré, écouté du Parti libéral, tant fédéral que provincial. Grand homme, implacable bourreau de travail, toujours tiré à quatre épingles, ancien militaire blessé au dos lors de l'effondrement sous le poids de la neige du dortoir dans lequel il dormait, il prenait de très puissants médicaments pour atténuer la douleur. On disait qu'il ne dormait jamais. Dès six heures du matin, et jusqu'à tard dans la nuit, il était au téléphone, fignolant le réseau d'amis et d'informateurs qu'il entretenait dans toutes les circonscriptions du Québec. Il avait travaillé avec Eric Kierans lors de la course à la chefferie du Parti libéral fédéral, que celui-ci avait menée, et perdue, contre Pierre Elliott Trudeau. On parlait de lui comme d'un génie de l'organisation, de la logistique.

On le croyait un peu mythomane. Il s'était en effet entouré de mystère. Il disait avoir séjourné aux États-Unis, avoir étudié à l'Université Columbia et avoir fait de longs stages au sein des partis républicain et démocrate, et avoir appris à maîtriser les techniques de communication les plus avancées.

Il croyait aux vertus de l'informatique et des sondages bien faits. Il n'avait rien d'un idéologue, ce n'était pas un idéaliste non plus, mais un technicien, un tacticien et un stratège, dont Lesage a beaucoup utilisé les talents.

À l'époque, surtout dans les milieux ruraux, on vénérait certains hommes politiques, dont on affichait la photo sur les murs des ateliers, des bureaux, des maisons. Duplessis, Lesage et Johnson étaient, évidemment, les têtes d'affiche les plus fréquentes. Mais on voyait aussi en maints endroits le visage de Paul Desrochers qui, quoique non élu, avait le respect des militants.

Au début des années 1960, il avait participé à la restructuration scolaire aux côtés de Paul Gérin-Lajoie. On avait regroupé toutes les écoles du territoire québécois dans 55 commissions régionales et on avait organisé le transport par autobus. En tant que président de la Fédération des commissions scolaires, il avait ensuite parcouru le Québec d'un bout à l'autre ; il connaissait plein de gens partout, patrons d'usines, curés, professeurs, dirigeants de coopératives agricoles ou d'unions ouvrières. Il avait leurs adresses, leurs numéros de téléphone. Il connaissait le Québec mieux que personne. Bien que féru d'informatique, il disait que rien, pour un homme politique, n'était plus important que de connaître le monde, vraiment, face à face, en chair et en os.

À l'été de 1966, il a donc orchestré la « leçon d'humilité » dont avait besoin Jean Lesage. Il a organisé des rencontres avec des gens de la base dans 82 comtés. Il était accompagné par un jeune avocat prometteur, Jean-Claude Rivest, conseiller et rédacteur des discours de Lesage, par Lise Bacon, membre de la Fédération des femmes libérales et secrétaire du parti, par Alcide Courcy, organisateur. Pierre Laporte était là aussi, assez régulièrement. Et Robert Bourassa, de temps en temps. Celui-ci, qui avait toujours une vive admiration pour Lesage, parlait peu. Il observait le chef déchu, il étudiait, il apprenait, réfléchissant à la cruauté et à la dureté du monde politique. Jean Lesage, le maître admiré et adulé de l'équipe du tonnerre, encore détenteur du pouvoir quelques semaines plus tôt, écoutait les reproches que lui adressaient de toutes parts les membres du parti.

Bourassa proposa un jour son propre bilan à Lesage et à Desrochers. Selon lui, avoir tenu des élections un dimanche était une mauvaise idée. Il estimait que, dans chaque comté, quelque 1 500 personnes, soit entre 150 000 et 200 000 électeurs pour l'ensemble de la province, n'étaient pas allés voter, parce qu'on était dimanche. Il était convaincu que Lesage et les libéraux auraient gardé le pouvoir si les élections s'étaient tenues un jour ouvrable. Cinq comtés avaient été remportés par l'Union nationale avec une majorité inférieure ou très légèrement supérieure à 100 votes. Ainsi, loin de tenir le chef responsable, comme le faisait un nombre grandissant de membres du parti, Bourassa lui trouvait des excuses.

Le schisme menaçait néanmoins le parti. Plusieurs des vaincus du 5 juin commençaient à remettre sérieusement en question le leadership de Lesage. Les opposants au chef défait se réunissaient régulièrement, soit au Club de réforme, soit au Club Saint-Denis, rue Sherbrooke, dans un petit salon sombre, tendu de lourds rideaux à l'ancienne. Au mur du fond était accrochée une grande toile représentant une femme nue allongée qu'enveloppaient langoureusement les vagues de la mer. Yves Michaud remarqua un jour que le tableau s'intitulait *L'Épave*. Il s'est tourné vers les autres en disant: «Voilà qui est révélateur. C'est bien de nous dont il est question ici.» On avait en effet l'impression que le Parti libéral avait fait naufrage. Le lieu où se réunissaient les réformistes serait désormais connu comme le «salon de l'Épave».

Bientôt, un noyau se forma, de plus en plus dur, de plus en plus critique. Et le leadership de Jean Lesage fut ouvertement contesté, surtout par ceux qu'on appelait «la gang de Montréal»: Lévesque, Kierans, Laporte, Michaud, quelques autres. Robert Bourassa était là, bien qu'il ne fût pas clairement aligné et qu'on ne sût pas de quel côté il penchait. Il avait noué de solides liens d'amitié avec Lévesque, dont il partageait les idées. Il était très proche de Michaud aussi, fervent et intransigeant nationaliste. Mais en même temps, il restait rigoureusement fidèle à Jean Lesage, qu'il ne blâmait jamais. Il vivait ainsi un véritable dilemme cornélien : il était déchiré entre les conservateurs de Lesage, dont les réalisations ne faisaient pas de doute, et les réformistes groupés autour de René Lévesque, qui défendaient les couleurs sociales-démocrates auxquelles il croyait profondément. Même si l'on savait qu'il voyait régulièrement Lesage, il était toujours accueilli au salon de l'Épave sans trop de méfiance, parce qu'il semblait sans malice et qu'il était un compétent critique financier, dont le style feutré et poli ne pouvait inquiéter. Michaud lui disait à la blague : « OK, Robert, tu peux aller faire ton rapport à Lesage. »

Sur quoi reposait l'admiration que portait Bourassa à Jean Lesage ? Celui-ci comprenait bien les jeux de la fiscalité et de l'économie, mais il n'était pas vraiment un modèle. Il aimait bien prendre un coup, il avait un côté vaniteux, hâbleur, voire arrogant. Il aimait s'afficher, pérorer. Il n'avait aucune sympathie pour les valeurs sociales-démocrates. Bourassa appartenait à un courant d'idées qui restaient pour d'aucuns teintées de marxisme et de communisme. Dans le Québec des années 1960, on pouvait difficilement s'afficher comme social-démocrate sans passer pour un mécréant et un communiste. Même au sein du Parti libéral, surtout dans l'entourage de Jean Lesage. Bourassa ne disait donc jamais bien fort qu'il adhérait aux valeurs sociales-démocrates, même s'il soutenait, quand il se trouvait en compagnie de Michaud ou de Lévesque, qu'il fallait résoudre la question sociale née du développement du capitalisme et réparer les injustices que causait celui-ci.

Il avait pourtant choisi de rester fidèle à Jean Lesage, qui ne partageait pas du tout ces valeurs et ces idées. Il aimait profondément le Parti libéral ; mais il aurait pu en faire partie sans pour autant appuyer le chef contesté. Il aurait très bien pu se ranger sans équivoque du côté des réformistes… Mais il ne voulait pas peiner Lesage. Robert Bourassa ne voulait jamais peiner ou blesser qui que ce soit, pas même un adversaire. Étrange disposition pour un homme politique ! Mais il y avait autre chose : Lesage était toujours le chef du parti.

Paul Desrochers, redoutable et indispensable stratège qui contrôlait la machine libérale et tenait bien en main les rênes du pouvoir, lui était resté fidèle. Les réformistes, même s'ils avaient les idées les plus progressistes et les plus démocrates, ne dirigeaient pas le Parti libéral.

N'empêche, avant la fin de l'été, on commençait à chercher qui, dans le parti, pourrait succéder à Lesage. On pensait à Lévesque, d'abord. Mais tous savaient que Pierre Laporte, Claude Wagner, Paul Gérin-Lajoie, Eric Kierans et d'autres peut-être seraient intéressés.

René Lévesque a raconté dans ses mémoires qu'il se trouvait un jour à la permanence du Parti libéral, à Montréal, en compagnie de Laporte et de Wagner. Ils s'étaient demandé, pour s'amuser, qui pourrait succéder à Lesage. Chacun y allait de ses prédictions, chacun avouant qu'il aimerait bien, s'il avait des appuis, poser sa candidature. Puis Lévesque aperçut Robert Bourassa, assis un peu à l'écart à une table, les pieds pendants, silencieux. Il lui dit alors : « Ah, mais toi aussi, Robert, tu y penses. » Robert a rougi, souri et esquivé. Mais tous avaient compris.

Robert Bourassa venait d'avoir trente-trois ans. Il était plus que jamais passionné de politique, et bardé de diplômes, qu'il avait acquis dans le but d'occuper un poste important aux commandes de l'État. Lévesque le connaissait assez pour savoir qu'il n'avait jamais eu l'intention de faire autre chose qu'une carrière politique. Et une vraie carrière politique ne peut se faire sans la maîtrise du pouvoir au plus haut niveau. Pour Bourassa, la politique était l'art par excellence. Elle seule peut permettre de réaliser les rêves qu'entretient une société. Et quoi de plus noble comme matériau qu'une société, qu'un monde ? Le sculpteur travaille avec de la matière inerte, du bois, du marbre, du métal ou du plastique. Le poète joue avec les mots sur les sentiments et les émotions. Le philosophe, avec les idées. Le politicien, lui, crée le monde, il modèle la société, il dicte l'histoire. Pour Robert Bourassa, le pouvoir était le défi intellectuel suprême. Sans doute que, très tôt, dans ce grand corps en crise qu'était alors le Parti libéral, quand on pensait à un nouveau leader, quelques personnes, dont lui, ajoutaient à leur liste le nom de Robert Bourassa.

Des changements tout aussi importants s'étaient produits, en ce printemps de 1966, dans la vie de Robert. En avril, quelques jours avant le déclenchement des élections, Andrée et lui avaient adopté une petite fille, Michelle. Et ils avaient acheté une grande maison, avenue Brittany, à Ville Mont-Royal, en face de l'autoroute Métropolitaine. Avant d'y emménager, Andrée tenait à y faire faire d'importants travaux. Elle s'est donc installée avec les enfants à Sainte-Anne-de-Sorel, où le député Bourassa retrouvait sa famille les week-ends. Le lundi, après avoir donné son cours en finances publiques à l'Université de Montréal, il prenait l'autobus pour Québec; il participait les mardis, mercredis et jeudis aux débats de l'Assemblée législative; il rentrait à Montréal le jeudi soir, passait la journée du vendredi dans son comté de Mercier ou à la permanence du parti.

À Québec, il habitait à l'hôtel Victoria, rue Saint-Jean, dans le vieux quartier. Ses amis Michaud et Lévesque logeaient tout près, au Clarendon. Bourassa était maintenant un personnage connu et respecté au sein du parti, même si on lui reprochait de ne pas prendre clairement position. Il prononçait régulièrement des conférences devant des Clubs optimistes, des associations professionnelles ou dans des collèges, toujours sur des thèmes économiques, évitant méticuleusement de prendre parti dans la fronde, devenue un sujet de discussion nationale. Lorsqu'il se voyait forcé, dans un débat ou une entrevue, de s'aventurer sur la question nationale, il se référait toujours à la dimension économique.

À la fin de septembre, au congrès des Jeunes libéraux à Drummondville, Gérin-Lajoie a livré un vibrant discours dans lequel il parlait ouvertement de renouveler le parti. François Aquin, le plus à gauche et le plus radical du groupe réformiste, proposait d'engager la lutte pour la libération du Québec. Au congrès général tenu à Montréal, le 18 novembre 1966, tous les ténors du parti avaient des réformes à proposer. Lévesque, le plus écouté, proposait d'obliger les partis politiques à révéler chaque année leurs revenus et leurs dépenses, ce à quoi s'opposaient farouchement Lesage et Desrochers. Mais tous les réformistes étaient d'accord : il fallait fermer les caisses occultes qui minaient la démocratie et la crédibilité du parti.

Une semaine avant le congrès, Robert Bourassa avait été chargé par le clan réformiste de concilier les parties. Au cours d'une longue réunion, qui se termina tard dans la nuit, il avait fait accepter par Lesage la constitution d'un comité directeur et d'un comité des finances. Mais pas question que le rapport annuel du trésorier du parti soit rendu public. Seules les dépenses seraient connues. Pas la provenance de l'argent.

Interrogé par la télé anglaise à l'issue de ce congrès de novembre 1966, Bourassa hésitait, tergiversait. Il a parlé de la « liberté d'expression » qui régnait au sein du parti. Il a admis que « les positions des deux camps se cristallisaient ». Et il a dit que chacun pouvait et devait exprimer ses pensées. Mais, bizarrement et très typiquement, quand le journaliste lui a demandé quelles étaient les siennes, il a répondu qu'il était trop tôt pour se prononcer…

Le pilote et le mécanicien

À l'hiver de 1966-1967, Robert et Andrée Bourassa ont loué un chalet à Sainte-Adèle, au Sommet Bleu. Un dimanche matin, en se rendant à la grand-messe, ils ont rencontré Ronald Poupart et sa femme. Pendant le sermon, les deux hommes sont sortis bavarder sur le perron. L'un avait gagné ses élections ; l'autre pas. L'un, député, critique financier de l'opposition et professeur à l'Université de Montréal, rêvait d'assumer la direction intellectuelle du Parti libéral et d'en contrôler la commission politique ; l'autre, défait aux élections du 5 juin dans le comté de Sainte-Marie, cherchait où et comment faire valoir ses qualités d'organisateur. Semaine après semaine, sur le perron de l'église de Sainte-Adèle, des liens d'amitié se sont noués.

Ronald appartenait à une famille de petits commerçants du centre-ville de Montréal. Son père avait monté une entreprise qui fournissait aux restaurants de l'est de Montréal du sirop de Coke, des mélanges de farine, des contenants de 30 livres de confitures aux fraises, de beurre d'arachide. Ronald avait travaillé pendant des années avec son père, il avait vu évoluer ce petit monde ouvrier, péricliter les commerces de coins de rue. Et il avait été initié, très jeune, aux jeux de la politique. Son père avait été président du Club libéral Papineau ; il fut, lui, président de la Fédération des Jeunes libéraux de Maisonneuve et membre du conseil d'administration de la Chambre de commerce des jeunes. Il connaissait donc dans le menu détail la petite histoire des libéraux fédéraux et provinciaux de Montréal, qui formaient alors une même grande famille. Et il était proche de François Aquin, l'élément le plus farouchement nationaliste du parti, fort mal vu de l'establishment libéral, que son discours séparatiste effrayait.

. Quand il s'était présenté aux dernières élections, Ronald avait pratiquement dû se battre contre cet establishment qui voulait imposer d'autres candidats. Pierre Laporte, une autorité au sein du parti, avait le sien. Lesage aussi, qui souhaitait réserver le comté au comédien Jean Duceppe. Or, les deux candidats s'étaient désistés. Et Poupart avait pu se présenter. Mais il n'avait pas l'appui du groupe, pas d'organisation, pas de machine. Il a été son propre organisateur, ce qui fut une erreur; on ne peut être à la fois organisateur et candidat, mécanicien et pilote.

Quand Ronald avait rencontré Jean Lesage pour lui signifier qu'il voulait poser sa candidature aux élections, le premier ministre lui avait parlé de « la perle rare » qu'il avait découverte, un certain Robert Bourassa qui « a l'air de rien, mais tout le monde sait qu'il va aller un jour à un très haut niveau ». Ce jeune homme était, pour le moment, secrétaire de la commission Bélanger. Mais il serait lui aussi candidat aux prochaines élections. On travaillait justement à lui trouver un comté. Quelques semaines plus tard, Poupart avait appris que le comté dévolu à « la perle rare » était Mercier, juste au nord de son comté à lui, Sainte-Marie. Ils étaient donc voisins, Bourassa, le candidat de l'heure, et lui, dont le parti aurait bien voulu se passer.

À l'époque, la loi limitait les dépenses électorales. On ne contrôlait pas le montant des rentrées d'argent, ni leur origine. Mais on contrôlait les dépenses. Un candidat qui dépensait trop risquait de perdre son éligibilité. Pour faire des économies, les voisins Bourassa et Poupart avaient eu l'idée de faire des assemblées publiques communes à la frontière de leurs comtés, rue Rachel. Ce fut dans ces assemblées que Poupart entendit pour les premières fois le piètre tribun qu'était alors Robert Bourassa, jeune homme timide, portant des lunettes à grosse monture noire, arborant un sourire contraint, l'air de rien, effectivement. Et dans ses discours, il abordait des sujets complexes et arides. Pourtant, constatait Poupart, les gens l'écoutaient avec beaucoup d'intérêt. Il y avait chez lui quelque chose d'attachant et d'apaisant. Beaucoup de candidats pratiquaient encore l'art oratoire à l'ancienne, déclamant leurs discours à l'emporte-pièce, avec déclamation et flafla, comme Lesage. Bourassa avait un ton sans grands éclats, mais direct et naturel, moderne. Et le contenu de son discours était tout à fait nouveau. En parlant d'économie, il s'était emparé d'un créneau que personne d'autre n'avait occupé, parce que personne d'autre n'avait les compétences pour le faire. Et depuis, le jeune Bourassa avait acquis la confiance de ceux qu'on appelait les « bollés » du parti : René Lévesque, Yves Michaud, Paul Gérin-Lajoie, Pierre Laporte, François Aquin.

Robert et Ronald savaient tous les deux qu'ils étaient pour longtemps, pour toute leur vie sans doute, sur le même bateau, faisant partie du même équipage. Ils partageaient beaucoup d'idées. En écoutant les discours de Robert et en parlant avec lui sur le perron de l'église de Sainte-Adèle, Poupart se rendait bien compte que son confrère était lui aussi profondément nationaliste. Un matin de printemps, après la grand-messe, il lui dit que, s'il devait y avoir une course au leadership, son candidat serait François Aquin. Pas Laporte, ni même Lévesque. Surtout pas Wagner. Bourassa, lui, ne s'est pas prononcé. Il a dit seulement qu'il avait beaucoup d'admiration pour M. Lesage. Et qu'il aimait bien René Lévesque.

Comme parlementaire, il ne faisait jamais d'esbroufe. Mais il était respecté pour sa participation à la commission Bélanger et sa réputation de bon pédagogue, et pour l'amitié que lui portaient à la fois les conservateurs et les réformistes du parti.

Il avait commencé, au cours de cet hiver, à donner des conférences un peu partout au Québec. Il établissait ainsi des relations, tissant sa toile habilement, tutoyant, demandant à être tutoyé. Il faisait lui-même sa recherche et dictait ses textes à Berthe Drouin, sa secrétaire. Il en copiait ensuite les grandes lignes sur des petites fiches cartonnées qu'il gardait dans sa poche. Il allait porter lui-même le texte intégral de ses discours dans les salles de rédaction du *Devoir*, de *La Presse* et du *Soleil,* où il nouait des liens directs avec les éditeurs et les chroniqueurs politiques. Très rapidement, il devint un familier de tous les journalistes importants de l'époque, Michel Roy, Gilles Lesage, Normand Girard, Louis Martin et bien sûr l'incorruptible et implacable Claude Ryan.

Robert Bourassa se définissait alors comme un Québécois d'abord. Il croyait que le fédéralisme canadien était valable, mais qu'il devait être amélioré. Il aimait parler du modèle européen proposé par Jean Monnet, un homme qu'il admirait au plus haut point. Autour de lui, on s'étonnait de sa culture politique très particulière. Grâce à sa formation (en droit, fiscalité, finances publiques), il pouvait toujours aller, plus rapidement que les autres, au cœur des problèmes sociaux et politiques les plus complexes.

La réflexion divergente

1967 fut une année de très grande effervescence au Québec, de profonde réflexion et de remises en question, l'année aussi de l'Exposition universelle de Montréal, du *Sergent Pepper's Lonely Hearts Club Band* des Beatles et du «Vive le Québec libre» du général de Gaulle.

Au début d'avril, à quelques jours de l'ouverture de l'Expo, des membres dissidents du Parti libéral du Québec ont tenu au Cuttle's Tremblant Club, dans les Laurentides, une rencontre privée qui se serait voulue discrète mais ne le fut pas, les journaux du lendemain en ayant fait un compte rendu détaillé. Une véritable fronde se préparait cette fois contre Jean Lesage. Il faudrait bientôt que chacun, y compris Robert Bourassa, choisisse son camp, celui des conservateurs ou celui des réformistes.

Mais il y avait un autre débat tout aussi important dans lequel chacun devait prendre position, celui du fédéralisme canadien. Quelques années plus tôt, la commission Fulton-Favreau créée par Lester B. Pearson, premier ministre libéral du Canada, avait proposé de rapatrier la Constitution. La charte constituant le Canada était, depuis sa fondation en 1867, restée à Londres. Techniquement, légalement, le Canada était toujours juridiquement dépendant et ne pouvait apporter d'amendement à sa Constitution, même si le statut de Westminster, en 1931, lui avait laissé quelques libertés.

Claude Ryan, patron du *Devoir*, Daniel Johnson père, alors chef de l'opposition, et Jacques-Yvan Morin, juriste du gouvernement québécois, s'étaient farouchement opposés à la proposition de Pearson, alléguant que le Québec pourrait difficilement obtenir un statut particulier une fois la Constitution rapatriée. Il fallait selon eux s'entendre auparavant. Mais René Lévesque et Pierre Laporte, que Lesage avait chargés de représenter le Québec devant la commission, se disaient prêts à accepter. Ni l'un ni l'autre ne mesuraient, semble-t-il, les conséquences d'un rapatriement unilatéral. Or, devant l'Assemblée législative, leur chef, Jean Lesage, que les éditoriaux de Ryan avaient brutalement éclairé, déclarait que le Parti libéral préconisait l'adoption d'un statut particulier à l'intérieur de la Confédération. Et le Québec finit, *in extremis*, par refuser la naïve et dangereuse proposition de Pearson et de la commission Fulton-Favreau. À l'issue de cette conférence, Claude Ryan a dit à René Lévesque qu'il ne devrait pas se mêler des dossiers qu'il ne comprenait pas.

Bref, le dossier du rapatriement de la Constitution était toujours ouvert. Mais il faudrait bien, un jour ou l'autre, et d'une manière ou d'une autre, s'entendre sur ce qu'était ce statut particulier dont parlait le premier ministre Lesage, et définir clairement les rapports entre le Québec et le reste du Canada.

En tant que président de la commission politique du Parti libéral, Robert Bourassa devait formuler des propositions concrètes et les présenter au congrès libéral, qui devait se tenir en octobre au château Frontenac. Il décida au début de l'été de mettre ses idées par écrit et de préciser sa vision des choses et la position du parti en matière constitutionnelle.

René Lévesque fit de même de son côté et entreprit de rédiger ce qui deviendrait *Option Québec*. Au début, les deux hommes ont réfléchi ensemble et fignolé en duo le concept de souveraineté-association. Le texte original d'*Option Québec* – texte fondateur du Mouvement souveraineté-association – fut d'ailleurs tapé sur la machine à écrire de Robert Bourassa, avenue Brittany, à Ville Mont-Royal. Lévesque citait Bourassa à quatre reprises, chaque fois pour donner du poids à ses propositions. Il avait confiance en son confrère, en ses connaissances uniques en économie et en fiscalité.

Mais en poussant leur réflexion, au cours de cet été de 1967, les deux hommes s'écartaient peu à peu, et irrémédiablement, l'un de l'autre. L'essai, dans lequel Lévesque exposait son projet constitutionnel, apparut bientôt totalement irréaliste au fiscaliste monétariste Bourassa.

Celui-ci, pendant l'été, avait rédigé deux textes très denses, très lourdement documentés ; il les porta à la revue *Maintenant*, qui les publia dans son numéro de septembre, sous le titre « Instruments de libération », et dans celui d'octobre, sous le titre « Aspect économique d'un Québec indépendant ». Il précisa sa pensée de vive voix, le 27 septembre, devant les membres du Club Kiwanis Saint-Laurent, réunis à l'hôtel Ritz-Carlton. Comme d'habitude, il s'était rendu au *Devoir* remettre une copie de son discours à Claude Ryan. Le texte paraîtra dès le lendemain.

Il a d'abord démêlé le fouillis de propositions faites en matière constitutionnelle au cours des récentes années. « Les positions d'ordre constitutionnel évoluent si vite au Québec, disait-il, qu'il est difficile de les fixer à un moment précis pour les besoins de l'analyse. » Il reconnaissait cependant qu'un dénominateur commun se dégageait de toutes ces prises de position. Tous ceux qui avaient réfléchi à la question considéraient que le *statu quo* constitutionnel ne répondait plus aux exigences du Québec. « Le Québec doit posséder les pouvoirs politiques et économiques nécessaires pour construire un cadre d'action, une société originale où la majorité de la population pourra travailler et se développer selon son génie, sa langue et sa culture propres. » Et il entreprit de démontrer que les Canadiens français (comme on disait encore à l'époque) ne pouvaient assurer leur avenir socioculturel sans le fonder sur une base économique forte.

Tout en évitant de dresser des épouvantails, il se demandait quelle serait l'option constitutionnelle la plus propice à la réalisation de ces objectifs nationaux. Et il examinait d'un point de vue économique les choix qui s'offraient au Québec : le statut particulier dans un fédéralisme renouvelé, les états souverains associés et l'indépendance complète.

Il conclut : « Par quelque côté qu'on envisage l'aspect économique d'un Québec complètement indépendant, on se heurte toujours, comme à une borne, sur les difficultés d'instaurer du jour au lendemain une monnaie nouvelle, sans risquer de subir d'énormes pressions sur les réserves de change et les conséquences qui peuvent s'ensuivre. »

Selon lui, une monnaie québécoise placerait fatalement le Québec en état de dépendance à l'égard des marchés internationaux, en particulier ceux des États-Unis et du Canada. Si par ailleurs le Québec n'avait pas sa propre monnaie et adoptait celle du Canada, il n'aurait aucun contrôle sur son économie. La conclusion était évidente : un Québec indépendant était impossible.

Ces idées et ces réflexions avaient déjà créé de vives discussions entre Lévesque et lui. Bourassa lui-même racontera plus tard comment, avenue Brittany, un soir d'été, alors qu'il préparait son premier texte pour la revue *Maintenant*, il avait tenté de rallier Lévesque à ses idées. Celui-ci était déjà ouvertement en conflit avec Lesage, d'un côté, et Kierans, de l'autre. Bourassa tentait une ultime fois de le réconcilier avec Lesage. Et pour une sempiternelle fois de lui expliquer que la souveraineté-association ne pouvait fonctionner, qu'elle entraînerait le Québec dans un marasme financier dont il mettrait une génération à se sortir. Et il invoquait la monnaie encore et encore. Impatient, Lévesque lui avait dit : « Qu'est-ce que la monnaie vient faire dans le destin d'une nation ? » Robert Bourassa avait compris alors qu'un fossé pratiquement infranchissable le séparait de René Lévesque.

Mais ce dernier a longtemps espéré conserver l'appui de Bourassa. Dans le second chapitre, intitulé « Ce pays qu'on peut faire », de son livre *Option Québec*, qu'il lançait le 18 septembre, il écrivait que « la formule la plus lapidaire et la plus exacte pour décrire l'interdépendance qui s'imposera avec le reste du Canada est celle qui est venue tout naturellement sous la plume du député de Mercier, M. Robert Bourassa : États Souverains Associés ».

Mais le 18 septembre, Robert Bourassa avait déjà emprunté un chemin qui l'éloignait irrévocablement de la souveraineté-association. « La thèse de Lévesque est inapplicable. » Voilà ce qu'il a dit quelques jours plus tard à un journaliste du *Devoir*, se dissociant sans équivoque de la pensée de Lévesque.

Le conciliateur

Robert Bourassa a souvent dit qu'un homme politique doit pouvoir durer. Et être capable de penser à long terme. Tout projet politique baigne dans le temps. Il faut donc autant que possible prévoir, comme aux échecs, plusieurs coups à l'avance. Et avant tout, il faut être en forme, mentalement et physiquement. Avoir la tête froide et ne jamais se laisser dominer et mener par ses émotions. Être ferme, solide et serein, en parfaite santé. Comme un athlète.

Quand il fut élu pour la première fois, en juin 1966, Bourassa s'est imposé une habitude à laquelle il ne dérogea jamais ; tous les matins, hiver comme été, beau temps, mauvais temps, même avec une grippe carabinée, même en voyage, il allait nager. Par plaisir, mais aussi par devoir, d'abord et avant tout pour être en forme afin d'avoir toute sa tête à lui et de bien exercer sa fonction de politicien. Robert Bourassa avait toutes les apparences d'un être indolent, un flâneur un peu mou, hésitant et ondoyant ; il était en fait extrêmement discipliné.

Au sein de la faune politique, il faisait figure d'original. Il ne fumait pas, buvait très raisonnablement, un verre ou deux de rouge ou de blanc, ne mélangeant jamais. Il ne couraillait pas non plus. Il n'ira jamais aux danseuses. Il n'avait pas vraiment de goût pour ce genre de choses, et surtout pas de temps. Son temps, il le consacrait à deux choses : la politique et sa famille.

On a beaucoup dit, au point que personne ne peut en douter, que sa femme Andrée a été sa première conseillère, sa complice la plus écoutée. Elle a été très présente pendant la campagne électorale de 1966. Elle était tellement plus expansive que lui que certains membres de l'entourage de Robert Bourassa disaient qu'elle aurait fait une meilleure candidate que son mari. Elle savait saluer une foule, elle arborait un sourire franc, chaleureux. Il était, lui, difficilement capable d'extérioriser ses émotions, de lever les bras bien haut en signe de victoire, comme lui commandait de faire Paul Desrochers.

Andrée Simard agissait en quelque sorte comme le partenaire d'entraînement de son mari. Elle lui assénait ses arguments d'indépendantiste et de souverainiste. Il l'écoutait, toujours très sérieusement. Il développait sa pensée, esquivait, rétorquait. Il lui dit un jour: «Si on était riches comme l'Ontario, on ne parlerait pas d'indépendance, parce qu'on serait de fait indépendants et libres de nos choix. C'est la richesse qui fait qu'on est ou pas indépendants et libres.»

Elle lui vouait toujours une grande admiration. Et elle l'aimait d'amour. Elle disait même que c'était lui qui l'avait amenée à étudier l'histoire, à aimer la culture et l'étude. Il restait, d'une certaine manière, son maître à penser. Elle n'était pas pour autant acquise à toutes ses idées.

Grande admiratrice de Lévesque, elle était tout à fait convaincue de la nécessité de la souveraineté. Étudiante en histoire à l'Université de Montréal, elle avait découvert la pensée de l'historien Michel Brunet. Elle avait lu *Canadians et Canadiens* et *La Présence anglaise et les Canadiens*. Elle s'était fait une idée très proche de celle de René Lévesque. Mais elle n'intervenait jamais dans les discussions parfois orageuses qui avaient cours, avenue Brittany. «J'étais une femme au foyer. J'écoutais, je m'occupais des enfants. Je comprenais fort bien ce qui se passait, mais je ne m'en mêlais pas. Ce n'était pas mon rôle.» Mais quand tous les invités étaient partis, Robert se tournait toujours vers elle pour poursuivre la conversation. Il ouvrait les fenêtres pour changer l'air enfumé, car tout le monde, sauf lui, fumait. Il lui demandait: «Qu'est-ce que tu penses de tout ça?» Et ils passaient une partie de la nuit à discuter.

À quelques jours du congrès du parti des 13 et 14 octobre 1967, Andrée Simard savait que son mari était à la croisée des chemins. Et qu'il ne suivrait pas Lévesque dans ses réflexions et ses aventures. Il aurait tant souhaité pourtant réconcilier Lévesque et Lesage. Et surtout éviter que le parti soit divisé. C'était sa famille idéologique, dont il ne remettait jamais les valeurs en question. Il ne pouvait pourtant ignorer que le Parti libéral du Québec était en profonde mutation et que ses éléments les plus dynamiques et les plus progressistes préparaient un véritable putsch.

Le 13 octobre, premier jour du congrès, Paul Gérin-Lajoie, qui avait réfléchi lui aussi pendant tout l'été, a présenté sa proposition d'un statut particulier pour le Québec au sein de la Confédération. Le lendemain, Lévesque faisait connaître la sienne, qui prônait la souveraineté-association, ce concept avec lequel Bourassa avait flirté, mais auquel il ne croyait plus.

Lévesque fustigeait dans son discours les apparatchiks du parti, qui refusaient de considérer sa proposition, jugée irrecevable. Il a conclu en disant : « Si je ne peux me commettre, faut que je me démette. » Et il a quitté la salle. Une quinzaine de députés se sont levés et l'ont suivi. Certains d'entre eux se sont arrêtés près de Robert Bourassa et lui ont dit : « Robert, suis-nous. Robert, viens avec nous. »

On savait qu'il avait été très proche de Lévesque et que les deux hommes avaient encore beaucoup en commun. Lévesque lui faisait confiance et il avait souvent fait appel à lui pour comprendre certaines données de l'économie.

« Viens avec nous, Robert. »

Robert a gardé les yeux droits devant lui. Il n'a pas bougé. Il n'a pas voulu les suivre. On a souvent raconté cette scène. Et on a prêté à Bourassa diverses intentions. Certains ont dit qu'il n'avait pas osé faire le grand saut, mais qu'il avait failli le faire, qu'il avait hésité, et qu'il avait renoncé parce qu'il avait peur. Il est vrai qu'il était fasciné par le petit homme aux tics nerveux, à la voix éraillée de gros fumeur, intense et brillant. Certains ont cru et dit qu'il avait été fort tenté de partir avec son homologue, ce qui est très certainement faux. Il était intimement persuadé que Lévesque faisait fausse route et que l'option qu'il proposait pour le Québec pouvait lui être néfaste. De plus, s'il l'avait suivi, il n'aurait toujours été que son subalterne, un numéro deux, un « suiveux », réduisant pratiquement à zéro ses chances d'être un jour premier ministre. Il avait beaucoup parlé de cela avec Andrée. Il aurait souhaité bien sûr maintenir la cohésion au sein du parti, mais en quittant celui-ci Lévesque lui ouvrait la voie… Bien sûr, il y avait aussi Laporte, Wagner, Gérin-Lajoie, d'autres peut-être qui tenteraient de devenir chef. Il n'était peut-être pas le plus expérimenté, mais il était le plus jeune, le plus instruit, peut-être pas le mieux armé, mais celui qui avait le moins d'ennemis et le plus d'appuis de la haute direction du parti. Il n'était donc pas du tout fâché dans son for intérieur de voir Lévesque s'éloigner avec ses illusions, ses théories boiteuses et son projet irréalisable !

Aux journalistes qui l'interrogeaient, à l'issue de cette mémorable journée, il a dit que René Lévesque avait été « une caution morale contre l'embourgeoisement du parti ». Il percevait Lévesque comme l'homme qui contrebalançait la ringardise de l'arrière-garde du parti… Et comme un politicien qui ne comprenait pas les véritables enjeux socioéconomiques.

À la mi-décembre, Lesage convoquait son caucus, c'est-à-dire l'ensemble de ses députés, dans la maison de retraite des sœurs grises, à Châteauguay. Il tenta de réaffirmer son leadership. Mais les pressions pour qu'il parte se faisaient de plus en plus fortes. On se quitta sans qu'il y ait consensus, sans que les tensions se soient apaisées, de sorte que le début de l'année 1968 fut rempli de rumeurs de plus en plus sérieuses de course à la chefferie libérale.

Quelques semaines plus tôt, le 19 novembre 1967, un mois à peine après avoir quitté le Parti libéral, René Lévesque, député indépendant de Laurier, avait fondé le Mouvement souveraineté-association, le MSA, auquel il espérait rallier les diverses forces nationalistes et indépendantistes. Avec son départ, le Parti libéral avait perdu des forces, des militants, et sans doute beaucoup d'électeurs.

Par ailleurs, Daniel Johnson, qui avait pris le pouvoir deux ans plus tôt, dirigeait un gouvernement solide contre lequel le Parti libéral se sentait de plus en plus démuni, dépossédé, dévalorisé. Johnson avait eu l'intelligence de poursuivre les politiques sociales du gouvernement Lesage et de garder avec lui les éléments les plus dynamiques de la fonction publique. Il avait, lui aussi, des idées très progressistes, très proches de celles dont s'étaient nourris les artisans de la Révolution tranquille. Dans *Égalité ou indépendance*, publié en 1965, il avait clairement donné sa position concernant l'avenir du Québec au sein de la Confédération canadienne : l'indépendance si nécessaire, mais pas nécessairement l'indépendance. Et c'était avec un slogan très nationaliste, «Égalité ou indépendance», qu'il avait mené ses troupes à la victoire de juin 1966. Depuis, il tenait tête de façon remarquable à Pierre Elliott Trudeau, le ministre de la Justice fédéral, lequel, fervent contempteur des nationalistes québécois, tant de gauche que de droite, tant libéraux qu'unionistes, ne manquait jamais une occasion de les confondre et de les ridiculiser.

Le Parti libéral, le seul résolument fédéraliste du Québec, était en difficulté ; la plupart de ses membres souhaitaient qu'on revoie les ententes du Québec et du Canada. Et une bonne proportion d'entre eux, dont Robert Bourassa, avaient, pour ce faire, des idées diamétralement opposées à celles de Pierre Elliott Trudeau et des attentes incompatibles avec sa vision du pays.

Le leader préfabriqué

Le 24 juin 1968 au soir, rue Sherbrooke, pendant la parade de la Saint-Jean-Baptiste se produisit une scène impressionnante qui resterait gravée dans la mémoire de nombreux Québécois. Sur les estrades dressées devant la bibliothèque centrale de Montréal, face au parc La Fontaine, se trouvaient des dignitaires parmi lesquels on reconnaissait Pierre Elliott Trudeau qui, selon tous les sondages récemment réalisés, serait élu le lendemain premier ministre du Canada. Et puis on entendit des cris, « Trudeau au poteau », « Vive le Québec libre ». On vit la foule déchaînée, des policiers à cheval, matraque à la main. Des bouteilles, des pierres furent lancées dans la direction de l'estrade, où les gens affolés se levèrent et s'enfuirent dans le plus grand désordre. Tous, sauf Trudeau, qui fit un signe d'impatience à un garde du corps qui lui signifiait qu'il devait partir. Il resta, il fit face à l'agressivité de la foule, brave, déterminé.

Ces images, qui montraient Trudeau s'opposant aux émeutiers, ont eu de spectaculaires répercussions au Canada anglais, où on verra désormais en lui le dirigeant idéal, l'homme solide, capable de contrer la menace du séparatisme québécois.

Or, justement, les forces nationalistes étaient en train de se réorganiser et de se fusionner. Le MSA de Lévesque, surtout urbain, très montréalais, était formé presque entièrement de transfuges du Parti libéral. En s'alliant au Ralliement national, le RN de Gilles Grégoire, composé d'ex-créditistes et très présent partout en région – Gaspésie, Abitibi, Beauce, Saguenay–Lac-Saint-Jean –, Lévesque était allé chercher de très nombreux appuis. De plus, à l'automne, Pierre Bourgault enjoignait tous les membres du Rassemblement pour l'indépendance nationale de se joindre au mouvement créé par René Lévesque.

Le Parti québécois est né le 14 octobre 1968, déclenchant un engouement énorme au sein de la population québécoise. La jeunesse, les artistes, l'intelligentsia se sont tout de suite ralliés à lui. Lévesque, politicien charismatique, était entouré d'une équipe d'hommes et de femmes compétents qui avaient un projet social et national clairement défini.

En quelques mois, l'échiquier politique québécois avait changé du tout au tout. Trois semaines plus tôt, le 25 septembre, l'homme fort de l'Union nationale, Daniel Johnson, était mort subitement lors d'un voyage sur la Côte-Nord. Si Johnson, brillant politicien, grand nationaliste, n'était pas décédé, l'Union nationale aurait sans doute gardé le pouvoir pendant un certain temps. Le destin du Parti libéral et la carrière de Robert Bourassa auraient certainement été tout autre.

Jean-Jacques Bertrand, homme très estimé, mais politicien peu expérimenté, assura l'intérim. Il conserva le programme qu'avait élaboré Daniel Johnson, très proche de celui des libéraux de la Révolution tranquille. Ceux-ci devaient par conséquent présenter des idées originales, renouveler leur plateforme et leur programme, et faire à l'électorat de nouvelles propositions. À la tête de la commission politique, chargée de définir les positions du parti en matière constitutionnelle, sociale, économique, se trouvait Robert Bourassa.

Pendant que s'opéraient ces changements, Paul Desrochers s'affairait à relancer la machine libérale provinciale. Il a rebâti les associations de comté, qui avaient perdu des plumes et des membres après le départ de René Lévesque. Il a regarni la caisse du parti, ne s'embarrassant nullement des scrupules à la René Lévesque pour ce qui était des sources occultes.

Lesage, grâce à Desrochers, avait même repris espoir un temps de rester chef. Mais la contestation était trop forte. Il faudrait, tôt ou tard, songer à donner au parti un nouveau meneur. Sans une direction ferme et reconnue, le parti risquait dangereusement d'éclater. En juin 1969, le plus prestigieux membre du caucus libéral, Paul Gérin-Lajoie, l'un des grands de la Révolution tranquille, avait démissionné. Kierans était parti peu après. Et en août paraissait dans *Le Devoir* une lettre vitriolique signée par Jean-Paul Lefebvre, un intellectuel proche du Parti libéral, qui réclamait le départ de Jean Lesage. Celui-ci démissionna à la fin du mois, le 28 août 1969.

Le stratège Desrochers avait maintenant une mission : trouver un prochain chef au Parti libéral du Québec. Dans ce but, il avait déjà demandé à la Chicago Social Research Inc., maison américaine d'enquête et de sondage, de dresser le portrait de l'homme que les Québécois désiraient avoir comme leader. On a reçu les résultats au milieu de l'été. Les Québécois souhaitaient que le nouveau chef ait de la vision, de l'assurance, qu'il ait confiance en eux, qu'il comprenne ce dont ils avaient besoin. Ils ne voulaient surtout pas d'un leader qui les relance dans des violences comme celles qu'ils avaient connues pendant la Révolution tranquille ; ils cherchaient un homme, jeune, dynamique, instruit, capable de préserver la paix et l'harmonie et de favoriser le développement économique, de trouver des emplois aux jeunes. Et en plus, qu'il sache dialoguer avec Ottawa et avec les puissances financières, et qu'il se fasse entendre et respecter des principaux porte-parole de la société québécoise.

Tous ceux qui ont assisté au dévoilement du portrait – Lesage, Desrochers, Rivest, Lise Bacon – ont tout de suite pensé à Robert Bourassa. Il était, étonnamment, l'antithèse de l'image qu'avaient toujours projetée ou voulu projeter tous les hommes qui jusqu'alors avaient eu de hautes responsabilités gouvernementales au Québec. Il n'était pas grand orateur, il ne semblait pas du tout autoritaire, mais il inspirait confiance.

La description ressemblait également, par certains traits, à Jean Marchand, qui avait manifesté entre les branches son intérêt à succéder à Jean Lesage. Mais Desrochers, considérant que Marchand faisait du très bon travail à Ottawa, le convainquit, pour le bien du Parti libéral et du Québec, d'y rester. Et il décréta que c'était Robert Bourassa qui correspondait plus que quiconque au portrait, autrement dit, l'homme que désiraient les Québécois. Dès lors, avec la bénédiction de Jean Lesage, tout s'est enclenché. Les hautes instances libérales avaient, très peu démocratiquement, choisi le nouveau chef qu'elles avaient la ferme intention d'imposer au parti.

Au début de septembre, Robert Bourassa invitait quelques amis à une réunion chez lui, à Ville Mont-Royal. Paul Desrochers était là, l'avocat Jean Prieur, qui, deux ans plus tôt, à l'âge de vingt-cinq ans, avait quitté la firme Martineau Walker, l'un des plus grands bureaux d'avocats montréalais, pépinière libérale, pour travailler à la campagne de Pierre Elliott Trudeau, l'intarissable Yves Michaud, Guy Langlois, vingt-six ans, qui, l'hiver précédent, avait invité Bourassa, de passage à Boston, à rencontrer les étudiants du Canadian Club de Harvard, où il étudiait en administration.

Après les présentations, très officielles, Bourassa leur rappela qu'il y aurait bientôt des élections, l'Union nationale, au pouvoir depuis trois ans et demi, éprouvant de sérieux problèmes. Jean-Jacques Bertrand, qui avait succédé à Daniel Johnson, était un excellent homme, mais pas un très brillant politicien. Il avait fait adopter à l'automne une loi extrêmement impopulaire, le projet de loi 63, qui permettait aux immigrants qui le désiraient d'envoyer leurs enfants à l'école anglaise, ce qui avait révulsé les Québécois francophones. Le problème de la langue commençait sérieusement à s'envenimer. Ce serait certainement l'un des enjeux majeurs des prochaines élections. Il fallait se faire une idée, prendre position sur la langue et sur l'épineuse question constitutionnelle ; mais avant tout, le Parti libéral devait rapidement se rallier derrière un chef.

Bourassa annonça ensuite à ses invités qu'il songeait à poser sa candidature et il leur posa carrément la question : « Ai-je ce qu'il faut, selon vous ? Suis-je trop jeune, trop inexpérimenté ? »

On savait que Pierre Laporte et Claude Wagner voulaient se présenter. D'autres pouvaient se manifester. Mais il était peu probable qu'ils apportent des idées nouvelles. « Il faut que le Québec ait une vue davantage orientée vers l'économie, le développement, la création d'emplois », répétait Bourassa.

Tous ont promis de l'appuyer.

Guy Langlois était enthousiaste. Il entendait quelque chose de nouveau dans le discours de Bourassa, quelque chose qui le distinguait de tous les autres. Il avait cette idée maîtresse que la seule manière de rétablir la paix sociale au Québec était de relancer l'économie, de créer des emplois et de la richesse.

Quelques jours plus tard, fort de ces appuis, Bourassa rencontrait Claude Morin à Québec et lui disait que des gens, qu'il n'a pas nommés, le pressaient de se présenter à la chefferie. « J'aimerais savoir ce que tu en penses. Est-ce que j'ai ce qu'il faut, selon toi ? » Surprise totale de Morin, qui avouera plus tard qu'il croyait à l'époque que Robert Bourassa, même s'il était bardé de diplômes et pétri de légitime ambition, n'avait pas ce qu'il fallait pour devenir un chef de parti, qu'il manquait de prestance, d'autorité, d'expérience. Mais Morin n'a pas eu, ce jour-là, le courage de lui dire ce qu'il pensait. De sorte que Bourassa est sorti de chez lui encouragé, davantage persuadé qu'il avait toutes les qualités nécessaires pour être un bon chef. Comme il est sorti de ses consultations auprès de Raymond Garneau et de plusieurs autres.

« Il suffisait qu'on ne lui dise pas non, dira Yves Michaud, pour qu'il soit conforté dans cette certitude qu'il avait d'être l'homme de la situation. »

Il n'était pas le seul à le croire. Des rumeurs circulaient au sein du parti, affirmant de plus en plus fortement que les hautes instances, qui en principe devaient rester neutres lors

d'une course au leadership, avaient beaucoup de considération pour le député de Mercier. Bien qu'il eût un devoir de
réserve, Lesage l'appuyait presque ouvertement.

À la mi-septembre, le Conseil général du Parti libéral du
Québec annonçait que le congrès de la chefferie aurait lieu
au Colisée de Québec les 16 et 17 janvier 1970. C'est Lesage
lui-même qui avait insisté pour qu'on choisisse une date si
éloignée. Afin sans doute que le jeune Bourassa, manifeste-
ment son chouchou (Lesage avait été ministre des Finances,
il parlait le même langage), ait quatre bons mois pour se faire
connaître des 1 663 délégués au congrès. Wagner et Laporte,
eux, étaient déjà connus dans tout le Québec. Lesage et Desrochers avaient manœuvré de manière à leur faire perdre la
longueur d'avance qu'ils avaient sur le jeune Bourassa.

Le 17 octobre, Bourassa annonçait officiellement sa candidature. Il disposait déjà d'une formidable machine électorale. Desrochers était allé chercher Jean Prieur, avocat de
l'équipe de Trudeau pendant sa campagne à la direction
du Parti libéral du Canada. Guy Morin, un publicitaire de
Québec. Charles Denis, qui allait assurer les relations de
presse. Marie-Paule Denis, qui avait travaillé au ministère
de l'Éducation. Françoise Gauthier, au secrétariat général.
Et il y avait ce personnage extraordinaire, brillant, hautement spirituel, maniant en virtuose humour et ironie, Jean-
Claude Rivest, vingt-sept ans, qui avait étudié en droit administratif et constitutionnel. Entre Bourassa et lui, une très
grande complicité s'est vite établie. Bourassa avait d'ailleurs
beaucoup plus de facilité avec des gens comme Rivest, instruit, intellectuel, qu'avec les hommes de terrain…

Desrochers a loué un local au sixième étage du 2015 de
la rue Drummond, près du boulevard de Maisonneuve. Il y
occupait un grand bureau sobre, presque nu, à l'exception
d'une banderole qui courait sur le mur derrière lui, clamant, en gros caractères, «calme, serein et efficace». Des
téléphones partout, une longue table toujours encombrée
de journaux, d'affiches et de tracts. De l'aube jusqu'à tard
dans la nuit, on entrait et on sortait, on tenait des réunions,

on faisait mille appels aux quatre coins du Québec. On avait formé, à la suggestion d'Yves Michaud, « Les Amis de Robert Bourassa », qu'on mettait en contact les uns avec les autres, un peu comme fait Facebook aujourd'hui.

On misait beaucoup sur la nouveauté du discours que portait le jeune candidat. Et on lança une grosse offensive du côté des étudiants et des jeunes ouvriers, qui ne constituaient pas vraiment la clientèle naturelle du Parti libéral. Pierre Bibeau, vingt et un ans, faisait figure d'oiseau rare.

Cheveux aux épaules, blue-jeans et chemise à carreaux, Bibeau étudiait alors en science politique à la toute nouvelle Université du Québec à Montréal. Son père, marin de métier, était organisateur unioniste ; sa mère, organisatrice libérale. Il était donc tombé dans la politique dès l'enfance ; et il s'y plaisait bien.

Il avait été un partisan enthousiaste de René Lévesque, comme beaucoup, pour ne pas dire la majorité, des jeunes de son âge. Il l'avait applaudi dans son entreprise de nationalisation de l'électricité. Quand Lévesque avait quitté le Parti libéral pour fonder le Mouvement souveraineté-association, Bibeau avait également déserté le parti et l'avait suivi. Mais il avait eu tout un choc, à l'été de 1968, une véritable douche froide quand Lévesque s'était associé au Ralliement national, le RN dirigé par Gilles Grégoire qui, selon Bibeau, représentait la droite nationaliste la plus ringarde et la plus rétrograde, proche des créditistes de Réal Caouette, Camil Samson et Yvon Dupuis, des gens de droite qui n'avaient rien pour séduire les jeunes. Si Lévesque s'était rallié au RIN de Pierre Bourgault, Bibeau aurait compris, il serait resté. Le RIN était progressiste, nouveau, jeune et dynamique. Mais s'associer au RN était selon lui bassement opportuniste.

Le 14 octobre 1968, quand on avait annoncé la formation du Parti québécois, dont on devait le nom à Gilles Grégoire, Pierre Bibeau n'était plus du tout un admirateur de René Lévesque. Mais il s'intéressait plus que jamais à la politique. Il avait même commencé à sécher ses cours pour militer de nouveau au sein du Parti libéral, dont le vieux chef était déjà fortement contesté. Il devenait évident qu'il fallait du nouveau. Et qu'il y en aurait bientôt.

Et voilà que, en ce bel automne de 1969, le nouveau arrivait enfin, en chair et en os. Il s'appelait Robert Bourassa, il avait trente-six ans, il parlait un langage neuf. Bibeau se fit désigner délégué du comté de Yamaska, qu'il allait représenter au congrès du 17 janvier 1970, au cours duquel on devait élire un nouveau chef. Des trois candidats en lice, Claude Wagner, Pierre Laporte et Robert Bourassa, ce dernier était son préféré, le seul en fait avec qui il acceptait de travailler.

Il était fasciné par Bourassa qui, contrairement à ses deux rivaux, n'avait rien du politicien traditionnel. Laporte était à ses yeux un «patroneux» à l'ancienne, et une tenace rumeur voulait que son organisation ait eu des rapports avec les milieux interlopes. Wagner, champion de la loi et de l'ordre, n'avait pas la faveur des jeunes. Bourassa, le plus jeune des trois, avait une nouvelle approche, un discours jamais entendu. Il avait fait des études de droit et possédait de solides connaissances en économie. Bibeau est donc entré au comité de Bourassa. Et s'est mis à fréquenter assidûment le bureau de la rue Drummond. Desrochers, sachant que Pierre avait un talent d'organisateur (il s'était occupé dans son coin de pays d'organisations sportives), le mit en charge des jeunes libéraux.

Pendant l'automne, tout en travaillant dans l'entreprise familiale de portes et fenêtres, en plus de donner ses cours aux HEC, Guy Langlois se rendait lui aussi au bureau de la rue Drummond plusieurs soirs par semaine. Au début de novembre, il décida de prendre un congé sans solde pour vivre l'expérience plus à fond. Il travailla bénévolement à la campagne de Bourassa, Desrochers lui ayant demandé de s'occuper du contenu de la campagne, du marketing des idées, du recrutement d'autres jeunes.

Langlois réunit quelques amis qui s'impliquèrent tous bénévolement, parce que Robert était sympathique et qu'il était très agréable de travailler avec lui. Mais aussi parce qu'il y avait autour de lui, dans cette bande et cette machine, un élan, un esprit extraordinairement stimulant.

Pour la première fois, Robert Bourassa était entouré, conseillé par des professionnels aguerris et passionnés. On s'occupait de son image, du financement de sa campagne. Faisant fi des protestations des autres candidats, Paul Desrochers avait mis à sa disposition la machine et les ressources du Parti libéral.

On organisa une grande tournée du Québec. Bourassa était toujours et partout accompagné d'un caméraman et d'un preneur de son qui captaient ses discours, le suivaient dans ses bains de foule, l'observaient dans ses réunions avec ses conseillers. Toute cette matière allait plus tard permettre de faire connaître le candidat Bourassa et servir à la promotion de ses idées auprès du grand public.

Bourassa livrait de bons discours, essentiellement économiques, jamais vraiment partisans, toujours très simples : c'est en créant des emplois et de la richesse qu'on peut hausser le niveau de vie et réaliser le bien-être de la société. Il ne parlait pas des rapports du Québec avec le Canada, ni de séparatisme, ni des programmes des partis adverses.

Mais dans les bains de foule et les assemblées, il restait timide. Il se tenait plus volontiers avec les journalistes, parce qu'il les connaissait et qu'il parlait le même langage qu'eux. Avec les gens de la base ou les militants moins instruits, il avait toujours un peu de difficulté à trouver le ton. Il ne se liait pas facilement. Paul Desrochers et Charles Denis lui disaient qu'il devait serrer des mains, saluer les gens, sourire. Ils lui répétaient qu'un politicien doit savoir cultiver les apparences, donner une impression de force, d'autorité. Mais Robert n'allait pas spontanément vers les gens. Ce fut donc assez long avant qu'il parle à des gars comme Pierre Bibeau, qui pourtant travaillait presque nuit et jour à sa campagne. Il fallut le secouer un peu. Mais il écoutait les recommandations de ses stratèges, il travaillait ses gestes, il apprit à sourire. L'homme était fort ambitieux. Il était prêt, pour arriver à ses fins, à changer de personnalité, même à mettre de côté certains principes, certaines valeurs.

On n'arrive jamais au pouvoir sans perdre quelques plumes idéologiques.

Ainsi, en novembre, quand le Parti libéral approuva le projet de loi 63, il dut faire un choix déchirant. Cette loi, promulguée par l'Union nationale et sanctionnée par le Parti libéral, permettait aux immigrants de faire instruire leurs enfants dans la langue de leur choix. Elle avait dressé anglophones contre francophones, Québécois de souche contre nouveaux venus, créant des conflits jusqu'au sein du caucus libéral. Bourassa a choisi de rester fidèle à la ligne du parti et de voter en faveur du projet de loi 63, même si, en son for intérieur et devant sa femme et ses proches, il en désapprouvait l'esprit. Son ami Yves Michaud, lui, a clairement protesté contre cette loi ; il a quitté le caucus libéral pour siéger comme député indépendant.

Bourassa, alors très proche de ce dernier, lui disait qu'il ne pouvait aller contre les volontés d'un parti dont il voulait devenir le chef. Mais cette question de la langue le taraudait, il en parlait souvent à Jean-Claude Rivest, à sa femme. Son père avait travaillé toute sa vie pour des patrons anglophones qui n'avaient pour lui aucune considération. Lui-même, péagiste au pont Jacques-Cartier, avait vécu ces humiliations. Et ça n'avait pas beaucoup changé. Selon le rapport de la commission Laurendeau-Dunton, dont les membres avaient sillonné le Canada au cours des six années précédentes, de 1963 à 1969, 83 % des administrateurs et des cadres du Québec étaient des anglophones. Les francophones de la Belle Province avaient un revenu moyen inférieur de 35 % à celui des anglophones et se classaient au douzième rang dans l'échelle des revenus selon l'origine ethnique, tout juste devant les Italiens et les Amérindiens.

Et ce projet de loi 63 allait pratiquement faire durer cet état de fait. Les étudiants étaient descendus dans les rues. Ils s'étaient rendus par milliers devant le parlement, une mer de monde, houleuse, furieuse. Nul doute qu'ils avaient raison. À Michaud, Bourassa disait, comme pour se disculper, qu'il changerait cette loi ou qu'il l'abrogerait quand il serait chef du parti et premier ministre du

Québec. La fin, pour Robert Bourassa, comme pour beaucoup d'hommes politiques, justifiait, parfois imposait, les moyens.

Et les moyens dont il disposait alors étaient énormes. Pour faire connaître son candidat, Desrochers a déclenché un véritable blitzkrieg auprès des «Amis de Robert Bourassa». Il avait déjà fait mettre sur ordinateur les noms et les coordonnées des 70 000 membres du Parti libéral, constituant un instrument de travail et de communication redoutable. Tous les membres ont reçu des cartes-réponses dans lesquelles on leur demandait s'ils acceptaient d'appuyer Robert Bourassa. En moins de deux semaines, 16 000 personnes, soit plus de 20 %, ont répondu oui. Les réponses arrivaient par centaines chaque jour, rue Drummond. Avec très souvent de l'argent, sans qu'on n'ait rien demandé. Des 5, des 10, des 20, parfois même des 50 dollars.

Puis Desrochers et Bibeau choisirent des responsables dans chacune des 108 circonscriptions électorales, des fervents, capables de stimuler les troupes. Il y eut donc, très vite, moins d'un mois après le début de la course, un vent très favorable à Robert Bourassa. Pierre Bibeau avait fait un travail remarquable. La grande majorité des 150 délégués étudiants allaient se prononcer en faveur de son candidat. Le Parti libéral n'attirait pas les jeunes autant que le Parti québécois. Mais le peu de jeunes qui y venaient avaient fait un choix. Ils étaient dynamiques, passionnés… et ils étaient tous favorables à Robert Bourassa.

Desrochers a loué une soixantaine de panneaux-réclame portant le visage déterminé et sérieux de son candidat. On le voyait le long des routes, à l'entrée des villes. Veston sombre et cravate à pois, grosses lunettes à monture noire, cheveux impeccablement peignés, sourire à peine esquissé, boutons de manchette, jonc de mariage au doigt, l'air d'un jeune technocrate.

À partir de la mi-novembre, deux mois avant le congrès, toutes les deux semaines, on faisait parvenir aux délégués un bulletin de liaison intitulé *Bourassa/Québec*. Trois pages en français, une en anglais.

Les deux autres candidats n'avaient pas ces moyens, ni la liste des délégués, ni des membres, ni la bénédiction de Lesage et de Desrochers, ni derrière eux la fortune de l'une des plus riches familles du pays.

Pierre Laporte, quarante-huit ans, avocat, journaliste, était le plus expérimenté des trois candidats. Il connaissait bien la vie sur la colline parlementaire, où il avait été correspondant du *Devoir* pendant seize ans. Il s'était fait connaître du grand public en 1958 en révélant le scandale du gaz naturel, dur coup qui avait miné considérablement la crédibilité de l'Union nationale. Élu député de Chambly en 1961, il avait été leader parlementaire et avait dirigé deux ministères importants, les Affaires municipales et les Affaires culturelles. Il disposait de solides appuis dans la députation.

L'autre candidat, Claude Wagner, quarante-quatre ans, avocat formé à McGill, avait lui aussi une impressionnante feuille de route. Substitut en chef adjoint du procureur général de la province de Québec, professeur en droit criminel à l'Université de Montréal, juge à la Cour des sessions de la paix, élu député libéral à l'Assemblée législative dans Montréal-Verdun à l'élection partielle du 5 octobre 1964, il avait été solliciteur général dans le cabinet Lesage, procureur général et ministre de la Justice. C'était un homme au physique imposant. À tous ces désordres parfois violents qui se faisaient sentir au sein de la société québécoise, et que Bourassa disait pouvoir apaiser en créant des emplois et en accélérant le développement économique, il proposait la répression brutale, la force, la loi et l'ordre. Certains qui s'inquiétaient des bombes que le FLQ avait fait sauter ici et là, en cet automne de 1969, le trouvaient rassurant. Beaucoup d'observateurs lui donnaient de fortes chances de remporter la course à la chefferie. Pendant la campagne, Wagner a quelques fois laissé entendre que Bourassa n'avait pas la force, l'énergie, la puissance pour mater les forces du mal. Bourassa, dont les attaques *ad hominem* ont toujours été rares et jamais bien méchantes, lui a un jour rétorqué qu'il n'était pas nécessaire d'avoir le physique d'un taureau pour pouvoir diriger un pays.

Qui lisait les journaux québécois, au début de janvier 1970, pouvait difficilement douter que Robert Bourassa remporte la course au leadership du Parti libéral. La campagne menée par Paul Desrochers avait été redoutablement efficace. La majorité des médias prenaient position en faveur de Bourassa. Dans son éditorial du 14 janvier, trois jours avant le congrès du Colisée, l'austère Claude Ryan avouait clairement sa préférence, décrivant Bourassa comme « un homme supérieur à ses deux rivaux ». Wagner était trop à droite à ses yeux. Quant à Laporte, son ex-journaliste, Ryan savait fort probablement qu'il avait entretenu de compromettantes amitiés dans le milieu interlope et qu'il faisait l'objet d'une enquête policière.

Le dimanche 11 janvier 1970, il y eut une grande réception à l'hôtel Reine Elizabeth : 2 000 invités, tous partisans de Robert Bourassa. Parmi eux, beaucoup de décideurs, de gens d'affaires. Personne à convertir. Mais une affirmation spectaculaire de l'importance du jeune candidat, de ses précieux alliés dans les milieux de la haute finance.

Les deux rivaux, Laporte et Wagner, qui n'avaient ni ces moyens financiers ni ces appuis, ont alors exprimé leur mécontentement. Laporte disait aux médias que la campagne de Bourassa avait coûté un million de dollars. Il devenait évident que le chouchou de Jean Lesage allait gagner la course à la chefferie. Ce serait attribuable, bien sûr, à ses qualités, à ses connaissances et à ses compétences ; dans une moindre mesure, à son charme et à son sens de l'humour. Mais aussi à l'appui de Lesage et du tout-puissant Paul Desrochers. Et évidemment, les sources alimentant la caisse du parti restant occultes, au massif appui financier de la famille Simard. Tout ça n'était certes pas tout à fait équitable ni démocratique. La grosse machine du parti, chargée en principe d'organiser la course à la chefferie, était au service exclusif de l'un des candidats. Laporte n'avait pas tort quand il disait, ulcéré, que les dés étaient pipés. Ce favoritisme presque outrancier leva un nuage noir sur la convention. Bourassa serait longtemps perçu par ses détracteurs comme la créature d'un establishment tout-puissant.

Mais il n'en avait cure, il avait l'intime conviction qu'il était celui dont le Québec avait besoin. N'était-il pas le parfait sosie du portrait résultant du sondage? Celui qu'une majorité de jeunes délégués avaient choisi d'appuyer? Il se croyait absolument digne de la tâche qu'il entreprenait, il croyait au succès de ses idées, il croyait qu'il allait sortir le Québec du marasme financier dans lequel il se trouvait, que lui seul le pouvait. Il n'aura donc jamais aucun remords, aucun regret. L'avenir, il en était certain, lui donnerait raison.

Quelques jours avant le congrès de Québec, Paul Desrochers a réservé toutes les chambres des hôtels et des motels de Québec, plus de 2 000, qui seraient bien entendu occupées par des sympathisants de Bourassa. Ayant travaillé avec Gérin-Lajoie à la restructuration du système scolaire, il avait gardé des relations indispensables dans ce milieu et il a obtenu que de partout les autobus d'école soient mis au service des délégués favorables à Bourassa. Or ces véhicules ne pouvaient rouler sur les autoroutes. Qu'à cela ne tienne! Un bon nombre d'entre eux ont recueilli des contraventions que la caisse du parti a payées. Une fois à Québec, les délégués étaient pris en charge par une armée de bénévoles qui les conduisaient, allers et retours, de leur chambre d'hôtel ou de motel au Colisée.

Paul Desrochers avait également réservé les studios et l'antenne du canal 4, la station de télé la plus populaire de la Vieille Capitale. Et pendant toute la soirée du 16 et la nuit du 17 janvier, les délégués, comme tous les gens de la région de Québec, pouvaient voir le jeune Bourassa à l'œuvre et prendre connaissance de ses idées en visionnant les images captées et montées pendant la tournée du Québec qu'il avait effectuée au cours de l'automne. On le voyait prononçant des discours ou discutant avec des étudiants, des fermiers, des pêcheurs, des gens d'affaires, arpentant les rues des grandes villes, visitant un hôpital, un chantier forestier.

Pendant tout le congrès, du haut des gradins supérieurs du Colisée, les hommes de Desrochers surveillaient les délégués à l'œil nu ou à l'aide de jumelles, ils voyaient les clans se former et pouvaient envoyer des hommes de leur groupe intervenir. Ils avaient des dizaines de talkies-walkies, des téléphones dans tous les lieux stratégiques et dans la loge de Bourassa, dont le nom de code était Astérix. On avait distribué des transistors aux délégués pour qu'ils puissent suivre les infos à la radio. Dans la salle de régie, Guy Langlois surveillait les images télédiffusées. Dès qu'il voyait Bourassa paraître à l'écran, il en informait Jean Prieur, qui relayait l'information au candidat. Celui-ci exhibait alors un large sourire.

Robert Bourassa obtint, dès le premier tour, plus de la moitié des voix : 843 délégués sur 1 586 ont en effet voté pour lui. Wagner récolta 455 votes. Laporte, parti bon premier, 288 seulement.

Ainsi, Robert Bourassa, un jeune économiste aux tendances nationalistes, s'étant frotté aux valeurs sociales-démocrates, et ami de l'indépendantiste René Lévesque, était élu, le 17 janvier 1970, chef du Parti libéral du Québec. Il succédait à Jean Lesage, père de la Révolution tranquille et chef du gouvernement du Québec de 1960 à 1966.

Quelques jours plus tard, Robert Bourassa faisait savoir à Guy Langlois qu'il le voulait comme chef de cabinet. Langlois fut désarçonné par cette proposition. Il n'avait jamais pensé faire de la politique ; il avait étudié en administration dans le but de se joindre à l'entreprise familiale. Bourassa a insisté. Tous les jours, pendant une semaine, il téléphonait à Langlois. Il est même allé rencontrer son père et lui a fait comprendre que son fils vivrait une expérience unique s'il travaillait avec lui.

Langlois accepta en fin de compte d'être chef de cabinet du leader de l'opposition pendant deux ans. Bourassa lui suggéra alors d'attendre son anniversaire, le 11 février, pour en faire l'annonce. On pourrait ainsi dire que Langlois avait vingt-sept ans, ce qui faisait un peu plus sérieux.

Selon Langlois, si le nouveau chef libéral lui a offert avec tant d'insistance de diriger son cabinet, c'était qu'il ne voulait pas que Paul Desrochers occupe ce poste ; Desrochers aurait eu trop de pouvoir. Il avait des connaissances partout, dans tous les milieux de tous les comtés ; lui seul savait manœuvrer la machine du parti. Il aurait été difficile pour le jeune politicien qu'était Bourassa d'affirmer son autonomie et son indépendance face à lui.

Peut-être que Desrochers avait lui-même conseillé à Bourassa de faire ce choix. Peut-être l'a-t-il approuvé. Chose certaine, Bourassa est allé chercher des collaborateurs en dehors du cercle de Desrochers, des hommes à lui. En plus de Langlois, il fit en effet appel au fidèle et dévoué George Boudreault, à Jean Masson, qui militait au sein des Jeunes libéraux, à Ronald Poupart, à qui il confia la direction générale du parti, à Jean-Claude Rivest, qui serait toujours le conseiller éclairé, l'ami, le complice. Il était également très proche de trois de ses beaux-frères qui travaillaient avec lui et le conseillaient, les maris de ses sœurs, Marcelle et Suzanne, et Claude Simard, passionné tout comme lui de politique.

Le pouvoir

Pierre Laporte, bien qu'il eût publiquement manifesté sa colère et déclaré à qui voulait l'entendre que cette course à la chefferie avait été faite au mépris des valeurs démocratiques et libérales, a accepté de se rallier au nouveau chef, qui l'a nommé leader parlementaire. Les choses se sont moins bien passées avec Claude Wagner qui, amer et hargneux, ne s'est pas gêné pour répéter haut et fort que la lutte avait été inégale. Bourassa, champion de la conciliation, a bien essayé de l'amadouer. Il l'a rencontré avec Guy Langlois, un soir, à l'hôtel Victoria, et lui a proposé de rester, il lui a tendu la main, que Wagner a refusée. Un mois plus tard, celui-ci présentait sa démission… pour être nommé par le premier ministre Jean-Jacques Bertrand juge de la Cour des sessions de la paix. Cette nomination qu'a faite le chef unioniste arrangeait drôlement son rival Robert Bourassa. Si Wagner était resté dans le Parti libéral, il eût constitué une force négative ; il aurait facilement pu lever une fronde contre le nouveau chef. Parmi les députés et les militants libéraux, de nombreux partisans lui étaient restés fidèles, et il aurait sans doute pu les mobiliser. En nommant Wagner juge, le premier ministre Bertrand a donc rendu un fier service à Robert Bourassa, qui a pu dès lors travailler avec Poupart, Desrochers, Langlois, Bibeau, Rivest à consolider le parti et à lui redonner sa cohésion et une solide plateforme idéologique.

Les libéraux venaient de traverser au cours des récents mois une très grave crise. Leur parti avait connu un schisme douloureux, avec les départs successifs de René Lévesque, de François Aquin, de Paul Gérin-Lajoie, d'Yves Michaud. Pour Bourassa, chaque défection, chaque départ, chaque dispute avait été une source d'inquiétude et de peine. Il voyait le parti comme une grande famille unie par des liens idéologiques tout aussi forts et sacrés que les liens du sang. Jamais, dans sa famille biologique, il n'y avait eu de chicane ; jamais, pas même quand ils étaient jeunes, ses sœurs et lui ne s'étaient disputés. Il cherchera donc toujours à arranger les choses au sein du parti, à réconcilier, à unifier.

Le siège social du parti, qui se trouvait depuis des années au 2600 de la côte Sainte-Catherine dans une maison privée, déménagea au 460, rue Gilford, près de la rue Saint-Denis, dans un édifice à bureaux tout près du métro Laurier, plus facilement accessible, moderne et fonctionnel. Il fut équipé d'une machine à écrire électrique, d'une photocopieuse. Bientôt, d'un ordinateur. Il devint rapidement un lieu de rencontre très animé, la maison de la famille libérale.

Jean-Jacques Bertrand était peut-être un honnête homme, prudent et sage, mais il n'était certes pas un bien grand stratège. Il commit une erreur qui allait lui être fatale en annonçant, le 26 mars 1970, la tenue d'élections le 29 avril. Il imaginait sans doute prendre les libéraux de court, parce qu'il les croyait divisés, désorganisés et fatigués. On savait que Wagner était parti en claquant la porte. On pouvait penser que Pierre Laporte éprouvait lui aussi quelque ressentiment à l'égard de son nouveau chef. De plus, le Parti libéral était dans l'opposition depuis plus de quatre ans. Et dans l'opposition, il arrive souvent qu'un parti se désorganise, que son humeur se dégrade. Et son leader, s'il avait fait de brillantes études, possédait très peu d'expérience politique.

Bertrand se trompait. Il ne soupçonnait pas à quel point le Parti libéral était bien organisé. Jean Prieur, Paul Desrochers, Charles Denis, Guy Langlois, Pierre Bibeau, Jean Masson, tous avaient travaillé à la course au leadership, et ils étaient restés en étroit contact avec la base, les hommes et les femmes de terrain qui entretenaient la flamme dans chacun des comtés où, au cours de l'automne précédent, ils avaient mis en place une organisation efficace, fiable et fidèle. Ils n'ont eu qu'à réactiver leurs liens. En quelques jours, toutes les forces du parti étaient mobilisées. Les réseaux étaient restés bien en place. Et la liste des membres, constamment mise à jour.

Jean-Jacques Bertrand a fait une autre erreur en déclenchant ces élections sans avoir présenté de budget. Pendant toute la campagne, le fiscaliste Bourassa lui en fera quotidiennement le reproche, avec parfois beaucoup d'humour et d'ironie. « Quoi ? Oser se présenter aux élections sans avoir de budget ! Et en avril, en plus, au moment où les contribuables planchent sur leurs déclarations d'impôts et n'éprouvent qu'antipathie et rancœur envers leur gouvernement ! »

On connaissait les brûlants sujets qu'il y aurait dans l'air pendant toute cette campagne électorale : la langue, la Constitution, le budget surtout, dont Bourassa allait rappeler l'absence intolérable. Mais ils cherchaient, lui et ses stratèges, des thèmes forts, un slogan percutant.

Bourassa croyait que le grand public et même la classe politique québécoise, peut-être même les médias, n'étaient pas très intéressés par le débat sur la Constitution que Trudeau et les péquistes voulaient à tout prix mener. La langue suscitait selon lui plus d'intérêt. Et l'économie et l'emploi, encore plus. Ce que les gens voulaient, c'était vivre bien. Bourassa considérait que l'une des raisons de la défaite de Laporte dans la course au leadership était d'avoir fait campagne en bonne partie sur le rapatriement de la Constitution, sujet abstrait et aride qui, selon lui, ne touchait et n'intéressait pas les gens.

Il continuerait donc d'exploiter le filon économique. Avant toute chose, il était convaincu que la prospérité était une condition *sine qua non* du développement social. « Un peuple économiquement faible peut toujours avoir un passé, répétait-il dans ses discours, mais il n'aura jamais d'avenir. » Avec l'aide de Charles Denis, il avait acquis un sens très efficace de la formule.

Il citait Jean Jaurès, qui disait que la pauvreté n'est pas une base sur laquelle on peut construire le socialisme. Il parlait des théories de Keynes et d'Adams. À ses stratèges et aux membres de son cabinet. Pas dans les assemblées publiques. Andrée, sa fidèle conseillère, lui avait recommandé de ne pas étaler devant les foules sa culture économique ou politique.

Il y avait quand même une partie de sa pensée qui échappait à l'électeur moyen. Des notions abstraites, des théories dont il tenait à parler, parce qu'il ne voulait pas ou ne pouvait pas se départir de ce que Pierre Bibeau appelait son « attitude de professeur ». On lui adjoignit, lorsqu'il était en tournée, un organisateur de génie, Alcide Courcy, orateur charismatique et résolument démagogique qui savait le rendre attachant. Courcy, généreux faire-valoir, présentait Bourassa aux assemblées d'électeurs en disant qu'il s'agissait d'un drôle de moineau, qu'on ne comprenait pas toujours de quoi il parlait – comme son fameux PPBS, un nouveau système budgétaire –, mais que c'était du sérieux, le drôle de moineau avait étudié dans les plus grandes universités d'Europe et d'Amérique et il saurait, par ses connaissances et ses compétences, sortir le Québec du marasme où l'avait enfoncé l'Union nationale. On ne manquait pas d'idées neuves et stimulantes. Et Bourassa, comme par magie, inspirait confiance. Mais il fallait de surcroît envelopper tout ça dans un slogan percutant, un thème accrocheur. Et adopter un look, une image, une attitude.

Bourassa, dans la vie, était plutôt négligé. Il paraissait souvent la chemise hors de ses pantalons, un chandail de travers sur l'épaule, les chaussures délacées, la cravate dénouée. Il était daltonien et, en l'absence d'Andrée, il lui arrivait de sortir avec des chaussettes dépareillées ou une cravate dont la couleur jurait avec celle de la chemise.

Desrochers et Denis lui ont imposé un style très maîtrisé, très léché, très sérieux, plutôt terne même, très loin des fantaisies que l'on affectionnait dans la mode populaire de l'époque. Ils lui ont donné l'air d'un homme d'affaires et d'un haut fonctionnaire, pas d'un intellectuel. Encore moins d'un jeune. On campa en fait un personnage très différent de l'autre politicien en vue au Québec, René Lévesque, toujours négligé, souvent fripé.

Bourassa n'était pas tout à fait à l'aise dans ce genre, dans ces vêtements cintrés. Mais il faisait confiance, en ces matières, à Charles Denis, à Paul Desrochers et à Romuald Miville-Deschênes, responsable du protocole. Il s'est donc soumis à de longues séances d'essayage de complets, de cravates, de coiffures, de postures, de sourires. Il s'est laissé « encarcaner » par ses stratèges, qui gardaient un parfait contrôle de son image. Ils ont engagé un coiffeur bien connu des milieux politiques, Bernard Marty, qui deviendra bien malgré lui un personnage incontournable qui alimentera *a contrario* les plus désopilantes et parfois dommageables caricatures de Robert Bourassa.

Né à Figeac, dans le Midi de la France, dont il avait gardé l'accent chantant, Marty avait choisi la coiffure à l'âge de treize ans et avait remporté divers championnats de coiffure-sculpture sur la côte d'Azur. Attiré à Montréal par l'effervescence que créait l'Expo 67, il a d'abord vendu des encyclopédies Grolier dans tout le Québec. Sa femme n'ayant pas l'âme d'une Pénélope, il est revenu à son métier de coiffeur et est entré au très fameux salon Émile de l'hôtel Windsor, fréquenté à l'époque par des gens d'affaires et des politiciens tant unionistes que libéraux : Daniel Johnson, Claude Wagner, Pierre Laporte, Paul Gérin-Lajoie. Marty ne connaissait rien à la politique, rien à l'histoire du Québec. Il avait vingt-sept ans. Il était très costaud, rieur, il portait la barbe et les cheveux longs, arborant un style plus péquiste que libéral, de catcheur plutôt que de coiffeur.

Paul Desrochers lui emmena un jour Robert Bourassa. Celui-ci avait un cheveu dur et rebelle, très fort, difficile à coiffer. Il fallait gominer, sans cesse rabattre mèches et épis. Au début de la campagne électorale, le parti a demandé à Marty de suivre Bourassa partout, d'être le gardien de son apparence, de voir à ce qu'il n'y ait pas de faux plis dans son veston ou son pantalon, pas de cheveux rebelles, pas de cravate ou de chaussettes dépareillées. Avant chaque apparition publique, Marty retouchait donc le personnage. Il a rencontré Andrée, avec qui il allait travailler très étroitement. Il l'a fait rire, l'a rassurée. Elle préparait la valise de son mari et en décrivait le contenu à Marty afin qu'il sache comment harmoniser chemises, cravates et vestons.

Marty avait fait remarquer que le bon profil du candidat était le droit, opposé à la raie. Il semblait, vue de ce côté, avoir le nez moins long, le visage plus rond. On décida alors qu'il n'y aurait de caméras que de ce côté… Ces préoccupations de faiseurs d'image étaient très à la mode aux États-Unis, où Denis et Desrochers étaient allés chercher leur inspiration. Mais au Québec, la chose ne fut pas si bien accueillie. L'image préfabriquée de Bourassa fut l'objet de maints commentaires désobligeants. Et la présence constante d'un coiffeur à ses côtés a nourri une incessante risée tout le long des années de son premier mandat.

Bernard Marty se trouvait un soir, avenue Brittany, en train de coiffer le chef du Parti libéral. Dans le salon, où Andrée avait servi à boire et à manger, étaient réunis Charles Denis, Paul Desrochers et Guy Langlois qui discutaient et cherchaient encore le slogan percutant. Marty, intarissable, disait à Bourassa que ce dont les gens souffraient le plus au Québec, c'était le chômage. Et alors l'idée éclata dans la tête de Bourassa, qui se rendit au salon et dit, très calme : « Cent mille emplois : ce sera notre programme. On va créer 100 000 emplois. » Il y eut un long moment de silence ému. Pour la première fois avec autant de force, ils savaient tous, ce jour-là, qu'ils avaient de très bonnes chances de remporter les élections. Le développement économique et la création d'emplois constituaient la solution aux problèmes sociaux que connaissait le Québec : voilà ce qu'il fallait dire et faire.

Au début d'avril, Bourassa lançait donc sa campagne en annonçant la création de 100 000 emplois. Un slogan : « Québec au travail. » Il savait qu'il touchait les masses infiniment plus qu'en parlant de Constitution. Et il avait le sentiment que les autres partis n'avaient pas d'aussi bonnes munitions.

Cinq partis étaient en lice. L'Union nationale, le Parti libéral, le Parti québécois, pour la première fois de son histoire, le Ralliement créditiste de Camil Samson et le Nouveau Parti démocratique. Afin de connaître ces adversaires, Paul Desrochers a commandé un gigantesque sondage dans 30 comtés. Au grand étonnement de tous, on a appris que l'Union nationale était en chute libre et que le Parti québécois de René Lévesque était un adversaire beaucoup plus sérieux. Il semblait même mener dans une dizaine des 30 comtés sondés, plusieurs au Saguenay, quelques-uns dans l'est de Montréal, dont celui-là même où se présentait Robert Bourassa, Mercier, où il faisait face à un vieux copain, le flamboyant et très charismatique Pierre Bourgault.

Charles Denis ne doutait pas que les idées de Bourassa étaient fortes et fécondes. Il se chargeait de les amener au grand public. Féru des nouvelles technologies de communication, comme Desrochers, il utilisait abondamment le système Telbec, qui permettait d'acheminer rapidement de l'information dans toutes les salles de rédaction. Et il a mis au point la formule des assemblées électroniques. L'idée lui était venue en lisant l'ouvrage *The Selling of the President*, de Joe McGinniss, paru l'année précédente. McGinniss racontait comment, en 1968, les stratèges républicains avaient refait l'image de Richard Nixon et l'avaient imposé à l'électorat américain. Ils ont acheté du temps d'antenne aux réseaux de télévision pour diffuser des entrevues ou des discours préalablement enregistrés et mis en boîte. On passait ainsi des assemblées de cuisine et de sous-sol d'église aux studios de télévision.

Bourassa n'était toujours pas l'homme le plus à l'aise qui soit devant les caméras de télé. Par contre, il excellait dans les débats, dans le contact direct avec les gens. On le verra donc, dans ces émissions sponsorisées et produites par le parti et habilement montées sous la direction de Denis, discutant, débattant, toujours très calmement, avec des gens de divers milieux… Et on a inondé les stations de télévision de ces communiqués télévisuels, les fameuses « cassettes à

Bourassa », tant décriées par les journalistes. Radio-Canada refusa de les diffuser. Mais partout ailleurs, sur tous les réseaux régionaux, on a pu les voir en boucle pendant toute la campagne.

Ainsi, Bourassa était très présent dans les médias électroniques. Et partout, simultanément. La machine libérale donnait au Québec un véritable massage publicitaire. Les gens de La Sarre pouvaient voir le chef libéral, en même temps que ceux de Baie-Comeau et de Coaticook, discuter avec des gens de Valleyfield ou de Chibougamau. Il ne refusait jamais de participer aux débats qu'on lui proposait, en plus de faire des assemblées de cuisine traditionnelles. Jamais un homme politique n'avait été aussi présent, jamais aucun n'avait eu une si forte proximité avec le grand public. S'il lui arrivait, pendant l'enregistrement des débats, de dire la moindre phrase susceptible de créer quelque scandale ou quelque polémique, tout était corrigé au montage. Tout était parfait, léché, irréprochable.

Le 27 avril, l'avant-veille des élections, chacune des 46 stations francophones du Québec a diffusé 14 messages différents de Robert Bourassa. Ce même jour, un document imprimé de plus de 50 pages était distribué partout dans la province, portant en couverture le slogan « Québec au travail » et contenant les grandes lignes du programme libéral et de la pensée de Robert Bourassa.

Celui-ci apparaissait comme un découvreur ou comme l'inventeur d'une nouvelle manière de voir le monde et de faire les choses. Tout semblait si simple, si évident, si inexorablement vrai : mettons-nous au travail, créons de la richesse et tout ira bien. Il s'agissait d'y penser. Bourassa savait, pour y avoir réfléchi et en avoir parlé pendant des heures, des jours, des nuits, comment et pourquoi Lesage avait été battu en juin 1966. Lesage avait pris des mesures sociales correctes et proposé des projets nécessaires, mais il n'avait pas l'argent pour les réaliser. Bourassa, Desrochers et Rivest avaient déjà en tête un vaste projet qui, ils en étaient sûrs et certains, allait transformer profondément le Québec. Mais avant même d'en parler publiquement, il fallait trouver de l'argent pour le mener à terme. Bourassa a donc tenu cette grande et belle idée secrète. Mais pas les résultats qu'il comptait en tirer : de la richesse, des emplois. Il mettait ainsi la charrue devant les bœufs. Créer 100 000 emplois, bien sûr. Mais avec quoi ? Un grand projet. Bien sûr. Mais quel grand projet et avec quel argent le réalisera-t-on ? Personne, semble-t-il, ne se posait la question. Il y avait de l'euphorie dans l'air, de la foi, et pas de doute. Le message avait bien passé. On allait créer ensemble 100 000 emplois.

La victoire fut totale. À 20 heures, le 29 avril 1970, Radio-Canada annonçait que, si la tendance se maintenait, Robert Bourassa serait le vingt-deuxième premier ministre du Québec. Un peu plus tard, on vit à la télévision les locaux archibondés de la permanence du Parti libéral, rue Gilford. Vers 22 heures, la foule s'écarta et Bourassa entra, accompagné de Paul Desrochers et de Jean Prieur, deux des principaux artisans de sa victoire.

Il a livré son premier discours comme premier ministre. Il avait l'air d'un tout jeune homme, visiblement nerveux et contraint, mais prenant peu à peu de l'assurance, détachant bien chacun de ses mots. « Mes chers concitoyens. Vous savez que nous avions parié sur la maturité politique des Québécois et sur leur bon sens, en leur présentant un programme responsable et réfléchi. C'est extrêmement encourageant. La population du Québec a décidé de donner à un parti politique l'une de ses plus grandes victoires. Nous avons voulu mettre dans cette campagne la priorité sur les problèmes à court terme, notamment le chômage, parce que nous savions que c'était le problème qui préoccupait le plus les Québécois. »

Il a répété que son parti voulait permettre aux jeunes de travailler au Québec et pour le Québec. Il a parlé du défi que le Parti libéral allait relever au cours des prochaines années. « Il faut que nous travaillions ensemble, il faut faire un effort collectif… Nous pourrons réussir. Pour le bien des Québécois. »

Il n'a invoqué le spectre du séparatisme que dans le court laïus qu'il a adressé aux Anglais.

« *It is obvious that the challenge of the Liberal Party in the next few years is to show that Quebec can stay in Canada. And this will be and we will face that challenge taking into account that Quebec is not a province like the others.* »

Il sut quelques heures plus tard qu'il avait obtenu 72 des 108 comtés que comptait alors le Québec, soit les deux tiers exactement, de sorte qu'il allait diriger un gouvernement majoritaire. L'Union nationale, dont 17 députés étaient élus, constituait l'opposition officielle, mais son pouvoir était considérablement diminué. Ce fut un dur coup pour Jean-Jacques Bertrand. S'il avait remporté ces élections et laissé Bourassa passer un mandat dans l'opposition, celui-ci, inexpérimenté, se serait possiblement, pour ne pas dire certainement, mis quelques fois les pieds dans les plats et peut-être dévalorisé aux yeux du public. Il était au contraire arrivé au pouvoir après un parcours sans faute. Pas une gaffe, pas une bévue.

Les créditistes avaient 12 sièges, tous en région. Le Parti québécois, même s'il n'enverrait que sept députés à l'Assemblée nationale, avait récolté près du quart des votes, 23 %, faisant la preuve que, partout au Québec, les forces autonomistes et séparatistes étaient présentes et agissantes ; et elles formaient une grosse vague de fond qui pouvait vraisemblablement déferler sur les années 1970, suscitant dans certains milieux une peur irraisonnée.

Deux jours avant ces élections du 29 avril, premier scrutin auquel participait le Parti québécois, le Trust Royal avait effectué un transfert de fonds de certains clients montréalais, que la montée du nationalisme séparatiste terrorisait. Le chargement, qui se faisait d'habitude par le garage, s'est fait cette fois sous les yeux du public et l'œil des caméras, en face du gratte-ciel du Trust Royal, boulevard Dorchester (aujourd'hui René-Lévesque). Puis les neuf camions blindés de la Brink's se sont dirigés vers Toronto. Prévenus par un appel anonyme, des photographes du journal anglophone *The Gazette* et des caméramans d'une station de télévision privée attendaient sur le chemin qu'ils empruntèrent. Les camions furent photographiés et filmés alors qu'ils franchissaient la frontière ontarienne. C'est ce qu'on a appelé « le coup de la Brink's ». On voulait de toute évidence instiller la peur chez l'électeur québécois. Presque tous les directeurs du Trust Royal, parmi lesquels se trouvaient six francophones, étaient membres du Parti libéral du Québec et farouchement opposés au séparatisme. Le message qu'on voulait faire passer aux Québécois était clair et net : s'ils votaient pour le séparatisme, ils devraient s'attendre à un tragique appauvrissement. Ce coup de semonce des forces fédéralistes, destiné à semer la peur chez l'électorat, révélait tout autant qu'on avait très peur du séparatisme et donnait à ce mouvement une ampleur et une crédibilité accrues.

Pour former son cabinet, le jeune premier ministre avait l'embarras du choix. Plusieurs de ses députés étaient plus âgés et surtout plus expérimentés que lui. Jean-Noël Lavoie, Bona Arsenault, Gérard D. Levesque, Pierre Laporte… Il pouvait compter sur eux pour constituer une équipe solide, certes, mais peut-être difficile à mener.

Il y avait du sang neuf aussi. Et en abondance. Des 72 députés qu'il avait fait élire, 35 n'avaient jamais siégé à l'Assemblée, qu'on appelait depuis deux ans non plus législative, mais nationale. Mais il y avait parmi eux des gens de grand savoir et de haute compétence, comme le Dr François Cloutier, Claude Castonguay, l'ingénieur Guy Saint-Pierre, qui avait étudié à Londres en même temps que Robert Bourassa… Beaucoup de nouveaux visages, donc, des têtes neuves et jeunes dans plus des deux tiers des 108 comtés.

Conscient qu'il fallait faire connaître le plus vite possible les noms et les visages de la nouvelle équipe, Charles Denis fit les arrangements pour que la présentation se fasse à la télévision. À 17 heures, le 12 mai, le jour même de l'assermentation du nouveau premier ministre, depuis le Salon rouge de l'Assemblée nationale, les Québécois ont pu voir les 71 hommes et une femme, Claire Kirkland-Casgrain (première femme élue au Québec, en 1961), qui allaient gouverner le Québec au cours des prochaines années.

Bourassa nomma 22 ministres, dont 18 n'avaient aucune expérience parlementaire. Huit d'entre eux avaient moins de quarante ans ; un seul, Maurice Tessier, ministre des Affaires municipales et des Travaux publics, avait plus de cinquante ans.

Le personnel du bureau de Bourassa avait en moyenne trente-deux ans. Lui-même était, à trente-six ans, le plus jeune premier ministre élu au Québec depuis la Confédération. Les médias et les fonctionnaires déjà en place prirent l'habitude d'appeler ses collaborateurs «les cégépiens». Ils étaient inexpérimentés, mais ils avaient la ferveur de la jeunesse.

Le nouveau premier ministre s'était réservé le portefeuille des Finances. Avec l'aide de Raymond Garneau, il prit un malin plaisir à préparer son premier budget qui, aux yeux de ces deux «bollés» en économie et en finance, faisait la preuve que les unionistes avaient mal administré l'argent des Québécois. Les 5 et 6 juin, Bourassa participait à la conférence des ministres des Finances à Winnipeg, sa première prestation officielle en dehors du Québec. À ses homologues canadiens, il a parlé de la confiance qu'il portait au fédéralisme canadien. Et de son projet d'instaurer au sein de la société québécoise une plus grande prospérité.

Les alliés

Un premier ministre doit savoir s'entourer de conseillers éclairés. Il doit également pouvoir composer avec les forces agissantes au sein du parti et de la société. Outre le caucus, constitué des députés qu'il a fait élire, et le cabinet ministériel, qu'il a formé, Robert Bourassa s'est ingénié à établir des consensus avec les jeunes et les femmes membres du parti, avec les forces de l'ordre, les syndicats, les milieux financiers.

Il tenait à avoir, aux endroits stratégiques, des personnes-clés qui lui étaient acquises. Ainsi, dès qu'il eut remporté la course au leadership, il avait demandé à Ronald Poupart de prendre la direction générale du Parti libéral. Poupart aurait préféré être à Québec, dans l'action directe. Il se voyait dans la timonerie avec Paul Desrochers, Jean-Claude Rivest, Jean Prieur, Charles Denis, Guy Langlois. Mais le chef lui a signifié qu'il avait besoin de lui à la tête du parti. Il n'a pas voulu que Poupart se porte candidat aux élections. Il l'a utilisé comme dirigeant du parti et directeur des communications, jamais comme député.

Lise Bacon rêvait, elle aussi, de faire partie de la députation. Mais l'organisation lui a préféré son frère, qui fut élu dans le comté de Trois-Rivières. Meurtrie et peinée, elle ne s'est pas gênée pour traiter tout le monde de macho. Le seul qui a eu grâce à ses yeux était Bourassa. Pourtant, s'il avait voulu, le nouveau chef aurait fort bien pu l'imposer comme candidate à la place de son frère. Il a laissé à Desrochers le soin de l'écarter. Il a conservé l'amitié de Lise Bacon, qu'il a fait nommer à la vice-présidence du Parti libéral et à qui il va plus tard confier d'importants ministères.

Il a ainsi déployé ses troupes. Il a établi son pouvoir, étendu son réseau. Et il s'est fait un allié inconditionnel des jeunes, qui constituaient plus que jamais une force déterminante au sein du parti. Bourassa le savait, il cultivait leur amitié, il aimait leur esprit, leur dynamisme. Et il était vraiment très à l'aise avec eux. Comme professeur, il prenait plaisir à leur parler, à les faire parler. Il a toujours aimé les jeunes, il les a toujours consultés, parfois manipulés et leurrés. Ils vont à quelques occasions se rebeller, lui tourner le dos. Mais il restera entre eux et lui de très étroits et féconds contacts.

À l'époque, les jeunes avaient beaucoup d'intérêt pour la politique. Il y avait eu mai 1968, en France, tout le mouvement de la contestation globale et de remise en question dans les cégeps, les universités, les usines ; la guerre du Vietnam avait également politisé les jeunes. Les étudiants étaient curieux de la chose publique. Ils organisaient des colloques, des conférences.

Il était cependant plutôt rare qu'on invite Bourassa, considéré par beaucoup dans les cégeps et les universités comme un suppôt de l'establishment. Mais chaque fois les étudiants, même s'ils étaient d'abord réticents, l'écoutaient avec intérêt, surpris de découvrir un homme affable, plein d'humour, qui les tutoyait, qui était avec eux parfaitement à l'aise. Bref, ils se rendaient compte qu'il était jeune, lui aussi. Et surtout qu'il les comprenait. Les questions étudiantes et les droits des jeunes avaient toujours été au centre de ses préoccupations. En 1956, quand il s'était présenté à la présidence de l'AGÉUM, son programme électoral comportait plusieurs mesures visant à aider les jeunes, qu'ils soient travailleurs ou étudiants. Plus tard, devenu chef du Parti libéral, il leur a donné des pouvoirs énormes.

Les jeunes libéraux avaient joué un rôle majeur dans la course au leadership de 1970 : messagers, secrétaires, chauffeurs toujours disponibles, distribuant dans tout le Québec des tracts libéraux et les cartes postales préadressées au bureau de Bourassa, rue Drummond, collant des affiches, rédigeant des communiqués. À la convention de janvier au Colisée, puis lors des grands rassemblements électoraux d'avril, le tiers des délégués avaient moins de vingt-cinq ans. Toute la mobilisation de plancher, l'animation et la gérance de la foule, l'action, le spectacle… tout ça, c'était eux.

À l'époque, la Fédération libérale du Québec, la FLQ, comprenait la Fédération des femmes libérales du Québec, la Fédération des jeunes libéraux du Québec (jusqu'à trente-cinq ans), la Fédération des étudiants libéraux du Québec. Trois entités qui participaient aux congrès et exposaient leurs désirs respectifs. Cette structure était désuète, peu pratique. Bourassa souhaitait créer une entité unique, en intégrant femmes, jeunes, ouvriers et étudiants au grand parti.

Depuis la réforme de l'éducation, les étudiants ne passaient plus sept ou huit ans dans la même institution, dans la même cellule militante. Ils sortaient d'une école secondaire pour entrer dans un cégep, où ils ne passaient que deux ou trois ans. Bourassa considérait que, pour garder une certaine cohésion, le parti devait donc se réinventer comme organisation et tenir compte de ces nouvelles réalités. Dans ce but, il a demandé à Ronald Poupart de préparer un congrès pour le début de septembre. Il a convaincu Lise Bacon de se présenter à la présidence du parti et lui a confié la tâche d'en moderniser la structure.

Jean Masson, étudiant en droit à l'Université Laval, fut alors élu président de la Fédération des jeunes libéraux du Québec. Sa mission : démanteler la Fédération et, en collaboration avec Bacon, rajeunir les structures du Parti libéral mises en place par Georges-Émile Lapalme au début des années 1950, dans le but de le différencier du Parti libéral du Canada. Masson et Bacon ont donc refait la constitution du parti, qui garantissait désormais la moitié des représentations au congrès aux femmes, et le tiers aux jeunes. Ainsi, même s'ils ne représentaient pas le dixième de leurs effectifs, ceux-ci détenaient le tiers du pouvoir et étaient représentés par le tiers des délégués au congrès. Les structures du parti furent ainsi considérablement rajeunies.

La Commission-Jeunesse est vite devenue, avec l'approbation de Robert Bourassa, une sorte de chien de garde du parti. Elle organisait des colloques-camping, auxquels elle invitait des intellectuels de l'extérieur, comme Marc Laurendeau, par exemple, ou Michel Roy, qui n'appartenaient à aucun parti. Le premier colloque-camping, qui s'est tenu à L'Île-aux-Coudres, réunissait 2 000 jeunes en réflexion et en fête, avec musique, bière et marijuana. Ils décidaient eux-mêmes du contenu de leurs colloques, des thèmes abordés, des invités. Bourassa n'a jamais refusé de les rencontrer.

Bibeau avait mis sur pied un groupe de jeunes, « Objectif Québec », qui faisait le tour des cégeps, parfois avec le premier ministre. On avait également formé des cellules libérales dans la plupart des collèges et des universités, même à l'UQAM. Cette dernière cellule était toutefois plutôt discrète parce qu'on n'était pas vraiment en terrain fertile, plutôt hostile même. L'UQAM était à l'époque un repaire de maoïstes, qui n'étaient pas réputés pour avoir une grande capacité d'écoute et pour qui la politique que faisaient les libéraux et les péquistes était une activité réactionnaire et stérile.

L'autre puissance dont Bourassa sut s'entourer, il l'appelait son « conseil des ministres fantôme ». Ce conseil était composé de toutes sortes de gens, formant un réseau diffus, très étendu, et à qui jamais personne, à part lui, n'avait accès. Il n'y eut pas de liste, pas de répertoire téléphonique. Bourassa connaissait par cœur les coordonnées des membres de ce « conseil fantôme », qu'il était seul à consulter. Il a donc pu en exagérer l'importance, lui faire dire ce qu'il voulait ; à la limite sans même l'avoir consulté. Un gérant de caisse populaire à Matane, ou à Amqui, ou à Donnacona, des présidents de coopératives agricoles dans Berthier, sur l'île d'Orléans, dans les Bois-Francs, une maîtresse d'école à Amos, une autre à Shawinigan, une présidente d'un cercle de fermières à Dolbeau ou à Huntingdon, un patron de pêche à Pointe-au-Renard ou à Havre-Saint-Pierre, un délégué syndical à Jonquière et à Bromont, quelques anciens députés, quelques députés potentiels. Quand il avait du temps l'après-

'midi ou tôt en soirée, il appelait quelques-unes de ces personnes. Pour prendre le pouls de leur coin de pays, des nouvelles de leur monde et savoir ce qu'elles pensaient de telle ou telle décision qu'il avait prise ou qu'il se proposait de prendre.

Quand, au cours d'une discussion avec son caucus ou devant le conseil des ministres, il laissait tomber : « C'est ce que pense mon conseil », on savait que la discussion se terminait là. Il faisait confiance à ses « fantômes », souvent autant, sinon plus qu'à ses ministres élus.

Il consultait parfois le bon Dieu aussi. À tout le moins, il fréquentait ses maisons. Toujours très discrètement. À Québec, il allait parfois se recueillir dans la petite chapelle des Ursulines, sur le chemin Sainte-Foy. À Montréal, quand il avait nagé au collège Notre-Dame, il lui arrivait de traverser le chemin de la Reine-Marie et de monter à pied jusqu'à l'Oratoire. Il empruntait quelques billets à son garde du corps et faisait brûler des lampions. Et il errait un moment dans la pénombre apaisante du lieu où, lorsqu'il était enfant, son père l'avait souvent emmené. En voyage aussi, quand il avait du temps, il demandait à ses gardes du corps de l'attendre et il entrait dans les églises. Il préférait les petites chapelles aux cathédrales. Il n'assistait cependant pas aux offices religieux, sauf lorsque le protocole l'exigeait. Mais il avait gardé de son enfance et de son éducation un grand respect pour la religion et un goût certain pour l'activité spirituelle. Il était resté un chrétien culturel, c'est-à-dire qu'il était imprégné profondément des valeurs que lui avaient inculquées ses parents, les frères de l'Instruction chrétienne de l'école Saint-Pierre-Claver et les pères jésuites du collège Jean-de-Brébeuf. Robert Bourassa était un homme de paix, de bonté, de tolérance.

L'homme fort

Très tôt, Andrée Simard a compris que son mari s'était lancé dans une aventure qui ne serait jamais de tout repos. Le monde politique est sans pitié, tous les coups sont permis. Et il en vient de tous les côtés. De l'opposition, mais aussi du caucus, du cabinet des ministres, parfois même de ceux qu'on croit être de proches amis… Pendant la course à la chefferie, puis pendant la campagne électorale, Andrée avait été terrorisée et peinée par la violence des propos qu'on tenait dans l'arène politique, par tout ce qu'on pouvait dire sur un adversaire, pour le déprécier, le discréditer, le détruire. Même son mari, si bon, si incapable de faire mal à une mouche, avait parfois cherché à blesser ses adversaires. Pourtant, il n'aimait pas la confrontation et il ne savait pas rendre les coups.

Tout aurait été tellement plus simple si Robert était sagement resté dans la fonction publique et dans l'enseignement ou s'il avait accepté de se joindre à un grand bureau d'avocats. Andrée avait beaucoup d'argent; avec tous ses diplômes, son expérience, son intelligence, Robert aurait pu en gagner tout autant. Ils auraient été indépendants de fortune, ils auraient pu voyager avec les enfants, voir des amis, faire des études encore. Mais elle savait que le bonheur de l'homme qu'elle aimait ne se trouvait nulle part ailleurs que dans la politique. Et elle l'aimait trop pour risquer de ternir ce bonheur. Elle l'appuyait donc, elle tenait maison, elle s'occupait des enfants, les inscrivait à l'école, faisait les emplettes, les achats. Robert n'accomplissait jamais aucune tâche domestique. Elle lui avait demandé un jour de poster des cartons d'invitation pour un cocktail qu'elle organisait. Une semaine plus tard, n'ayant reçu aucun accusé de réception, elle est allée voir dans le porte-documents de son mari : les cartons y étaient toujours. Elle ne lui a plus jamais rien demandé de la sorte. « Il n'était pas fait pour ce genre de choses, disait-elle. Il avait la tête ailleurs. »

Andrée Simard a été avec son mari d'une générosité démesurée. En même temps, elle lui était très reconnaissante. « J'ai reçu de lui autant sinon plus que je lui ai donné, confiait-elle à ses amis, à son frère Claude, à sa sœur Michelle. Il m'a beaucoup appris, sur la vie et sur le monde, sur l'amour, sur moi-même. Il m'a donné, à moi, de grandes joies. »

Elle disait fièrement qu'elle lui faisait vivre le genre de vie qu'il voulait avoir. Tous, dans son entourage, constataient qu'elle aimait tendrement cet homme. Les gens qui les ont connus se souviennent qu'ils ont été heureux ensemble. Tous s'accordent également pour dire qu'elle a été pour lui une conseillère de première importance.

Il répétait ses discours importants devant elle, debout, marchant de long en large, un crayon-feutre et un paquet de feuilles à la main, sur lesquelles Jean-Claude Rivest avait parfois jeté quelques notes. Andrée l'écoutait. Et elle lui donnait son avis, très librement, lui signalait les phrases obscures, les redites, les contradictions. « Et ne nomme pas Jaurès ou Keynes, ou tous ces économistes ou ces philosophes que la moitié du monde ne connaît pas, ça fait snob. »

Il lui faisait confiance.

Député, chef de l'opposition ou premier ministre, il était souvent absent. Mais où qu'il fût, ils se parlaient plusieurs fois tous les jours. Le soir, à l'heure du souper, après qu'il eut regardé les nouvelles à la télé, il appelait ses enfants, puis il racontait sa journée à sa femme. Chaque fois que possible, ils passaient les week-ends tous ensemble à Sainte-Anne-de-Sorel ou avenue Brittany, à Ville Mont-Royal. Ils voyaient alors peu de monde en dehors du cercle familial.

À Québec, où il était au moins trois jours par semaine, il avait gardé la petite chambre de l'hôtel Victoria qu'il occupait du temps qu'il était simple député. Il régnait là-dedans une atmosphère vieillotte, les planchers craquaient, les boiseries étaient patinées par le temps, les fenêtres à guillotine n'ouvraient pas toujours bien. Mais le premier ministre adorait le quartier toujours très animé, surtout quand on sortait le soir du côté de la rue Saint-Jean. Avec ses proches collaborateurs, Rivest, Potvin, Prieur, Langlois, il se rendait de temps en temps dans les discothèques de la Grande-Allée, et ils se mêlaient à la foule jeune et enjouée. Il restait debout au comptoir, sirotant une eau minérale, un verre de blanc ou un coca-cola. Il était bien évidemment un objet de curiosité, mais il y avait toujours quelques braves pour s'approcher et engager la conversation avec le premier ministre. Celui-ci leur posait alors plein de questions sur leur vie, demandant à l'un pourquoi il était allé travailler dans l'Ouest, à l'autre comment il payait ses études ou ce qu'il comptait faire dans la vie. Il marchait très librement dans les rues, se rendait souvent à pied au bureau, il parlait aux gens qui le saluaient. Un homme heureux a toujours envie de parler, de discuter, de rire.

Pourtant, l'époque n'était vraiment pas reposante. En Europe, en Amérique, la jeunesse remettait tout en question. Aux États-Unis, il ne se passait pas une journée sans qu'il y ait un attentat à la bombe ou d'orageuses manifestations dans les rues. Au sein de la population québécoise, on sentait un mécontentement profond, contagieux. Les pompiers, les policiers, les chauffeurs de taxi, les médecins, les infirmières, les travailleurs de la construction, tout le monde semblait fâché et frustré. On était plus prompt que jamais à descendre dans les rues par centaines, par milliers, exaltés, bruyants, parfois très agressifs.

En février 1970, alors tout nouveau chef de l'opposition, Robert Bourassa s'était rendu à une manifestation au théâtre Saint-Denis, à laquelle participaient plusieurs groupements de la gauche nationaliste. Il avait été pressenti par les organisateurs pour adresser quelques mots à la foule, dont la réaction fut extrêmement hostile. Les gens l'ont hué, injurié, carrément empêché de parler.

Au sortir de cette mésaventure, il demandait autour de lui, incrédule : « Mais où est la dictature qu'ils dénoncent ? » Il était franchement étonné, considérant que ces gens qui l'avaient si mal reçu et ne l'avaient pas laissé s'exprimer, le traitant comme un aspirant dictateur, étaient tout à fait libres d'exercer leur plein droit de parole sur toutes les tribunes, radio, télé, scène, journaux. Or, personne dans ce pays n'empêchait qui que ce soit de dire quoi que ce soit, où que ce soit. Alors, pourquoi cette agressivité ? Pourquoi refuser le dialogue ? Il y avait là, selon lui, un véritable mystère. Comment expliquer cette hargne ? Ça pouvait se comprendre dans des pays totalitaires, mais pas dans des sociétés comme celle du Québec. Pourquoi ces gens ont-ils recours à l'intolérance et à la violence pour faire connaître des idées qu'ils pouvaient, « dans cette société libre que nous formons », disait-il, exprimer haut et fort ? Et en plus cette violence était dirigée majoritairement contre le Parti libéral qu'il représentait. Il savait bien que chaque fois qu'il paraissait en public, René Lévesque, lui, n'était pas hué, mais toujours vivement applaudi et ovationné. Quelque chose, dans l'attitude des Québécois, lui échappait totalement.

L'histoire du Canada français n'avait pas et n'a toujours pas de réelle tradition de violence. Bien sûr, les premiers hivernements à Québec, au début du XVIIe siècle, ont été meurtriers. Bien sûr, il y eut la bataille du Long-Sault, le 1er mai 1660, où périrent l'aventurier Dollard des Ormeaux et une quinzaine de ses compagnons… et quelques centaines d'Iroquois. Et il y eut le massacre de Lachine : au matin du 5 août 1689, quelque 1 500 guerriers iroquois attaquaient la petite colonie, à l'ouest de l'île de Montréal, tuant 24 colons, en capturant une soixantaine d'autres. La prise de Québec, en 1759, ne s'est pas faite sans mal non plus. Mais il y eut ensuite une accalmie longue de près de trois quarts de siècle, jusqu'à cette émeute qui fit trois morts pendant la campagne électorale municipale de Montréal, en 1832. Cinq ans plus tard éclataient les rébellions de 1837-1838, qui furent réprimées dans le sang par l'armée britannique. Et le calme revint de nouveau. Puis, la fin de semaine de Pâques, en 1917, à Québec, une manifestation anticonscription a mal tourné et fait quatre morts. La crise de la conscription des années 1940 et la grève de l'amiante en 1949, durs affrontements, n'ont fait que deux ou trois blessés. L'émeute du Forum qui, le 17 mars 1955, a suivi la suspension du hockeyeur Maurice Richard, et dont on a dit qu'elle avait été l'un des éléments déclencheurs de la Révolution tranquille, a fait plus de peur et de dégâts matériels que de mal.

Et puis soudain, dans les années 1960, voilà qu'une longue et durable flambée de violence meurtrière embrasait les esprits, nourrie par de nouvelles idéologies et une légitime colère, que justifiaient des études ou des rapports très fouillés et documentés, comme celui de la commission Laurendeau-Dunton.

Au cours des six années précédentes, le Front de libération du Québec avait commis plusieurs actions armées à motivation politique, des plasticages, des braquages de banque, des attentats causant au moins trois morts par bombes, deux morts par balle, plusieurs dizaines de blessés. Le 14 juillet 1966, jour des trente-trois ans du député Robert Bourassa, Jean Corbo, seize ans, membre du FLQ, étudiant au collège Jean-de-Brébeuf, partit déposer une bombe au siège de la Dominion Textile, à Saint-Henri, où sévissait une grève opposant 5 000 membres de la Confédération des syndicats nationaux à leur employeur. La bombe lui explosa entre les mains, le tuant sur le coup.

L'automne de 1969 a été très agité, très chaud. Le 29 septembre, on a trouvé une bombe à la résidence du maire Drapeau. Le 7 octobre, les pompiers et les policiers de Montréal se sont mis en grève, réclamant la parité salariale avec ceux de Toronto. Le gouvernement de Jean-Jacques Bertrand avait alors fait venir l'armée et passé une loi spéciale obligeant les grévistes à reprendre le travail. Le soir même, des manifestants du Mouvement de libération du taxi et des militants de groupes de gauche prenaient d'assaut le garage de la compagnie d'autobus et de limousines Murray Hill. La Ville avait émis de nouveaux permis lors de l'Expo 67. Et depuis, il y

avait trop de taxis à Montréal. De plus, au printemps, le service de limousines Murray Hill avait obtenu le monopole
du transport des passagers entre l'aéroport de Dorval et le
centre-ville de Montréal. Le Mouvement de libération du taxi,
appuyé par des groupes d'étudiants, avait vivement manifesté
son opposition. Lors de la manifestation du 29 septembre
1969, il y eut du grabuge, du pillage, des blessés, un mort. Le
24 juin de l'année suivante, une femme était tuée par l'ex-
plosion d'un engin infernal placé dans l'édifice du ministère
fédéral de la Défense, à Ottawa.

Force était alors de constater qu'il y avait au sein de la
population québécoise de profondes disparités, des laissés-
pour-compte de la Révolution tranquille, des mécontents. Ils
étaient en colère et réclamaient, parfois avec violence, souvent avec raison, un Québec plus égalitaire. Or, c'était justement ce que le nouveau premier ministre disait vouloir créer.
Son premier grand projet a été d'établir, avec Claude Castonguay, ministre de la Santé, de la Famille et du Bien-être
social, un régime d'assurance-maladie, de manière à réparer
ce qu'il considérait comme la plus abjecte injustice.

Dorénavant, tous les citoyens du Québec allaient avoir
accès gratuitement à la plupart des soins de santé. Une
réforme durable qui allait considérablement changer la
vie des Québécois. Pour le jeune premier ministre, c'était
l'aboutissement d'un rêve qu'il chérissait depuis des années,
rêve que lui avait inspiré Aneurin Bevan, le parlementaire
britannique qui, dans les années 1950, avait mis en place
le National Health Service en Grande-Bretagne, et dont la
pensée avait éveillé Bourassa, alors étudiant à Oxford, aux
valeurs sociales-démocrates. Les médecins seraient désormais
rémunérés par le gouvernement du Québec selon une carte
de tarifs préétablis. C'était ce que proposait le gouvernement
de Robert Bourassa. Pendant tout l'été, il plancha donc avec
Claude Castonguay sur la loi de l'assurance-maladie.

Au début de juillet, à peine dix semaines après que les libéraux de Robert Bourassa eurent pris le pouvoir, le ministre
de la Santé présentait en Chambre son projet de loi sur
l'assurance-maladie. Les médecins, spécialistes et omnipra-

ticiens ont très mal réagi. Ils ont manifesté fortement leur opposition à ce qu'on allait appeler la «castonguette» ou la carte-soleil dont seraient désormais munis leurs patients. L'assurance-maladie a été le premier grand projet de Robert Bourassa; elle a également été l'objet du premier grand combat politique qu'il a eu à mener.

Dans la nuit du 16 juillet, la police désamorça une bombe placée contre un mur de l'hôtel Victoria, qui abritait le premier ministre. La Sûreté du Québec, chargée de la sécurité des élus, décida de le faire déménager dans un endroit plus sécuritaire. Mais Robert ne voulait pas quitter son petit hôtel. Il fallut insister, faire appel pour le convaincre à sa femme, à ses collaborateurs et amis, Langlois, Potvin, Rivest. Des appartements de fonction (bureau, vivoir, salle à manger, chambre à coucher) étaient à sa disposition dans l'édifice J de la Grande-Allée qu'on appelait le «Bunker», le «Radiateur» ou le «Calorifère»: un édifice presque unanimement mal-aimé et vilipendé, froid, aveugle, et dont la construction avait exigé la démolition de plusieurs belles grandes maisons de pierres qui donnaient le ton à tout ce secteur de la Grande-Allée. Robert Bourassa n'aimait pas cet édifice. Il voulait bien y travailler. Mais pas question d'y dormir.

Il fit comprendre à ses collaborateurs qu'il voulait dormir de l'autre côté de la Grande-Allée, dans l'édifice du Parlement. «Vous pouvez sûrement m'arranger ça», leur disait-il. C'était déjà dans sa manière. Jamais, ou rarement, Bourassa ne donnait un ordre direct à ses collaborateurs. Il procédait plutôt par une sorte d'affirmation. Comme si c'était déjà chose faite ou allant de soi. «Tu peux sûrement m'écrire un petit discours pas trop plate pour demain matin», lançait-il à Rivest. «Il doit bien y avoir une piscine dans cette ville», déclarait-il à Potvin. Et il avait ce qu'il voulait. Toujours.

On lui aménagea des appartements près de la porte de l'Amérindien (qu'on appelait encore à l'époque la «porte du Sauvage»), dans la partie est de l'édifice du Parlement, au deuxième étage, derrière le Salon vert, là où autrefois le lieutenant-gouverneur avait ses bureaux. Un étroit escalier lui donnait accès au petit salon situé juste derrière l'Assemblée nationale. Et un ascenseur conduisait au passage souterrain qui menait de l'autre côté de la Grande-Allée, au complexe J, au troisième étage duquel se trouvaient ses bureaux. Les grandes fenêtres de ses nouveaux appartements, qui donnaient sur la Grande-Allée, étaient toujours fermées, les rideaux tirés, mais il y avait souvent de la lumière tard le soir. Car le premier ministre Bourassa était un oiseau de nuit.

Quand il était à Montréal et qu'il dormait chez lui, on lui apportait, entre minuit et deux heures du matin, les journaux du lendemain. À Québec, on venait lui porter des photocopies de ceux-ci, ou encore un collaborateur qui se trouvait à Montréal, Charles Denis le plus souvent, lui lisait au téléphone les articles les plus pertinents. Quand, le matin, vers neuf heures et demie, dix heures, il entrait au bureau, il avait déjà toute sa journée en tête. Il s'était mis au lit en sachant ce que les médias pensaient de ce qu'il avait fait la veille et en songeant aux sujets dont il aurait à débattre dans quelques heures à l'Assemblée nationale, aux questions que lui poseraient les journalistes, aux problèmes que lui soumettraient les membres de son cabinet, aux rencontres qu'il devrait faire pendant la journée. Il s'était endormi en mettant de l'ordre dans tout ça, sans pour autant ignorer qu'il y avait toujours de l'imprévu, de l'inattendu, parfois joyeux, parfois ennuyeux, parfois tragique.

Son premier vrai gros bain de foule, il le prit à Roberval, le samedi 1er août 1970. Il s'est entretenu quelque temps avec les nageurs qui se préparaient à la traversée du lac Saint-Jean. Ce fut un beau moment de détente, au gros soleil, une belle journée. Très tôt ce même jour, il était allé nager dans le lac, du côté de Saint-Henri-de-Taillon; il a passé une bonne heure à crawler doucement dans l'eau fraîche et propre. Un répit! Car déjà, en fait, il voyait de très gros orages se pointer à l'horizon.

Les médecins spécialistes ont fait la grève. Mécontents des négociations avec Claude Castonguay, ils ont tenu à rencontrer Bourassa. Celui-ci est intervenu dans le dossier, ce qui a déplu à son ministre. « Tu prends tout le dossier ou tu me laisses faire. » Bourassa a compris. Plus jamais, dans de telles circonstances, il n'interviendrait à la place de son ministre. Il fallait savoir déléguer, faire confiance. Castonguay lui avait donné une précieuse leçon. Mais quand vint l'automne, la crise durait toujours.

Le 5 octobre au matin, comme tous les lundis, Robert se trouvait dans son bureau montréalais, dans l'édifice d'Hydro-Québec, boulevard Dorchester. Avec Guy Langlois, Charles Denis et Claude Castonguay, il cherchait une solution à cette grève. Il devrait être dur; peut-être même passer une loi très contraignante, qui mécontenterait davantage les médecins et les obligerait à rentrer au travail. On ne pouvait laisser la population sans soins.

Jérôme Choquette est alors entré dans le bureau, hagard, essoufflé. Il est resté interdit en regardant tout autour. Bernard Marty, le coiffeur, était là, ainsi que le chauffeur et un garde du corps.

« Robert, je veux te parler.

— Parle-moi, Jérôme. »

Choquette, effaré, hésitant, regardait à gauche et à droite. Bourassa n'avait pas trop d'atomes crochus avec cet homme brutal et impulsif, souvent enclin à faire des mystères avec des riens. Choquette ne comprenait pas que Bourassa laisse plein de gens entrer et sortir de son bureau, entendre ses conversations téléphoniques, assister aux discussions qu'il avait avec ses conseillers. Bourassa ne fermait en effet jamais la porte de son bureau, sauf quand il parlait à sa femme. Le reste du temps, il aimait bien voir des gens autour de lui. Il connaissait cette petite réticence de Choquette, qui préférait les apartés, les mystères, les huis clos. Et il prit un malin plaisir à faire semblant de ne pas comprendre, lui répétant qu'il pouvait parler.

Choquette lui dit finalement:

« Ils ont enlevé James Richard Cross !

— Qui ça, "ils" ?

— Aucune espèce d'idée.

— Qui c'est, James Richard Cross ?

145

— C'est l'attaché commercial de Grande-Bretagne. »

Bourassa eut un long moment de stupeur. Il s'est levé – il était tourné vers la fenêtre qui donnait sur la ville et le fleuve et, au loin, les collines montérégiennes s'élevant sur la plaine du Saint-Laurent. Puis il a laissé tomber, avec un juron : « On est rendus qu'on a l'air d'une vraie république de bananes. » Il était fâché, scandalisé. Il n'était surtout pas au bout de ses peines.

L'impulsif Choquette pensait tout de suite à agir, à découvrir qui avait commis ce crime, pour les arrêter, les juger, les punir comme ils le méritaient ; Bourassa, lui, s'inquiétait de ce qu'on dirait du Québec à l'étranger, à Paris, à New York, où, justement, il devait partir en tournée de promotion deux jours plus tard. Il voulait rencontrer là-bas des gens d'affaires et de la haute finance et les convaincre d'investir dans un faramineux projet au Québec, terre de paix.

« Raison de plus pour partir », lui conseillait Charles Denis. Déjà qu'il avait annulé son voyage sur la côte Ouest américaine dans l'espoir de trouver une solution à la crise déclenchée par les médecins. À New York, il se ferait rassurant, il leur dirait que le Québec est une société accueillante, bien gouvernée.

Bourassa délégua donc. Il chargea son ministre de la Justice, Jérôme Choquette, de cette affaire d'enlèvement dont celui-ci venait de lui parler. Le ministre fédéral des Affaires extérieures, Mitchell Sharp, s'en mêlerait lui aussi, puisque Cross était un diplomate étranger en poste au Canada. Et en plus, il y avait Michel Côté, directeur du contentieux de la Ville de Montréal, un homme fort compétent, que Bourassa avait connu au collège Brébeuf.

Le jour même, le Front de libération du Québec revendiquait l'enlèvement et faisait connaître ses exigences : beaucoup d'argent, un avion et la libération de prisonniers dits « politiques ». Et le fédéral et le provincial ont refusé leurs demandes, mais ont proposé d'entamer des négociations. Le FLQ répliquait le lendemain avec son fameux manifeste, dont il exigeait la lecture sur les ondes radio-canadiennes, de même que l'arrêt de toutes les recherches policières.

Le mercredi 7 octobre, pendant que Bourassa et son équipe s'envolaient vers New York à bord d'un F-27 du gouvernement, les ministres de son cabinet se réunissaient à Québec sous la présidence de Pierre Laporte, leader parlementaire. On parla bien sûr de l'épineux problème de la grève des médecins, qui demandait une solution urgente. Mais ce qui préoccupait surtout les esprits était évidemment l'enlèvement de James Richard Cross. Laporte disait, comme Choquette, qui était resté à Montréal pour négocier avec les ravisseurs, qu'il fallait avoir la poigne dure. Que si l'on donnait un pouce aux ravisseurs de Cross, ils voudraient bientôt un pied. C'était ce qu'il avait dit à Bernard Marty qui, quelques heures plus tôt, s'était rendu dans son bureau de la place d'Youville pour lui couper les cheveux. Laporte et les ministres en conseil acceptèrent tout de même, avec l'appui de Mitchell Sharp, de permettre la lecture du manifeste sur les ondes de Radio-Canada, le lendemain soir.

Le journaliste Louis Fournier, qui avait obtenu une copie du manifeste, en fit la lecture sur les ondes de CKAC, plusieurs heures avant que Radio-Canada ne le fasse. « Le Front de libération du Québec n'est pas le Messie, ni un Robin des bois des temps modernes. C'est un regroupement de travailleurs québécois qui sont décidés à tout mettre en œuvre pour que le peuple du Québec prenne définitivement en mains son destin… » Robert Bourassa prit connaissance à New York de ce texte étrange, salmigondis sentimental et mélodramatique, troublant mélange d'idées indépendantistes et d'utopies socialistes. Il comprit cependant que les auteurs de ce manifeste avaient, tout comme lui, le désir et la volonté d'améliorer le sort des petites gens. C'était pour cela d'abord et avant tout qu'il était entré en politique. Et il était très troublé de voir que d'autres prenaient, pour arriver aux mêmes fins que lui, des chemins extrêmement dangereux, qui ne pouvaient mener qu'à une tragédie. Il a été profondément déconcerté et meurtri par cette lecture.

Robert Bourassa se considérait à l'époque comme un social-démocrate. Il voyait bien que, ce que cherchaient les membres du FLQ, ultimement, c'était la même chose que lui : un partage plus équitable des richesses. Or, depuis un peu plus de cinq mois qu'il était premier ministre, il s'ingéniait à répéter sur toutes les tribunes que « le grand thème qui a[vait] inspiré [leur] programme de gestion des affaires québécoises, c'est le progrès économique et social » et que « le Parti libéral du Québec s'engageait publiquement à rechercher en priorité un partage nouveau, plus moderne et plus juste des ressources fiscales et des pouvoirs nécessaires à l'épanouissement économique, social et culturel de la collectivité québécoise ». Que voulaient-ils de plus ? Pourquoi ne le laissaient-ils pas travailler ? Pourquoi ne l'assistaient-ils pas, puisqu'ils voulaient au fond la même chose que lui ?

Loin de l'aider, les rédacteurs du manifeste le traitaient d'hypocrite, affirmant qu'il était « le serin des Simard » et « l'envoyé d'Ottawa au Québec ». Bourassa avait parlé de créer 100 000 emplois ; ils lui annonçaient la venue de « 100 000 travailleurs révolutionnaires organisés et armés ». En fait, les hommes du FLQ venaient de saccager son chantier, de casser son projet. Il était en colère, et triste. On ne s'était pas compris. Son discours social-démocrate n'avait pas été entendu. On ne le croyait pas, lui, homme de bonne volonté, de tolérance et de paix, qui ne pensait qu'à une chose : au bien-être et au bonheur des Québécois.

Il considérait de plus que la façon de faire des felquistes n'était pas très créatrice, pas du tout constructive, pas originale, ni raisonnable, ni intelligente. Croyaient-ils pouvoir enrichir le Québec avec leurs bombes et leurs enlèvements ? Ils ne faisaient qu'imiter, que singer les guérilleros latino-américains et les Black Panthers américains, qui avaient des causes drôlement plus sérieuses à défendre. Le lendemain et le surlendemain, Bourassa répéta aux financiers de Wall Street que tout cela serait sans conséquence. Leur parlant de son grand projet, il affichait un calme absolu, un sourire serein, confiant.

Le vendredi, Choquette lui apprenait au téléphone que la cellule Libération, responsable de l'enlèvement du diplomate britannique, avait décidé de surseoir à l'exécution de Cross, mais qu'elle exigeait toujours la libération des prisonniers dits « politiques ».

Le samedi 10 octobre, sa tournée des places d'affaires terminée, Bourassa quittait New York pour aller rencontrer le sénateur Ted Kennedy à Boston. Mais le brouillard était si dense que le F-27 du gouvernement rentra sagement à Dorval, où il se posa peu après midi. On informa alors Bourassa qu'il était attendu par Jérôme Choquette dans un endroit secret. La limousine de Bourassa vint se garer, tête-bêche, près d'une autre limousine derrière l'hôtel de ville de Montréal, au beau milieu du Champ-de-Mars totalement désert. Choquette et Bourassa ont fait le point. Le premier ministre a parcouru une déclaration que Choquette avait l'intention de lire dès 18 heures à la radio. Le ministre de la Justice voulait éviter toute provocation. Il refusait de libérer les prisonniers que le FLQ considérait comme politiques, mais qui, pour le gouvernement, relevaient du droit commun. Il offrait cependant aux ravisseurs de Cross la possibilité de quitter le Québec, à la condition qu'ils aient relâché leur otage. Robert Bourassa approuva. Mais Choquette lui soumit ensuite une idée qu'il trouva pour le moins étonnante et à laquelle il ne réagit pas tout de suite ; il s'agissait de créer un ministère de la Paix sociale !

Puis, en compagnie de Guy Langlois et d'un garde du corps, le premier ministre fila vers Sainte-Anne-de-Sorel, où l'attendaient sa femme et ses enfants. C'était une belle journée, très ensoleillée, très douce. On se serait cru en été. À Sainte-Anne, l'atmosphère était extrêmement tendue. On allait se mettre à table pour souper quand le téléphone a sonné. Guy Langlois est allé répondre. C'était Jérôme Choquette qui lui apprenait que Pierre Laporte venait d'être enlevé devant chez lui, à Saint-Lambert. Pendant que Choquette parlait à Bourassa, Langlois est sorti voir le policier de garde. Celui-ci faisait les cent pas devant la propriété.

« Où est ton arme ? demanda Langlois.

— Dans l'auto.

— Va la chercher et appelle du renfort. »

149

Quelques minutes plus tard, quatre voitures de police arrivaient et une douzaine d'hommes se déployaient autour du domaine. Pendant ce temps, au téléphone, Robert Bourassa informait Pierre Elliott Trudeau de la gravité de la situation. Il lui a parlé de la Loi sur les mesures de guerre et de la possibilité d'appeler l'armée. Les deux hommes convinrent de réfléchir, chacun de son côté. Et de reprendre contact quelques heures plus tard.

Bourassa fit prévenir les directeurs des corps policiers municipal et provincial. Langlois prit des mesures pour qu'il y ait quelqu'un à la réception du bureau du premier ministre jour et nuit. Et on convoqua tous les membres du cabinet au dernier étage de l'hôtel Reine Elizabeth, boulevard Dorchester, à Montréal, où on allait, au cours des prochains jours, tenir un conseil des ministres permanent.

Il fallait s'occuper de la sécurité des ministres et de leur famille. Or, personne au Québec n'avait d'expérience dans ce domaine. Jamais un premier ministre n'avait eu à faire face à une situation de ce genre. Une trentaine d'hommes qui, six mois plus tôt, se connaissaient à peine se retrouvaient presque en huis clos, au dernier étage d'un grand hôtel entouré de policiers lourdement armés. Et ils devaient dénouer la pire crise qu'ait connue leur pays. Certains étaient affolés, très nerveux. Quelques-uns voyageaient couchés sur le siège arrière de leur limousine, ou avec un revolver sous le bras, ou ils demandaient à être accompagnés par quatre agents armés de mitraillettes. D'autres sont restés cachés chez eux. Bourassa lui-même racontera plus tard qu'un membre de sa richissime belle-famille avait alors troqué sa Rolls Royce contre la petite voiture de son jardinier.

La cellule Chénier, qui avait enlevé Pierre Laporte, a fait parvenir aux autorités une carte d'identité du ministre et une lettre signée de sa main. Laporte s'adressait directement à Robert Bourassa, sur le ton de la confidence.

Mon cher Robert,

J'ai la conviction d'écrire la lettre la plus importante de toute ma vie. Pour le moment, je suis en parfaite santé. Je suis bien traité, même avec courtoisie. J'insiste pour que la police cesse toutes les recherches pour me retrouver. Si elle y parvenait, cela se traduirait par une fusillade meurtrière, dont je ne sortirais certainement pas vivant. Cela est absolument capital. Tu as le pouvoir en somme de décider de ma vie. S'il ne s'agissait que de cela et que le sacrifice doive avoir de bons résultats, on pourrait y penser. Mais nous sommes en présence d'une escalade bien organisée, qui ne se terminera qu'avec la libération des «prisonniers politiques». Après moi, ce sera un troisième, puis un quatrième et un vingtième. Si tous les hommes politiques sont protégés, on frappera ailleurs, dans d'autres classes de la société. Autant agir tout de suite et éviter ainsi un bain de sang et une panique bien inutiles. Tu connais mon cas personnel, qui mérite de retenir l'attention. J'avais deux frères; ils sont morts tous les deux. Je reste seul comme chef d'une grande famille qui comprend ma mère, mes sœurs, ma propre femme et mes enfants ainsi que les enfants de Roland dont je suis tuteur. Mon départ sèmerait un deuil irréparable, car tu connais les liens qui unissent les membres de ma famille. Ce n'est plus moi seul qui suis en cause mais une douzaine de personnes, toutes des femmes et de jeunes enfants. Je crois que tu comprends! Si le départ des «prisonniers politiques» est organisé et mené à bonne fin, j'ai la certitude que ma sécurité personnelle sera absolue. La mienne... et celle des autres qui suivraient. Cela pourrait se faire rapidement, car je ne vois pas pourquoi en mettant plus de temps on continuerait à me faire mourir à petit feu dans l'endroit où je suis détenu.

Décide... de ma vie ou de ma mort... Je compte sur toi et t'en remercie.

Amitiés,
Pierre Laporte

P.-S. Je te répète, fais cesser les recherches. Et que la police ne s'avise pas de continuer sans que tu le saches. Le succès de cette recherche serait un arrêt de mort pour moi.

Le dimanche matin, 11 octobre, Bourassa rencontrait ses ministres dans ses bureaux de la tour d'Hydro-Québec. Toujours les mêmes deux sujets à l'ordre du jour : le FLQ et les médecins spécialistes. Il était plus que jamais déterminé à mettre fin à la grève qu'avaient entreprise les médecins. Il décidait donc de convoquer, pour le jeudi suivant, 15 octobre, l'Assemblée nationale, à qui il allait proposer le texte final de la loi sur l'assurance-maladie et celui d'une loi spéciale, que des juristes avaient déjà préparée à sa demande, forçant les médecins en grève à retourner au travail.

Il a passé une bonne partie de l'après-midi au téléphone. Il a parlé au chef de l'opposition, Jean-Jacques Bertrand, au chef péquiste, René Lévesque, au chef créditiste, Camil Samson, au premier ministre du Canada, Pierre Elliott Trudeau, aux dirigeants des divers corps policiers, au maire de Montréal, Jean Drapeau, alors en campagne électorale. Puis il s'est enfermé dans sa chambre et a rédigé un texte qu'il a lu à la télévision en soirée, un peu avant l'heure limite fixée par les ravisseurs dans leur dernier communiqué.

Il a parlé très lentement, détachant bien les mots comme pour signifier qu'il les avait bien pesés. Il a commencé par dire son dépit de voir se produire un tel désordre « dans un endroit où la liberté d'expression et d'action est l'une des plus grandes de tous les pays du monde ». Puis ont suivi les menaces. « Le gouvernement ne peut, ne doit pas et ne restera pas passif... » Il exigeait des ravisseurs, avant d'entamer avec eux quelque négociation que ce soit, qu'ils lui garantissent que les otages auraient la vie sauve. Et il leur demandait d'entrer en communication avec lui. Il terminait en disant à ses chers concitoyens qu'il se battrait jusqu'à la limite de ses moyens pour que triomphe la justice individuelle et collective. À Charles Denis, qui lui a fait remarquer que tout cela était plutôt ambigu, même si le ton se voulait par moments menaçant, il a répondu qu'il le savait et que c'était exactement ce qu'il recherchait.

Le lendemain, deux nouveaux acteurs entraient en jeu. Sans même l'avoir consulté, Robert Bourassa nommait l'avocat Robert Demers négociateur pour le gouvernement.

Demers était parti à la chasse à la perdrix, il fallut le trouver, le presser de rentrer en ville, lui apprendre qu'on lui avait confié une importante mission. Quant aux ravisseurs, ils ont choisi l'avocat Robert Lemieux pour les représenter. On ne pouvait réunir deux hommes plus dissemblables. Demers appartenait à l'establishment des affaires et de la politique libérale ; Lemieux était un sympathisant avoué des felquistes, des casseurs, un homme de gauche. Et il venait d'être mis en prison pour avoir entravé le travail des policiers. Demers est allé le rencontrer au quartier général de la police de Montréal. Pour un premier dialogue de sourds. Ils en auront une demi-douzaine au cours des jours suivants. Et ils n'arriveront pas à s'entendre.

En fait, Lemieux, que Bourassa fit libérer dès le lendemain, n'avait pas de contact direct avec les ravisseurs, ainsi pas de mandat clair, ni même de plus amples renseignements que ceux qu'avaient pu recueillir le gouvernement et les forces policières. Mais en plus, il participait chaque jour, à l'Université de Montréal, à l'UQAM, au centre Paul-Sauvé, à des manifestations clairement favorables au FLQ, au cours desquelles il appelait les étudiants à la grève générale et les pressait d'exiger la libération des prisonniers dits politiques, chose inconcevable pour le gouvernement. Ces prisonniers avaient perpétré des vols de banque (pour financer le FLQ), ils avaient posé des bombes (dans des lieux symboliques du pouvoir qu'ils récusaient). Les libérer pour Bourassa eût été reconnaître le bien-fondé de leur démarche et de leur projet.

Or, le mercredi 14 octobre au matin, on apprenait par le journal *La Presse* que seize personnalités très en vue donnaient raison, en cette matière, aux ravisseurs et proposaient de céder à leur chantage en permettant la libération des prisonniers politiques. C'était un très dur coup pour le jeune premier ministre ! Parmi les signataires se trouvaient Claude Ryan, René Lévesque, Camille Laurin et Jacques Parizeau, Alfred Rouleau, du Mouvement Desjardins, le président et le secrétaire de la Fédération des travailleurs du Québec, Louis Laberge et Fernand Daoust, et le président de la Centrale des enseignants du Québec, Yvon

Charbonneau… Des gens éloquents, influents et imposants. Tous contre lui.

Bourassa était ainsi désavoué par une élite très puissante, par les associations étudiantes, par une partie importante de la population. Pire, une rumeur circulait depuis le lendemain de l'enlèvement de Laporte : Claude Ryan, celui-là même qui, six mois plus tôt, n'avait eu que des bons mots pour Bourassa, songeait maintenant à l'écarter du pouvoir et à former un gouvernement parallèle. On racontait qu'il avait parlé au maire de Montréal, Jean Drapeau, et à son bras droit, Lucien Saulnier, ainsi qu'à quelques autres personnes. Par ses propos, Drapeau a largement contribué à entretenir un climat d'incertitude et de panique, se présentant comme l'homme à poigne, capable de mettre la racaille au pas. La population avait sans doute besoin d'un homme aussi déterminé, garant de la loi et de l'ordre. Quelques jours plus tard, Drapeau gagnait ses élections avec 94 % des voix.

Des rumeurs démentes continuaient cependant de circuler. Certaines prétendaient que le FLQ allait exécuter ses otages et faire d'autres enlèvements tant et aussi longtemps qu'il n'aurait pas gain de cause. D'autres affirmaient que Cross était déjà mort et que son corps avait été dissous dans un bain d'acide. Et qu'il y avait des milliers de ravisseurs, qu'ils avaient de l'aide technique et financière des Black Panthers…

La Sûreté du Québec était débordée. Elle ne pouvait, à la fois, assurer la sécurité de la population et enquêter, traquer les ravisseurs. Son directeur, Maurice Saint-Pierre, pressait Bourassa de demander au gouvernement fédéral l'intervention de l'armée.

Le 15 au soir, après avoir mis fin à la grève des médecins spécialistes, à qui la loi imposait de rentrer au travail, Bourassa faisait part de sa position aux ravisseurs. Très ferme et sans ambiguïté, cette fois, il refusait de libérer les prisonniers, sauf ceux, au nombre de cinq, qui avaient déjà fait une demande de libération conditionnelle à laquelle ils avaient droit. Il s'engageait par ailleurs à fournir un sauf-conduit aux membres des deux cellules felquistes et à mettre un avion à leur disposition pour qu'ils puissent se rendre dans le pays de leur choix, à condition bien sûr qu'ils libèrent les otages. Il leur donnait six heures pour prendre contact avec lui.

Six heures plus tard, le FLQ n'avait pas donné signe de vie. Et le vendredi 16 octobre, vers trois heures du matin, l'armée commençait à se déployer dans tout le Québec.

Pendant toute cette crise, Bourassa a beaucoup hésité et tergiversé. Il a souvent changé de ton dans les négociations avec les ravisseurs. Il n'a toutefois jamais paniqué. Il analysait froidement la situation, il réfléchissait, il consultait beaucoup. Il ne s'est jamais laissé ébranler, ni par ces personnalités très prestigieuses qui sympathisaient presque avec les ravisseurs et exigeaient la libération des prisonniers dits politiques, ni par les rumeurs avérées ou pas de ce putsch que, selon certains, menait Claude Ryan. Lorsqu'il est rentré de New York, il a pris la direction des opérations qu'il avait préalablement confiée à Jérôme Choquette, qu'il a pratiquement écarté et désavoué, proposant aux ravisseurs de négocier, alors que son ministre de la Justice leur avait fait savoir la veille que le gouvernement ne ferait aucune concession. Choquette en a éprouvé beaucoup de ressentiment. Que Bourassa se soit par la suite gaussé de son idée de former un ministère de la Paix sociale n'a pas aidé à la réconciliation.

D'où vient alors cette image de faible et de mou qu'on a collée avec tant d'insistance à Robert Bourassa? Il n'avait pas l'arrogance élégante et enjouée de Pierre Elliott Trudeau qui, dans ces jours troublés, faisait de l'esbroufe et répondait avec superbe à un journaliste qui lui demandait jusqu'où il était prêt à aller: *Just watch me*. Trudeau agissait comme s'il contrôlait tout à lui seul. Or, ce n'est pas lui qui a réclamé l'armée; c'est Bourassa. Ce n'est pas lui qui a demandé l'application de la Loi sur les mesures de guerre; c'est Bourassa, qui ne l'a jamais nié. Juridiquement, il ne pouvait en être autrement. C'est le gouvernement provincial qui doit faire au gouvernement fédéral la demande du recours à l'armée et de l'imposition de la Loi sur les mesures de guerre.

Bien sûr que Trudeau voulait lui aussi ordonner ces mesures. Marc Lalonde, son bras droit, s'était rendu à

Québec et à Montréal chercher la lettre du premier ministre Bourassa et du maire Drapeau réclamant l'imposition des mesures de guerre. Drapeau l'a tout de suite signée. Bourassa a pris plusieurs heures, il a réfléchi, il a consulté, tergiversé, il a fait attendre Lalonde. Il voulait, évidemment, rétablir la paix sociale, mais il se refusait à brimer les libertés individuelles fondamentales. Des pressions plus fortes sont venues d'Ottawa. Et il a fini par signer, par réclamer l'armée.

C'est au moment de la crise d'Octobre qu'on a commencé à parler de la nature ondoyante et louvoyante de Robert Bourassa. On peut affirmer qu'il n'en avait cure. Ce n'était que l'apparence. Il savait, lui, qu'il n'était ni un pleutre ni une mauviette.

«Jean Lesage n'avait pas l'assurance qu'il projetait, dit Jean-Claude Rivest. Robert, c'était tout le contraire. Il semblait faible et hésitant, mais il était au fond très sûr de lui et il savait où il s'en allait. Personne ne l'influençait. Comme conseiller, j'ai eu plus d'influence sur Jean Lesage et Gérard D. Levesque, même sur Claude Ryan, que sur lui. Robert pouvait hésiter longtemps, il consultait à gauche et à droite, en bas comme en haut, mais il finissait toujours par faire à sa tête.»

Paraphrasant Jean de La Fontaine, Michel Roy avait écrit dans *Le Devoir* que Bourassa était comme «le roseau qui plie mais ne rompt pas». Bourassa, peut-être plus brillant ou plus subtil politicien que Trudeau, certainement moins vaniteux et vantard, a sans doute été assez habile pour le laisser se pendre avec sa corde et se retrouver avec l'odieux de décisions qu'il n'avait pas lui-même prises. Ou pas tout seul. Gérald Godin, plusieurs années après la crise d'Octobre, ministre péquiste, disait à qui voulait l'entendre: «Trudeau m'a volé trois jours de ma vie; il me les doit.» Le poète se trompait de voleur.

Sept ans après les faits, lors de son studieux exil à Bruxelles, Bourassa lui-même avouera au journaliste Raymond Saint-Pierre qu'il n'avait rien fait pour empêcher l'incarcération de Godin, dont il avait vu le nom sur une liste de prévenus: «On m'a assuré qu'on avait un dossier sur lui, a-t-il dit. Ça m'a étonné. Mais je n'allais pas revoir tous les dossiers. » Il avait d'autres chats à fouetter, d'autres priorités. Un ministre et un diplomate étaient tenus en otages par des terroristes qui menaçaient de les tuer. Même s'il était absolument persuadé de l'innocence de Godin, il n'avait pas le temps d'entamer des procédures et de tenir des discussions avec les corps policiers. Le premier ministre ne pouvait quand même pas prendre connaissance de tous les noms et, de façon arbitraire, rayer de ces listes ceux des gens qu'il connaissait et appréciait.

Bourassa a donc lui-même, après réflexion, et après avoir subi les pressions d'Ottawa, demandé l'application de la Loi sur les mesures de guerre. Le 15 octobre, dans une lettre à Pierre Elliott Trudeau, il a réclamé, au nom du gouvernement du Québec, le pouvoir « d'arrêter et de détenir les personnes que le procureur général du Québec estime, pour des motifs raisonnables, être dédiés au renversement du gouvernement par la violence et des moyens illégaux ».

Dans la nuit du 16 au 17 octobre, Bourassa et son équipe faisaient parvenir un communiqué aux stations de radio. On informait la population, et en particulier les felquistes, que le pont de la Concorde à Terre des hommes avait été temporairement désigné comme faisant partie du territoire cubain. On donnait l'assurance aux ravisseurs qui voulaient s'y rendre en compagnie de leurs otages que ni la police ni l'armée n'interviendraient. Une fois sur le pont, ils remettraient leurs otages et leurs armes au consul cubain. Puis ils seraient tous conduits à Dorval, où les attendrait un avion pour Cuba. Une fois à La Havane, les otages seraient remis à des représentants du gouvernement canadien et ramenés sains et saufs à Montréal.

Le lendemain soir, les stratèges de Bourassa se sont rendus dans un bâtiment administratif de Terre des hommes, où une centaine de personnes (avocats et policiers, fonctionnaires et diplomates canadiens, cubains, québécois) préparaient l'opération. C'est alors qu'on apprit que le pire était arrivé : Pierre Laporte avait été retrouvé mort dans le coffre arrière d'une voiture, à Saint-Hubert.

Dans le discours très émotif, foncièrement nationaliste et très rassembleur qu'il a lu le lendemain à la radio et à la télévision, Robert Bourassa fustigeait les assassins de Laporte et faisait appel à la solidarité de ses concitoyens.

Mes chers compatriotes,

Le Québec traverse aujourd'hui l'un des moments les plus dramatiques de son histoire. Nous sommes tous profondément affligés par le crime inqualifiable qui a été commis hier contre un homme dont le plus grand tort, aux yeux de ses assassins, était d'avoir été élu démocratiquement et de servir son peuple dans une tâche difficile et importante.

Pierre Laporte a été une victime de la haine, une haine criminelle que n'avaient pas encore connue les Québécois et les Canadiens. Il a payé de sa vie la défense des libertés fondamentales...

Je dis à ces individus qui l'ont assassiné qu'ils sont à tout jamais indignes d'être Québécois, indignes d'être des Canadiens français.

Ce meurtre ignoble d'un homme innocent est un témoignage du genre de société que voudraient établir ces mouvements. Mais quelques individus ne peuvent écraser la volonté de tout un peuple, quelles que soient leur cruauté et l'ignominie de leur chantage. La foi dans le régime démocratique est trop profonde et trop authentique au Québec pour qu'elle se laisse détruire ainsi. Je demande à tous les Québécois de rester calmes et de garder confiance dans leurs institutions. Le coup qui nous est porté aujourd'hui, comme peuple, est terrible, mais c'est là un test pour notre sang-froid et notre ferme détermination à faire triompher la justice et la liberté.

Le gouvernement que je dirige ne se laissera pas abattre par une telle épreuve. Il y fera face de la façon la plus ferme...

C'est ensemble, et seulement ensemble, que nous allons surmonter cette crise. J'ai confiance que nous le pouvons parce que nous sommes des Québécois.

Il y eut trois jours de deuil national. Pierre Laporte fut exposé en chapelle ardente au tout nouveau palais de justice de Montréal, rue Notre-Dame. Les funérailles ont eu lieu le mardi, en l'église Notre-Dame.

Au cours des jours suivants, Bourassa a lui-même fait montre d'un indéniable sang-froid. Alors que James Richard Cross, toujours détenu par la cellule Libération, était en danger de mort, il n'a pas changé d'un iota les propositions faites au FLQ : un sauf-conduit pour Cuba en échange de la reddition de l'otage sain et sauf. Rien de plus. Rien de moins.

On n'a découvert les ravisseurs de Cross que le 3 décembre, deux mois après son enlèvement. Le jour même, ils entamaient leur long exil à Cuba. Quelques jours plus tard, trois membres de la cellule Chénier étaient arrêtés et accusés de l'enlèvement et du meurtre de Pierre Laporte.

Finalement, le FLQ, s'il a marqué de façon indélébile la conscience des Québécois, aura laissé peu de traces concrètes sur la vie sociale et politique du Québec. Selon les sondages réalisés peu après, Bourassa et le Parti libéral sont sortis plus forts et plus respectés de la crise d'Octobre. Par contre, le Parti québécois, victime par association, a subi de lourds dommages collatéraux, les felquistes prônant, entre autres idéaux, celui de l'indépendance et citant, à son grand dam, René Lévesque comme s'il était un maître à penser ou un compagnon de route.

Bourassa a toujours refusé de dire que ses adversaires avaient tenté de se faire du capital politique au cours de cette crise. Il a toujours maintenu qu'il avait lui-même, de son propre chef, demandé l'imposition de la Loi sur les mesures de guerre…

Cette crise d'Octobre a certainement été le moment le plus pénible de sa carrière. Il en a souvent parlé en disant qu'il avait bien agi et fait ce qu'il fallait, sans jamais cependant laisser connaître, pas même à ses proches, les émotions qui l'habitaient alors, qu'il a éprouvées par exemple au moment où il apprenait la mort de son ami Pierre Laporte. Il a porté seul cette lourde peine. Robert Bourassa était un homme secret, qui gardait pour lui ses émotions.

Le bâtisseur

La crise déclenchée par le FLQ, en octobre 1970, a accéléré le grand projet auquel rêvait Robert Bourassa depuis près d'un an, depuis ce jour de décembre 1969 où il avait entendu le président et le vice-président d'Hydro-Québec, Roland Giroux, homme de chiffres et de finances, et l'ingénieur Robert A. Boyd, parler devant l'Assemblée nationale du potentiel hydroélectrique du Grand-Nord québécois. Le député de Mercier, Robert Bourassa, s'était alors levé et avait demandé quels étaient les besoins du Québec en énergie. Boyd avait répondu qu'il faudrait rapidement augmenter la puissance installée de 10 000 mégawatts, soit l'équivalent de la production des centrales de Manic-Outardes et de Churchill Falls réunies. Et Bourassa, qui n'était pas très ferré en géographie, avait voulu savoir si l'on disposait au Québec de rivières capables de produire tant d'énergie. Boyd avait souri et il s'était mis à parler du potentiel énergétique des rivières de la baie James, capables à elles seules d'éclairer la moitié de l'Amérique du Nord.

Le député de Mercier avait alors eu un véritable coup de foudre. Cette baie James lui était apparue comme la terre promise où il pourrait un jour réaliser ses plus ambitieux projets.

Au printemps suivant, tout nouvellement élu premier ministre, il réunissait quelques membres de son cabinet au chalet de pêche du lac Sleigh, sans avoir prévenu Claude Simard, son beau-frère. Or, celui-ci est arrivé le lendemain en hélicoptère en compagnie de Louis Reynolds, le président des alumineries Reynolds International. Les Simard possédaient une usine de papier d'aluminium au Cap-de-la-Madeleine, la Dominion Foil, en partenariat avec la très puissante famille américaine Reynolds. Chaque année, au printemps, ils tenaient une assemblée générale, soit en Virginie, dans l'une des propriétés des Reynolds, soit au lac Sleigh. Claude a expliqué bien gentiment à son beau-frère qu'il avait prévu tenir la réunion annuelle de la Dominion Foil au chalet, et que Robert devrait céder sa place, tout premier ministre qu'il fût. Mais Louis Reynolds reconnut Bourassa et le supplia de rester pour le week-end. Les membres du cabinet rentrèrent à Québec. Et leur chef s'en fut lire ses magazines et ses journaux en pédalo, pendant que les Simard et les Reynolds tenaient leur assemblée annuelle.

Le soir, au souper, Bourassa s'est mis à interroger Louis Reynolds sur ses entreprises. Le magnat américain eut une métaphore qui frappa le jeune premier ministre. « L'électricité est à l'aluminium ce que la farine est au pain. Pas de farine, pas de pain ; pas d'électricité, pas d'aluminium. » Il savait de quoi il parlait. Sa famille possédait huit alumineries sur le pourtour du golfe du Mexique, toutes fonctionnant au mazout. Et toutes, selon lui, seraient bientôt en difficulté, parce que le prix du pétrole ne cessait de monter. « L'avenir, c'est l'hydroélectricité, disait-il. Si le Québec se donne la peine de s'équiper, il pourrait devenir l'eldorado de l'aluminium. »

Robert Bourassa s'est levé à l'aube, disant qu'il n'avait pas dormi de la nuit. Trop excité. Louis Reynolds venait confirmer ce qu'il croyait depuis un bout de temps, depuis ce discours que Roland Giroux avait tenu à l'automne devant l'Assemblée nationale : l'avenir du Québec se trouvait dans le Nord, dont les rivières géantes charriaient pour des milliards de dollars d'or bleu. Il est rentré à Québec, résolu à en faire le projet de sa vie. Il fit un plan, comme toujours. Il allait rencontrer les grands financiers canadiens et américains, rue Saint-Jacques, sur Bay Street et Wall Street, et les intéresser à son projet. Il ferait de même en Europe, en Angleterre, en Allemagne, en France… Grâce à sa belle-famille, il était en contact avec les grandes fortunes du Québec. Il avait rencontré déjà, à quelques reprises, Paul Desmarais, avec qui il avait eu des discussions très stimulantes. Desmarais, créateur d'une nébuleuse financière multinationale, avait une très bonne connaissance des marchés financiers d'Europe, d'Amérique et d'Asie. Bourassa allait s'en faire un allié, un complice.

Après la crise d'Octobre, le Québec avait plus que jamais besoin d'un projet mobilisateur, capable d'assurer la paix sociale en créant un succès économique. Il a donc fallu jouer finement avec les très sensibles financiers, que les violences du FLQ avaient inquiétés. En fait, la stabilité sociale de la société québécoise dont leur parlait Bourassa ne pouvait être atteinte qu'en créant de la richesse et des emplois, en mettant le Québec au travail. Or, pour créer des emplois, 100 000 emplois, il fallait un grand projet, le projet du siècle, qui n'était pensable et réalisable que si l'on pouvait y investir des sommes gigantesques, le magot du siècle. Bourassa devait donc réunir la plus grosse somme d'argent jamais investie au Québec, dans quelque domaine que ce soit. Et contracter, par conséquent, une dette qu'il évaluait à l'époque à cinq ou six milliards de dollars. Le but était d'enrichir le Québec. Mais le risque était énorme.

Quand il disait que la Baie-James était l'une des réalisations dont il était le plus fier, Bourassa pensait à ce montage financier qu'il avait réussi à faire au début des années 1970. Aucun autre homme politique, ni avant ni après lui, n'a eu l'audace, les compétences et les alliés nécessaires à la mobilisation d'une telle somme.

L'idée d'exploiter les richesses minières et hydrauliques du Grand-Nord québécois n'était pas neuve chez les libéraux. Depuis deux générations au moins, elle apparaissait en filigrane dans l'histoire du parti. Ayant compris les limites du capital disponible dans un Canada peu peuplé, Louis-Alexandre Taschereau avait travaillé activement à attirer des investisseurs américains pour développer le potentiel industriel du Québec et tenter de stopper l'émigration massive vers les États-Unis. Élu premier ministre en 1920, à une époque où l'économie nord-américaine commençait à éprouver des difficultés qui mèneraient finalement à la Grande Dépression, Taschereau avait encouragé vigoureusement le développement, par l'entreprise privée, des ressources forestières et minérales du Nouveau-Québec. À l'époque, malheureusement, peu d'entreprises québécoises avaient les connaissances et les compétences nécessaires à l'exploration de ces territoires et à l'exploitation de leurs richesses; ce sont donc des firmes américaines ou britanniques qui en ont profité.

Mais les temps avaient changé. Au cours de la Révolution tranquille, le gouvernement de Jean Lesage et de son ministre des Travaux publics et des Ressources électriques, René Lévesque, avait parachevé la nationalisation de l'électricité amorcée par le gouvernement Godbout. Le Québec sortait alors des limbes. De grosses firmes d'ingénieurs-conseils y naissaient, puis y construisaient des autoroutes, des tunnels et des ponts, érigeaient des gratte-ciel, foraient des mines, aménageaient des rivières. On avait acquis un savoir-faire et conquis de haute lutte un « pouvoir-faire ». Le temps était enfin venu de réaliser de grandes choses.

Hydro-Québec avait trouvé dans les cartons de la Shawinigan Water and Power Company divers projets d'aménagement de rivières dans le nord du Québec. Mais les choses traînaient en longueur. Les ingénieurs ne savaient toujours pas sur quelles rivières ils allaient mener leurs études de faisabilité. Bourassa a chargé Paul Desrochers, convaincu lui aussi de la nécessité du projet, de stimuler et de raisonner Hydro-Québec, qui exigeait de garder la maîtrise d'œuvre du projet, mais semblait peu encline à le faire avancer.

Un soir d'été de 1970, dans la suite royale du Reine Elizabeth, à Montréal. Tapis moelleux, lourdes tentures de velours rouge, bleu et or, meubles laqués, lumières tamisées, avec vue de biais sur l'esplanade de la place Ville-Marie, de face sur l'édifice de la Sun Life et, à l'arrière-plan, sur le mont Royal, frémissante masse de verdure dans la poudreuse lueur du crépuscule. On avait apporté des amuse-gueules, des bouteilles (whisky, vodka, gin, vins, bières), un seau de glaçons, du café, un grand pot de lait. Étaient présents Roland Giroux et Robert A. Boyd d'Hydro-Québec ; Robert Bourassa, premier ministre du Québec, qui venait tout juste, quelques jours plus tôt, de fêter ses trente-sept ans ; Paul Desrochers, l'éminence grise du Parti libéral, un conseiller écouté, qui ne portait pas Hydro-Québec dans son cœur, mais avait beaucoup de respect et d'amitié pour Giroux et Boyd, ses dirigeants.

Boyd commençait à avoir l'habitude d'expliquer à des premiers ministres les scénarios qu'avaient concoctés les ingénieurs d'Hydro-Québec. En 1965, il avait exploré avec Jean Lesage le dossier des chutes Churchill au Labrador, décrivant le projet en long et en large, les implications, les coûts, les retombées économiques, la contribution du Québec, le genre d'entente qu'on pourrait faire avec Terre-Neuve si l'on acceptait d'acheminer l'électricité qu'elle produisait. L'année suivante, Lesage s'étant fait battre aux élections, Boyd avait dû recommencer avec Daniel Johnson. Celui-ci étant mort en septembre 1968, l'ingénieur a tout repris avec Jean-Jacques Bertrand. Et le voilà, deux ans plus tard, en train d'expliquer à un nouveau premier ministre comment on pouvait aller produire dans le Grand-Nord de l'énergie pas chère et propre. Et la vendre à un bon prix aux Américains et, avec les profits – des milliards de dollars –, bâtir le Québec moderne.

Des quatre premiers ministres que Boyd avait rencontrés, Bourassa, qui n'avait pourtant pas l'air de s'y connaître en ingénierie et en sciences de la terre, était de loin le plus excité. Il voulait tout savoir, le pressait de questions : combien de temps ? Combien d'emplois ? Quelles rivières ? Combien de kilowatts ? Combien de centrales ? Quelles retombées ?

Boyd avait apporté un jeu de photos aériennes, des stéréoscopes, de grandes cartes topographiques au 150 millième et au 250 millième, quelques-unes plus détaillées, qu'il déroulait et étalait soigneusement sur la table. Lorsque le gouvernement avait nationalisé l'électricité en 1963, Hydro-Québec avait hérité des levés hydrographiques effectués par la Shawinigan Water and Power Company le long du fleuve Hamilton, sur lequel se trouvent les chutes Churchill et de cinq rivières majeures du versant oriental de la baie James. Ces cartes en noir et blanc étaient presque muettes, très lacunaires. Pas de routes, pas de villes, pas de voies ferrées. Que des lacs et un inextricable lacis de rivières. Quelques noms amérindiens ici et là. Des chiffres écrits à la main, des observations vite griffonnées sur la nature des sols, les courbes de niveaux…

Les quatre hommes s'étaient penchés, silencieux, sur ces grands espaces vides, pratiquement vierges. Et Boyd, qui seul connaissait la région pour y être allé quelques fois, s'est mis à expliquer, situer, donner des repères en divers endroits… Mais il débordait sans cesse et devait constamment changer de carte. Bourassa suggéra alors qu'on les étende toutes par terre, une à côté de l'autre, de manière à avoir une vue d'ensemble du territoire. On déplaça quelques meubles, on rangea les fauteuils et la grande table contre le mur. Et bientôt, sur le tapis bleu nuit de la suite royale, tout le territoire de la baie James fut étalé. Et les quatre hommes se tenaient autour, Bourassa était debout sur le nord des États-Unis et le sud du Québec; Giroux se trouvait un peu à l'écart, un pied dans la baie d'Hudson, l'autre sur le nord de l'Ontario; Desrochers, qui lui faisait face, marchait sur le Labrador et l'Ungava.

Boyd indiquait les rivières au fur et à mesure qu'il les nommait, la Nottaway, la Broadback ici, la Rupert, de très grosses rivières qui se jetaient dans la baie James. Plus au nord, il y avait l'Eastmain et la Grande Rivière, à la frontière du pays cri et du pays inuit. Boyd donnait de mémoire quelques chiffres sur les débits, les dénivellations, les populations amérindiennes. « Les études préliminaires avancent, disait-il. Mais nous manquons encore furieusement de données… et de moyens. » Le message était clair. Le premier ministre souriait, hochait la tête. Et Boyd comprit ce soir-là que l'aventure commençait vraiment et que, très bientôt, des budgets, qu'ils attendaient depuis si longtemps, depuis trois premiers ministres, seraient enfin alloués au grand projet.

Giroux souleva la question relativement nouvelle de la protection de l'environnement, de la flore et de la faune. La baie James était l'un des derniers environnements sauvages de la planète. Beaucoup de gens allaient tenter de le protéger, comme on voulait protéger l'Amazonie, la Grande Barrière de corail… À Bersimis, on avait laissé des tonnes de détritus, des barils vides, des pneus, des moteurs et des fournaises, au fond du bassin de rétention. « On ne pourra plus faire ça, disait Boyd. Il faudra prendre mille précautions. Et faire un grand ménage avant de partir. »

« Et prévoir dans nos budgets des montants substantiels pour les études et des travaux de protection », ajouta Giroux en se tournant vers Bourassa, que ces questions n'intéressaient pas vraiment.

« Combien d'emplois ? » redemandait-il.

Boyd laissa tomber un chiffre plutôt vague qui émerveilla Bourassa : plusieurs dizaines de milliers d'emplois. « Juste ici, à La Grande, on pourra produire 25 000 mégawatts. » C'était plus que toute la production électrique du Québec, de quoi éclairer, réchauffer ou climatiser, industrialiser une bonne partie du nord-est de l'Amérique du Nord.

Les quatre hommes ont quitté le Reine Elizabeth tard le soir. Seul Bourassa avait bu… du lait. Mais ils étaient comme ivres tous les quatre.

Neuf mois plus tard, en avril 1971, alors que le Québec était encore secoué par la crise d'Octobre, Bourassa partait en Europe avec Robert A. Boyd et Roland Giroux, toujours dans le but de trouver du financement pour son grand projet. Aux investisseurs français, britanniques, italiens et allemands qu'il a rencontrés, il a parlé de son projet, des retombées, de cette énergie propre, renouvelable, exportable et payante dont disposerait le Québec. Certaines portes lui avaient été ouvertes par Paul Desmarais, le très puissant président de Power Corporation, dont il disait qu'il valait à lui tout seul 15 délégations du Québec réparties dans le monde entier.

Au retour, Bourassa apprenait qu'en son absence Paul Desrochers avait organisé une grande fête pour marquer le premier anniversaire de sa victoire et annoncer le grand projet, jusque-là tenu *top secret*. Ça s'est passé au Colisée de Québec, le 30 avril 1971, un an et un jour après les élections qui avaient porté les libéraux au pouvoir. Ce fut un spectacle énorme, avec 6 000 militants survoltés, une chanson-thème interprétée par Diane Dufresne, une vidéo relatant les hauts faits de cette année de pouvoir et présentant de magnifiques images de la baie James, des lacs et des rivières du Grand-Nord, qu'accompagnait un texte dithyrambique lu par le comédien Roland Chenail :

La Baie-James, c'est plus de 125 000 emplois engendrés par des investissements de 6 milliards de dollars…

Le président de la nouvelle Commission-Jeunesse, Jean Masson, vingt-deux ans, a présenté Bourassa à la foule en liesse. Celui-ci s'est adressé aux jeunes en particulier, disant que ce projet avait été pensé pour eux d'abord et avant tout. « La Baie-James, c'est notre jeunesse à la conquête de son avenir. »

Il a dressé ensuite un bilan de sa première année de pouvoir. « Nous avons donné au Québec un nouveau style d'administration. » Puis il a fait une sorte de mise au point plutôt étrange, comme pour justifier ou excuser le style un peu terne qu'on lui reprochait parfois. « Les questions économiques se prêtent mal aux discours flamboyants, disait-il. Mais c'est précisément parce que ce style d'hier nous paraissait mal adapté au Québec d'aujourd'hui que nous avons voulu rompre avec ce modèle désuet de relations entre gouvernants et gouvernés. »

Pour la majorité des militants, la célébration fut un mémorable succès. Mais dans certains médias et parmi le personnel politique de Bourassa, il y avait de profonds désaccords sur le bien-fondé d'un tel événement.

Ronald Poupart, le directeur général du Parti libéral, était catastrophé. Bourassa lui-même était inquiet. La façon dont cette annonce avait été faite allait d'ailleurs lui attirer de nombreuses critiques. La manière de procéder était quelque peu cavalière. Il annonçait aux Québécois le projet du siècle sans jamais en avoir parlé devant l'Assemblée nationale, ni devant son caucus, ni même aux membres de son cabinet. Il n'y avait pas eu de conférence de presse. Les journalistes invités avaient des places assignées dans les gradins, d'où ils ont assisté à la grand-messe sans pouvoir poser la moindre question. Déjà agacés par les cassettes préenregistrées et les communiqués qu'on leur remettait plutôt que de répondre à leurs questions, ils commençaient à critiquer de façon très dure l'attitude de Bourassa. Ceux qui, comme Gilles Lesage et Normand Girard, l'avaient connu alors qu'il était simple député, et qui savaient le grand respect et la réelle fascination qu'il avait toujours eus pour la profession de journaliste, trouvaient pour le moins étonnant qu'il se soit laissé imposer ces façons de faire.

Les Cris de la Baie-James auraient également aimé apprendre autrement que leur territoire allait être envahi, occupé et en partie inondé. Ils n'avaient d'aucune manière été consultés. Par la voix de leur avocat, James O'Reilly, ils ont fait savoir qu'ils n'étaient pas d'accord. Bourassa fut un temps incrédule. Il ne parvenait pas à comprendre que des gens puissent refuser ce qui lui apparaissait comme un progrès absolu, une source certaine et pratiquement intarissable d'enrichissement.

Il y a eu également de très vives disputes à l'Assemblée nationale. D'abord, les tenants du nucléaire, Jacques Parizeau en tête et le Parti québécois à sa suite, s'opposaient farouchement à toute entreprise hydroélectrique qui, selon eux, faisait appel à de basses technologies. Ils proposaient plutôt de construire une chaîne de réacteurs nucléaires le long du Saint-Laurent.

Ils alléguaient que ces nouvelles technologies allaient permettre au génie québécois de se développer. Et ils prétendaient que l'énergie nucléaire coûterait deux, peut-être trois fois moins cher que l'hydroélectricité et que c'était la raison pour laquelle l'Ontario avait fait ce choix. Ils affirmaient enfin qu'on ne pourrait jamais transporter l'électricité depuis là-haut jusqu'aux consommateurs.

Le projet de la Baie-James a déclenché la plus formidable course aux contrats jamais entreprise au Québec. Sur un grand chantier, la gérance des travaux est toujours aussi importante, sinon plus, que l'ingénierie proprement dite. Le gérant loue les services de ses employés qui, sur un chantier comme celui de la Baie-James, peuvent exécuter jusqu'à 20 millions d'heures de travail, environ cinq fois plus que pour l'ingénierie elle-même.

En 1971, l'ambition de toutes les firmes québécoises d'ingénieurs-conseils était de décrocher enfin ce qui serait une première nationale, un contrat de gérance d'un grand projet hydroélectrique. Il y a eu des luttes de pouvoir sans merci, de machiavéliques tractations, des trahisons, une passionnante saga dont le monde québécois de l'ingénierie sortira transformé. Même si les financiers américains, qu'il avait intéressés à son projet, exigeaient qu'une firme américaine, la Bechtel, ait la maîtrise d'œuvre du projet, Bourassa a favorisé l'embauche de firmes québécoises, qui ont tenu un rôle majeur dans cette formidable aventure.

Robert Bourassa avait initié le plus important projet qui ait jamais vu le jour en terre québécoise. Il devait composer avec les polémiques, les disputes et les mécontentements qu'engendrait ce faramineux projet.

Et il avait, en ce printemps de 1971, d'autres sujets de préoccupation.

Le NON de Victoria

Bourassa était à peine remis de la tourmente des événements d'octobre qu'il devait croiser le fer avec le redoutable Pierre Elliott Trudeau. Celui-ci avait toujours ce grand rêve de rapatrier la Constitution, c'est-à-dire d'établir l'indépendance juridique du Canada. C'était en tout cas ce qu'il avait promis de faire trois ans plus tôt quand il avait été élu premier ministre du Canada. Or, le Québec avait toujours demandé que ce rapatriement s'accompagne d'un nouveau partage des pouvoirs. C'était en effet l'occasion ou jamais d'accroître le rapport de force qu'il entretenait avec le Canada, et de redéfinir sa position et son rôle au sein de la Confédération.

Quelques années plus tôt, Lester B. Pearson avait pratiqué une politique d'ouverture et de décentralisation. Le Québec, porté et mis en confiance par sa Révolution tranquille, avait alors créé sa propre Régie des rentes, sa Caisse de dépôt, sa Société québécoise d'exploitation minière, etc. Et peu à peu était née l'idée d'un fédéralisme rentable. En 1965, la commission Fulton-Favreau faisait long feu.

Trois ans plus tard, le 5 février 1968, lors d'une autre conférence constitutionnelle fédérale-provinciale intitulée « Confédération de demain », Daniel Johnson, premier ministre du Québec, avait refusé les propositions fédérales au sujet de la Déclaration des droits de l'homme et avait réclamé une nouvelle Constitution, qui reconnaîtrait au Québec un statut et des droits particuliers. Trudeau, alors ministre fédéral de la Justice, avait vertement dénoncé la thèse des deux nations. Selon lui, il fallait reconnaître aux Canadiens français des droits linguistiques et culturels, qu'ils avaient raison d'exiger, mais dans un Canada à dix, dix provinces qui avaient chacune des droits comparables, égaux, les mêmes pour toutes. Il n'y avait pas de place selon lui pour un Canada à deux. Pas de passe-droit donc pour le Québec.

Quatre mois plus tard, Trudeau était élu premier ministre du Canada et entreprenait avec les deux autres «colombes», Gérard Pelletier et Jean Marchand, d'établir l'égalité entre les deux peuples fondateurs, *a mari usque ad mare*. L'option libérale québécoise, qui proposait pour le Québec un statut particulier, était contradictoire, au même titre et pour les mêmes raisons que les idées sur lesquelles René Lévesque fondait son mouvement indépendantiste. Trudeau détestait cette vision du Canada qui, si elle s'imposait un jour, détruirait tout ce qu'il voulait construire. Déjà lorsqu'il était ministre de la Justice et plus tard pendant la campagne électorale qui devait le mener au pouvoir, il était intervenu dans le débat qui avait alors cours au Québec, qualifiant cette idée de statut particulier de «connerie» et de «fumisterie intellectuelle». Ce que Lévesque a proposé de même que ce «fédéralisme rentable» dont parlait le jeune Bourassa lui apparaissaient comme destructeurs de son Canada.

«C'est par distraction que Pierre Trudeau s'est retrouvé premier ministre du Canada, écrivait alors Jean Paré dans le magazine *Maclean's*. Ce qu'il a toujours voulu diriger, au fond, c'est son pays, le Québec.»

Or, c'était Robert Bourassa qui dirigeait le Québec. Trudeau avait cru sans doute pouvoir en faire son vassal ou, à tout le moins, son complice. Après tout, n'était-ce pas Paul Desrochers, un fervent fédéraliste, grand stratège libéral, qui avait porté Bourassa au pouvoir? Et celui-ci n'avait-il pas affirmé haut et fort son attachement au Canada?

Dès l'automne de 1970, alors que Robert Bourassa était encore profondément troublé par les événements d'octobre, Trudeau annonçait qu'il allait tenir une conférence sur le sujet du rapatriement de la Constitution. Bourassa allait y participer en compagnie de Claude Castonguay, Claude Morin, Jean-Paul L'Allier.

Il entretenait un tout autre rêve que celui de Trudeau, qui désirait créer un pays, être le père d'un Canada nouveau. Bourassa, lui, voulait simplement gouverner la société québécoise, y créer de la richesse, surtout la répartir équitablement. Il souhaitait donc ardemment en finir une fois pour toutes et le plus rapidement possible avec ces querelles fédérales-provinciales. Que cesse donc ce débat sur la Constitution et qu'on passe à autre chose, c'est-à-dire à la création d'emplois, à l'organisation de meilleurs services de santé, à l'ouverture de chantiers hydroélectriques, à la construction de routes, d'écoles, d'hôpitaux, d'usines. Il a même confié à Claude Morin qu'il était prêt à faire certaines concessions pour ne plus avoir à jouer avec ces fastidieuses, stériles et ennuyeuses questions qui prenaient du temps, de l'énergie, de la richesse, alors qu'il y avait tant à faire ailleurs.

Il y avait cependant des limites aux concessions qu'il était prêt à faire. Bourassa avait toujours dit que l'un des objectifs majeurs de son gouvernement était d'assurer la souveraineté culturelle du Québec à l'intérieur du fédéralisme économique. Or, dans les domaines de l'immigration et des communications, par exemple, il était, et il est toujours, impensable d'appliquer la souveraineté culturelle sans avoir le pouvoir de décision. Deux semaines avant la conférence, il est allé rencontrer Trudeau à Ottawa, en compagnie de Castonguay et de Morin. Trudeau les a reçus très aimablement, mais il leur a dit qu'ils perdaient leur temps s'ils étaient venus le voir dans le but d'exiger pour le Québec un statut particulier et des pouvoirs de décision que les autres provinces n'avaient pas.

À la mi-juin, Bourassa s'est quand même rendu à Victoria où se réunissaient les neuf autres premiers ministres provinciaux et celui du Canada. Après quatre jours de séances à huis clos, la proposition du fédéral fut soumise à l'acceptation des gouvernements des provinces avec comme date butoir le 28 juin. Onze jours étaient en effet accordés aux provinces pour accepter ou non la Charte de Victoria.

Les premiers ministres pouvaient ainsi consulter leur gouvernement et leur population avant d'accepter ou de refuser l'offre fédérale.

Dans la formule de modification proposée, communément appelée « Charte de Victoria », le gouvernement canadien acceptait de restreindre son pouvoir quant à la nomination des juges, ainsi que le pouvoir du gouverneur général de désavouer une loi provinciale. Il offrait également un veto constitutionnel au Québec, à l'Ontario et aux provinces atlantiques. Pour Bourassa, ce n'était pas assez. Victoria offrait selon lui trop peu en matière de réaménagement des pouvoirs. Il a donc exigé une augmentation des pouvoirs du Québec en matière de santé, de services sociaux, de sécurité du revenu et de formation de la main-d'œuvre.

« Ce qui est important pour moi, disait-il, c'est que le rapatriement soit accompagné d'un réaménagement réel des pouvoirs, en particulier dans le domaine des politiques sociales, qui sont de juridiction québécoise. » Il se trouvait alors dans une position absurde. En s'opposant au rapatriement de la Constitution afin d'accroître le rapport de force du Québec au sein de la Confédération, il maintenait le Canada dans une situation de colonisé sur le plan juridique, puisque le rapatriement ne pouvait se faire sans le consentement unanime de toutes les provinces.

Même si son idée était faite, Bourassa a demandé à Lise Bacon, alors présidente du parti, de consulter les militants. À l'époque, le parti, remarquablement bien organisé grâce aux bons soins de Paul Desrochers, pouvait faire très rapidement un sondage permettant de connaître l'opinion ou les sentiments de ses membres. On invitait les présidents des associations de comté à sonder les militants avec qui ils étaient en contact quasi permanent. En deux jours, on obtenait ainsi une lecture très juste, révélant ce qu'on pensait dans le parti, ce qu'on voulait, ce qu'on ne souhaitait pas. Lise Bacon a transmis à Bourassa les résultats du sondage maison : les militants étaient très majoritairement contre la proposition de Trudeau. « Robert était très satisfait, dit-elle. Mais s'il m'avait demandé de faire un sondage, c'était pour connaître l'opinion du parti, pas pour savoir quoi dire à Trudeau. Il voulait savoir comment son "non" serait accepté dans le parti et dans la population. »

Le 23 juin, cinq jours avant l'échéance, Bourassa a dit non à la formule de Victoria, nourrissant l'inimitié indéfectible que lui vouait déjà Trudeau. Au Québec, il fut ovationné, félicité. Même par l'opposition péquiste. Même par les leaders syndicaux. Même par les médias anglophones. Et vilipendé et anathémisé à jamais par Pierre Elliott Trudeau. Ce dernier se butait encore au nationalisme québécois qu'il honnissait et à ce jeune politicien qui, quinze ans plus tôt, il ne l'oublierait jamais, lui avait refusé le droit de parole lors d'une assemblée électorale dans Deux-Montagnes.

On a beaucoup dit et écrit que Bourassa, à la conférence de Victoria, avait commencé par accepter les propositions de Trudeau, puis qu'il était revenu sur sa parole après être rentré au Québec. Il a toujours soutenu n'avoir jamais accepté, jamais dit oui. Trudeau prétend le contraire. On ne saura jamais qui avait raison. Le premier ministre du Québec avait-il commencé par dire oui avant de dire non ? Comme toujours, il a écouté et essayé de comprendre ce que l'autre voulait. *Audi alteram partem*, lui avait-on appris pendant ses études de droit. Écoute ce que l'autre veut te dire, donne-toi la peine de comprendre ce qu'il pense. Robert Bourassa a toujours eu une grande ouverture d'esprit. Il était réellement intéressé par les idées des autres, il y trouvait souvent du bon, de la raison. Il a ainsi porté en lui l'ambivalence québécoise.

Mais la question importe peu au fond. L'important, c'est qu'il a fini par dire non. Un non catégorique. « Bourassa ne prenait jamais de décision à la hâte. Mais quand il l'avait prise, *no way back* », disait Ronald Poupart, alors directeur général du Parti libéral.

S'il avait dit oui d'emblée à Trudeau, ses contempteurs auraient clamé qu'il s'était mis à plat ventre devant lui. Mais comme il a dit non, ils ont prétendu qu'un éditorial de Claude Ryan et l'attitude ferme et intransigeante de Claude Castonguay l'avaient amené à changer d'idée, et qu'il n'avait pas voulu déplaire à son caucus, qu'il avait eu peur de perdre la faveur des jeunes, qui avaient hautement exprimé leur nationalisme, bref qu'il s'était aplati sous la pression.

Selon Guy Langlois, Trudeau s'attendait sûrement à ce que Bourassa soit facile, conciliant, influençable. Il avait l'air si mou, si accommodant. Il avait certainement été ébranlé par la crise d'Octobre, et Trudeau croyait pouvoir le manipuler à sa guise. Or, son grand projet a été contrecarré par Robert Bourassa qui, considérant que ce qu'on offrait au Québec n'était pas suffisant, a dit non à Victoria. Par ce refus, il a réaménagé l'échiquier politique du pays ; désormais, on y trouvait le Québec face au Canada. Et non plus, comme aurait tant voulu Trudeau, dix provinces égales en droit, discutant avec le pouvoir central.

Ce NON de Bourassa menait à une impasse. Et donnait un dur coup à la crédibilité de Trudeau, qui s'était posé en champion de l'unité nationale auprès du Canada anglais. Si Bourassa avait dit oui à Victoria, le Québec aurait fait partie d'un pays uni, certes, mais où il était une province comme une autre, indistincte.

C'est à la suite de Victoria que le Canada anglais commença à en vouloir au Québec. On n'avait pas aimé cette notion de « fédéralisme rentable » que défendait Bourassa. On lui reprochait de ne pas aimer le Canada pour lui-même, mais plutôt pour les services que celui-ci pouvait lui rendre, pour le profit que le Québec pouvait en tirer.

L'année parlementaire tirait à sa fin quand Bourassa et ses conseillers sont rentrés de Victoria. Les vacances d'été présentaient bien peu d'intérêt pour Robert Bourassa. C'était un temps mort, sans débat, sans politique, un désert. Bien sûr, il voyait plus régulièrement sa femme et ses enfants. Chaque année, ils allaient tous ensemble dans le Maine, à Biddeford Pool. Et sa mère et ses sœurs venaient parfois passer quelques jours avec eux. C'était bien, confortable, rassurant. Et il avait ses journaux, ses magazines. Il faisait de longues marches sur les dunes et les plages avec Andrée. Mais l'action et le stress, l'adrénaline lui manquaient parfois terriblement.

Cette année-là, cependant, on a reporté les vacances en août. L'Assemblée ne terminerait pas ses travaux avant la mi-juillet. Et la famille de Robert Bourassa allait emménager dans une toute nouvelle maison sur les hauteurs d'Outremont, rue Maplewood.

Andrée avait quelques fois entraîné son mari sur le chantier ; elle lui avait montré les plans auxquels elle avait travaillé avec l'architecte Jean Petrucci. Robert n'y avait jeté chaque fois qu'un regard distrait. Et il n'avait pratiquement jamais mis les pieds sur le chantier. Quand ils ont emménagé, au début de juillet, il fut surpris de constater que la chambre des maîtres se trouvait du côté de la rue et non du jardin. Andrée comprit alors qu'il avait regardé les plans à l'envers. L'endroit était magnifique, très design, avec de belles pierres de taille et des poutres de bois apparentes, beaucoup de lumière. Il fut médusé, désorienté, ébahi aussi. À ses amis, à ses collaborateurs, à tous les visiteurs qu'il recevait, il prit l'habitude de dire fièrement que cette remarquable maison était l'œuvre d'Andrée. Il admirait son sens de l'organisation, son jugement, son bon goût. En toutes choses et en tout temps, elle lui facilitait la vie.

Un prix à payer

Quand, le 14 juillet 1971, jour des trente-huit ans de Robert Bourassa, le projet de loi 50 créant la Société de développement de la Baie-James fut présenté à l'Assemblée nationale, les six députés péquistes présents ont voté contre. Jacques Parizeau, déplorant que le Québec passe à côté de la révolution industrielle du nucléaire, avait alors clamé : « Ce projet de barrages hydroélectriques, c'est du délire. »

En Chambre et devant les médias, les péquistes se gaussaient joyeusement de Bourassa, qui prétendait vendre de l'électricité aux Américains, alors qu'on n'était pas du tout certain, selon eux, qu'on puisse même acheminer cette énergie jusqu'au sud du Québec. Surtout, autre doute, comment et où irait-il chercher les quelque cinq milliards nécessaires à la réalisation de ce projet ?

De plus, même ceux qui, à Hydro-Québec et dans les firmes de génie-conseil, privilégiaient la construction de barrages hydroélectriques plutôt que de centrales nucléaires ne s'entendaient pas. Certains croyaient que la Grande Rivière offrait beaucoup plus de potentiel que toutes les autres. D'autres, plus nombreux, penchaient du côté du complexe NBR (les rivières Nottaway, Broadback et Rupert), plus au sud, plus facilement accessible.

Guy Saint-Pierre, ministre de l'Éducation, ingénieur de formation, avait informé Bourassa de ce qui se disait, de ce qu'on croyait possible ou faisable dans le monde du génie-conseil. Il l'a mis en contact avec d'anciens collègues ingénieurs, de sorte que Bourassa et Desrochers étaient bien renseignés sur la nature du projet. Et ils ont fait leur choix : ce serait La Grande, à la limite nord du territoire cri, où arpenteurs, géologues et ingénieurs débarquèrent en grand nombre à l'été de 1972.

Ce ne fut qu'en octobre, un an et demi après avoir lancé au Colisée de Québec le projet de la Baie-James, que Bourassa est allé rencontrer les Cris, chez qui ce projet devait se réaliser. Ils ne se sont pas tout à fait bien entendus, eux et lui. Bourassa ne parvenait pas à comprendre qu'ils aient des réticences. Il avait toujours cru et professé que l'enrichissement menait au bonheur. C'était pour lui une loi incontestable de la nature humaine. Or, il semblait bien que ces gens ne voyaient pas les choses de la même façon que lui.

James O'Reilly, avocat des Cris, était présent lors de cette rencontre à laquelle participaient les chefs autochtones. Il en a gardé un souvenir troublant. Robert Bourassa s'était rendu dans le Nord avec des conseillers, des ministres qui, pour la plupart, découvraient des paysages et des visages du Québec qui leur étaient jusque-là totalement inconnus. Ils ont survolé les lieux en hélicoptère et sablé le champagne, enivrés déjà par l'ampleur du projet qu'ils allaient coûte que coûte réaliser. Ils ont assisté, indifférents, aux cérémonies qu'avaient préparées à leur intention les communautés cries, ils n'ont rien demandé, ils n'ont écouté personne.

Ce qui a choqué les Cris, c'était que les jeux étaient déjà faits. On était simplement venu leur annoncer comment les choses se passeraient. Ils avaient espéré que ces Blancs, qui détenaient des pouvoirs contre lesquels ils ne pouvaient pas grand-chose, écoutent ce que leurs aînés, pour qui ils avaient le plus grand respect, avaient à dire. Mais ils se sont vite rendu compte que Robert Bourassa n'était pas du tout touché par leurs récriminations, pas du tout sensible aux plaintes et aux chants de leurs pères et mères. Selon O'Reilly, il n'a manifesté ce jour-là aucune curiosité pour la culture crie, il n'a pas vraiment cherché à savoir pourquoi les Cris s'opposaient au projet.

« En fait, il n'a jamais considéré dans son esprit que des autochtones pouvaient avoir des droits spéciaux et des intérêts différents de ceux des Blancs. Et il ne pouvait concevoir que quelques milliers de personnes puissent bloquer un projet majeur approuvé par la majorité. » Il croyait profondément que ce qu'il voyait, lui, comme le bien commun était désirable pour tous. Ceux qui ne partageaient pas ce point de vue étaient, par conséquent, dans l'erreur. Il a eu parfois, dans leur dos, des mots durs à l'égard des Cris de la Baie-James. Ils n'ont pas entendu. Mais ils ont bien senti que Bourassa ne les portait pas dans son cœur. Le moment venu, ils allaient lui faire chèrement payer son indifférence.

Le front commun

Robert Bourassa était un homme de discipline et d'habitudes. Qu'il fût à Québec ou à Montréal, qu'on fût dimanche ou lundi, il se levait entre sept et huit heures. Il allait nager une demi-heure, comptant scrupuleusement ses longueurs, il déjeunait et, les jours de semaine, il se rendait à son bureau vers dix heures. Au troisième étage du Bunker, les mardis, mercredis et jeudis ; au dix-septième étage de la tour d'Hydro-Québec, les lundis et les vendredis. Il avait sous le bras un porte-documents en cuir rouge brique, dans lequel il avait placé les coupures tirées des journaux du jour, qu'il avait lus entre vingt-trois heures et deux heures du matin. Il en extirpait parfois une banane très mûre qui répandait sa forte odeur dans les lieux. Sur sa table de travail, peu de choses. Un plateau de raisins verts fraîchement rincés. Un téléphone. Un bloc-notes et un stylo. Il dénouait sa cravate, délaçait ses chaussures, sortait sa chemise de son pantalon. Il se « désencarcanait ». Il y avait à cette époque un très large écart entre l'image publique et médiatisée que projetait Robert Bourassa et celle qu'il laissait librement paraître en privé.

Les jours où siégeait l'Assemblée nationale, il prenait, une dizaine de minutes avant la période de questions, deux tuiles de Dark York, un chocolat noir auquel il trouvait des vertus stimulantes, et un verre de lait. Puis il partait du Bunker accompagné de ses gardes du corps. En passant sous la Grande-Allée, il s'amusait à leur faire ses prédictions sur les questions que, selon lui, ne manquerait pas de lui poser l'opposition. Dans le petit bureau, derrière le trône, il retrouvait ses collaborateurs, Rivest, Poupart, le plus souvent. Il leur avait parlé la veille au soir, après les nouvelles télévisées ; ils avaient fait ensemble un rapide tour d'horizon.

Il se couchait toujours passé minuit, après avoir téléphoné à Andrée une dernière fois s'il était à Québec ou en tournée. Sur sa table de chevet, il avait étalé ou empilé des coupures de journaux, des dossiers. À portée de main, le téléphone. Très souvent, lorsqu'il était à la maison, Andrée s'endormait pendant qu'il parlait à ses conseillers. Elle adorait ces moments.

À Québec, le premier ministre avait ses habitudes à l'étage du Café d'Europe, rue Sainte-Angèle, dans une petite salle au plafond bas, aux murs chargés de paysages canadiens, qui lui était réservée en permanence. Il y recevait à souper des amis, des fonctionnaires, des journalistes, des membres de son caucus ou de son cabinet. Parfois en groupe d'une demi-douzaine ; mais de préférence en tête-à-tête. On lui avait installé le téléphone, la radio, la télé. Car Robert Bourassa écoutait les nouvelles à toute heure du jour et de la nuit, parfois même pendant les réunions du conseil des ministres. Toutes les tribunes téléphoniques, toutes les émissions d'affaires publiques, même celles qu'on n'appelait pas encore de la «radio-poubelle», mais qui en avait le ton et les parfums, il en connaissait les animateurs et les heures de diffusion.

Il invita un soir, au Café d'Europe, Claude Charron, le tout jeune député péquiste du comté de Saint-Jacques, élu par surprise en avril 1970 en même temps que six autres candidats du Parti québécois. Charron était, à vingt-trois ans, le plus jeune élu de l'histoire du Québec. Intelligent, frondeur, passionné, possédant un bagout du tonnerre, il constituait un phénomène dont on parlait beaucoup dans les milieux de la politique, mais aussi dans les médias et le grand public. Bourassa avait été curieux de le connaître et s'était présenté à lui le jour de l'ouverture de la session. Quelques mois plus tard, il l'invitait à souper. «Juste pour parler», lui avait-il fait savoir. Parler avec l'adversaire, avec l'ennemi, et l'écouter faisaient partie de la culture politique de Robert Bourassa.

Il aimait bien dire qu'il avait lu Machiavel et Sun Tzu, dont *L'Art de la guerre*, écrit cinq cents ans avant Jésus Christ, est le plus ancien traité de stratégie connue de toute l'histoire du monde et dont Bourassa se plaisait à citer devant ses amis les maximes riches d'enseignement: «Qui connaît son ennemi comme il se connaît ne sera jamais défait. Qui se connaît mais ne connaît pas l'ennemi ne sera victorieux qu'une fois sur deux. Celui qui ne se connaît pas plus qu'il ne connaît son ennemi est déjà perdu.»

Durant toute sa carrière, Bourassa a entretenu des liens étroits, souvent amicaux, avec ses adversaires politiques. Il était, évidemment, intéressé de découvrir cette remarquable bête politique qu'était Charron, mais il voulait savoir ce que le jeune politicien pensait, saisir si possible ce qui, en 1971, portait un jeune homme de vingt-trois ans vers les idées souverainistes. Non pour le critiquer; simplement pour savoir, pour comprendre. Bourassa a toujours pris plaisir (et de grandes leçons) à fréquenter l'adversaire. Ses proches collaborateurs également. Rivest était à tu et à toi avec Lévesque et plusieurs membres de son entourage; il était l'une des rares personnes admises avec joie aux tables du restaurant L'Aquarium, repaire de péquistes. Bourassa et Rivest ne connaissaient peut-être pas les stratégies de leurs adversaires mais, les fréquentant et cultivant leur amitié, ils connaissaient leurs états d'âme, leur façon de raisonner, de voir le monde.

Charron et Bourassa sont devenus amis. Ils gardaient leurs distances, bien sûr. Et leurs secrets. Mais ils riaient beaucoup ensemble. Et ils étaient, d'une certaine manière, les ambassadeurs de leur parti respectif. Connais-toi toi-même. Connais l'autre aussi. Écoute-le. Gérard D. Levesque raconta un jour à Bourassa qu'il avait eu une semblable relation avec Maurice Duplessis. Élu député libéral de Bonaventure à l'âge de trente-deux ans, il était devenu une sorte de protégé du chef unioniste, pourtant peu enclin à discuter avec l'adversaire. Ils se voyaient souvent. Duplessis adorait s'entretenir avec lui. Charron devint un habitué du Café d'Europe, un interlocuteur éclairé, écouté. Il disait à Bourassa (comme à tout le monde) ses quatre vérités avec une franchise désarmante.

Un soir de septembre 1970, ce fut Yvon Charbonneau que Bourassa invita au Café d'Europe. Charbonneau, trente ans, licencié en pédagogie, pétri d'idées socialistes, venait d'être élu à la présidence de la Centrale des enseignants du Québec, la CEQ, et Bourassa, qui n'ignorait pas les tiraillements qui ébranlaient alors le monde enseignant, avait tenu à le rencontrer.

Charbonneau connaissait l'image austère, froide et sèche que projetait le jeune premier ministre à la télévision. Il fut étonné de rencontrer, au Café d'Europe, un homme affable et chaleureux, à la poignée de main solide, veste tombée et cravate dénouée, très engageant, qui d'emblée l'a tutoyé et a tenu à être tutoyé. Autre sujet d'étonnement, cet homme, qu'il croyait d'une désolante frugalité, s'il buvait peu (un verre de chablis, puis de l'eau plate), était un gros mangeur et un fin gourmet qui allait piquer sans gêne dans l'assiette de son invité, question de savoir ce que celui-ci dégustait.

La soirée fut donc fort agréable. Charbonneau se défendit bien sûr de tomber sous le charme. Après tout, il était chez le grand patron auprès de qui il représentait tous ses confrères, lesquels avaient beaucoup de récriminations. Il avait compris évidemment que l'effervescence syndicale inquiétait Bourassa et qu'en l'invitant à sa table celui-ci voulait, sinon faire ami, du moins comprendre mieux ce qui se passait dans le milieu enseignant, connaître les raisons de cette colère qui, lui disait-on, grondait partout au Québec. Il y avait déjà eu, au cours des années précédentes, de durs affrontements entre l'État-employeur et les groupements syndicaux de ses employés. Trois ans et demi plus tôt, en janvier 1967, Daniel Johnson avait imposé le retour au travail de 15 000 enseignants en grève par une loi spéciale très contraignante. Quelques jours plus tard, 10 000 personnes – des membres de la CEQ auxquels s'étaient joints des travailleurs des autres grandes centrales syndicales, la FTQ et la CSN, et l'Union générale des étudiants – étaient venues manifester très bruyamment et agressivement devant l'Assemblée nationale. Tous les travailleurs, employés de l'État, ouvriers et étudiants s'étaient montrés solidaires, contre le gouvernement.

Ce soir-là, au Café d'Europe, Bourassa a beaucoup parlé de lui, de son enfance, de ses idées. Il raconta même à Charbonneau qu'il avait été membre du Parti travailliste quand il était étudiant à Oxford. Et que, lorsqu'il faisait son droit à l'Université de Montréal, il avait travaillé dans des *sweatshops*, puis pendant trois étés au péage du pont Jacques-Cartier. Et il disait à son invité que la prédominance de l'anglais dans l'administration et le monde du commerce et des affaires au Québec était intolérable, et que son gouvernement avait l'intention d'agir dans ce domaine en promulguant une loi sur la langue.

Charbonneau restait méfiant, mais les deux hommes s'entendirent tout de même assez bien et convinrent de se revoir quelques semaines plus tard, autour du 20 octobre. Bourassa espérait régler certains problèmes en discutant, plutôt que de risquer la grève ou l'affrontement.

Or, quelques jours plus tard, James Richard Cross était enlevé et la crise d'Octobre éclatait. Bourassa a quand même maintenu la rencontre prévue avec Charbonneau, toujours au Café d'Europe, moins d'une semaine après l'assassinat de Pierre Laporte. Le Québec entier était alors profondément troublé. Le président de la CEQ s'attendait à trouver un Bourassa falot et hésitant, celui qu'on voyait alors tous les jours à la télévision. Des trois principaux acteurs de la crise, Trudeau, Drapeau, Bourassa, ce dernier lui était apparu comme le plus réservé, toujours indécis, souvent ambigu. Pourtant, Charbonneau découvrait encore une fois un homme serein, très calme, blessé et peiné, bien sûr, mais assumant pleinement le rôle qu'il avait joué dans la tragédie que vivait le Québec. Et il voulait mieux comprendre ce qui se passait dans le cœur et l'esprit du peuple québécois.

Charbonneau était un militant. On le disait doctrinaire et intransigeant. Il a parlé d'augmentation de salaires, d'implantation d'un régime de retraite, de sécurité d'emploi. Bourassa s'attendait à cela. Ce qu'il n'avait pas vu venir, c'était que les enseignants ne pensaient pas qu'à eux ; ils avaient l'intention, lui apprit Charbonneau, d'exiger du gouvernement un plus juste partage de la richesse pour l'ensemble de la population.

Le salaire annuel moyen était alors de 5 000 dollars environ, c'est-à-dire que beaucoup de gens faisaient moins de 100 dollars par semaine. « Ce n'est pas assez pour vivre décemment », répétait Charbonneau.

Ainsi, les enseignants ne revendiquaient pas que pour eux, mais pour tous les gagne-petit. C'était noble et beau. Mais c'était irréaliste. « Où vais-je prendre l'argent, dis-moi ? » demandait Bourassa.

Quelques jours plus tard, le premier ministre invitait à sa table du Café d'Europe Louis Laberge, président de la Fédération des travailleurs du Québec. Laberge, que tout le monde appelait « Ti-Louis », homme de cœur, personnage hautement coloré, goguenard, amateur de bons vins et de cognac, rieur, très proche du peuple, avait, à quarante-sept ans, une impressionnante feuille de route. Il était mécanicien en aéronautique et vivait dans un monde auquel Bourassa, qui n'a jamais conduit une voiture de sa vie, ne comprenait pas grand-chose. Il avait été, à vingt-six ans, agent syndical de l'Association internationale des machinistes ; il avait ensuite dirigé le Conseil des métiers et du travail de Montréal, avant de devenir président de la FTQ. Personne au Québec ne connaissait mieux que lui le monde, la vie, les réalités des travailleurs, des cols bleus, des masses laborieuses, la base de la société. Et il était extrêmement populaire. Comme jamais ne le serait Robert Bourassa. Il savait parler au monde infiniment mieux que lui, faire rire, toucher, émouvoir. Quelque chose chez Louis Laberge lui rappelait Aneurin Bevan, ce grand homme politique, éloquent et flamboyant, qu'il avait tant admiré du temps qu'il était étudiant.

Mais Bourassa dut comprendre que Laberge, tout sympathique qu'il fût, n'était pas son allié, mais celui des travailleurs. S'il cherchait à faire augmenter le niveau des salaires dans le secteur public, c'était dans l'espoir que cela se répercute dans le secteur privé.

Le gouvernement, plus important employeur du Québec, devait de toute manière se doter d'une politique salariale. Or, le ministre de la Fonction publique ne pouvait, en cette matière, que suivre les directives des actuaires et des évaluateurs, lesquels tenaient compte des moyens financiers du gouvernement. En principe, des commissions indépendantes préparaient des analyses qui permettaient d'évaluer les emplois et de déterminer les salaires en prenant en considération le coût de la vie. Le gouvernement voulait bien maintenir le pouvoir d'achat de ses employés et les payer dans la moyenne observée, mais il devait le faire en fonction de ses moyens.

Au cours de l'hiver, le premier ministre a eu de nombreuses discussions avec Charbonneau et les autres leaders syndicaux, Louis Laberge, Marcel Pepin, Fernand Daoust. Il a créé avec eux des liens qu'on peut qualifier d'amicaux.

« Même au plus fort de la guerre qu'on lui a menée, raconte Charbonneau, même quand on dénonçait ses politiques et qu'on voulait renverser son gouvernement, nos rencontres étaient toujours très civilisées, jamais de cris, jamais d'insultes. » Bourassa déployait des charmes dont les chefs n'arrivaient pas toujours à éviter les effets.

Cet homme, dont ils pourfendaient les politiques devant leurs troupes et qu'ils dépeignaient dans tout le Québec comme un tyran sans cœur, était avec eux souriant et aimable, toujours très détendu, il avait le sens des bonnes blagues, il faisait de l'humour, jamais de coups de poing sur la table ou d'hostilité manifeste.

Il était clair toutefois que ces chefs syndicaux avaient un projet qu'il ne pouvait approuver. « Vous voulez renverser l'ordre établi », leur disait-il. « Nous voulons la justice et l'équité », répondaient-ils.

Bourassa dut se rendre à l'évidence ; au train où allaient les choses, il ferait bientôt face à un front commun des travailleurs. Fidèle aux préceptes de Sun Tzu, qui recommandait de ne jamais laisser ses adversaires s'unir, il s'est ingénié à les en empêcher. Mais il était trop tard.

Il a cependant refusé de reconnaître la légitimité du Front commun, ce qui a terriblement compliqué la tâche du ministre de la Fonction publique, Jean-Paul L'Allier, qui devait négocier avec les chefs syndicaux. À l'automne, le gouvernement s'était embourbé dans un sérieux dilemme.

Il lui fallait, d'une façon ou d'une autre, satisfaire les travailleurs. S'il n'y parvenait pas, Bourassa pouvait craindre, non sans raison, qu'ils se tournent en masse vers l'opposition péquiste, pour laquelle ils semblaient déjà éprouver plus de sympathie que pour les valeurs libérales. Comme Laberge, probablement, et Pepin et Daoust, tous ces leaders syndicaux qu'il avait invités un à un à sa table du Café d'Europe au cours de l'automne et de l'hiver.

Il a créé à leur intention, et dans le but d'apaiser les esprits, un Conseil de développement et de planification économique où, idéalement, tous les acteurs, les décideurs, les intervenants de la société québécoise pouvaient se parler… et parler au gouvernement. Mais quelques mois plus tard, au printemps de 1971, comme Bourassa partait pour Victoria – où Trudeau avait convoqué les premiers ministres provinciaux pour discuter du rapatriement de la Constitution –, la FTQ, l'un des plus importants acteurs de ce Conseil de développement, se retirait sous prétexte que les travailleurs n'arrivaient pas à se faire entendre au sein de cette instance. Le rêve d'un consensus s'effondrait. Et les choses n'ont cessé de s'envenimer tout le long de l'été de 1971.

Bourassa voulait toujours régler séparément les problèmes des enseignants, celui des travailleurs de la santé, celui des fonctionnaires du gouvernement. Pas question d'une table commune. Comme s'il n'avait pas compris que les travailleurs étaient réellement unis et qu'ils avaient un idéal dépassant largement leurs revendications salariales. L'affrontement devenait alors inévitable. Les trois grands syndicats – la Fédération des travailleurs du Québec, la Confédération des syndicats nationaux et la Centrale des enseignants du Québec –, qui regroupaient près de 300 000 salariés de l'État, ont formé une seule grande armée, capable d'exercer un contrôle absolu dans tous les domaines de la santé, de l'éducation, de la fonction publique. Les forces ennemies étaient plus que jamais unies.

Lors du discours inaugural du 7 mars 1972, Bourassa déclara devant l'Assemblée nationale que le Québec devait vivre selon ses moyens, et qu'il était plus que temps que tout le monde s'en rende compte. Son discours fut très mal reçu. Les syndiqués refusaient de croire que le gouvernement n'avait pas d'argent. Il en avait eu pour les médecins spécialistes, dont il avait haussé la carte de tarifs ; il trouverait bien de quoi satisfaire les travailleurs. Le président de la CSN, Marcel Pepin, le dira carrément devant les caméras de télé : « Bourassa, tu as trouvé de l'argent pour les docteurs ; trouves-en maintenant pour les travailleurs. » Ainsi, comme le constatait Jean-Paul L'Allier, Bourassa se voyait taxé, comme un gamin dans une cour d'école. « Mais il a vite compris qu'il ne pouvait se laisser faire indéfiniment. Jugeant que les syndicats allaient trop loin, il est devenu intraitable. Il a sorti en conférence de presse son fameux "Assez, c'est assez". Les travailleurs étaient en furie et menaçants. Mais il n'a pas bronché. Et on ne l'a plus jamais taxé. »

Le 9 mars, les syndiqués avaient défié ouvertement le gouvernement en se prononçant massivement en faveur de la grève. On avait débrayé pendant une journée, à la grandeur de la province. Et organisé des marches et des réunions, de grands rassemblements au Colisée de Québec, au Forum de Montréal…

Bourassa refusant toujours de céder aux revendications du Front commun, on lui avait fait savoir qu'on allait déclencher la grève générale dans une semaine, délai exigé par la loi. Mais le jour prévu du grand débrayage, une grosse tempête de neige s'abattait sur le Québec. On s'était repris quelques jours plus tard, sans avoir donné cette fois le préavis de sept jours.

Voyant que la santé et la sécurité du public étaient menacées, Bourassa a réclamé une injonction interdisant aux travailleurs de la santé et aux employés d'Hydro-Québec de faire la grève. Ces derniers, mieux rémunérés et ayant plus à perdre et, tout compte fait, peu à gagner pour eux-mêmes, sont rentrés au travail. Les leaders syndicaux ont néanmoins déclenché, le 11 avril, la grève générale et recommandé aux travailleurs de la santé de défier l'injonction. Ce faisant, ils commettaient un outrage au tribunal.

Le 20 avril était déposée devant l'Assemblée nationale une loi spéciale, le projet de loi 19, qui sommait les grévistes à rentrer au travail dans les vingt-quatre heures. Quelques centaines de personnes l'ont fait sur-le-champ ; et peu à peu il y a eu un effritement du Front commun. À la CSN, on a compté des milliers, puis des dizaines de milliers de défections. Mais des dizaines de milliers d'autres travailleurs ont refusé d'obtempérer, encouragés par les trois chefs syndicaux. Ceux-ci défiaient alors ouvertement la loi. Le lieutenant-gouverneur en conseil demanda lui aussi une injonction. Le ministre de la Justice, Jérôme Choquette, se devait de l'appliquer. Et la justice ne pouvait dès lors que suivre son cours.

Le Québec était de nouveau en crise, une crise que Bourassa, malgré toutes les discussions qu'il avait eues avec les chefs syndicaux, n'avait su éviter. Il était au contraire resté campé sur ses positions. Et il n'avait pas su établir entre les travailleurs et l'État un véritable consensus.

Le 8 mai 1972, Robert Bourassa se trouvait au troisième étage du Bunker quand on lui fit connaître la sentence. Il se promenait d'un bureau à l'autre, atterré, répétant que le juge avait condamné les trois chefs syndicaux à un an de prison. « Un an ! Vous vous rendez compte ? » Une amende de 50 000 dollars à chacun des syndicats, même de 100 000 dollars pour chaque jour de grève, il aurait compris. Mais un an ! Pour trois leaders populaires qui n'avaient fait que défendre les droits des travailleurs, trois hommes avec qui il avait eu par moments de si belles discussions !

Politiquement, ces arrestations constituaient une arme à deux tranchants. La population allait sans doute considérer que le gouvernement avait agi correctement. Ailleurs, cependant, les conséquences pouvaient être désastreuses. Quelle image du Québec cette arrestation des chefs syndicaux allait donner à l'étranger ? Bourassa s'en inquiétait, comme il s'était inquiété de la réaction des marchés financiers canadiens et américains au moment de la crise d'Octobre. « De quoi aura-t-on l'air aux yeux du monde ? »

UN COUPLE HEUREUX
Andrée et Robert ont vécu leurs premières amours au rez-de-chaussée de cette maison du 29, rue Victoria, à Oxford. La chambre à coucher était chauffée à l'électricité ; le minuscule salon, au gaz ; la cuisine, au charbon ; la toilette, non chauffée, se trouvait à l'extérieur. Ils posent à l'été 1959 devant leur humble logis. Andrée est alors enceinte de François.

LE PÈRE DE FAMILLE En avril 1966, la petite Michelle entrait dans la vie de la famille Bourassa, depuis peu établie rue Brittany, à Ville Mont-Royal. Quelques semaines plus tard, le jeune papa était élu député libéral du comté de Mercier, où il était né trente-trois ans plus tôt.

LE CHEF LIBÉRAL   Avec son fils François, un soir de grande victoire.
Le 17 janvier 1970, au Colisée de Québec, le député Bourassa, trente-six ans,
était élu chef libéral. Le parti avait mis sa machine et ses experts à son
service, au détriment des autres candidats à la course au leadership.

LES JEUX DE LA POLITIQUE
Il y a, dans la vie d'un premier
ministre, des moments palpi-
tants, surtout pour de jeunes
garçons comme François et son
copain.

POUR LA FORME
Tous les jours, été comme hiver,
beau temps, mauvais temps,
même avec une grippe carabinée, en piscine ou en mer,
Robert Bourassa nageait. Par
plaisir, mais aussi par devoir,
pour être en forme afin de bien
réussir comme politicien.

EN CAMPAGNE Avec Jean Prieur, stratège et organisateur dynamique
et passionné, grand responsable des premières victoires… et, en partie,
de la défaite crève-cœur de 1976.

L'HOMME DE PAROLE
Robert Bourassa n'était pas un flamboyant orateur. Mais il avait un discours neuf et vrai. Et de magnifiques projets susceptibles de changer pour le mieux la vie des Québécois. Ci-contre, en compagnie de Robert A. Boyd, l'un des principaux artisans de la saga de la baie James.

En regardant les nouvelles télévisées de 18 heures, toujours au Bunker, en compagnie de Jean-Claude Rivest et de Ronald Poupart, il a vu les policiers arrêter les chefs syndicaux, entourés de partisans. Les trois politiciens savaient bien qu'ils avaient perdu cette bataille. Les chefs syndicaux venaient d'acquérir, auprès des travailleurs, une stature de héros. L'écolier taxé faisait maintenant figure de tyran.

Dès le jour suivant, par le truchement du ministre de la Fonction publique, Jean-Paul L'Allier, Bourassa a demandé aux chefs emprisonnés à Orsainville d'aller en appel, ce qu'ils ont refusé. « C'est vous autres qui nous avez mis en dedans, a dit Marcel Pepin, arrangez-vous avec vos troubles. »

Le soir même, en lisant les journaux du lendemain, qu'on lui avait apportés à sa chambre, Bourassa est tombé sur une caricature de Girerd qui l'a fait sourire. Il a déchiré la page éditoriale et l'a fait voir le lendemain à ses proches collaborateurs. Le caricaturiste l'avait représenté, une gaule à la main, tendant une clé aux prisonniers à travers les barreaux de leur cellule. Ceux-ci refusant de la prendre, gardant les bras croisés. Lui, arborant un air sinistre ; eux, tout sourire.

Le ministre L'Allier ne pouvait revenir sur ses positions. Bourassa non plus. Le 12 mai, le ministre démissionnait. Bourassa réussit toutefois à le convaincre de garder le ministère des Communications. Espérant dénouer l'impasse, il confia le ministère de la Fonction publique à Jean Cournoyer, qui avait l'habitude de ce genre de dossier.

Bourassa et Cournoyer s'étaient connus à l'université. De loin. Sans jamais se lier d'amitié. Après avoir fait leur droit, l'un était entré en politique, l'autre avait entrepris de faire carrière dans les relations de travail, où il s'était révélé un brillant négociateur, en particulier dans le domaine pas toujours de tout repos de la construction.

Jean Cournoyer avait trente-cinq ans quand, en 1969, Jean-Jacques Bertrand lui avait demandé de se présenter sous la bannière unioniste dans le comté de Saint-Jacques, où se tenaient des élections partielles, qu'il a remportées haut la main. Moins d'un an plus tard, cependant, lors des élections générales qui ont porté Bourassa au pouvoir, il était battu par le péquiste Claude Charron ; il était retourné à son travail d'avocat dans le monde de la construction. Or, au lendemain de la crise d'Octobre, une dizaine de jours après la mort de Pierre Laporte, alors qu'il se trouvait à Havre-Saint-Pierre en train de régler un conflit de travail, il recevait un appel de Charles Denis, lui disant que le premier ministre Bourassa voulait le rencontrer.

Ils se sont vus le lendemain midi au Mont-Royal Barbecue, avenue du Mont-Royal, près de Saint-Denis. Cournoyer fut étonné de rencontrer un homme très calme, pas du tout paniqué. Bourassa lui a offert, ce jour-là, le ministère du Travail et de la Main-d'œuvre du Québec, dont Pierre Laporte avait été titulaire. Cournoyer accepta sur-le-champ. Selon l'opinion publique, Bourassa venait de réaliser un bon coup. Il était allé chercher un valeureux soldat à l'Union nationale pour l'emmener dans son parti. Il y a eu quelques frictions au sein du caucus libéral ; certains députés auraient bien aimé occuper le ministère du Travail qu'il confiait à ce nouveau venu. Bourassa les a reçus un à un, et les choses se sont tassées rapidement. En février 1971, lors des élections partielles dans Chambly, Cournoyer était élu député libéral. Il allait faire un bon bout de chemin avec Bourassa, un chemin jamais facile, toujours semé d'embûches, mais le long duquel ils ont laissé de formidables réalisations.

Ainsi, en mai 1972, Bourassa confiait à Cournoyer, en plus du ministère du Travail qu'il dirigeait déjà depuis un an, celui de la Fonction publique, que venait d'abandonner L'Allier. Avec pour mandat de trouver une manière de sortir les trois chefs de prison, sans avoir l'air de désavouer le gouvernement. Sitôt assermenté, Cournoyer a fait savoir aux prisonniers, par le truchement de la radio, que s'ils ne voulaient pas aller en appel il irait négocier avec eux à Orsainville. Il a dû y aller maintes fois, au cours de l'été, et discuter des salaires et des conditions de travail des employés de l'État. Faire des concessions, poser des balises et des limites.

Bourassa, pendant ce temps, se désolait toujours de l'image que la détention des chefs syndicaux donnait du Québec. S'inquiétant pour Louis Laberge, l'épicurien, il lui a fait porter illégalement du cognac en prison par un avocat qui s'était rempli les poches de mignonnettes de Rémy Martin. Bourassa supportait mal ceux qui abusaient de la boisson. Le seul qui avait grâce à ses yeux, c'était Louis Laberge, pour qui il avait et aurait toujours beaucoup d'affection.

Ce n'est qu'en octobre que le gouvernement en arriva à une entente de principe avec le Front commun. Bourassa fit alors préparer un texte de loi, «assurant le bien-être de la population en cas de conflit de travail», le projet de loi 89, qui sera soumis à l'Assemblée nationale. L'humeur sociale avait alors beaucoup changé.

Le 7 octobre 1972, un sondage publié par *La Presse* révélait que les Québécois étaient très satisfaits de leur premier ministre et que près de la moitié d'entre eux considéraient qu'il pouvait mieux que quiconque répondre à leurs besoins. René Lévesque venait loin derrière avec 15,2 %.

Quant aux chefs syndicaux, ils sont finalement allés en appel. Ils ont perdu, tour à tour devant la Cour supérieure et la Cour suprême, et ils ont dû retourner purger leur peine en prison.

Bourassa et sa famille ont passé les Fêtes en Martinique. La veille du jour de l'An, un ami lui apportait les coupures de presse du Québec. Unanimement, les journaux *La Presse*, *Le Devoir*, *The Gazette* félicitaient le premier ministre pour la façon dont il avait résolu la crise.

À Ottawa, Trudeau était minoritaire et se maintenait au pouvoir grâce à l'appui du Nouveau Parti démocratique. Plus de la moitié de ses députés étaient originaires du Québec, dont l'homme fort était un certain Robert Bourassa. Les syndicats avaient perdu des plumes, l'industrie de la construction connaissait un essor remarquable, et l'économie de la Belle Province se portait fort bien.

Au début de l'année 1973, Robert Bourassa tenait bien en main les rênes du pouvoir.

Les jeux du pouvoir

Pour Robert Bourassa, un budget était un objet absolument fascinant et magique, un outil incomparable, sans lequel on ne peut gouverner un pays. Ce n'est en effet qu'en connaissant les ressources et les charges de l'État que l'on peut autoriser ou justifier ses dépenses. Il a littéralement assommé l'Union nationale qui, au printemps de 1970, avait osé se présenter aux élections sans avoir préparé de budget. Et c'est encore la question budgétaire qu'il a utilisée, à l'automne de 1973, pour écraser le Parti québécois, confondre son chef et gagner ses élections.

Depuis des années, les péquistes lui rebattaient les oreilles de leur « budget de l'An 1 », budget qui selon eux ferait la preuve que la souveraineté du Québec était possible. Bourassa brûlait de le voir, croyant dur comme fer que ça ne pouvait tenir debout. Quand les péquistes acceptaient de parler de leur budget, ils n'en divulguaient que des bribes et ils n'abordaient que les dépenses qu'ils feraient (pour des hôpitaux, des écoles, des routes, etc.), sans jamais évoquer les revenus, ni la question monétaire, si cruciale pour Bourassa.

Or, à l'été de 1973, l'économie du Québec se portait relativement bien. Les tensions ouvrières s'étaient beaucoup apaisées. Le premier ministre Robert Bourassa ne manquait pas une occasion de répéter aux Québécois qu'ils n'avaient pas eu de hausse d'impôts depuis quatre ans et que le crédit du Québec était très bon, meilleur même que celui de l'Ontario, ce qui ne s'était pas produit depuis fort longtemps.

En septembre, porté par cette vague et ces vents favorables, il déclenchait des élections. N'étant au pouvoir que depuis trois ans et cinq mois, il aurait fort bien pu attendre encore une année. Mais les taux d'intérêt en hausse au Canada et aux États-Unis feraient bondir les coûts de l'administration du Québec, qui avait emprunté d'énormes montants d'argent pour réaliser ses mégaprojets hydroélectriques. Et le budget de 1974 serait sans doute moins reluisant que les précédents.

Dès le début de la campagne, il força les péquistes à sortir leur fameux «budget d'un Québec indépendant» ou «budget de l'An I». Et quand ils le firent, il s'ingénia à le démolir, point par point, avec son sourire en coin, parfois même un nuage d'ennui dans le regard.

À ses collaborateurs, il disait que les péquistes avaient été bien naïfs de publier ce budget. Rien en effet ne les y obligeait. Ensuite, ce budget était plein de trous et d'incongruités qu'il se fit un plaisir de repérer. Lévesque et son équipe proposaient, par exemple, de réduire les taxes et de diminuer les revenus du gouvernement, tout en augmentant les dépenses. «Comment aboutit-on à un surplus, demandait le malicieux Bourassa, en diminuant les revenus et en augmentant les dépenses?»

Il avait minutieusement épluché le budget de ses adversaires. Chaque fois qu'il se trouvait dans une région, il faisait remarquer aux citoyens que les péquistes les avaient oubliés. Aux gens du Saguenay–Lac-Saint-Jean, par exemple, il disait: «Avez-vous remarqué que, dans leur fameux budget, ils n'ont rien prévu pour améliorer le réseau routier?» En Abitibi: «Voyez comme les péquistes ne comprennent rien à l'industrie minière.»

Bourassa ne sera jamais un flamboyant orateur comme Pierre Bourgault; il n'aura jamais le charisme enjôleur de René Lévesque ou de Pierre Elliott Trudeau. Mais en 1973, il était devenu un tribun efficace, capable d'humour, friand de phrases lapidaires, qu'il décochait avec un visible plaisir. Ainsi, il qualifia le budget de l'An I des péquistes de «créditisme pour intellectuels». Il décriait ainsi ses ennemis tant à droite qu'à gauche. Parlant d'Yvon Dupuis, leader créditiste, il affirmait que tout ce que cet adversaire avait à dire de substantiel pouvait tenir sur une feuille blanche.

Il n'aimait pas les injures blessantes. Il n'ignorait pas qu'en politique, par contre, il faut parfois jouer dur. En 1973, pendant sa campagne électorale, il rappelait régulièrement qu'il avait été ferme avec les chefs syndicaux. Il a également beaucoup parlé des jeunes et du devoir qu'avait la société québécoise de tout faire pour leur créer des emplois.

Le coup le plus dur qui lui fut porté pendant cette campagne n'est pas venu de l'opposition. Il n'était pas imprévisible cependant, mais Bourassa, qui ne regardait pas souvent de ce côté, ne l'a pas vu venir. Les Cris de la Baie-James avaient présenté devant la Cour une injonction pour que cessent les travaux sur leur territoire. Or, au début de la campagne, Bourassa avait publié un livre, *La Baie-James*, dans lequel il affirmait que ce projet devait se faire. Il a donc été accusé d'outrage au tribunal. On a même tenté de le faire comparaître à quelques jours des élections. Ses avocats ont été assez habiles pour faire reporter sa comparution. Mais il gardera longtemps de la rancœur à l'égard des Autochtones, dont il ne comprenait toujours pas la culture ni les intérêts. Et qu'il ne percevait sans doute pas, selon leur avocat O'Reilly, comme une société distincte ou digne de l'être.

Le 29 octobre 1973, pendant que les Québécois suivaient la soirée des élections à la télévision, Robert Bourassa nageait à la piscine du centre Notre-Dame, chemin de la Reine-Marie, à Montréal. Quand il est sorti de l'eau, après 50 longueurs bien comptées, son garde du corps l'a félicité. « On vient d'annoncer que vous allez diriger un gouvernement majoritaire. » Pendant qu'ils roulaient vers la permanence du parti, rue Gilford, on disait à la radio que 87, puis 91, puis 94 députés libéraux étaient élus, et que cinq ou six autres étaient en avance. Bourassa a dit au chauffeur et au garde du corps, qui lui manifestaient gentiment leur joie, que c'était trop. Et c'est exactement ce que Paul Desrochers lui a répété quand il est entré dans les bureaux du parti. « Cent deux députés, Robert, c'est trop. On va avoir des problèmes. »

Il faut en effet une opposition assez forte pour qu'un gouvernement fonctionne bien. Quand il y a trop de monde du côté de la majorité, le pouvoir est forcément dilué. Et il y a de nombreux mécontents parmi les élus. Sur les 101 députés libéraux qui allaient former le caucus de Robert Bourassa, combien se pensaient dignes d'occuper un fauteuil ministériel? Trop, certainement. On a toujours des ennemis en politique, surtout quand on détient le pouvoir. S'il n'y a pas d'opposition, les ennemis sont fatalement tout près de soi, dans son entourage immédiat, au sein de son propre parti.

L'élection de 1973 a changé radicalement le paysage politique québécois. L'Union nationale a été rayée de la carte. Le Crédit social, considérablement affaibli, vivait ses derniers moments. Pour la première fois, les forces fédéralistes et les forces séparatistes se retrouvaient seules, face à face. Ces dernières agissaient d'ores et déjà comme si elles étaient propriétaires du seul vrai et légitime nationalisme. Les tribuns péquistes avaient répété pendant toute la campagne électorale que Bourassa et les siens étaient des suppôts de la haute finance et qu'ils n'avaient pas vraiment à cœur l'avenir du Québec. Bourassa n'avait surtout pas l'intention de les laisser détourner ainsi, à leur seul avantage, la question nationale. Il aimait lui aussi profondément le Québec et il voulait que la province se développe comme société francophone, prospère, dynamique, juste, accueillante et ouverte sur le monde. Il était lui aussi farouchement nationaliste.

Un coup au cœur

Le 21 mars 1974, comme tous les jeudis soir, Robert Bourassa rentrait à Montréal, bien calé sur le siège arrière de sa limousine, qui filait sur l'autoroute 20. Le téléphone de la Sûreté du Québec ne fonctionnant pas bien entre Manseau et Saint-Hyacinthe, il était assuré d'avoir une bonne heure de paix. Il en profitait parfois pour faire un petit somme (il avait toujours un oreiller de plumes avec lui). Ou il lisait les coupures de magazines et de journaux qu'il avait dans sa serviette. Sur la banquette devant lui, les restes du repas qu'on lui avait préparé, arêtes de poisson, bouteille de chablis, dont il avait bu un verre et qu'il avait rebouchée. Il faisait doux ce jour-là, le premier jour du printemps.

On approchait du Richelieu quand son bureau de Montréal a appelé pour l'informer qu'un fou furieux venait de saccager le chantier de la Baie-James, faisant, lui disait-on, pour des millions sinon des dizaines de millions de dollars de dommages.

Ce fut pour Bourassa un coup au cœur. Le projet de la Baie-James était le socle de sa politique, l'avenir du Québec ; lui seul pouvait lui permettre de tenir la promesse qu'il avait faite et refaite aux Québécois de leur apporter la prospérité. Depuis qu'il était premier ministre, il avait rencontré à plusieurs reprises des banquiers américains et européens qui avaient accepté d'investir des sommes énormes dans ses projets, après qu'il les eut assurés que le Québec était une terre de paix, où leurs avoirs seraient en toute sécurité. Robert et

Andrée Bourassa s'étaient même rendus en Iran pour rencontrer le chah, qui s'était montré lui aussi intéressé. Ce montage financier, que les péquistes avaient jugé impossible pour lui de réaliser, constituait une véritable prouesse dont il était très fier.

Il n'ignorait pas que les syndicats menaient là-haut, à la Baie-James, une guerre à finir. La belle entente qui avait uni la CSN et la FTQ, deux ans plus tôt au temps du Front commun, s'était tout à fait effritée. Chaque syndicat cherchait maintenant à imposer ses hommes de confiance aux postes de délégués syndicaux des entreprises de construction impliquées dans le projet du siècle. La construction était de loin le secteur économique le plus important du Québec, à preuve un chiffre d'affaires de six milliards de dollars, en 1973, 12 % du produit intérieur brut du Québec. Les centrales syndicales se faisaient une guerre sans merci pour recruter des membres et les placer sur les grands chantiers, très nombreux dans ces belles années d'euphorie économique. Il y avait eu déjà de violents incidents à la mine de Mont-Wright, près de Fermont, sur les chantiers du Stade olympique et du métro de Montréal, et bien sûr à la Baie-James, où la FTQ prétendait depuis des mois détenir le monopole de la représentation syndicale.

Le bureau du premier ministre avait été informé, en janvier 1974, que parmi les quelque 800 ouvriers qui étaient rentrés du congé des Fêtes se trouvaient une douzaine de fiers-à-bras, dont la moitié avaient des casiers judiciaires, et qui, sans expérience aucune, avaient été promus délégués syndicaux ou « agents d'affaires » de la FTQ. La CSN avait, de son côté, quatre délégués présents sur le chantier. Les conditions s'étaient vite dégradées. L'Union des opérateurs de machinerie lourde (Section locale 791 de la FTQ), qui avait exigé et obtenu des conditions salariales plus avantageuses pour ses membres, regroupait bientôt dans sa section 60 % des ouvriers et tentait systématiquement de faire congédier les travailleurs qui refusaient de joindre ses rangs. Le 12 mars, une sanglante bagarre éclatait entre des délégués syndicaux de la FTQ et ceux de la CSN. La Société d'énergie de la Baie-James, la SEBJ, a alors avisé les leaders qu'ils devaient cesser ces agissements, sans quoi ils seraient expulsés du chantier. Craignant que la situation dégénère, certains contremaîtres avaient quitté les lieux en camion et étaient rentrés à Matagami, à 600 kilomètres au sud, en plein hiver. D'autres s'étaient réfugiés à l'aéroport, situé à une trentaine de kilomètres du camp. Bourassa avait demandé à être informé de tout ce qui se passait là-haut, quelle que soit l'heure du jour ou de la nuit.

On lui avait justement appris, ce jour-là, tandis qu'il quittait Québec pour Montréal, que 50 policiers de la Sûreté du Québec allaient partir dès le lendemain pour les chantiers de la Baie-James, où le travail avait été momentanément interrompu. Quand il est arrivé à son bureau de l'édifice d'Hydro-Québec, vers 20 heures, on l'a informé que les travailleurs avaient été évacués par avions nolisés à Val-d'Or, Matagami et Montréal. Dans l'après-midi, un dénommé Yvon Duhamel s'était emparé d'un bulldozer et avait détruit plusieurs bâtiments. Il avait coupé des amenées d'eau, renversé les trois génératrices qui alimentaient en électricité le campement des travailleurs, éventré deux citernes contenant 135 000 litres d'essence et de carburant diesel, provoquant un formidable incendie. Plus de 30 millions de dollars de dommages. « La SEBJ doit comprendre que nous sommes les *boss* », avait dit le forcené. Malgré le froid extrême, quelque 70 cadres, restés sur place, avaient réussi à maîtriser les incendies. Ils avaient vidangé les conduites d'eau qui risquaient de geler et ils tentaient de remettre l'une des génératrices en fonctionnement.

Le chantier ne sera rouvert que 55 jours après les événements, le 8 mai. On a pris des mesures de sécurité, incluant la présence permanente d'agents de la Sûreté du Québec, et on a exercé un contrôle draconien des entrées et des sorties des travailleurs. Arrêté, Duhamel a plaidé coupable à six chefs d'accusation de méfait public. Le 23 août, il était condamné à dix ans de prison. En septembre, les dégâts étaient réparés et la paix syndicale régnait sur le chantier.

Mais l'opposition, appuyée sans réserve par les éditorialistes de tous les médias, tenait Bourassa responsable du climat de violence qui avait régné dans le monde syndical et coûté une fortune aux contribuables. De tenaces rumeurs prétendaient alors qu'il y avait collusion entre le gouvernement, les centrales syndicales et les entrepreneurs en construction. Paul Desrochers, qui était toujours le principal conseiller du premier ministre, avait été vu au restaurant Chez son père en compagnie de Louis Laberge et de Dédé Desjardins, président et vice-président de la FTQ. Desjardins était également directeur général du Conseil des métiers de la construction, une fédération syndicale affiliée à la FTQ qui regroupait 23 syndicats du bâtiment et comptait pas moins de 70 000 membres. Dédé n'était pas ce qu'on pouvait appeler un citoyen très recommandable. Grosse moustache, gros diamant au doigt, gros favoris, grosse Cadillac, brillant et charismatique meneur d'hommes, il avait mis en place un réseau de « soldats » fidèles et impitoyables. Au début des années 1970, il avait instauré un véritable régime de terreur sur les grands chantiers de construction du Québec, où ses hommes se livraient à toutes sortes d'escroqueries : usure, extorsion, trafic de drogues. Il était inadmissible, répétaient les médias, qu'un membre de l'entourage du premier ministre fréquente un tel homme, pour quelque raison que ce soit.

Était-ce la nature du chef qui imprégnait le parti ? Robert Bourassa avait toujours eu une tendance marquée, parfois excessive, à la conciliation, à la tolérance, au laisser-faire. Peu après l'élection de 1973, on s'était mis à parler du laxisme qui régnait au sein de son gouvernement. Et déjà courait la rumeur que les leaders syndicaux avaient trop longtemps fermé les yeux sur les actions plus ou moins catholiques de leurs membres. Les entrepreneurs en construction avaient laissé faire également, de même que le gouvernement. Et la population, alertée par les médias, commençait à se poser de sérieuses questions. Comment les syndicats avaient-ils pu acquérir un tel pouvoir ? Que savait le gouvernement, que savait le premier ministre ? Et depuis quand ? Et pourquoi n'avait-il rien fait ?

Un an plus tôt, en janvier 1973, Robert Bourassa avait créé la Commission d'enquête sur le crime organisé, la CECO, véritable boîte de Pandore dont le contenu allait passionner le Québec pendant des années. Les audiences de la CECO transmises à la télé ont eu, par moments, des cotes d'écoute comparables à celles de certains téléromans. On assistait à une sorte de *striptease* mettant en vedette le monde interlope et ses complices à tous les échelons de la société.

La Commission eut recours à de nombreux avocats, policiers, sociologues et criminologues pour tracer un tableau des organisations criminelles opérant au Québec. On voulait démanteler les principaux réseaux de drogues, du jeu, des prêts usuraires, de la viande avariée, de la prostitution. La mafia italienne était visée, bien sûr, en particulier les parrains de l'époque, Vic Cotroni et Paolo Violi, de même que la puissante organisation des frères Dubois, basée dans le quartier Saint-Henri, à Montréal. Les journalistes judiciaires et policiers, Michel Auger à *La Presse*, Jean-Pierre Charbonneau au *Devoir*, menaient également leurs enquêtes, parfois plus librement que la police elle-même.

Le 6 juillet, Jean-Pierre Charbonneau, futur député et ministre péquiste, publiait dans *Le Devoir* un texte ravageur: «Le rapport *top secret* de la police sur le rendez-vous de Laporte avec la pègre». Il révélait que pas moins de 18 rapports d'enquête établissaient que les grands patrons du clan Cotroni s'étaient sérieusement approchés du gouvernement du Québec. Pire, il affirmait que les autorités policières avaient informé le Cabinet du nouveau premier ministre des relations douteuses de Laporte. *Le Devoir* déclarait également que Vic Cotroni avait été très actif dans la campagne de plusieurs candidats aux élections de 1970, rappelant que, dans son fameux manifeste d'octobre 1970, le FLQ parlait de «Cotroni et [d]es faiseurs d'élections».

Bourassa n'avait plus le choix. Il demanda à la Commission d'enquêter sur cette affaire. La CECO confirma les allégations de Jean-Pierre Charbonneau. Elle n'a toutefois d'aucune manière mis en cause le premier ministre lui-même. Malgré les tentatives souvent malhonnêtes de l'opposition péquiste, on n'a jamais pu trouver le moindre indice permettant de croire que Robert Bourassa avait été corrompu.

Il restera aux yeux de l'histoire un homme intègre, honnête. On a malgré tout pu lui reprocher d'avoir trop souvent détourné le regard des manœuvres parfois douteuses de ses députés et de ses collaborateurs.

La CECO avait cependant créé une atmosphère généralisée de suspicion. L'actualité politique était devenue un long et spectaculaire procès, que l'opinion populaire menait tambour battant contre le gouvernement Bourassa. En cet été de 1974, les médias et le grand public se passionnaient pour l'affaire du Watergate. Menacé de destitution, Nixon démissionnait le 9 août. De plus en plus, au Québec comme ailleurs, le pouvoir devenait suspect.

Au printemps, déjà, l'opposition s'était emparée de l'affaire Paragon pour tenter de prouver que le premier ministre avait favorisé sa belle-famille dans une affaire de quelques milliers de dollars. Paragon, une entreprise propriété de la famille Simard, avait eu des contrats du gouvernement et d'Hydro-Québec pour imprimer du *stock tab*, des feuillets pour mémos. C'était dans les comptes publics. Paragon avait eu des contrats avec le gouvernement avant que Bourassa soit au pouvoir. Et en aurait vraisemblablement après qu'il serait parti. Fatalement! C'était la seule entreprise au Québec qui produisait ce genre de petite paperasse de bureau.

René Lévesque lui-même a fini par admettre qu'il n'y avait rien là de répréhensible. De toute façon, le grand public n'avait pas pris l'affaire au sérieux. Un sondage réalisé en juin accordait à Bourassa une popularité personnelle comparable à celle qu'il avait en 1973, au moment où son parti faisait élire 102 députés. Il restait au-dessus de tout soupçon. Certains éléments de son organisation par contre ne l'étaient pas ; et il fut peu à peu et de plus en plus ouvertement tenu responsable de la dégradation des mœurs politiques, il avait trop souvent fermé les yeux, disait-on, trop souvent laissé faire. Le vent avait tourné. Si les accusations de corruption ne tenaient pas, on pouvait certainement lui en trouver d'autres.

Un photographe s'était même introduit dans le domaine des Simard à Sainte-Anne-de-Sorel pour démontrer, photos à l'appui, l'intolérable opulence dans laquelle vivait la belle-famille du premier ministre, ce qui avait bouleversé Orise Simard, la veuve d'Édouard, et soulevé la colère de Bourassa et de son beau-frère, Claude Simard, lequel faisait alors partie de son cabinet.

Brusquement, Bourassa et son gouvernement n'avaient plus la cote, ni la confiance de la population. À peine un an plus tôt, on avait salué sa fermeté devant le Front commun. On lui reprochait maintenant sa mollesse. On parlait de collusion, de conflit d'intérêts, de corruption au sein de son parti. Afin de dissiper rumeurs et allégations, il instituait par un arrêté ministériel une autre commission d'enquête, chargée cette fois d'enquêter sur les événements qui s'étaient produits à la Baie-James au printemps de 1974.

Pour qu'une commission d'enquête soit crédible, les membres qui la composent doivent provenir de divers horizons politiques et idéologiques. À la tête de la commission, Bourassa nomma un homme de grande culture et d'incontestable intégrité, le juge Robert Cliche, de la Cour provinciale, reconnu pour ses positions intransigeantes en ce qui a trait à la corruption et à la malhonnêteté. Il avait été, en 1964, le leader de l'aile québécoise du Nouveau Parti démocratique. Défait aux élections de 1965 et de 1968, il était retourné à l'exercice du droit et à l'enseignement. Il avait été nommé juge en 1972. Il n'avait jamais eu de liens avec le Parti libéral.

Le procureur de la commission a d'abord été l'avocat Jean Dutil, mais comme il fut nommé à la tête de la CECO, il dut être remplacé par Lucien Bouchard. Celui-ci avait déjà milité au sein du Parti libéral ; il avait fait campagne avec les libéraux de Trudeau en 1968, puis avec ceux de Bourassa, en avril 1970. Mais en octobre de cette même année, quand il a vu les soldats dans les rues de Montréal, il a renié le PLC et le PLQ et a rompu tout lien avec eux. En 1973, il a contribué à l'élection du péquiste Marc-André Bédard dans Chicoutimi, l'un des rares comtés qui, cette année-là, résista à la déferlante libérale.

Pour représenter le patronat à la commission, Bourassa a fait appel à Brian Mulroney qui, comme Lucien Bouchard, avait étudié en droit à l'Université Laval, où ils avaient eu comme professeur Robert Cliche lui-même. Mulroney avait réglé déjà divers conflits de travail, dans les domaines du transport et des médias. Reconnu comme un brillant négociateur, n'ayant pas froid aux yeux, il avait eu affaire auparavant aux leaders syndicaux Louis Laberge et Marcel Pepin. Il n'avait jamais éprouvé la moindre sympathie pour le Parti libéral, ni au fédéral, ni au provincial. Lors des élections fédérales de 1968, il avait travaillé aux côtés de Robert Stanfield. Il avait été un proche de la défunte Union nationale et l'ami personnel de Daniel Johnson, père.

Bourassa nomma également comme commissionnaire Guy Chevrette, vice-président de la Centrale de l'enseignement du Québec, dont les amitiés au sein des mouvements syndicalistes et les penchants indépendantistes ne laissaient pas de doute.

Ainsi, cette commission Cliche créée par Robert Bourassa était en principe au-dessus de tout soupçon. Elle comprenait un sympathisant syndicaliste, un péquiste notoire démissionnaire du Parti libéral, un conservateur fédéraliste, un ancien candidat du NPD. Aucun ami du Parti libéral. Ces hommes allaient enquêter sur la violence et la corruption dans l'industrie de la construction au Québec, et sur les liens qu'entretenait le gouvernement Bourassa avec les centrales syndicales et les entreprises de construction. Quelles que soient leurs conclusions, personne ne pourrait prétendre que les commissionnaires avaient un parti pris.

Pendant un an, entre le printemps de 1974 et le printemps de 1975, la commission Cliche a tenu 68 journées d'audiences publiques et entendu 279 témoignages. Les commissaires ont réussi à établir et à maintenir d'excellentes relations avec les médias, de sorte que les audiences sont vite devenues un véritable roman-feuilleton, suivi au jour le jour par un public captivé.

Le rapport de la commission, remis en mai 1975, portait un jugement sévère sur les événements qui s'étaient produits à La Grande et faisait la preuve qu'il ne s'agissait pas d'un soulèvement spontané des travailleurs, « mais d'une opération concertée montée par un noyau de mécréants, dirigés par Duhamel, pour montrer, une fois pour toutes, qui était le maître à la Baie-James ». Un gouvernement plus attentif et plus autoritaire aurait pu éviter que de telles personnes fassent ainsi la pluie et le beau temps sur ses propres chantiers.

Mais il y avait autre chose d'infiniment plus dommageable pour le gouvernement Bourassa. La commission révéla que certains membres du Parti libéral étaient au courant de ce qui se passait et s'étaient « laissés prendre en otages par les éléments peu recommandables du mouvement syndical ». Lucien Bouchard, procureur de la commission, a même songé à faire comparaître Robert Bourassa afin de l'interroger. Mulroney s'y est opposé, la preuve ayant été faite que le premier ministre n'était d'aucune manière impliqué.

Ces affirmations spectaculaires renforcèrent cependant l'idée que Bourassa était un chef faible qui ne maîtrisait pas bien la machine libérale et faisait parfois confiance à des gens à la réputation douteuse. Le rapport de la commission Cliche allait causer un préjudice bien plus grave dans l'entourage de Bourassa que toutes les enquêtes de la CECO.

Dès lors, on lui reprochait sa proximité avec la richesse et les puissances de l'argent, même s'il était en fait un homme réputé intègre et plutôt puritain qui, loin de se vautrer dans le luxe, n'avait de réelle passion que pour la politique. Pour plusieurs, Bourassa était trop riche et, s'il n'était pas lui-même corrompu, il dirigeait un gouvernement qui, lui, l'était probablement.

Quand la commission Cliche a remis son rapport, en 1975, le chômage et l'inflation, restés tous deux à très basse altitude depuis la première élection de Bourassa, étaient à la hausse ; les gens découvraient que les Jeux olympiques allaient coûter fort cher ; il y avait au Québec beaucoup de mécontentement, de nombreuses grèves. La popularité du créateur de 100 000 emplois a continué de décliner. Désormais, on ne lui pardonnait plus rien. Tout jouait contre lui. Même ses bons coups.

Un dossier troublant

Ce très beau dimanche matin de juillet 1974, Robert Bourassa se trouvait seul dans son appartement de l'édifice du Parlement, à Québec. Andrée et les enfants étaient à Biddeford Pool, où il irait les rejoindre dès que la Chambre aurait fini ses travaux. Jean-Claude jouait au tennis, comme tous les dimanches matin. Charles avait été retenu à Montréal. Ronald passait le week-end en famille, Bibeau aussi. Le premier ministre, qui avait eu quarante ans une semaine plus tôt, était désespérément désœuvré. Il était allé nager pendant une heure à la piscine du Club civique, il avait épluché ses coupures de presse, parlé longuement à Andrée et aux enfants au téléphone, revu une fois de plus le texte du projet de loi 22, sur lequel il planchait depuis près de deux ans avec son ministre de l'Éducation, François Cloutier.

Ce projet de loi 22, qu'il voulait voir promulguer et sanctionner avant la fin de la session, soit dans quelques jours, ferait du français la langue officielle du Québec, la langue de l'administration et des services, de même que la langue de travail. Il serait ainsi libéré de ce petit remords qui l'habitait depuis près de cinq ans, depuis ce jour où, simple député de l'opposition, il avait levé la main devant l'Assemblée nationale pour signifier qu'il approuvait, comme son chef Jean Lesage, le projet de loi 63, qu'il jugeait, en son âme et conscience, faible et inepte, et qui ne changerait rien à une situation qu'il trouvait injuste, pour ne pas dire intolérable : l'anglais resterait au Québec la langue des affaires et du pouvoir, la langue des *boss*, que son père avait eus toute sa vie et qu'il avait servilement respectés.

À l'automne de 1969, Bourassa avait donc été fidèle à la ligne du parti, parce qu'il voulait à l'époque en devenir le chef. Mais il avait dit et répété à son ami Yves Michaud qui, lui, avait démissionné pour protester contre l'adoption de cette loi, qu'une fois au pouvoir il ferait les changements nécessaires. Depuis ce temps, chaque fois qu'il croisait Michaud, celui-ci, malicieux, lui rappelait sa promesse. Ils étaient restés bons amis, même si Michaud, qu'il avait nommé en 1970 haut-commissaire à la Coopération au ministère des Affaires intergouvernementales, était passé trois ans plus tard dans le camp péquiste, le «camp des rêveurs», lui disait en riant Bourassa. L'année précédente, Michaud avait fondé avec Jacques Parizeau le journal *Le Jour*, l'organe du Parti québécois, qui, comme tout le monde, avait vertement critiqué le projet de loi 22.

Cette loi était pourtant l'aboutissement de plus d'une décennie d'efforts et de luttes. Bourassa savait fort bien qu'elle n'allait pas apaiser tout de suite les esprits. Mais c'était, il en était persuadé, un grand pas en avant. Jusque-là, tout avait été fait de façon chaotique, sans concertation, par petits pas timides.

Daniel Johnson avait d'abord rendu obligatoire l'usage du français dans l'étiquetage des produits alimentaires et créé un ministère de l'Immigration, qui exigeait des nouveaux arrivants une connaissance d'usage de la langue de la majorité. La commission scolaire de Saint-Léonard, municipalité de l'est de l'île de Montréal où vivait une importante communauté italienne, avait alors statué que les enfants d'immigrants tombant sous son autorité n'auraient accès qu'à l'enseignement en français. Anglophones et allophones avaient très mal réagi et réclamé une scolarité bilingue. Et depuis, la rancœur n'avait cessé de grandir de part et d'autre.

Craignant que les immigrants s'anglicisent s'ils étaient libres d'envoyer leurs enfants à l'école de leur choix, les francophones s'étaient mobilisés à leur tour ; le Front du Québec français et le Mouvement pour l'intégration scolaire avaient organisé de grandes manifestations de rue. La plus mémorable fut celle de « McGill français », le 28 mars 1969 : dix mille jeunes avaient marché, ce soir-là, à l'assaut du monstre sacré de l'élite anglo-saxonne, l'Université McGill. À l'époque, Montréal comptait deux universités de langue anglaise et une seule de langue française. Les choses allaient cependant bientôt changer. À l'automne, l'Université du Québec à Montréal – fusion de l'École des beaux-arts de Montréal, du collège Sainte-Marie et de trois écoles normales – ouvrait ses portes à quelques centaines d'étudiants. Et le premier ministre Jean-Jacques Bertrand créait une commission présidée par le linguiste Jean-Denis Gendron pour enquêter sur les problèmes linguistiques au Québec. Mais la grogne anglophone augmentant toujours, l'unioniste n'a pas attendu les recommandations de la commission Gendron et a tout de suite présenté à l'Assemblée nationale un projet de loi, le « bill 63 », qui permettait aux immigrants d'envoyer leurs enfants à l'école anglaise. Cette fois, ce fut parmi les francophones qu'il y eut un mouvement d'opposition sans précédent. Il y eut encore de violentes manifestations de rue. Cet automne de 1969, déjà marqué par les bombes du FLQ et l'émeute des taxis contre Murray Hill, fut l'un des plus chauds de l'histoire récente du Québec.

Quand Bourassa a pris le pouvoir, en avril 1970, la question linguistique n'était toujours pas réglée. De tous les dossiers qui lui étaient soumis, celui de la langue restait le plus troublant, celui également qui lui tenait le plus à cœur. Il avait très tôt pris l'habitude de déléguer et de ne garder en tête que les trois dossiers qui lui semblaient les plus importants. Ainsi, pendant la grève des médecins spécialistes, puis celle des pompiers et des policiers de Montréal, à l'époque du saccage de la Baie-James ou quand il créait la commission Cliche, Bourassa avait sans cesse travaillé avec le Dr Cloutier et les juristes du gouvernement à rédiger une loi qui ferait du français la langue prédominante au Québec. Deux mois plus tôt, le 19 mai, il avait enfin déposé son projet de loi 22 devant la Chambre. Et depuis, il avait passé des dizaines d'heures à en débattre et à en discuter avec ses collaborateurs et les journalistes, les politiciens libéraux et péquistes qu'il invitait au Café d'Europe. Son principal interlocuteur, le plus sympathique et le plus critique, était Claude Charron, responsable du dossier de la langue au Parti québécois.

Vers midi, ce jour-là, il appelait le député péquiste de Saint-Jacques pour lui dire qu'il croyait avoir trouvé une formulation heureuse pour l'un des articles de son projet de loi 22, contre lequel avait vivement protesté le Parti québécois. Charron se préparait à aller déjeuner avec des amis à une terrasse du Vieux-Québec. Il a quand même accepté, parce qu'il était un homme de devoir, de rencontrer le premier ministre. Ils étaient très souvent en désaccord, surtout sur le sujet de la langue, mais avec Bourassa il y avait toujours moyen de discuter, de négocier.

Charron le trouva encabané dans ses appartements, dont il avait fermé les rideaux, comme s'il n'avait pas voulu savoir qu'il faisait si beau. Il a vite compris que Bourassa n'avait pratiquement rien de neuf à lui offrir, des vétilles, quelques virgules ou points-virgules à déplacer ici et là. Il voulait de la compagnie, tout simplement, quelqu'un avec qui discuter, s'engueuler un peu, débattre. Ce qu'il avait à proposer à Charron aurait fort bien pu attendre au lendemain, voire quelques jours. Il s'agissait au fond de très peu de choses. « Si je comprends bien, lui dit le député péquiste, tu t'ennuyais et tu voulais tuer le temps en t'engueulant avec quelqu'un que tu savais en désaccord avec toi. » Bourassa a pouffé de rire. Et pendant un bon moment, ils ont parlé de baseball, un sport dont ils étaient tous deux passionnés. Charron, plus libre de son temps que le premier ministre, assistait quelquefois aux matchs des Expos, qui se produisaient alors au parc Jarry. « Dans deux ans, tu les verras jouer dans un vrai stade, lui disait Bourassa. J'espère seulement qu'ils seront moins pourris que cette année. » Et, comme chaque fois qu'ils se rencontraient en privé, ils se sont livrés à une sorte de duel de bons souvenirs liés au baseball. Ceux de Charron étaient tirés des matchs des séries mondiales auxquels il avait assisté avec des copains à New York, à Cincinnati ou à Chicago ; ceux de Bourassa, qui connaissait le baseball surtout par la radio et les journaux, remontaient aux années 1940 et mettaient en vedette les Royaux et le mythique Jackie Robinson.

Charron lui rappela que Robinson était un exemple de courage et de fidélité, un modèle pour son peuple. « Toi aussi, disait-il, tu pourrais, si tu voulais, être un exemple, être celui qui ferait vraiment du Québec un pays français. » C'était dit avec le sourire et beaucoup d'ironie. Charron connaissait assez Bourassa pour savoir qu'il ne broncherait probablement pas. S'il lui avait demandé de passer le voir en ce glorieux matin de juillet, ce n'était pas seulement, comme il l'avait habilement laissé entendre, parce qu'il s'ennuyait. Il voulait d'abord et avant tout tester l'attitude qu'adopterait le Parti québécois dans quelques jours, quand il promulguerait son projet de loi 22, auquel il ne changerait pratiquement rien. Il savait pourtant qu'il risquait fort de mécontenter tout le monde. C'était déjà presque chose faite. Même au sein de son propre parti, les membres étaient très divisés.

Au printemps, quelques jours après que Bourassa eut déposé sa motion pour examen devant l'Assemblée nationale, un de ses simples députés, George Springate, faisait de spectaculaires sorties sur les ondes de CJAD, une radio anglophone de Montréal, et dans les pages de *The Gazette*, comparant la politique de Bourassa à celle de l'Allemagne nazie. Le projet de loi 22 prévoyait que tout affichage public (annonces publicitaires écrites, panneaux-réclame, enseignes lumineuses) devait se faire désormais en français ou à la fois en français et dans une autre langue, mais jamais dans une autre langue seulement. Pour Springate et une importante partie de la communauté anglophone du Québec, il y avait là une grave atteinte aux libertés individuelles. Par ailleurs, le Parti québécois et une majorité de la communauté francophone considéraient que le projet de loi 22, tel qu'il était conçu, rédigé et proposé par Bourassa, n'allait pas assez loin.

« Il ira, avec le temps, leur répétait Bourassa depuis deux mois. Faisons un premier pas. » Politiquement, le Parti québécois avait tout intérêt à le voir « aller plus loin ». Bourassa se mettrait ainsi à dos tous les anglophones du Québec et perdrait avec eux une part substantielle de son électorat.

Charron lui répétait qu'avec le projet de loi 22 il serait toujours possible de vivre au Québec en anglais, d'étudier, de faire des affaires sans même parler un mot de français. « Les Anglais ont des droits et des privilèges que n'ont pas les francophones. Ils peuvent faire des choix. Pas besoin d'être devin pour savoir de quel côté ils vont pencher. »

L'article 10, par exemple, stipulait que « toute personne a le droit de s'adresser à l'administration publique en français ou en anglais ». Selon l'article 33, « les contrats où figurent des clauses types imprimées ainsi que les bons de commande, les factures et les reçus imprimés doivent être rédigés en anglais lorsque le client ou la personne qui adhère au contrat l'exige ».

Une dernière fois ce jour-là, Charron dit au premier ministre que son parti serait d'accord avec cette loi si seulement il acceptait d'y ajouter un mot, un seul mot à article 1, le mot « seule », justement. « Plutôt que de dire que le français est la langue officielle du Québec, écrivons que c'est la "seule" langue officielle du Québec. » Et encore une fois, Bourassa refusa, alléguant que, de toute manière, par le projet de loi 22, le Québec ne serait plus une province officiellement bilingue. Si le français était la « seule » langue officielle, les anglophones n'auraient plus aucun droit, et on ne peut priver une communauté de ses droits fondamentaux. Pour Bourassa, l'argument voulant que cette communauté minoritaire ait longtemps exploité et maintenu la majorité francophone dans un état de sujétion était irrecevable. S'il était une chose qu'il trouvait intolérable et incompréhensible, c'était l'esprit de vengeance. On ne répare pas une injustice en en créant une autre, croyait-il. Avec le projet de loi 22, il renforçait les droits collectifs de la majorité, sans pour autant brimer les droits individuels de la minorité.

Charron, avec son humour habituel, le traita de mouton, de guenille et de mollasson. Il avait compris qu'il ne gagnerait rien. Bourassa de son côté savait désormais que le PQ n'accepterait jamais de voter en faveur de la motion et qu'il continuerait d'en contester l'esprit, comme il avait voté trois ans plus tôt contre la création de la Société de développement de la Baie-James. On n'était pas faits pour s'entendre. Mais qu'à cela ne tienne ! Avec la majorité qu'il avait en Chambre et la confiance que lui portait son caucus, rien ni personne ne pourrait empêcher Robert Bourassa de promulguer sa loi.

Quand il est parti retrouver ses amis à cette terrasse du Vieux-Québec, dans l'exaltante touffeur de ce lumineux jour d'été, Charron eut l'impression qu'il laissait un homme triste, presque désemparé. Bourassa restait seul dans son appartement de premier ministre tout sombre, loin de la fête, de l'action.

Le mardi suivant, devant l'Assemblée nationale, le jeune péquiste trouvait un tout autre homme, pétillant et joyeux. On s'est encore disputés sur le projet de loi 22, sur la CECO, sur la commission Cliche. Mais la Loi sur la langue officielle fut adoptée le vendredi suivant et promulguée le 31 juillet 1974 au matin par l'Assemblée nationale.

Dans l'après-midi, comme le voulait l'usage, le gouvernement se rendait chez le lieutenant-gouverneur qui seul avait le pouvoir de sanctionner la loi. Charron, représentant du Parti québécois, qui formait alors l'opposition officielle, faisait partie de la délégation. Robert Bourassa et Charles Denis l'attendaient dans l'antichambre. Ils ont parlé en copains un bon moment. De l'été, des vacances que chacun allait prendre. Bourassa semblait heureux, fier, très ému aussi. Avant d'entrer chez le lieutenant-gouverneur, il s'est tourné vers Claude Charron et lui a dit : « Si mon père était toujours là, il aurait quatre-vingt-un ans aujourd'hui même. Je suis fier qu'on adopte ce projet de loi le jour de son anniversaire. C'est un cadeau que j'aurais beaucoup aimé lui faire. »

Un week-end rouge

Dans les années 1970, au Québec, le monde aimait bien descendre dans les rues, y former des masses compactes de dizaines de milliers de personnes et marcher en brandissant à bout de bras et en hurlant à pleins poumons des appels à la solidarité et des slogans revendicateurs. Bourassa n'aimait pas ces épanchements populaires. Et il le disait. Il n'a jamais apprécié ces jeux et il n'entrait dans ces mêlées que lorsque ses organisateurs l'exigeaient, en campagne électorale, par exemple.

Il n'a jamais cherché à mobiliser les foules, à flatter, exciter, caresser les masses, à demander aux gens de descendre avec lui dans la rue, remplir des stades, entonner des hymnes. Aucune de ces manifestations ne l'intéressait ni ne le touchait. Il comprenait mal cette politique passionnelle, bruyante, résolument populaire, souvent à la limite de la violence, que pratiquaient le Parti québécois et ces leaders des grandes centrales syndicales qui adoraient émouvoir et soulever les foules. Il ne misait, lui, que sur le bon sens, la raison, les chiffres… et un charme personnel qui, s'il n'opérait pas tout à fait à la télévision ou devant de grandes foules, agissait remarquablement bien dans les rencontres de personne à personne.

Il n'aimait pas la confrontation, mais il ne se défilait pas pour autant. De sa fenêtre du dix-septième étage de la tour d'Hydro-Québec ou depuis le toit du Bunker, il observait parfois les mouvements de la foule en colère. Quand on avait repéré les meneurs, il demandait qu'on aille leur dire qu'il voulait les rencontrer. Les agents de la Sûreté du Québec chargés de la sécurité détestaient ce genre d'opération improvisée. Mais la volonté d'un premier ministre est irrésistible. On allait donc informer les meneurs que le premier ministre voulait les voir. Ceux-ci ne refusaient jamais. Et chaque fois ça se passait fort bien, les esprits se calmaient et on discutait pendant un moment, très civilement.

Un jour, à Chicoutimi, des motards sont venus manifester devant l'hôtel Chicoutimi, où Bourassa s'entretenait avec les édiles régionaux. Mécontents des hausses vertigineuses de leurs polices d'assurances, ils avaient complètement bloqué les rues Racine et Salaberry et rempli l'ère de stationnement derrière l'hôtel. À la demande de Bourassa, un garde du corps est allé rencontrer le meneur, un gros et grand gars, cheveux longs, tatouages, lunettes noires.

L'homme est entré avec deux ou trois comparses. Il a serré la main que lui tendait Robert Bourassa, qui l'a invité à s'asseoir. Avant même qu'il ait le temps d'ouvrir la bouche, l'un de ses acolytes a dit : « T'es mieux de nous arranger ça, OK, Boubou ? » Le meneur s'est excusé auprès de Bourassa. Il s'est tourné vers celui qui avait interpellé le chef du parti libéral et lui a dit : « Je parle pas à Boubou, je parle à mon premier ministre. Tu te la fermes ou tu fais de l'air. OK ? » Bien sûr, la fonction de premier ministre avait de quoi impressionner et commandait un certain respect, mais il y avait aussi ce charme particulier qu'avait Robert Bourassa.

À Rouyn, des infirmières en colère faisaient le piquet de grève devant l'hôpital dont le premier ministre devait rencontrer les dirigeants. Informé de la manifestation, Bourassa a refusé de passer par l'arrière, comme l'auraient souhaité les agents de la Sûreté du Québec chargés de sa protection. Il est descendu de la limousine et s'est dirigé vers un groupe d'infirmières. Et il a discuté avec elles un bon moment. Elles ont été charmées et touchées de l'attention qu'il leur portait. Il n'avait pas réglé leur problème, mais leur avait signifié qu'il le comprenait, qu'il compatissait et cherchait une solution. Le ton avait changé. Bourassa adorait ces face-à-face, le contact humain, direct, dont jamais personne ne sortait perdant.

Il agissait un peu de la même manière avec les journalistes, créant avec eux chaque fois que possible des liens personnels. Il a même réussi à se faire un allié de Gilles Proulx, par exemple, qui avait l'habitude et la faculté d'assommer ses invités politiques avec les reproches et les critiques. Après avoir essuyé une pluie d'injures plus ou moins fondées lors d'une première rencontre à CJMS, Bourassa était resté très calme. Il était question du projet de loi 22, dont Proulx contestait l'esprit et la lettre. Bourassa a défendu son point de vue, puis il a dit: «Et maintenant, c'est au passionné d'histoire que vous êtes que je m'adresse.» Proulx est entré dans le jeu et a discuté très professionnellement avec le premier ministre.

C'était l'un des grands talents de Bourassa, désamorcer des colères, faire tomber l'agressivité. Même dans la vie de tous les jours, avec ses proches, ses enfants, sa belle-famille, on ne l'a jamais entendu élever la voix. Quand sa fille Michelle, toujours très spontanée, très primesautière, faisait des colères ou une crise de larmes parce que sa mère lui avait interdit la télé ou avait exigé d'elle qu'elle rentre avant minuit, il lui disait tout doucement: «Va prendre une douche froide, mon beau trésor en or pur. Ça va te faire du bien.» S'il était une chose en laquelle Robert Bourassa ne croyait pas, c'était la colère, les réactions vives et spontanées, irréfléchies.

Mais il y a des colères que rien ni personne ne peut apaiser. Des face-à-face impossibles ou inutiles. Dans ces cas, Bourassa avait parfois tendance à se défiler. Et laisser à d'autres le soin de dénouer l'impasse.

En octobre 1974, par exemple, les pompiers de Montréal se sont mis en grève dans le but d'obtenir la parité salariale avec leurs homologues de Toronto, ce que le maire Jean Drapeau leur a carrément refusé, alléguant qu'il y avait eu une sentence arbitrale, et qu'on ne pouvait légalement changer cette décision. Il n'y avait donc pas, selon lui, de discussion possible. Or, le lundi 28, tous les pompiers du quart de soir se sont fait porter pâles. Toutes les casernes ont été désertées. Le dialogue a repris le lendemain avec les avocats de la Ville, mais on ne s'est pas entendus et, le surlendemain, les 2 400 pompiers votaient en faveur de la poursuite de la grève.

Dans les heures qui ont suivi, des incendies ont éclaté ici et là dans des immeubles désaffectés du centre-ville. Les pompiers n'étant pas intervenus, le feu s'est propagé aux maisons voisines. En deux jours, il y eut 25 incendies majeurs. Le vendredi 1er novembre, le quadrilatère compris entre les rues Wolfe, Amherst, Sherbrooke et Ontario était rasé par les flammes. On signalait de nombreux actes de vandalisme. C'était le début de ce qu'on allait appeler le « week-end rouge ». On n'eut pas à déplorer de morts, ni même de blessés graves, mais des centaines de personnes se sont retrouvées sans abri. Les injonctions émises contre les pompiers n'ont donné aucun résultat.

Le samedi soir, Jean Cournoyer se trouvait avec sa femme Michelle au restaurant Les Halles, rue de la Montagne. Un garçon vint le prévenir qu'on le demandait au téléphone.

« C'est lui, je suis sûre que c'est lui, a dit sa femme.

— Le tabarnak », a lancé Cournoyer.

Il s'est levé et il est allé parler au premier ministre Bourassa. Michelle avait raison, évidemment. On aurait dit que Bourassa s'ingéniait à briser les bons moments que se ménageaient Cournoyer et sa femme. Tous les soirs depuis le début de cette crise, immanquablement, tard, parfois même quand ils venaient de se mettre au lit, le téléphone sonnait. « Encore lui ! » disait Michelle. Cournoyer n'ignorait pas que la femme de Ronald Poupart disait ça, elle aussi ; et la femme de L'Allier, de Castonguay, d'un bon nombre de collaborateurs de Bourassa. Chaque fois qu'un ministre se chargeait d'un dossier le moindrement chaud, Bourassa l'appelait le soir, après les nouvelles, pour faire le point. Puis, après avoir bien réveillé et bien dérangé son homme, il lui disait de prendre soin de lui et de se reposer. Ce soir-là, aux Halles, Cournoyer – qui était ministre du Travail et de la Main-d'œuvre – se doutait bien de ce que lui voulait le premier ministre.

Celui-ci l'informa que le président du syndicat des pompiers était dans son bureau et qu'il souhaitait qu'il vienne s'en occuper. «Je suis sûr que tu peux m'arranger ça», disait-il.

Une demi-heure plus tard, un Jean Cournoyer de mauvaise humeur entrait dans les bureaux de Bourassa, au dix-septième étage de l'édifice d'Hydro-Québec. Le premier ministre l'entraîna du côté nord, d'où l'on voyait dans les fenêtres des tours de la place Desjardins, spectacle saisissant, les reflets des incendies qui faisaient rage dans l'est de la ville.

Bourassa a mis son manteau, répétant à Cournoyer qu'il était sûr qu'il pouvait lui arranger ça. Puis il est parti, laissant son ministre se débrouiller avec le problème. Le maire Drapeau avait envoyé son négociateur, Michel Côté; Cournoyer et lui ont négocié une partie de la nuit et toute la journée du lendemain avec le syndicat des pompiers. Le dimanche soir, les deux parties signaient une lettre d'entente et les pompiers mettaient fin à la grève, sans que Bourassa ne s'en soit mêlé. Il a simplement trouvé l'homme capable de régler le conflit.

Quand Robert Bourassa confiait un dossier à quelqu'un, il le laissait tout à fait libre d'agir. Il n'intervenait pas ou très peu. Pour lui, l'affaire était réglée. Et on n'en parlait plus. Pas même pour dire merci ou bravo. On passait à autre chose. Bourassa était un homme poli et gentil. Il s'excusait toujours quand il avait dérangé un de ses collaborateurs. Il ne croyait cependant pas qu'on devait féliciter ou remercier quelqu'un qui n'avait fait que son devoir.

Ses proches collaborateurs savaient fort bien qu'il n'aurait probablement pas su diriger un ministère, quel qu'il fût, ni mener une négociation complexe. Ce n'était pas un opérateur, ni un administrateur, mais un stratège; pas un pilote, mais un amiral.

Le hotdog comme métaphore

En novembre 1975, la popularité de Robert Bourassa était redevenue, selon les sondages, plus grande que celle de son parti. Jean Paré signait alors dans le magazine *Maclean's* un article intitulé « Le nouveau super Bourassa amélioré… », très dur sur Robert Bourassa et son gouvernement. En page couverture, le premier ministre était photographié, complet pâle de bonne coupe, le cheveu impeccable, un très léger sourire aux lèvres, tenant dans ses mains, au-dessus d'un grand plat en argent, un hotdog que visiblement il s'apprêtait à dévorer.

Il y eut, bien sûr, des rires. Abondants même. Quelle idée Robert Bourassa avait-il eue de se laisser photographier en train de manger un hotdog ? Par démagogie ? Pour avoir l'air du petit gars du peuple ? Pour casser l'image du millionnaire qu'on lui avait accolée ? Pour montrer que, même s'il était premier ministre et même s'il appartenait à une richissime famille, il avait des goûts tout simples ? Le plat en argent sur lequel on lui avait servi son hotdog *steamé* détrompait. Et tout le monde savait, dans son entourage, qu'il était fin gourmet et gros mangeur.

Les faiseurs d'images du premier ministre ont bien tenté de redresser la situation en disant que Bourassa n'avait accepté d'être photographié ainsi qu'après avoir exigé du photographe la promesse que ce cliché ne paraîtrait pas à la une du magazine. L'argument n'a pas tenu. Ce n'est jamais le photographe qui décide de l'usage qu'on fera de ses œuvres, mais le graphiste, avec le consentement du rédacteur en chef. Et Jean Paré lui-même, qui a signé l'article et qui à l'époque dirigeait le *Maclean's*, n'a aucun souvenir qu'une telle demande ait été faite.

Quatre mois plus tard, le 5 mars 1976, un vendredi, Pierre Elliott Trudeau, qui depuis deux ans dirigeait à Ottawa un gouvernement majoritaire, arrivait à Québec pour participer à un colloque libéral au Centre des congrès et rencontrer Robert Bourassa afin de discuter avec lui des brûlants sujets de l'heure.

Trudeau manquait rarement une occasion de ridiculiser Bourassa ou de décrier ses politiques. Il avait dit et répété que son projet de loi 22 était stupide et que l'idée de société distincte qu'il défendait depuis le milieu des années 1960 était une « connerie sans nom ».

À la tribune parlementaire, on était fort excité. Tout le monde savait qu'il y aurait entre les deux hommes un affrontement spectaculaire. Trudeau voulait toujours imposer son rapatriement de la Constitution à des conditions qui ne pouvaient satisfaire le Québec. Bourassa était alors aux prises avec un douloureux casse-tête : l'effrayant déficit attribuable aux Olympiques, dont le dossier était toujours piloté par le maire Jean Drapeau. Il y avait eu une hausse irrépressible des coûts, des grèves, du vandalisme, des retards dans la construction du stade. Au point où la tenue des Jeux à Montréal risquait d'être compromise. Mexico et Munich avaient toutes deux fait savoir au Comité international des Jeux olympiques qu'elles pourraient accueillir les Jeux à sa place. Quelle humiliation subiraient alors les Québécois ! « Qu'est-ce qu'on va dire de nous dans le monde ? »

Robert Bourassa avait lancé l'opération « Récupération » afin de préserver la réputation du Québec. Il avait débloqué des fonds importants. Il avait écarté le maire Drapeau et pris lui-même la direction des opérations. Au printemps de 1976, quand Trudeau s'est présenté à Québec, les Jeux étaient sauvés, mais le poids du déficit restait extrêmement lourd pour le Québec. Et Bourassa espérait l'aide financière d'Ottawa.

Aux journalistes qu'il a rencontrés avant son dîner avec Bourassa, Trudeau s'est gaussé. «J'ai apporté mon lunch. Paraît qu'il ne mange que des hotdogs, celui-là.» Et il a fait une blague qu'il trouvait sans doute délicieuse en disant qu'il lui allongerait bien un peu d'argent pour son Stade olympique en échange de son accord sur le rapatriement de la Constitution. Le soir, au Centre des congrès, Trudeau annonçait officiellement qu'il n'aiderait pas le gouvernement québécois à rembourser les frais des Jeux. «Je vais vous dire pourquoi, vous allez comprendre tout de suite. Votre premier ministre, Ti-Pit, là, il est moins vite; ça pourrait lui prendre trois jours pour comprendre ce qui est pourtant si simple.»

Finalement, Bourassa n'aura obtenu de Trudeau que des insultes, auxquelles il ne répliqua jamais… Or, cette fois, la sortie du premier ministre du Canada a soulevé un tollé, non seulement chez les libéraux du Québec, mais également dans l'opposition et dans toutes les tranches du grand public. Même au Parti québécois, on était outré. Ou on faisait semblant de l'être. Et même au Canada anglais, on a trouvé que Trudeau avait été d'une inadmissible grossièreté. Certains chroniqueurs ont poussé l'analyse socioculturelle jusqu'à parler d'un regard de mépris d'un patricien envers un plébéien. Le fin dégustateur de caviar ravalait avec morgue son rival au rang de mangeur de hotdogs, méprisable symbole. Pour les Québécois, ce n'était pas que Robert Bourassa qui avait été insulté, c'était le premier ministre du Québec et le Québec en entier.

Lise Bacon a appelé son ami Robert pour lui dire qu'il devait réagir. «Les Québécois ne peuvent pas accepter que leur premier ministre soit insulté. Tu ne peux pas accepter ça, toi non plus.» Mais Bourassa ne semblait pas faire la différence entre sa personne et sa fonction. Sa personne, il ne l'a jamais défendue… Et très certainement qu'il confondait les deux, n'ayant jamais été autre chose que premier ministre.

«Fais quelque chose, Robert, réagis», lui disaient amis et ennemis. Il répondait: «Qu'est-ce que ça va changer? Demain, il sera encore premier ministre. Et moi aussi.»

Il voulait, de toute évidence, éviter l'affrontement. D'une part, il savait que Trudeau était, dans ce domaine, infiniment plus à l'aise que lui. Et ce n'était pas là, dans ce face-à-face, qu'il voyait les vrais enjeux. Mais il y avait autre chose. Bourassa, qui se targuait de bien connaître son Machiavel, se doutait bien que, dans cette affaire, c'était Pierre Elliott Trudeau qui paraissait mal.

Quelques jours plus tard, d'ailleurs, l'éditeur de *La Presse*, Roger Lemelin, lui donnait raison. Pour Lemelin, fervent fédéraliste, la sortie de Trudeau du 5 mars était « une lourde erreur ». Dans un éditorial, « Trudeau et Bourassa : l'infranchissable fossé », paru à la une du quotidien, il notait que Trudeau avait fait de Bourassa « un David triomphant, subitement devenu le champion incarné de notre survivance culturelle. La douche est froide pour les péquistes, mais ce n'est pas ce que Trudeau a voulu ».

Bourassa avait bien joué. Il avait encaissé un coup bas qu'il n'avait pas l'intention de rendre. De toute manière, il ne mettait jamais son poing sur la table. À un membre de son cabinet qui un jour le suppliait de le faire, il répondit qu'il se ferait mal, et que tout le monde rirait, à commencer par lui-même. Il n'était jamais véhément, il n'élevait jamais la voix, bien qu'on lui eût souvent conseillé de le faire ou reproché de ne pas le faire.

Dans l'arène politique comme dans la vie, il était un piètre cogneur, mais un encaisseur sans pareil. Depuis la cour de la petite école quand ses camarades se moquaient de lui parce qu'il ne savait ni ne voulait jouer au ballon-chasseur, ou au baseball, ou au hockey. Avec les journalistes ou avec les membres de l'Assemblée nationale, il a toujours été un brillant débatteur, capable de confondre ou de flouer ses adversaires les plus coriaces, mais lorsqu'on s'en prenait à sa personne, il ne répliquait jamais, laissant courir les plus folles et les plus blessantes rumeurs à son sujet. « Le temps arrange tout », disait-il.

Et s'il fallait à tout prix cogner (ça arrive, en politique), il s'arrangeait toujours pour que ce soit quelqu'un d'autre qui porte les coups. Les « jobs de bras », ce n'était jamais pour lui. Dans cette affaire de hotdogs, il a laissé Trudeau s'enfoncer. Celui-ci qui, dans une telle situation, n'aurait certes pas agi ainsi, devait avoir l'impression d'avoir frappé dans le vide. Comme dira le député péquiste Jean Garon, lorsqu'il dirigera la commission de l'économie et la commission de l'aménagement: « Bourassa, c'est comme un *marshmallow*, tu fesses dessus, il reprend sa forme. Ça devient mauditement fatigant. »

Quelques jours après l'incident, Trudeau faisait parvenir un mot d'excuse à Bourassa. Mais la guerre entre le premier ministre du Québec et celui du Canada n'était pas terminée. Même quand il sera dans l'opposition et même quand il aura pris sa retraite, Trudeau va s'acharner à couler tous les projets de Bourassa. Ces deux hommes avaient des conceptions diamétralement opposées du Canada, de la politique, de la vie et du savoir-vivre.

La défaite

Un soir de printemps en 1976, à l'heure de l'apéro, Robert Bourassa s'est présenté au Press Club, qui logeait alors à l'hôtel Mont-Royal, rue Peel, ce qui stupéfia les journalistes présents. C'était sans doute la première fois de toute l'histoire du Press Club qu'un premier ministre entrait ainsi chez eux, sans avoir été invité.

Pendant une grosse heure, il a devisé avec les journalistes, comme s'il était l'un d'entre eux, fier de l'émoi qu'il créait, curieux de connaître l'opinion de ces hommes et de ces femmes qui, comme lui, se passionnaient pour la chose publique.

Personne ne lui a parlé de l'affaire pourtant récente du hotdog, qui avait déjà fait couler beaucoup d'encre. Mais il fut longuement question du dossier olympique et du projet de loi 22 qui, bien que sanctionné depuis près de deux ans, était encore l'objet de vives discussions et de fréquents affrontements entre anglophones et francophones. Quand on a abordé le sujet du rapatriement de la Constitution, il a laissé entendre que cette question, bien que fondamentale, l'ennuyait et l'embêtait beaucoup. Un journaliste anglophone lui a alors demandé s'il était prêt à faire certaines concessions pour qu'on puisse passer à autre chose. Bourassa a répondu que son devoir était de s'assurer d'abord et avant tout que la place qu'occupait le Québec au sein de la Confédération canadienne garantissait sa souveraineté culturelle. Mais il a ajouté que, lorsqu'on est élu et payé pour gouverner un pays, on ne devrait pas passer ou perdre son temps à faire des débats qui n'en finissent plus et ne mènent nulle part.

Depuis la réélection de Trudeau, à l'été de 1974, il savait bien que tôt ou tard cette question de rapatriement s'imposerait de nouveau et prendrait toute la place, toutes ses énergies, tout son temps. Il y pensait et il en parlait tous les jours avec sa femme, avec Jean-Claude, Charles, Ronald, avec ses ministres Castonguay, L'Allier. Lors de la conférence de Victoria, en 1971, Trudeau dirigeait un gouvernement minoritaire. Mais depuis, grâce aux 60 sièges que lui avait donnés le Québec aux dernières élections fédérales, il était largement majoritaire. Le rapport de force n'était plus le même. Les libéraux de Bourassa étaient majoritaires, eux aussi, mais ils étaient au pouvoir depuis plus de trois ans et certaines de leurs politiques étaient fortement contestées. On allait devoir jouer dur. Et être intraitable sur certains dossiers, comme celui de la langue, de la souveraineté culturelle, de l'immigration.

Bourassa a fait, ce soir-là, fort bonne impression auprès des journalistes du Press Club. Quand il est parti, il leur a indiqué qu'ils auraient, au cours des prochains mois, de nombreux sujets d'inspiration. L'été de 1976 a en effet été très chaud. Et l'automne, plus encore.

Bourassa avait sauvé les Jeux olympiques, que la reine Élisabeth II est venue inaugurer le 17 juillet. À cette occasion, il a invité son coiffeur, Bernard Marty, la femme et les parents de celui-ci venus d'Europe dans la loge qu'il partageait avec la reine, le prince de Galles, les princes Andrew et Edward. Montréal était en fête ce jour-là. Il faisait magnifiquement beau. En politique, cependant, des nuages menaçants se pointaient à l'horizon.

Le gouvernement libéral de Pierre Elliott Trudeau avait décidé au début de l'été d'imposer l'usage exclusif de l'anglais dans l'espace aérien québécois, sous prétexte que l'utilisation du français présentait une menace pour la sécurité des passagers. L'Association des gens de l'air du Québec a vivement protesté. Le Parti québécois s'est habilement porté à sa défense. La population s'est mobilisée.

Puis le fédéral, sans avoir consulté Québec, a abaissé les quotas de production de lait, ce qui a provoqué la colère des populations rurales, lesquelles, soulevées par les forces péquistes, reprochaient à Bourassa de ne rien faire pour contrer cette décision inique.

De plus, les anglophones avaient toujours le projet de loi 22 sur le cœur. Et ils manifestaient ouvertement leur opposition aux politiques nationalistes de Bourassa et l'aversion de plus en plus forte qu'ils ressentaient pour le Québec. En septembre, au tournoi international de hockey de la Coupe Canada, au Maple Leaf Gardens de Toronto, le public a hué les annonces bilingues. Les Québécois, humiliés et blessés, éprouvaient beaucoup de ressentiment et sentaient le besoin de faire payer au Canada son arrogance et ses méchancetés. Paradoxalement, ils considéraient toujours que Bourassa, qui avait édicté cette loi sur la langue officielle qui brimait et choquait tant les anglophones, n'était pas encore allé assez loin.

Tout cela jouait en faveur du Parti québécois qui, pour un grand nombre de la population, était le seul défenseur du vrai nationalisme québécois, de la culture et de la langue.

Bourassa, en cette fin d'été de 1976, était donc pris, comme on dit en anglais, *between a rock and a hard place*. Il y avait alors, et il y a toujours, deux grands projets politiques au Québec, deux grands chantiers toujours recommencés. Celui de la souveraineté pure et simple ; et celui, plus ancien, qui propose ou promet ou espère trouver avec l'ensemble du Canada un *modus vivendi* satisfaisant, qui permette aux Québécois de s'épanouir culturellement, tout en ayant un niveau de vie convenable.

L'existentielle question de la place du Québec au sein de la Confédération canadienne constituait donc la grande discussion que Bourassa avait et avec Lévesque et avec Trudeau. Ni l'un ni l'autre n'étaient d'accord avec lui. Et pour des raisons diamétralement opposées. De même, Anglais et Français étaient braqués contre la Loi sur la langue officielle. Il avait tenté, avec cette loi, de réaliser la quadrature du cercle. Voulant plaire à tout le monde ou, à tout le moins, ne déplaire à personne, il a fait l'unanimité contre lui.

En septembre, le tout nouveau premier ministre travailliste du Royaume-Uni, James Callaghan, est venu au Québec. Bourassa l'a reçu à déjeuner au lac à l'Épaule, dans Charlevoix. Callaghan l'a alors informé que Westminster n'avait aucune raison de s'opposer au rapatriement unilatéral de la Constitution si le Parlement fédéral canadien en faisait la demande. Bourassa savait que Trudeau, obsédé par cette idée de passer à l'histoire comme l'homme qui aurait créé le Canada moderne, reviendrait à la charge et profiterait de la prochaine occasion pour agir en imposant, à peu de choses près, les mêmes conditions qu'à Victoria, c'est-à-dire sans donner au Québec les pouvoirs spéciaux qu'il réclamait (sur la langue, la culture, l'immigration, entre autres) et sans lui accorder le statut de société distincte.

Considérant qu'il lui fallait un mandat très fort pour affronter Trudeau au cours des prochaines années, Bourassa décida alors de déclencher des élections qui lui seront fatales.

La conjoncture pourtant lui paraissait bonne. Les Jeux olympiques, qu'il avait sauvés du désastre, avaient créé une grande euphorie au sein de la population québécoise. Quelques mois plus tôt, le sénateur américain Ted Kennedy, que Bourassa avait reçu chez lui, à Outremont, avait publiquement laissé connaître son admiration pour le système de sécurité sociale mis en place par les libéraux. Du côté de la Baie-James, tout se passait bien ; les autochtones étaient satisfaits de l'entente qu'ils avaient signée avec le gouvernement du Québec. À la mi-septembre, sous l'œil des caméras, Bourassa avait remis au président de l'Association des gens de l'air un chèque de 25 000 dollars pour aider à imposer le français dans le ciel québécois ; les péquistes ne pouvaient plus prétendre qu'ils étaient les seuls à défendre la culture et la langue.

Et justement, raison de plus pour déclencher des élections, le PQ était en crise. Une fronde sévissait contre René

Lévesque qui, selon certains membres de son caucus, négligeait ses fonctions de chef du parti, préférant «jouer au journaliste et faire de la télé ». Claude Charron avait même fait une sortie publique particulièrement violente contre son chef, le qualifiant de «vieux stock fini». Lors d'une réunion du caucus dans une auberge des Cantons-de-l'Est, Lévesque a sévèrement rabroué Charron.

La tenue d'élections générales fut donc annoncée. Mais pas exactement comme les stratèges libéraux l'avaient prévu. Leur idée était de faire connaître la nouvelle au moyen d'une cassette qu'ils distribueraient aux médias au moment jugé opportun. Bourassa s'est donc rendu dans un studio de radio de Québec, où il a enregistré un court message dans lequel il affirmait qu'il déclencherait des élections sur le thème du rapatriement. «Nous allons dire non à la proposition de rapatriement unilatéral de Pierre Elliott Trudeau. »

Les journalistes détestaient les «cassettes à Bourassa», qui leur donnaient l'impression d'être traités avec mépris et confinés au rôle ingrat de courroies de transmission. On prétendait leur donner une matière toute prête qu'ils n'avaient en principe qu'à diffuser. Ce fut là une première erreur de la part des libéraux : s'être mis à dos les journalistes qui, par ailleurs, adoraient discuter avec Bourassa lorsqu'ils avaient la possibilité de le rencontrer.

Mais en plus, avant même que la fameuse cassette leur soit distribuée et que le déclenchement des élections soit officiellement annoncé, un journaliste de Radio-Canada en eut une copie et se présenta à l'émission d'information de Bernard Derome. C'est lui qui a annoncé aux Québécois que des élections générales se tiendraient le 15 novembre. Et il a fait entendre des bribes de la cassette qu'avait enregistrée le premier ministre. On a pu alors, connaissant le programme de la campagne, déceler une seconde erreur dans la stratégie libérale.

Croyant prendre Trudeau de court, Bourassa avait décidé de faire campagne sur la Constitution, sujet aride et abstrait qui n'intéressait pas la population, qui ne l'intéressait pas beaucoup lui-même, il l'avait toujours dit. Il s'agissait de sa quatrième campagne électorale, la première qu'il axait sur des thèmes autres que l'économie. Mais il voulait en finir avec cette incontournable question constitutionnelle.

Or, on n'en parlera à peu près jamais pendant la campagne. Le débat se fera ailleurs, sur des thèmes imposés dès les premiers jours par le Parti québécois, qui a ainsi pu prendre l'initiative et donner le ton. Dès l'annonce prématurée des élections, le parti de René Lévesque avait oublié ses querelles intestines et s'était rallié unanimement derrière son chef.

La colonie artistique, la gent journalistique, l'intelligentsia québécoise étaient ostensiblement en faveur du Parti québécois. Pierre Bourgault, qui avait étudié avec Bourassa à Brébeuf et qui, malgré leurs divergences idéologiques, entretenait des liens d'amitié avec lui, signait, dans le numéro d'octobre du magazine *Nous*, un papier vitriolique. « La marionnette Robert Bourassa a *choisi* de n'avoir rien à dire et de ne rien dire, elle a *choisi* d'être médiocre et insignifiante, elle a *choisi* d'être simpliste à l'excès et de faire passer la raison de la tête au pied. »

Bourassa a compris assez tôt que c'était perdu. La grogne entonnée par les anglophones et le Parti québécois s'était propagée partout, dans toutes les sphères de la société québécoise. On ne voulait plus de lui. Même à l'intérieur de son propre parti, même dans son propre comté de Mercier. Quand il faisait du porte-à-porte avec Andrée, des gens leur claquaient la porte au nez, l'accusant de tous les malheurs que connaissait le Québec. Il restait calme ; Andrée, elle, était chaque fois bouleversée.

À l'issue d'un débat télévisé, au début de novembre, il est resté un moment en studio à bavarder avec l'animateur, Marc Laurendeau, à qui il avoua, bien candidement, que la campagne était très dure et qu'il ne parvenait pas à imposer ses thèmes et son rythme.

Même le très fédéraliste éditorialiste en chef du *Devoir*, Claude Ryan, si entiché de lui en 1970, considérait que l'élection du Parti québécois serait « un choc salutaire pour le Canada anglais » devenu trop arrogant. Ses éditoriaux du

11 et du 12 novembre 1976, le jeudi et le vendredi précédant les élections, étaient très nettement favorables au parti indépendantiste.

Le navire libéral prenait l'eau de toutes parts. Le député de Westmount, George Springate, continuait de déblatérer contre son propre parti et surtout contre son chef sur les ondes de CJAD. De fidèles députés libéraux, nationalistes, francophones, considéraient également que Bourassa avait commis de graves et irréparables fautes stratégiques en les engageant au mauvais moment dans cette campagne, mal préparée et mal dirigée.

D'habitude, pendant une campagne électorale, les candidats sont heureux d'accueillir le chef du parti dans leur comté. En 1976, les candidats libéraux préféraient ne pas être vus en compagnie de Bourassa. En quelques semaines, il était devenu un chef presque unanimement contesté. Il le savait fort bien. Quelque chose lui avait échappé. Il analysait la situation froidement, cliniquement, avec une sorte de détachement et d'objectivité qui étonnaient ses proches et les membres de son cabinet. Et sa femme, qui le connaissait pourtant mieux que personne. Il ne semblait jamais vraiment affecté, jamais ébranlé émotivement. «Robert contrôlait ses émotions avec énormément de force et de volonté, disait Andrée. Peut-être au détriment de quelque chose d'autre. Peut-être qu'il avait peur de se laisser aller, de laisser paraître ses sentiments ou ses faiblesses.» Il restait donc impliqué dans la campagne, ne refusait aucune rencontre, même avec des groupes susceptibles de le contester rudement. Il croisait partout des organisateurs inquiets. Il remerciait poliment les quelques militants qu'on avait pu réunir, leur parlait des valeurs libérales et leur répétait que le Québec avait tout intérêt à conserver le lien fédéral.

Le 22 octobre, pris d'une grippe carabinée, il s'est rendu à Matane, le comté de Marc-Yvan Côté, où il a participé à une réunion plutôt discrète. Personne n'avait voulu d'une grande assemblée, comme on faisait d'habitude lorsqu'un premier ministre venait appuyer un de ses députés. Il a su plus tard que Côté l'avait reçu par pitié et au grand dam de ses organisateurs, qui avaient tout fait pour cacher Bourassa. Dans cette campagne, il était devenu un indésirable, une force négative. D'autres députés ont carrément refusé qu'il se rende dans leur comté ; dans son propre parti, on se détournait de lui, on le fuyait.

Le surlendemain, le dimanche 24 octobre, il participait avec René Lévesque à un débat à CKAC. Le matin, Andrée était venue voir son mari au Reine Elizabeth, où il dormait pendant la campagne électorale. Elle lui avait apporté des pyjamas et des maillots de corps, des chemises. Il était encore très grippé, tout en sueur et frissonnant, il avait la voix enrouée.

À midi et quart, il allait affronter son cher vieil ennemi, René Lévesque, sur les ondes de Télémédia. Un débat très attendu, que 28 stations de radio diffuseraient dans tout le Québec. Il se doutait bien qu'il allait perdre ses élections. Les sondages et les stratèges du parti le lui avaient clairement dit et répété. Et de partout en province lui parvenaient de catastrophiques rumeurs. Il tenait tout de même, malgré la grippe dont il était affligé, à faire bonne figure dans ce débat. Il connaissait parfaitement ses dossiers. S'il réussissait à entraîner Lévesque sur le terrain de l'économie, il n'en ferait qu'une bouchée. Ça ne changerait peut-être pas les résultats du scrutin ; Lévesque était lui aussi un très fin renard et il avait depuis longtemps l'habitude des micros. Mais au moins Bourassa ne sortirait pas davantage amoindri de ce débat radiodiffusé aux quatre coins de la province.

Il allait descendre de la limousine, devant les studios de CKAC, rue Metcalfe, quand il a aperçu *Le Journal de Montréal* qui traînait sur le siège avant. Il l'a feuilleté rapidement. On parlait à la une de ce débat auquel il serait bientôt mêlé. Puis il a trouvé son horoscope et a failli pouffer de rire : « Profitez de cette journée pour vous détendre et vous reposer. Confiez vos ennuis à vos amis, vous trouverez auprès d'eux un réconfort certain. » Or, il lui semblait ce jour-là qu'il avait bien peu d'amis susceptibles de le réconforter. Un parti politique est souvent sans cœur. Il exclut vite ceux qui pourraient lui nuire ou qui ne peuvent pas l'aider à atteindre ses objectifs. Pour beaucoup de fervents militants, il était désormais plus urgent d'éviter le naufrage du parti que d'appuyer son chef.

Robert Bourassa ne se préparait pas pour un débat en potassant ses dossiers. Ses dossiers, il les possédait déjà, il les avait appris par cœur et par plaisir, comme d'autres mémorisent des poèmes. Il cherchait plutôt la petite bête ou l'éléphant blanc dans les promesses que ses rivaux faisaient. Ce matin-là, il avait téléphoné à Jean Masson et lui avait demandé de lui trouver entre quels pays le Québec aurait son siège si jamais il entrait aux Nations unies. Masson était allé fouiller dans le *Quid* et lui était revenu en disant que le Québec serait entre le Qatar et la République arabe libyenne, deux pays à peu près inconnus des Québécois. Bourassa voulait ainsi ironiser et minimiser l'importance d'être un pays indépendant et d'avoir un siège à l'ONU, ce qui faisait rêver bien des gens du côté du Parti québécois, que tous les sondages donnaient maintenant en avance sur les libéraux. C'est donc dans un état d'esprit inquiet, de surcroît tremblant de fièvre, que Bourassa est entré à CKAC pour participer au débat avec Lévesque.

Dès le début, le chef péquiste a durement attaqué le Parti libéral en parlant de corruption et de « scandale général ». Il a été déstabilisé quand Bourassa lui a dit : « Citez-moi un cas de corruption. » La phrase, reprise en gros titre par les journaux, est restée célèbre. Lévesque n'avait su que répondre. La commission Cliche et la CECO avaient bien sûr accusé le premier ministre d'avoir manqué de fermeté, elles avaient admis que certains éléments de son gouvernement avaient eu, au début des années 1970, des rencontres avec des gens haut placés dans la mafia, mais on n'avait nulle part trouvé trace de corruption ou de favoritisme. Lévesque savait bien, par ailleurs, que l'affaire Paragon était un pétard mouillé.

Bourassa a pensé à son tour désarçonner son adversaire en lui demandant comment le Parti québécois pensait pouvoir diriger une province alors qu'il n'avait même pas pu sauver *Le Jour*, qui avait cessé de publier quelques mois plus tôt à la suite de difficultés financières et de conflits idéologiques entre les journalistes et la direction du parti. Mais Lévesque, lui, a eu la présence d'esprit de rappeler la faillite de *La Réforme*, le journal du Parti libéral du Québec de 1955 à 1967. Bourassa à son tour est resté un moment bouche bée.

On a dit, presque unanimement, que Lévesque était sorti vainqueur de ce débat. Il avait alors le vent dans les voiles. Son parti était vierge, sans tache, tout neuf, prometteur. Et même si, comme quelques partisans de plus ou moins mauvaise foi l'ont soutenu, c'était Bourassa qui avait remporté ce débat, il était trop tard. Les jeux étaient faits.

Au cours des jours qui ont suivi, conscients que le Parti libéral donnait de la bande et qu'ils allaient perdre les élections, Bourassa et ses stratèges ont demandé au directeur de l'information de CKAC, Pierre Béland, d'organiser un autre débat. Bourassa lui-même l'a appelé depuis une cabine téléphonique, alors qu'il se trouvait sur la route entre Québec et Montréal. Béland a communiqué avec Lévesque qui, n'ayant rien à gagner d'un nouveau débat, a décliné.

Bourassa s'est quand même battu jusqu'à la dernière minute ; la veille et l'avant-veille des élections, il a visité pas moins de 15 comtés.

Le 15 novembre au soir, il est allé nager à la piscine du collège Notre-Dame. Il a demandé à son assistant, Caroll O'Keefe, de lui prêter quelques billets de 20 dollars. Suivi de ses deux gardes du corps, il a traversé à pied le chemin de la Reine-Marie et s'est rendu à l'Oratoire. Il a erré un long moment dans ce grand espace tranquille. Il a fait brûler un lampion pour lequel il a payé le gros prix. Il savait alors, sans l'ombre d'un doute, qu'il avait perdu.

Déjà, une heure plus tôt, quand il était sorti de la piscine, son fils François, qui avait entendu les premiers résultats à la radio de la voiture de la Sûreté du Québec, lui avait annoncé que six péquistes étaient rentrés ; et que deux libéraux étaient en avance. « Alors c'est fini, vraiment fini », lui avait dit son père.

Il est redescendu au collège, où il a rejoint son principal organisateur électoral, le grand Jean Prieur, dans le minuscule bureau du portier, autrefois occupé par le frère André. Prieur était effondré, incapable de parler. Bourassa restait serein. Ils avaient du temps. Même s'il savait que les jeux étaient faits, ce ne serait pas avant 22 ou 23 heures qu'il devrait faire son discours de défaite. Il s'aperçut qu'il l'avait en tête depuis plusieurs jours. Il s'est rendu avec O'Keefe et Prieur à Saint-Bruno, chez sa sœur Marcelle, où se trouvait sa mère. C'était pour elle surtout qu'il était là, pour la préparer, pour lui dire qu'il allait perdre et que ce n'était pas grave, que la vie continuait.

Quand la limousine à bord de laquelle il voyageait, partie du collège Notre-Dame, avait descendu lentement le chemin de la Côte-des-Neiges et emprunté la rue Sherbrooke en direction du pont Jacques-Cartier, le premier ministre déchu avait vu des gens en liesse dans les rues.

Plus tard, après avoir rassuré sa mère, il s'est rendu au Reine Elizabeth, où l'on avait réservé une grande suite dans laquelle l'attendait Charles Denis. Rivest est arrivé un peu plus tard. Puis Andrée, François et Michelle. On commençait à ce moment à mesurer l'ampleur de la défaite, que personne n'avait crue jusque-là si grande. C'était la débandade. Bourassa lui-même avait été défait dans Mercier par un poète charmant et engagé, mais sans expérience politique, Gérald Godin. Il semblait abattu. Mais quand il a entendu la voix de sa fille Michelle, dix ans, qui entrait dans la suite, il s'est ressaisi, il a pris un ton enjoué, il est allé vers elle et l'a prise dans ses bras. Pour rien au monde il n'aurait voulu que ses proches le voient malheureux.

Avec Rivest et ses gardes du corps, il est allé rencontrer les médias, de studio de radio en studio de télévision. Il a fait toutes les entrevues sollicitées, commentant, comme si c'était arrivé à un autre, le naufrage qu'il venait de vivre. « Il vient de perdre et il ne peut s'empêcher de faire de l'analyse politique », disait Rivest aux journalistes qu'ils croisaient.

En entrant à Télé-Métropole, ils ont croisé Lise Bacon, qui venait elle aussi d'être défaite dans le comté de Bourassa.

Elle s'est jetée dans ses bras et s'est mise à pleurer. Il lui a parlé doucement. Il lui a dit : « Un jour, je redeviendrai premier ministre et tu seras ministre. »

C'était, elle le réalisait, une promesse plus incroyable encore que celle qu'il lui avait faite en 1967, ce jour où ils étaient allés ensemble en Abitibi, alors qu'il n'était encore qu'un petit député de peu d'expérience politique, et elle, présidente de la Fédération des femmes libérales. Il lui avait dit alors : « Un jour, je serai élu premier ministre. Et tu seras ministre. » Elle l'avait cru. Elle le croyait encore. Robert Bourassa ne pouvait être autre chose que premier ministre. Ainsi, elle lui a répondu : « Oui, je serai avec toi. »

Ce soir-là, dans son discours de défaite et dans les entrevues qu'il a accordées aux médias, Robert Bourassa a lancé un appel au calme. Il savait que les milieux d'affaires seraient terriblement traumatisés par l'accession au pouvoir d'un parti souverainiste. Lui-même, dans sa campagne, avait sillonné le Québec à bord d'un car sur le flanc duquel on pouvait lire en grosses lettres « Non aux séparatistes ».

Au centre Paul-Sauvé, où il fut accueilli en héros, René Lévesque a dû faire taire ses partisans en liesse, qui s'étaient mis à huer et à siffler en entendant le nom de Bourassa. Il a rappelé que celui-ci avait été très digne dans la défaite.

Pendant ce temps, le premier ministre défait arrivait à la permanence du Parti libéral, rue Gilford, où l'attendaient, agressifs et injurieux, des syndiqués d'Hydro-Québec désireux de renouveler leur convention collective. Tous les bénévoles et la majorité des membres de son personnel politique avaient déjà quitté les lieux. Il n'avait plus ses gardes du corps, ni son chauffeur. Il a appelé Jean Masson pour lui signaler qu'il irait quand même rencontrer et remercier son comité électoral dans Mercier. Masson a bien été obligé de lui dire : « Donne-toi pas cette peine-là, Robert, y a plus personne, tout le monde est parti. »

Le lendemain de la défaite, Jean Prieur et Jean Masson sont allés manger avec leur chef pour discuter de l'avenir. Bourassa leur a annoncé qu'il allait démissionner, ce qui n'a surpris personne. Il a dit aussi qu'il avait un plan. Il irait en

Europe étudier et si possible enseigner. Et après ? Après, il reviendrait. Ça non plus, ça n'a surpris personne.

Pour certains membres de l'entourage de Bourassa, c'était la catastrophe. Plusieurs allaient certainement se retrouver sans emploi. Tous perdaient énormément de prestige. Ce qu'on appelle le « pouvoir ». Bon nombre en voulaient au chef, qu'ils tenaient, non sans raison, responsable de la défaite. Plusieurs, dont Raymond Garneau et Jean-Paul L'Allier, avaient manifesté leur désaccord quand, deux mois plus tôt, Bourassa avait parlé de déclencher des élections. Mais il avait fait à sa tête. Il avait tenu des élections, alors qu'on lui disait que la situation économique n'était pas très bonne. Il y avait cette grève à Hydro-Québec, beaucoup de mécontentement chez les anglophones, des rumeurs ou des inventions de scandales utilisées par l'opposition. Et le Parti libéral avait un slogan négatif : « Non aux séparatistes », ce qui n'est jamais bon. Or, les péquistes n'avaient pas fait la campagne sur la souveraineté ou la séparation. Leur slogan et leur thème principaux étaient infiniment plus pertinents que ceux des libéraux : « Un bon gouvernement », tout simplement. Bourassa avait, cette fois, manqué de flair. Il croyait avoir enlevé de l'air au PQ en mettant de l'avant la question constitutionnelle ; cependant, le PQ a parlé d'économie, de gouvernance.

Quant aux jeunes, ils n'en avaient plus que pour le Parti québécois. En 1970, Bourassa les avait courtisés avec beaucoup de succès. En 1976, les choses avaient changé ; étudiants ou ouvriers, les jeunes n'aimaient pas beaucoup le Parti libéral. La grande mode, surtout chez les étudiants, c'étaient les discours, les projets, les visions de René Lévesque, de Claude Charron, de Jacques Parizeau, de Camille Laurin. Ceux qui optaient pour le Parti libéral le faisaient souvent envers et contre le mouvement de masse, contre l'élan populaire. Il y avait donc chez eux une ferveur très grande. Ils ne suivaient pas le mouvement, ils militaient, ils s'impliquaient. Mais ils étaient de moins en moins nombreux.

Les anglophones avaient également déserté le parti. Pour la première fois de son histoire, le Parti libéral, vieux de plus d'un siècle, avait perdu leur appui. À cause du projet de loi 22 exclusivement. Ils ont manifesté leur désapprobation en votant massivement pour l'Union nationale, un parti moribond, vidé de ses valeurs et de ses idées par le Parti québécois. Bourassa s'attendait à la défection d'une partie des anglophones. Analysant le vote, il concluait qu'ils avaient eu tort, qu'ils avaient mal joué. « Ce sont des kamikazes, disait-il. Ils ont coulé le Parti libéral, leur parti. »

En fait, Bourassa connaissait mal le Canada anglais. Il ne comprenait pas et ne cherchait pas particulièrement à saisir sa mentalité, ses réticences. Il n'a jamais eu beaucoup de relations à l'ouest d'Outremont, le quartier de la bourgeoisie francophone. Aucun ami. Il a eu beaucoup de respect pour ses ministres anglophones, John Ciaccia, Clifford Lincoln, Herbert Marx. Il les respectait, il leur faisait confiance. Mais parce qu'ils étaient de bons politiciens. À ses yeux, les vrais politiciens appartenaient à une classe supérieure, quels que soient leurs allégeances, leurs intérêts, leur langue, leur culture ou leur race. Ailleurs, dans le monde intellectuel ou le monde des affaires anglophones québécois, il n'avait aucun lien. Lévesque en avait infiniment plus ; les Anglais ne votaient pas pour lui, mais ils l'aimaient bien.

Dans ses discours, Bourassa se contentait souvent d'une phrase passe-partout qu'il servait aux anglophones, quelque chose comme : « *Canadian federalism is the best choice for Quebec.* » Puis il revenait au français. En fait, c'était toujours aux Québécois francophones qu'il s'adressait. Même quand il parlait anglais. Il leur disait dans cette langue ce qu'ils avaient moins envie d'entendre dans la leur.

Jean-Claude Rivest lui faisait parfois remarquer : « Ce que tu fais aux anglos du Québec, c'est ce qu'on reproche aux anglos du Canada de nous faire. Tu les ignores. C'est le même mépris, au fond. » Ce à quoi Bourassa répondait évasivement, en haussant les épaules. La réalité était qu'il ne se sentait pas à l'aise avec eux. Il ne les comprenait pas vraiment. Il a d'ailleurs très mal évalué leur réaction au projet de loi 22.

Sa défaite a été plus cinglante que celle qu'avait subie Jean Lesage en 1966. En novembre 1976, les libéraux de Bourassa n'ont recueilli que le tiers des votes; ils n'ont conservé que 26 des 102 sièges qu'ils détenaient à l'Assemblée nationale depuis 1973; le Parti québécois, qui n'en comptait que 6 avant les élections, en alignait désormais 71. C'était le triomphe incontestable des souverainistes sur les fédéralistes, des rêveurs sur les réalistes, des poètes sur les technocrates sans âme.

Robert Bourassa devait repenser sérieusement son avenir. Mais comme d'habitude, il avait déjà tout prêt un plan B. Et, au cas où, un plan C.

Le départ

Quatre jours après l'élection, Bourassa annonçait publiquement son départ. Il n'était plus premier ministre, ni même député. On ne voulait plus de lui, pas même dans le Parti libéral, dont il était membre depuis l'âge de dix-sept ans, depuis 1949, l'année de la mort de son père.

L'ingénieur Guy Saint-Pierre, qui avait occupé plusieurs ministères dans son gouvernement et l'a souvent conseillé pendant l'aventure de la Baie-James, a gardé un souvenir troublant du conseil des ministres qui a suivi la grande défaite. Bourassa était imperturbable. « À tel point que je me demandais s'il y avait du sang chaud dans cet être-là. Il nous a dit, d'une voix neutre, bonjour et merci. Puis il est parti, sans un mot de regret ou de réconfort, sans nous serrer la main. »

Un an plus tard, à Bruxelles, le journaliste Raymond Saint-Pierre, qui faisait avec l'ex-premier ministre une entrevue-fleuve, lui rappellera que, le 29 octobre 1973, il n'avait pas l'air très joyeux, alors qu'il venait de remporter une éclatante victoire : « J'avais appris à contrôler mes émotions comme chef du gouvernement, lui répondit Bourassa. J'ai réagi froidement à la victoire des 102, un peu comme j'ai réagi à une défaite assez importante le 15 novembre 1976. J'ai accepté la défaite avec sang-froid, puisque j'avais accepté une victoire sans précédent avec sobriété. »

Il était évidemment très déçu de cette défaite, très humilié d'avoir été battu dans sa circonscription, mais pour lui, la grande peine était de se sentir responsable de la déroute de son parti, de subir publiquement l'humiliation du capitaine qui a mené son bateau sur un écueil, où il s'est fracassé et a coulé. Il savait que beaucoup de membres de son caucus lui en voulaient.

Jean-Claude Rivest a été le dernier libéral à sortir du Bunker, le jour du grand déménagement et de la passation des pouvoirs. Bourassa lui avait demandé de rester pour faire faire le tour des lieux aux nouveaux élus. En conférence de presse, Bourassa avait avoué qu'il savait depuis plusieurs jours qu'il allait perdre ses élections; Lévesque, lui, a dit qu'il se doutait bien que le Parti québécois ferait des gains importants, mais pas au point de faire de lui un premier ministre.

Accompagné de Louis Bernard, son chef de cabinet, René Lévesque est entré dans le Bunker désaffecté, cigarette au bec, bottes aux pieds, imperméable fripé et mouillé par la pluie de novembre. Il est venu s'asseoir devant le bureau où se trouvait Rivest, à qui il a déclaré, avec un gros soupir : « Dans quoi je viens de m'embarquer, dis-moi ? Je suis pogné avec des génies qui connaissent tout, à qui on ne peut rien apprendre. Et y en a pas un qui a déjà été ministre. »

Puis il s'est informé de Bourassa. Celui-ci lui avait confié, quelques jours plus tôt, qu'il était évidemment très déçu, mais qu'il comptait se ressourcer et se refaire. « Je crois pouvoir être encore utile au Québec, en politique ou ailleurs. La seule chose qui me rassure, c'est que c'est vous qui serez premier ministre. »

Lévesque a dit à Rivest qu'il n'était pas en peine pour Bourassa. « C'est un homme capable de rebondir. Il est encore jeune. Et il a beaucoup de ressources. Je le vois très bien enseigner. Je le vois très bien étudier aussi. Et qu'il revienne un jour en politique, je serais pas du tout surpris. »

Un simple citoyen

Robert Bourassa avait, en la personne de Paul Desmarais, un très précieux allié. Pourtant, il avait plusieurs fois contrecarré ses plans. Il s'était opposé, à l'été de 1973, à l'achat par Power Corporation, l'entreprise du richissime homme d'affaires, du quotidien *Le Soleil* de Québec. C'était juste avant qu'il ne déclenche les élections qui allaient lui donner 102 députés, et il ne voulait pas s'aliéner le grand public ni se mettre à dos la Fédération professionnelle des journalistes du Québec. Et il croyait par ailleurs que la concentration de la presse était contraire aux valeurs sociales-démocrates.

À la même époque, Power Corporation avait projeté de vendre l'île d'Anticosti à deux hommes d'affaires américains. Mis au courant de ce projet par son beau-frère, Claude Simard, alors ministre de l'Industrie et du Commerce, Bourassa s'était de nouveau opposé. Pas question de vendre ce joyau à des Américains. Paul Desmarais était resté poli, compréhensif, il avait continué de le conseiller, de lui ouvrir des portes donnant accès aux milieux de la haute finance d'Amérique et d'Europe. Il n'aurait plus l'occasion de le faire. Ni même le pouvoir de le faire, même s'il lui conservait son amitié, même s'il l'avait appelé au lendemain de sa défaite. Que peut un homme d'affaires, si puissant soit-il, pour un politicien que le peuple a congédié?

Le silence était tombé, lourd, froid, hostile. Pour la première fois depuis qu'il était entré en politique, Robert Bourassa a passé des heures, des jours sans recevoir un seul appel téléphonique. Les gens de pouvoir ne cherchaient plus à le rencontrer. Pourquoi l'auraient-ils fait? C'était le premier ministre qu'ils appelaient, pas Robert Bourassa. Qui était Robert Bourassa, au fait? Un simple citoyen, quarante-trois ans, sans pouvoir, sans emploi, marié, père de deux enfants. Il avait réalisé son rêve d'enfance et de jeunesse, il était devenu premier ministre du Québec. Et il ne l'était plus. Le seul et unique rêve de sa vie était bel et bien terminé.

Mais il y avait une si parfaite et si profonde adéquation entre cette fonction et sa personne qu'il aurait eu l'impression, n'étant plus premier ministre, de ne plus exister s'il s'était soumis à son sort. Il n'avait d'autre choix que de tout faire pour redevenir premier ministre. Il s'est donc accroché à tout, il a ramassé chaque miette de tous les indices, même très lointains, chaque parcelle de semblant de preuve qui pouvait lui permettre de croire qu'un retour était possible.

À la fin de novembre, Andrée et lui sont partis en Floride, où ils venaient de s'acheter un appartement sur le front de mer, à Bal Harbour, un chic quartier juste au nord de Miami. Quelques amis les y ont rejoints. Au cours des jours suivants, sur la plage et dans les restaurants qu'ils fréquentaient, ils croisaient parfois des Québécois qui venaient dire à l'ex-premier ministre qu'ils ne comprenaient pas qu'il ait été défait, qu'ils avaient voté et voteraient encore pour lui, s'il se présentait de nouveau. Robert souriait d'aise, voyant dans ces témoignages la preuve que le Québec voulait encore de lui, et qu'un retour était possible. Non seulement il le pensait, mais il le disait.

Personne autour de lui n'osait rappeler à cet homme blessé que les Québécois qui passaient l'hiver à Bal Harbour n'étaient pas très représentatifs. Ils étaient riches, vieux, oisifs et inconditionnellement libéraux. Il n'y avait pas de péquistes à Miami; les péquistes allaient à Cuba, en Martinique ou en République dominicaine. Il se serait fait huer, lui, là-bas. Dans un cégep aussi, une université, un aréna ou une usine au Québec. Et même dans les bureaux des puissants avocats et des grandes entreprises que dirigeaient les anglophones. Mais il voulait croire qu'il n'était pas mort politiquement.

Lui seul ou presque croyait pouvoir ressusciter. Entre eux, malgré toute l'affection qu'ils avaient pour lui, ses amis se disaient qu'il ne pouvait revenir et qu'il fallait trouver une manière de lui enlever cette idée de la tête. Pour le bien du parti, qui passe avant toutes les ambitions personnelles, Robert Bourassa devait tourner la page.

Quelques jours plus tard, de retour à Montréal, il préparait son départ pour Bruxelles. Il eut alors un appel de Brian Mulroney. Tandis que personne au Québec ne tenait à le voir ou, pire, à être vu avec l'ex-premier ministre, Mulroney lui donnait rendez-vous au restaurant Chez son père, avenue du Parc, que fréquentait le gratin médiatique et politique montréalais. Ils ont justement croisé en entrant Jérôme Choquette, qui avait quitté le Parti libéral parce qu'il n'était pas d'accord avec certaines dispositions du projet de loi 22 et qu'il éprouvait un certain ressentiment à l'égard de Bourassa, qui l'avait plusieurs fois désavoué au moment de la crise d'Octobre. Il avait fondé avec Fabien Roy le Parti national populaire, le PNP, qui s'était opposé aux libéraux lors des récentes élections. Il était donc en partie responsable de la défaite de Bourassa. Il était en tout cas de ceux qui lui avaient tourné le dos. L'ex-premier ministre l'a tout de même salué très civilement, presque chaleureusement. Avec sans doute son petit sourire en coin, Choquette ayant lui aussi été battu le 15 novembre dans son propre comté. « Tu es bien bon », lui avait dit Mulroney, qui admirait ce pouvoir qu'avait Bourassa de ne jamais avoir de rancœur ou de désir de vengeance, toujours dangereux en politique.

Quelques mois plus tôt, Mulroney avait lui-même été défait par Joe Clark dans la course à la chefferie du Parti conservateur du Canada. Bourassa, qui l'avait toujours eu en haute estime, lui avait alors fait savoir qu'il pourrait bien lui trouver une place dans le cabinet libéral provincial. Mulroney avait été touché, mais il avait décliné l'offre pour accepter le poste de vice-président exécutif de l'Iron Ore Company of Canada, une filiale de trois aciéries majeures américaines, dont il allait vraisemblablement devenir président avant longtemps. Il gagnait beaucoup plus d'argent que s'il était devenu chef du

Parti conservateur du Canada ; mais Bourassa se doutait bien que son compagnon n'était pas tout à fait dans son élément, pas vraiment heureux. Ils étaient de la même race, tous les deux, ils avaient la politique dans le sang. Il ne pouvait imaginer que Mulroney puisse être comblé loin de ce monde.

Lui-même, Robert Bourassa, ex-premier ministre, avocat, fiscaliste, possédant des connaissances, des relations, des compétences, aurait pu être engagé par un grand bureau d'avocats ou une entreprise financière... « Tu sais très bien que ça ne m'intéresse pas », disait-il à son ami Brian. Et il a ajouté : « De toute manière, la question ne se pose pas : personne ne m'appelle. » Ils ont bien ri tous les deux de sa répartie.

Et Bourassa l'a encouragé : « Tu peux te refaire, toi aussi, si tu veux. Le temps arrange tout, tu vas voir. »

En entendant le « toi aussi » de Robert, Mulroney a compris que, malgré l'énorme opposition qu'on lui faisait de toutes parts, celui-ci avait la ferme intention de redevenir premier ministre du Québec un jour. « J'ai eu alors de l'admiration et de la pitié pour lui. Il avait un Everest à gravir. Et ce midi-là, Chez son père, il était au pied de la montagne. Et tout seul. Il savait fort bien qu'il n'aurait d'aide de personne, en tout cas, pas pour les premiers pas. »

C'était maintenant au tour de Mulroney de consoler son ami Bourassa. Il lui a dit ce jour-là : « Pour ce qui est de moi, je sais pas encore. Mais toi, tu vas te refaire, c'est sûr, tu vas revenir plus fort que jamais. Tu es meilleur qu'eux autres. » « Eux autres », c'était beaucoup de monde. Mulroney en convenait. C'était tous ceux qui ne croyaient plus en Bourassa, ses ministres qui s'étaient détournés de lui, son caucus, les journalistes, le gros de la population francophone et anglophone du Québec.

Les deux hommes ont entrepris ensemble ce que plus tard ils surnommeraient, avec humour et tendresse, leur « traversée du désert ».

Mulroney et Bourassa avaient beaucoup en commun : ils étaient très liants, ils appelaient les gens par leur petit nom, ils étaient très inclusifs aussi... Et ils avaient une conception très proche du fédéralisme canadien, une vision très semblable du Canada et du Québec, des rapports entre les deux. Et un ennemi commun : Pierre Elliott Trudeau.

Mais contrairement à Mulroney, Bourassa ne proférait jamais le moindre propos, pas même en privé, contre Trudeau. Il ne le percevait pas comme un ennemi retors et malveillant, mais comme un adversaire idéologique intelligent.

Quelques jours plus tard, Bourassa partait pour Bruxelles. Il voulait rencontrer là-bas les gens qui étaient en train de créer l'Europe fédérale. Andrée aurait bien aimé partir avec lui. Mais il y avait les enfants, l'école, leurs amis. Ils convinrent qu'elle irait de temps en temps passer quelques jours avec lui.

C'est le beau-frère, Claude Simard, qui est allé conduire Robert Bourassa à l'aéroport de Mirabel. Pendant qu'ils roulaient sur l'autoroute des Laurentides, pas un mot ne fut prononcé. Puis Robert a dit qu'il n'était pas inquiet pour Andrée. « Elle est forte. Mais je sais qu'elle est triste. Et c'est à cause de moi. » Triste, il l'était lui aussi. À cause de sa défaite, mais surtout à cause de la peine qu'il faisait à la femme qu'il aimait, et à sa mère, à ses amis, à ses enfants. Il portait un imperméable beige dont il gardait le col relevé, un foulard rouge noué autour du cou, il semblait plus voûté, plus fragile que jamais. Claude ne l'avait jamais vu porter une valise, ni se présenter, comme tout le monde, au comptoir d'enregistrement. C'étaient ses gardes du corps qui d'ordinaire faisaient ce genre de choses. « As-tu ton billet ? Robert, as-tu ton portefeuille, ton passeport, tes chèques de voyage ? »

Après lui avoir fait ses adieux, Claude est allé garer sa voiture et est revenu dans l'aérogare afin de s'assurer que Robert, qui n'avait pas l'habitude de s'occuper de lui-même, avait su se débrouiller. Il l'a aperçu alors qu'il venait de franchir la barrière de l'immigration. Robert s'est tourné vers lui et l'a salué de la main. Claude a vu qu'il avait les yeux pleins d'eau. On avait dit de lui qu'il était l'homme le plus haï du Québec, il laissait sa femme, ses enfants, ses amis.

Depuis dix-huit ans, Andrée prenait toutes les décisions matérielles dans sa vie. Comment il devait s'habiller, ce qu'il mangeait, où était son bureau dans la maison. Pour la première fois depuis 1958, il vivrait sans elle, sans son appui, ses conseils… « Il avait peur, dit Claude. Je suis sûr qu'il avait peur. Mais il n'hésitait pas. Il avait peur, comme tout le monde qui se retrouve seul. Mais Robert, c'était un gars brave. La peur ne l'a jamais empêché de faire quoi que ce soit. »

Dix minutes plus tard, le téléphone sonnait chez George Boudreault. C'était Robert.

« Où c'est que t'es ?

— À Mirabel.

— T'aurais pu me donner des nouvelles. Je pensais qu'on était des amis, toi et moi, aurais-tu oublié ça ? »

Robert est resté un long moment silencieux. Pendant toute la campagne, il avait utilisé George comme coursier, chauffeur, éclaireur, commissionnaire. Depuis la défaite, il ne lui avait pas donné signe de vie.

« Nos amis, on les traite toujours en dernier, tu le sais bien. » Il avait la voix enrouée.

Puis il a annoncé à George qu'il partait à Bruxelles.

« T'es rendu orphelin comme moi, hein ! C'est pas la fin du monde, tu vas voir. »

Robert promit de lui donner des nouvelles de temps en temps.

« Et tu m'en donneras, toi aussi. »

Il avait demandé à Charles Denis de lui faire des comptes rendus de l'actualité politique du Québec et de lui envoyer par la poste les coupures de journaux susceptibles de l'intéresser. Et il serait bien sûr en étroit contact avec Jean-Claude Rivest qui, resté proche de la haute direction du parti, avait l'intention de se présenter comme député aux prochaines élections.

Le lendemain, en fin d'avant-midi, Paul-André Comeau, le correspondant de Radio-Canada en Europe, recevait justement un coup de fil de Rivest, l'informant que Robert

Bourassa arrivait dans la capitale belge. « Il est pas très en forme, comme tu peux l'imaginer. Peux-tu t'occuper de lui ? »

Rivest a raccroché sans avoir dit à quel hôtel Bourassa était descendu. Comeau savait que, lorsqu'il venait en visite à Bruxelles, du temps qu'il était premier ministre, Bourassa descendait à l'Amigo, un beau vieil hôtel près de la Grand-Place. C'est là que, quelques heures plus tard, il joignit le premier ministre déchu au téléphone. Rendez-vous fut pris pour la fin de l'après-midi du lendemain.

Comeau, qui avait toujours vu Bourassa tiré à quatre épingles et impeccablement peigné et cravaté, le reconnut à peine. Il avait une barbe de trois jours, il portait des jeans, un sweat-shirt, un blouson de cuir. Mais, contrairement à ce que lui avait laissé entendre Rivest, l'homme semblait en pleine forme et de fort bonne humeur. Il s'est longuement informé de la vie que menait Comeau en Europe, dont l'épouse était wallonne, puis il a raconté de façon très sereine, presque détachée, la passation des pouvoirs. Il a parlé de l'amitié et de l'admiration qu'il avait toujours pour Lévesque. Et pour Pierre Bourgault. Il trouvait seulement dommage qu'ils ne comprennent pas que leur projet était irréaliste et risquait de plonger le Québec dans un terrible marasme financier.

Il signifia à Comeau qu'il ne voulait pas faire d'entrevue pour le moment. Mais qu'il lui en accorderait une en primeur le moment venu. Il souhaitait rencontrer des hauts fonctionnaires politiques de la Belgique et de la Communauté économique européenne. Et plus tard, des Québécois qui vivaient à Bruxelles et à Paris. Comeau eut tout de suite la certitude que Bourassa voulait reconquérir le pouvoir. Il voulait, dans un premier temps, se faire oublier. Mais quand il parlait du « moment venu » pour accorder une entrevue, il n'y avait pas de doute. Cet homme avait un plan. Et s'il voulait rencontrer les Québécois vivant en Europe, c'était pour se constituer une sorte de cercle ou de camp de base. Et Comeau a pensé, lui aussi, à l'Everest à gravir. Et qu'un tel projet exigeant une grande détermination surprenait chez un homme qui venait de subir une si spectaculaire défaite.

« Il savait fort bien que ce serait difficile, dit Comeau. Mais il ne pouvait concevoir sa vie sans la politique. Et je crois qu'il ne pouvait s'imaginer faire de la politique sans être premier ministre. »

Il y avait alors beaucoup de mouvement dans la politique européenne. La Grande-Bretagne, le Danemark et l'Irlande venaient d'être intégrés à la Communauté économique européenne. Toute la structure et la mécanique interne qui liaient les États membres et régissaient leurs relations avec Bruxelles étaient en construction. Et tout ça passionnait Bourassa au plus haut point. Voir comment des pays de langues et de cultures très diverses pouvaient s'entendre, se donner si possible une même monnaie, se soumettre à des lois communes, à un supra-gouvernement. En lisant religieusement et depuis des années *The Economist* et *Le Courrier diplomatique*, il avait acquis une connaissance profonde des réalités européennes. Il pouvait discuter avec des fonctionnaires allemands, par exemple, des raisons expliquant qu'un homme politique avait été défait dans son land. « Il était à ce point curieux de comprendre encore mieux ce qui se passait en Europe, raconte Comeau, qu'il semblait avoir oublié sa défaite et semblait même heureux, intellectuellement stimulé et excité. »

Avec l'accord de René Lévesque, Jean Deschamps, le délégué du Québec à Bruxelles, mit un petit bureau, avec téléphone, journaux et magazines québécois, à la disposition de Bourassa. Puis Deschamps et Comeau informèrent le directeur de l'Institut de recherche européenne de la présence à Bruxelles d'un ex-premier ministre québécois, spécialiste en fiscalité et en droit des compagnies. On lui a tout de suite proposé un poste de professeur. Puis il y eut une invitation à l'INSEAD (Institut européen d'administration des affaires), à Fontainebleau, l'une des plus prestigieuses écoles de commerce du monde. Ainsi, en quelques semaines, Robert Bourassa avait réorganisé sa vie. Il est vite devenu autonome. Il voyait beaucoup de gens, il étudiait, il enseignait. Il avait loué un petit appartement sur la très jolie avenue Louise, dans un beau quartier de Bruxelles. Il recevait régulièrement au restaurant des Québécois de passage, des fonctionnaires européens. Il ne refusait jamais une invitation, que ce soit à un dîner, une conférence, une première ou une exposition, un colloque.

Il avait dû, pendant un temps, ne compter que sur lui. Comme il l'avait fait durant quelques mois alors qu'il étudiait à Oxford. Il avait appris à faire ses courses, à demander des faveurs, à trouver une femme de ménage, à réserver un billet de train, à engager une dactylo…

Andrée venait de temps en temps passer quelques jours avec lui. Elle le trouvait remarquablement en forme et de bonne humeur. Et elle s'étonnait de voir à quel point il était au courant de ce qui se passait au Québec.

Chaque fois qu'il passait à Paris, il voyait le délégué du Québec, Yves Michaud, resté son ami même s'il était désormais d'allégeance péquiste et l'un des proches de René Lévesque. Ils parlaient évidemment du Québec, de politique. À leur première rencontre, Michaud lui avait demandé ce qu'il comptait faire. « Qu'est-ce que tu veux que je fasse ? lui avait répondu Bourassa. Je ne sais faire que de la politique. Y a que ça qui m'intéresse, tu le sais bien. »

En 1960, quand il était rentré de Harvard, Robert Bourassa s'était volontairement exilé à Ottawa dans le but de mieux comprendre les liens d'affaires qu'entretenaient le Canada et le Québec. Seize ans plus tard, il s'est volontairement exilé à Bruxelles dans un but analogue : comprendre comment des nations de cultures et de langues diverses peuvent vivre ensemble. Ces deux exils étaient en fait des rapprochements. Chaque fois qu'il est parti, c'était pour se rapprocher. Une seule chose l'intéressait : le Québec.

Le « moment » est venu plus tôt que l'aurait pensé Comeau. Au printemps de 1977, Bourassa lui a accordé une entrevue dans laquelle il est revenu sur ses années de pouvoir et sa défaite, et il a parlé de l'Europe, longuement. Ils étaient tous les deux très contents de la teneur et du ton de cette entrevue. Mais à Radio-Canada, on n'a pas voulu la diffuser, sous prétexte que personne n'avait envie d'entendre Robert Bourassa. Il était toujours *persona non grata* et dans son parti et dans les médias et parmi le grand public, croyaient les patrons de la société d'État.

À l'été, Raymond Saint-Pierre, le directeur de l'information à CKAC, qui avait arrangé le fameux débat Bourassa-Lévesque lors de la campagne électorale de l'automne de 1976, téléphonait à Bourassa, venu passer quelques semaines dans sa famille à Sainte-Anne-de-Sorel. Bourassa aimait bien ce jeune et brillant journaliste, qui ne l'avait pourtant jamais ménagé. Saint-Pierre était poli et respectueux. Mais il connaissait ses dossiers et trouvait toujours la question qui déstabilisait. Bourassa, comme Lévesque et Drapeau, était devenu un habitué de l'émission dominicale *Le Septième Jour*, qu'animait Saint-Pierre.

Cette fois, Saint-Pierre avait une intéressante proposition à faire à l'ex-premier ministre : une entrevue-fleuve qui serait diffusée sur les ondes de CKAC et ferait possiblement l'objet d'un livre. Il avait déjà un titre : *Les Années Bourassa*.

Andrée n'était pas d'accord. « Tu vas encore te faire mal », disait-elle. L'entourage non plus n'était pas d'accord avec cette idée d'entrevue. Du temps qu'il était premier ministre, on avait beaucoup voulu garder le contrôle sur son image, sur son discours. On avait imposé aux médias les fameuses cassettes préfabriquées. Bourassa avait accepté ce carcan que lui dictaient ses stratèges. Il commençait en 1977 à s'en défaire. Et malgré les réticences de sa femme et de ses amis, il a accepté la proposition de Saint-Pierre.

Les deux hommes se sont rencontrés à deux ou trois reprises pour préparer les entrevues, au Cartier, rue Sherbrooke, et dans les bureaux des entreprises Simard. Puis Saint-Pierre a interviewé Claude Ryan, Claude Charron, Gilles Lesage, Jean-Claude Rivest, plusieurs autres personnes ayant côtoyé Bourassa au cours des six années et demie qu'il avait passées au pouvoir. Une équipe de journalistes, dont l'éditeur André Bastien, a préparé avec lui les thèmes des entrevues.

À l'automne, Saint-Pierre retrouvait Bourassa à Bruxelles. Ils convinrent que les entrevues se feraient dans l'appartement qu'occupait ce dernier dans ce vieil hôtel cossu de la rue Louise, aux lourdes draperies de brocart et aux fauteuils Louis XVI. Contrairement à ce que lui avait laissé croire son confrère Paul-André Comeau, Raymond Saint-Pierre découvrait un homme plutôt sombre, un exilé du monde politique. « Il me fait penser à un joueur de hockey blessé, qui doit regarder le match assis sur le banc des joueurs », a-t-il dit à ses patrons de CKAC après la première rencontre. Il n'avait pas décelé alors chez l'ex-premier ministre ce désir de revenir en politique qu'avait perçu Comeau.

Ce fut donc difficile au début. Bourassa s'était présenté sans notes, l'air piteux. De peur de blesser davantage le politicien défait, Saint-Pierre a été très peu agressif dans ses questions. Quand ils se sont quittés après cette première séance de travail, Bourassa lui a lancé un petit sourire contraint et lui a fait remarquer qu'il avait perdu du mordant. Saint-Pierre comprit alors que Bourassa s'était attendu à une joute plus rude, plus « sportive », et qu'il déplorait *a contrario* que ses questions aient été trop faciles, ses attaques, trop molles.

Pour avoir une belle matière, il devait sortir les gros canons, être dur, remettre l'homme et ses politiques en question. Ils ont repris quelques jours plus tard les thèmes abordés la première journée. Et Bourassa, stimulé, parfois poussé dans ses derniers retranchements, a parlé de lui-même comme jamais il ne l'avait fait, de ses politiques, mais aussi de sa philosophie personnelle, de ses doutes, de ses erreurs, de sa conception d'une société équitable, des rapports que le Québec devrait idéalement entretenir avec le Canada. Ils ont survolé ensemble six ans de l'histoire du Québec, revu la crise d'Octobre, la saga de la Baie-James, les grèves, les victoires, la grande défaite.

Quelques jours plus tard, Bourassa partait pour Fontainebleau, où il devait donner une série de cours. Saint-Pierre l'accompagnait. Ils poursuivraient leurs entrevues dans les somptueux bureaux de l'INSEAD. À bord du train pour Paris, ils se sont retrouvés dans le même compartiment qu'un homme d'affaires québécois anglophone, qui reconnut Bourassa et se mit à l'engueuler vertement au sujet du projet de loi 22 qui, selon lui, brimait les droits fondamentaux des anglophones.

Bourassa, très calme, lui avoua avoir été déchiré quand était venu le temps de promulguer cette loi, qui lésait en effet des gens dans leurs droits et leurs libertés. Mais ne fallait-il pas réparer les injustices séculaires dont le plus grand nombre avait été victime ? Il entreprit, très calmement, de parler du rapport de la commission Laurendeau-Dunton, dans lequel on décrivait les francophones du Québec comme des citoyens de seconde classe. Et il a rappelé que beaucoup de Québécois francophones trouvaient qu'il n'était pas allé assez loin, que cette loi aurait pu être plus contraignante. L'homme restait insensible aux arguments de son ex-premier ministre. Il ne voulait rien entendre. Il a même ajouté qu'il le tenait responsable de l'appauvrissement de la société qu'il avait le devoir de protéger et de faire évoluer. Et avant de descendre à la Gare du Nord, il a bêtement dit à Bourassa qu'il était bien content que le Québec soit enfin débarrassé de lui.

Bourassa s'est tourné vers Saint-Pierre et lui a dit avec un sourire triste : « Dommage que ton magnétophone ait été fermé. T'aurais eu un beau moment de radio. » Il était sûrement blessé, mais il restait serein. Il ajouta, comme pour expliquer ou justifier la colère de cet homme qui venait de l'apostropher si durement : « C'est normal qu'il y ait des mécontents. Mon objectif a toujours été de bâtir au Canada et en Amérique du Nord un État français. Ça ne pouvait pas et ça ne pourra sans doute jamais plaire à tout le monde. »

La série de six épisodes d'une heure radiodiffusée au printemps suivant obtint un énorme succès, qui surprit Saint-Pierre lui-même et conforta Bourassa dans la certitude qu'il pourrait un jour revenir en politique. Le *Montreal Star* avait publié des résumés de chacun des épisodes et reçu de nombreuses lettres de lecteurs, dont plusieurs avouaient regretter de ne pas avoir appuyé Bourassa aux dernières élections.

À l'automne, pendant que Saint-Pierre et Bourassa faisaient leurs entrevues à Bruxelles et à Fontainebleau, le Parti libéral tenait, à la place Bonaventure, à Montréal, son congrès d'orientation sous le thème «Le Québec des libertés ». Claude Ryan, l'éditorialiste en chef du *Devoir*, a livré à cette occasion un discours remarquable, dans lequel il parlait de la nécessité de renouveler le parti. Beaucoup de militants l'ont alors perçu comme l'incarnation du renouveau. Le 10 janvier 1978, un mois à peine après avoir clamé sa décision «irrévocable et ferme» de ne pas participer à la course à la direction du Parti libéral du Québec, il annonçait sa candidature. Raymond Garneau s'était également porté candidat. Il y aurait donc un congrès au leadership. À la mi-avril. Au Colisée de Québec, comme d'habitude.

Il était d'usage dans ces congrès de rendre hommage au chef sortant. Mais les ex-conseillers de Bourassa, dont Jean Prieur, lui déconseillaient vivement de s'y présenter de peur qu'il soit hué, tant la grogne à son égard était encore forte au sein du parti. Beaucoup de militants le tenaient encore responsable de la défaite du 15 novembre 1976. Il valait donc mieux, selon Prieur et quelques autres, qu'il ne se montre pas. Bourassa leur laissait cependant entendre qu'il avait l'intention d'assister au congrès en simple observateur.

Le cinéaste François Brault préparait à l'époque un film sur les chefs du Parti libéral – Marler et Lapalme, Lesage et Bourassa, puis Gérard D. Levesque –, qui serait présenté au Colisée le premier soir du congrès. Il a interviewé un Marler âgé, dans sa demeure de Westmount. Puis l'équipe est allée filmer Lesage à Miami : en short, tout bronzé, tout sourire, celui-ci a parlé des grandes réussites de l'équipe du tonnerre et des réformes sociales de la Révolution tranquille. Lapalme, interviewé chez lui, à Outremont, a raconté les années 1950, le règne de Duplessis, l'élaboration du programme du Parti libéral, qui avait changé fondamentalement la société québécoise. Gérard D. Levesque a parlé de solidarité, des valeurs libérales, de liberté.

Pour Brault et les stratèges du parti, Bourassa présentait un problème. On craignait que sa présence dans le film soit mal perçue et qu'elle indispose les congressistes. On a donc intercalé des miettes de son témoignage dans de larges extraits de l'entrevue de Gérard D. Levesque, la personnalité la plus populaire au sein du parti, de sorte qu'il n'y a pas eu de huées. Par ailleurs, les organisateurs avaient décidé que Bourassa n'irait pas sur la scène recevoir les hommages faits à l'ancien chef, comme le voulait l'usage. Il était vraiment trop impopulaire. On l'a plutôt invité à une petite cérémonie bien discrète réunissant quelques fidèles amis dans un salon du château Frontenac.

Or, le 14 avril, premier jour du congrès, malgré les charitables mises en garde de Jean Prieur, Bourassa s'est rendu au Colisée. Pour lui, c'était une étape extrêmement importante. De l'accueil qu'il aurait dépendait son avenir. Jean-Claude Rivest se souvient de la surprise émue qu'il a éprouvée en le voyant arriver, discret, dans son imperméable beige qu'il avait gardé attaché, col relevé, comme s'il craignait le froid, il s'était mêlé aux militants dans le hall, visiblement nerveux. Il y eut un remous, les têtes se sont tournées vers lui et on s'est mis à l'applaudir. « C'est là, lui voyant l'air, le sourire qu'il a fait quand il a été applaudi, que j'ai commencé à croire qu'il voulait réellement faire un retour en politique un jour, dit Rivest. Il était venu tester sa popularité. »

Le lendemain, 15 avril 1978, Ryan était élu chef du parti, loin devant Raymond Garneau. Ce n'était pas pour l'ambitieux Bourassa une bonne nouvelle. Pendant la course à la chefferie, Ryan n'avait pas manqué, chaque fois que l'occasion se présentait, de rappeler que le gouvernement Bourassa avait dans maints dossiers fait montre d'une tolérance excessive, et il avait bien averti tout le monde qu'il mettrait de l'ordre dans le caucus et imposerait à chacun des membres une conduite irréprochable et des règles strictes. Avec Ryan à la tête du parti, Bourassa ne pouvait toujours pas espérer y remplir quelque fonction. Il pouvait toutefois considérer que son exil tirait à sa fin ; les militants ne l'avaient pas hué. Et dans les rues du Vieux-Québec, où il se promenait les jours suivants en compagnie d'Andrée, les gens venaient vers lui, prenaient de ses nouvelles et lui demandaient quand il serait de retour en politique. Lentement, mine de rien, il entreprit alors d'ourdir sa toile, reprenant contact avec ses alliés d'autrefois.

Mais beaucoup d'entre eux étaient occupés. Ou disparus. Paul Desrochers avait eu des ennuis de santé, le Parti libéral du Québec s'était refait sans lui, il était parti vivre en Ontario, loin de la politique. Et un homme comme lui ne pouvait survivre loin des milieux politiques. Il s'était suicidé. Jean Prieur, qui ne se remettait pas de la défaite de 1976, dont il se sentait responsable, a fait de même en mai 1978, moins d'un mois après l'élection de Ryan à la tête du parti.

Guy Langlois était retourné s'occuper de l'entreprise familiale. Pierre Bibeau et Ronald Poupart travaillaient à la réorganisation du parti. Jean-Claude Rivest, à la demande de Bourassa, était resté auprès de Gérard D. Levesque comme conseiller spécial. Bourassa savait que Rivest, habile stratège, serait fort utile au chef intérimaire. Il savait également que l'amitié que lui portait Jean-Claude était indéfectible. Il avait donc déjà un homme à lui dans la place. De même, il avait conseillé à Lise Bacon, inconditionnelle alliée, de rester elle aussi proche du parti. Elle était retournée travailler dans les assurances, mais avait promis à Robert qu'elle se présenterait aux prochaines élections.

Et lui, le chef déchu, cherchait toujours des indices, si infimes soient-ils, lui permettant d'espérer pouvoir revenir un jour en politique. «Quelles sont mes chances?» demande-t-il un jour à Jean-Claude Rivest.

Rivest, honnête, lui répondit qu'il ne croyait pas que ce soit plus de un pour cent. Nullement décontenancé, Bourassa rétorqua qu'il croyait plutôt que ses chances étaient autour de cinq pour cent. Et que ça valait, à ce compte-là, amplement la peine d'essayer.

Retour d'exil

En semaine, du temps qu'il était premier ministre, Robert Bourassa soupait parfois tout seul dans son bureau de Québec ou de Montréal en lisant les journaux et en prenant les nouvelles à la télé ou à la radio. Le plus souvent, cependant, il se trouvait de la compagnie avec qui il faisait des bilans, des tours d'horizon de l'actualité politique, et ce qu'il appelait de la « stratégie politique ». Devenu simple citoyen, il avait gardé l'habitude de souper en privé avec une douzaine de personnes avec qui il entretenait des liens d'amitié et qu'il voyait à tour de rôle. Jean Masson faisait partie de ce cercle intime.

Après avoir été président de la Commission-Jeunesse, Masson, resté proche du Parti libéral, s'était associé à un grand bureau d'avocats montréalais. Un soir de fin d'été de 1978, ils étaient, Bourassa et lui, dans un petit restaurant d'Outremont. Bourassa était en pleine forme, très disert, étonnamment bien informé de ce qui se déroulait au Québec, même s'il venait de passer plus d'un an en Europe et aux États-Unis, où il avait enseigné à l'Université Johns Hopkins de Washington et à l'Université Harvard. Il a dit à Masson, avant même qu'ils aient pris le temps de regarder le menu, qu'il avait bien l'intention de prendre part aux débats que ne manquerait pas de susciter le référendum sur la souveraineté, que le Parti québécois parlait de tenir dans un an ou deux.

Et puis, pendant le repas, il s'est mis à parler du retour au pouvoir qu'avait effectué le général de Gaulle en 1958, à l'âge de soixante-huit ans, et de Winston Churchill qui, défait aux élections de 1945, alors qu'il avait été l'incontestable héros de la guerre, est revenu en force en 1951. Et il a posé la question que Masson avait vu venir : « Quelles sont, d'après toi, mes chances de redevenir premier ministre un jour ? »

Masson lui répondit un peu comme l'avait fait Jean-Claude Rivest quelques semaines plus tôt : « Selon moi, pas de grandes chances, un pour cent, peut-être deux, trois maximum. » Ce n'était pas la réponse que voulait entendre Robert Bourassa. Nullement décontenancé, il lui dit que c'était probablement plus, et que c'était suffisant pour qu'il y consacre toutes ses énergies. C'était d'ailleurs ce qu'il faisait depuis son retour au Québec.

Andrée se doutait bien, même quand il étudiait et enseignait en Europe ou aux États-Unis, que son mari songeait sérieusement à revenir en politique au Québec. Au cours de l'été, de plus en plus souvent, il avait reçu des amis à Sainte-Anne-de-Sorel, Jean-Claude Rivest, Fernand Lalonde, Ronald Poupart, quelques autres qu'elle ne connaissait que de loin. Ils tenaient ensemble de longs et sérieux conciliabules.

Robert Bourassa n'avait jamais dit clairement à sa femme qu'il pensait faire un retour en politique, mais elle le connaissait assez pour savoir qu'il y pensait jour et nuit. Elle comprenait fort bien qu'il ne pouvait laisser dans l'histoire du Québec le souvenir d'un homme défait et brisé. Il devait se refaire. Elle aurait bien sûr souhaité que ce soit dans un autre domaine que la politique, mais ce n'était pratiquement pas possible. Que de fois elle l'avait entendu dire qu'il ne savait faire que de la politique, fièrement, parce qu'il considérait qu'il n'y avait rien dans la vie qui soit plus important, plus noble, plus beau que la politique.

Elle ne pouvait s'empêcher d'admirer son courage et sa ténacité, mais elle était inquiète. Il avait choisi la manière la plus difficile : reconquérir le pouvoir qu'il avait perdu, reconquérir la foule qui l'avait rejeté, gagner là où il avait été défait. Il aurait pu entrer comme haut fonctionnaire dans un quelconque ministère. Ou accepter les offres que lui faisaient désormais de grands bureaux d'avocats. Ou ne rien faire, rester auprès d'elle et des enfants, lire *Le Monde diplomatique*, le *Courrier international*, *The Economist* ou ces biographies de grands hommes qu'il admirait tant et dont il lui parlait si bien, le soir, quand ils soupaient en tête-à-tête, Talleyrand, Churchill, de Gaulle. Mais il n'aurait jamais été heureux. Andrée a donc décidé de ne pas s'opposer à ses projets.

Or, il n'était toujours pas le bienvenu dans le parti. On le lui avait clairement signifié. Et même d'anciens collaborateurs dont il était resté proche, Bibeau entre autres, qui l'avaient si longtemps appuyé, lui conseillaient maintenant de ne plus penser à la politique. Bibeau, comme beaucoup d'autres, croyait sincèrement qu'il ne pourrait plus jamais être élu. Et qu'il risquait de nuire au parti.

De plus, le nouveau chef du Parti libéral ne voulait pas de lui. Claude Ryan était un homme austère, profondément religieux, qui avait milité pendant sa jeunesse au sein de l'Action catholique canadienne. Réagissant au laxisme du gouvernement de son prédécesseur, qu'il avait vertement dénoncé dans les pages du *Devoir*, il imposa aux membres de son caucus ce qu'on a appelé « le catéchisme de Ryan », un code de déontologie extrêmement rigide et strict. Et il fit rapidement comprendre à Bourassa qu'il ne tenait pas du tout à le compter parmi ses collaborateurs. Celui-ci se voyait ainsi pratiquement exclu du parti. Pour accéder au pouvoir, il allait donc devoir emprunter d'autres chemins, passer au plan B : l'enseignement.

Mais quand, à l'automne de 1978, l'Université Laval a fait savoir que Robert Bourassa allait donner, après les Fêtes, des cours d'économie politique, il y eut des protestations au sein du corps professoral. Le directeur du Département de science politique a dû justifier sa décision. Il n'était pas sans savoir que la présence d'un ex-politicien libéral, dans un milieu très informé et très ouvertement péquiste, créerait de houleux débats, ce qui lui semblait sain et stimulant. Bourassa aussi savait qu'il pouvait faire face à une dure opposition ; les étudiants n'ont pas nécessairement de respect pour un professeur dont ils n'apprécient pas les positions idéologiques. Il a préparé ses cours minutieusement, il a répété avec Andrée. Et il a réussi à intéresser et à séduire ses étudiants. Jusqu'au printemps, il a fait salle comble.

Il a donné cet hiver-là de nombreuses conférences, dans les universités et les salons des grands hôtels, à Québec, à Montréal, à Sherbrooke. Les sujets ? L'économie, la Constitution, la monnaie, la Baie-James et, immanquablement, l'Europe, où des peuples dressés les uns contre les autres quelques décennies plus tôt avaient fait la paix et travaillaient ensemble à créer un nouveau monde. Le Parti libéral ne voulait toujours pas de lui, mais personne n'avait pu l'empêcher de redevenir un homme public s'exprimant librement.

À l'été de 1979, il a eu une très belle surprise. Yvon Vallières, le député de Richmond, défait lui aussi en novembre 1976, a organisé un brunch libéral dans son comté, à Asbestos. Et il y a invité Bourassa. Vallières était le premier membre du parti à inclure l'ancien premier ministre. Bourassa ne l'oubliera jamais. Il a réalisé ce jour-là qu'il avait toujours des alliés au sein du parti. Vallières était à ses yeux un homme de valeur, un intellectuel ; il avait étudié en pédagogie et en psychologie des relations humaines à l'Université de Sherbrooke. Et il n'avait que trente ans. Bourassa prit ainsi conscience qu'il avait encore des partisans parmi les jeunes qui, parfois au grand dam de Claude Ryan, exerçaient toujours énormément de pouvoir au sein du parti.

Un vendredi après-midi de la fin de septembre, Claude Simard est allé retrouver son beau-frère Robert dans le bureau que les Simard avaient mis à sa disposition dans l'édifice Cartier. Il voulait l'emmener visiter l'usine de contenants de gaz que possédait sa famille sur la Rive-Sud. Il dut insister. Bourassa était nerveux et inquiet, il craignait d'être mal accueilli par les ouvriers. Ce fut tout le contraire. Les gars l'ont entouré, ils lui ont serré la main, gentiment, chaleureusement. « Tu vois, lui disait Claude. Le vrai monde t'aime. Et c'est le vote du vrai monde qui compte. »

Deux mois plus tard, lors de l'inauguration de la centrale de LG2 à la Baie-James, le 29 octobre 1979, il eut la confirmation tant attendue qu'un retour à la politique active était vraiment possible. Déjà, certains médias s'étonnaient que les péquistes qui, au début des années 1970, avaient tant décrié le projet de Bourassa considèrent désormais LG2 comme un véritable chef-d'œuvre et s'en approprient la paternité. Or, cinq ans plus tôt, quand Bourassa visitait les milieux financiers qu'il voulait intéresser à son projet du siècle, Jacques Parizeau, responsable des questions économiques au Parti québécois, privilégiait le nucléaire et clamait sur toutes les tribunes que les chantiers hydroélectriques de la Baie-James allaient littéralement ruiner le Québec. « Les Québécois, avait-il écrit dans *Le Jour* du 20 novembre 1974, vont devoir payer pendant des années le rêve d'un premier ministre qui s'est transformé en cauchemar. »

Et voilà que le cauchemar était devenu pour le Parti québécois un objet de vantardise et un gage absolu de prospérité. Les gens bien informés ne se sont pas laissé prendre au jeu. En août, Lévesque lui-même avait été durement rabroué par les éditorialistes de *The Gazette* et du *Devoir* pour avoir tenté de diminuer le rôle de Bourassa dans le lancement et la réalisation de ce projet, qui faisait désormais l'unanimité au Québec.

Or, même si Robert Bourassa avait été l'initiateur reconnu et le défenseur acharné de la Baie-James, les gens du protocole du Parti québécois n'avaient pas cru bon de l'inviter à l'inauguration de la plus fameuse et la plus puissante centrale hydroélectrique du Québec. René Lévesque, heureusement, a relevé la mesquinerie et exigé que l'ex-premier ministre soit invité. Celui-ci a donc fait le voyage à bord de l'un des avions nolisés par le gouvernement. Mais une fois là-haut, personne n'est venu l'accueillir. On lui a assigné une baraque, où il trouverait bien un lit pour la nuit. Il s'y est rendu, il a attendu. Puis il est sorti humer l'air. Il faisait gris et froid. Un travailleur casqué au volant d'une fourgonnette l'a reconnu, il s'est arrêté et a engagé la conversation. Il l'a finalement convaincu de l'accompagner à la cafétéria. Robert Bourassa allait y vivre l'un des plus beaux moments de sa vie.

Il faisait la queue, comme tout le monde, dans cette immense cafétéria archibondée, quand des têtes se sont tournées vers lui, des cris se sont fait entendre, on s'est mis à scander son nom, et les 3 000 convives, les ouvriers d'abord, puis les invités, même les journalistes venus d'Europe et d'Asie qui ne savaient pas vraiment qui était Robert Bourassa, se sont levés comme un seul homme et l'ont applaudi à tout rompre pendant plusieurs minutes. Il souriait, radieux, son cabaret vide et ses ustensiles à la main. Et son âme dansait. Il venait d'avoir la preuve que ce qu'il croyait possible depuis près de trois ans pouvait certainement se réaliser : il pourrait un jour redevenir premier ministre du Québec. Cet instant fut un point tournant, une oasis bienvenue pendant la traversée du désert qui, il le savait sans doute, serait encore longue et, par moments, très pénible. Mais il sentait que le vent était en train de tourner. À la cafétéria, après cette vibrante ovation, les journalistes l'avaient entouré, respectueux, curieux, le pressant de questions.

Le lendemain matin, il appelait son ami Charles Denis. « Es-tu toujours prêt à me gronder quand je te parle de mon retour ? » Il lui a raconté ce qu'il avait vécu la veille à LG2, l'ovation, les cris, les applaudissements qu'on lui avait servis, à lui plus qu'à toute autre personne qui se trouvait là, même René Lévesque. Il avait quarante-six ans, de l'expérience, et toujours la passion de la politique. Tout était possible. Et c'était beaucoup grâce à la Baie-James, ce grand chantier qu'il avait imaginé et qui lui avait permis de réaliser cette promesse téméraire qu'il avait faite en 1970 : créer 100 000 emplois.

Dès lors, des rumeurs tenaces ont commencé à circuler affirmant que Robert Bourassa songeait à faire un retour en politique. Mais quand on l'interrogeait à ce sujet, il esquivait ou il répondait de façon évasive : « Pas pour le moment. » Ou : « Il ne faut jamais dire "jamais". »

Le 30 décembre 1979, un sondage du *Dimanche-Matin* révélait que, si 42,9 % des Québécois ne portaient toujours pas Robert Bourassa dans leur cœur, 48,4 % d'entre eux avaient de lui une opinion plutôt favorable. Ce n'était pas la gloire et la victoire en vue, mais on était loin de l'unanime rejet des lendemains de la défaite de 1976. L'Everest était déjà en bonne partie gravi.

Tout ça ne plaisait pas vraiment à Claude Ryan, à qui Bourassa risquait de faire de l'ombre s'il réintégrait un jour le Parti libéral. Mais le nouveau chef, qui avait pris la direction de la campagne du Non au référendum du 20 mai 1980, ne pouvait raisonnablement pas refuser à Robert Bourassa de s'impliquer si celui-ci en manifestait le désir. Il lui fit donc une petite place, mais il ne souhaitait cependant pas l'avoir à ses côtés sur les plus hautes tribunes.

Il y avait à l'époque un autre paria de la politique, mis au ban lui aussi de son parti : Pierre Bourgault. René Lévesque ne voulait pas le voir dans son entourage. Et Ryan avait près de lui ce Bourassa qu'il voulait écarter. Or, rien ni personne ne pouvait empêcher ces deux bannis de faire campagne, l'un pour le Oui, l'autre pour le Non. Jamais invités dans les grands rassemblements, ils participaient, chacun de son côté, aux petits événements auxquels les conviaient des groupes de citoyens ou d'étudiants. Fatalement, ils se sont retrouvés face à face et ont mené une campagne référendaire parallèle. Il y eut des flammèches, beaucoup d'action, des applaudissements, des huées, d'autres invitations. En bout de ligne, ils ont fait ensemble, au cours de cet excitant printemps de 1980, une véritable tournée des cégeps et des universités. Et un miracle prévisible s'est produit : les médias se sont intéressés à eux, qui donnaient des spectacles hauts en couleur. La presse, la radio, parfois la télé ont commencé à les suivre de près : L'Assomption, Matane, Trois-Rivières, Rimouski, Alma. Bourassa était de nouveau très présent dans le paysage médiatique et politique québécois.

Peu d'hommes politiques auraient accepté d'aller discuter avec quelques dizaines d'étudiants ou de petits groupes de citoyens. Tous ou presque auraient refusé d'affronter le terrible Bourgault, comme le faisait Bourassa avec infiniment de plaisir et beaucoup de succès, où qu'il soit. S'il ne se trouvait pas de chauffeur, il prenait le train ou l'autobus. Il s'est même rendu, au début de mai, à Rivière-au-Renard, en Gaspésie, en autobus et en taxi, seul, pour aller rencontrer quelques dizaines de personnes. Et leur dire pourquoi il était contre la séparation du Québec, et pourquoi ils devraient voter non au référendum.

Il a ainsi véritablement commencé à rebâtir sa confiance en lui et sa crédibilité. Auprès des jeunes, auprès du grand public, auprès des membres du Parti libéral. Andrée se souvient de la bonne humeur qui l'habitait alors, surtout au cours de cette heureuse équipée qu'il fit avec Pierre Bourgault, ennemi idéologique, furieux critique, mais véritable ami dans la vie, un homme dont l'humour coriace et l'esprit rebelle le stimulaient.

Et il y eut, toujours pendant la campagne référendaire, ce débat contre Jacques Parizeau, à Radio-Canada. Normalement, ce devait être au critique financier du Parti libéral, André Raynauld, qu'incombait la lourde tâche d'affronter le ministre péquiste. Député d'Outremont, élu en novembre 1976, Raynauld était un éminent économiste, brillant et compétent, mais qui passait plutôt mal à la télé et qui n'avait pas vraiment le sens politique. Fondateur du Centre de recherche en développement économique (CRDE), dont il avait été le premier directeur, président du Conseil économique du Canada, il avait fait le saut en politique à l'insistance de Bourassa, qui voyait en lui un candidat crédible, sérieux, apte plus que tout autre à lui permettre de réaliser son grand œuvre. Mais aux élections suivantes, le Parti libéral et Bourassa avaient été battus. Et Raynauld, élu, s'était retrouvé dans l'opposition.

Ainsi, pour affronter Parizeau, le Parti libéral fit appel à Robert Bourassa qui, à l'époque, n'avait aucun statut. On craignait, non sans raison, que Parizeau, qui avait le sens du spectacle et l'expérience des caméras, ne fasse qu'une bouchée de Raynauld. Celui-ci, blessé d'avoir été écarté de la sorte par son parti, a fait savoir qu'il démissionnerait si Bourassa prenait sa place. Et c'est ce qu'il a fait, peu après le référendum.

Bourassa était enfin sorti de l'ombre. Mais si on l'avait écouté avec attention pendant la campagne référendaire, on n'acceptait pas pour autant de lui faire confiance au sein du parti. Il continua quand même à préparer sa rentrée, poursuivant pas à pas sa traversée du désert, téléphonant à des connaissances dans toutes les régions du Québec, donnant des conférences à gauche et à droite.

Claude Simard, qui appuyait toujours inconditionnellement son beau-frère, organisait dans les bureaux du Cartier de gros cocktails, auxquels il conviait des gens d'affaires, des décideurs qui venaient discuter avec Bourassa. Celui-ci, jour après jour, reprenait contact par téléphone avec son cabinet fantôme. Il rappelait des députés défaits comme lui en 1976. Plusieurs avaient quitté la politique. Il percevait parfois chez certains d'entre eux de l'amertume, voire du ressentiment à son égard. Alors il apaisait, il amadouait, il charmait. Claude Simard voyait parfois entrer dans le bureau de Robert des hommes et des femmes du parti qui l'avaient trahi, qui avaient dit pis que pendre de lui quand il était au plus bas et qui, réalisant qu'il pourrait bien revenir en force, sentaient le besoin de se rapprocher de lui, tout miel. Claude disait alors à son beau-frère qu'il ne devrait pas se faire ami avec ces gens : « J'ai besoin de tout le monde », lui répondait Robert.

Mais ce n'était pas uniquement parce qu'il avait besoin de ces gens. Robert Bourassa voulait toujours charmer tout le monde, être aimé même de ceux et celles qui ne lui seraient jamais utiles d'aucune manière. Il prêtait attention aux propos du chauffeur de taxi, de la caissière du dépanneur, des ouvriers qu'il croisait dans la rue et qui le saluaient. Il s'arrêtait, s'informait.

Les Simard avaient quelques paires de billets de saison au Forum, que Robert distribuait à des amis. Son beau-frère Claude aperçut un jour dans des fauteuils de la famille un ennemi, un péquiste, entré à l'Assemblée nationale avec une tête afro et des chaussures de sport, Claude Charron, en compagnie de son petit ami. Soir après soir, d'autres péquistes, d'autres mécréants, invités de Robert, occupaient les fauteuils des Simard. Claude trouvait son beau-frère remarquablement tolérant et démesurément inclusif. Robert ne boudait jamais, ne manifestait jamais de rancœur, jamais aucune animosité envers ses rivaux. Étonnamment, étrangement, cet homme pour qui tout était politique, pour qui il ne semblait pas y avoir quoi que ce soit en dehors de la politique, était néanmoins capable de faire de la politique avec détachement, sans partisanerie.

Dans un texte qu'il avait écrit sur Bourassa pendant la campagne du printemps de 1970, Claude Ryan, qui à l'époque lui manifestait encore beaucoup d'admiration, avait utilisé un mot qui le définissait bien et qui avait sans doute poussé les journalistes vers leur *Larousse* ou leur *Robert*. Il avait parlé de son « irénisme », c'est-à-dire l'« attitude de celui qui recherche la paix et la concorde ». D'abord employé dans un contexte chrétien, le mot « irénisme » fut plus tard utilisé pour définir une représentation de la politique ou un style politique basé non sur le conflit, mais sur la bonne entente, le pacifisme, la discussion. Ryan avait fort bien compris le caractère de Bourassa, qui n'avait pas de talent pour la confrontation, même si, brillant émule de Machiavel et de Sun Tzu, il pouvait être calculateur et manipulateur.

Mais il était avec les gens qui l'entouraient d'une sollicitude et d'une mansuétude, d'une curiosité aussi, qu'on observe rarement chez la gent politique. Avec ses gardes du corps, par exemple, il parlait de la politique, de l'actualité, des choses grandes et petites de la vie, avec autant de franchise, de plaisir et d'intérêt qu'avec ses conseillers ou les membres les plus éminents de son cabinet. Il s'intéressait à leur famille, à leurs passe-temps, à leur lieu de naissance. Il leur jouait des tours. Et ce n'était pas pour tâter le pouls du peuple et sonder son cœur, mais pour la simple raison qu'il aimait vraiment les gens.

Il avait établi, comme Andrée et les enfants, des liens de grande affection avec les Bond, qui vivaient chez eux, tenaient maison, entretenaient les jardins, faisaient les courses, les repas. Quand les Bond ont pris leur retraite, au printemps de 1980, Andrée Bourassa a pris contact avec une jeune femme, Marilynn Domleo, née dans le nord de l'Angleterre, orpheline de naissance, qui depuis quelques années était *nanny* au Ritz-Carlton de la rue Sherbrooke. À la fin de l'été, Marilynn est entrée comme gouvernante dans la famille Bourassa, dont elle est devenue bien vite et pour toujours membre à part entière. Elle ignorait alors que Robert Bourassa, qui cet automne-là enseignait dans des universités américaines, avait déjà été premier ministre du Québec.

Elle a été grandement étonnée de l'intérêt qu'il lui portait. Et de l'énergie et du temps qu'il a mis à la guérir de sa timidité. Pendant des semaines, il lui demandait régulièrement si elle avait besoin de quelque chose, si elle était heureuse. Il a cessé de le faire quand elle a adopté une attitude plus familière, au point de le tancer quand il était en retard au souper qu'elle avait préparé ou pour rire gentiment de son accent quand il parlait anglais, et s'amuser de la façon dont il prononçait son prénom, qu'il faisait sonner comme « Merlin », le légendaire et tout-puissant magicien du cycle breton et arthurien – ce qui, disait-elle, était lui faire beaucoup d'honneur. Il l'a toujours traitée « comme sa petite sœur ». Quand elle a été hospitalisée pour une appendicectomie, il est allé la voir à l'hôpital, il a parlé à ses médecins.

En Angleterre, Marilynn avait étudié en *nursery*, puis en pâtisserie et en décoration de gâteau. Les enfants adoraient, évidemment. Quant à leur papa, il n'était pas très friand des desserts. À une tarte Tatin ou à un paris-brest, il préférait un sorbet ou une salade de fruits. Il n'aimait pas beaucoup la viande rouge et les plats en sauce. Marilynn a donc étudié les techniques de cuisson des poissons, dont il faisait une consommation presque quotidienne. Tous les matins, elle lui préparait son petit-déjeuner, qu'il prenait d'habitude après être allé nager : un jus d'orange frais, une rôtie, parfois un œuf poché, un café dont il ne buvait qu'une moitié. Quand il dînait ou soupait à la maison, il terminait avec une eau chaude dans laquelle flottait une mince tranche de citron. Quand il rentrait tard, le soir, elle préparait des rôties, lui versait un verre de lait. Ils s'assoyaient dans la cuisine, ils se racontaient leur journée. « On riait souvent beaucoup. »

Claude Ryan, lui, n'aimait plus Robert Bourassa. S'il avait apprécié l'aide que celui-ci avait apportée à la campagne du Non, il ne voulait toujours pas qu'il participe à la députation libérale. Aux élections de 1981, l'ancien premier ministre a manifesté son désir de se présenter dans le comté de Taillon, qu'aucun autre candidat libéral ne briguait. Persuadé que son ami Robert ne pouvait gagner, Pierre Bibeau, alors directeur général du parti, avait refusé sa mise en candidature. « On savait tous, à part lui, qu'il risquait fort d'être battu. Il y avait encore beaucoup de réticences à son égard. Et même si, par miracle, il avait gagné, il y aurait toujours eu une tension négative avec Ryan. » Ce dernier n'ignorait pas que Bourassa était un politicien plus habile et plus expérimenté que lui. Et qu'il ne pouvait concevoir faire de la politique sans être premier ministre.

Bourassa, très réaliste, se doutait bien que Ryan avait de bonnes chances de prendre le pouvoir si le Parti québécois faisait des élections tout de suite après le référendum. Les péquistes, ayant probablement fait le même raisonnement, reportèrent les élections à l'année suivante.

Mais l'année suivante, Ryan ne voulait toujours pas de Bourassa, qui était pourtant prêt à prendre n'importe quel comté. Il se rendit un jour, espérant s'entendre mieux avec lui, chez le chef libéral, qui habitait boulevard Saint-Joseph. Les deux hommes sont allés marcher dans le soir tombant. Quand ils se sont laissés, les choses étaient claires entre eux. Ryan avait dit à Bourassa : « J'aime mieux perdre ces élections sans vous que les gagner avec vous. »

Et il les a perdues, le 13 avril 1981. Claude Ryan était un intellectuel et un humaniste ; mais il n'avait pas beaucoup de flair en politique. Pendant près d'un an et demi, il a tenté de se refaire, ignorant la grogne qui sévissait au sein du parti, ignorant qu'un leader battu peut difficilement retrouver la confiance de ses partisans.

Bourassa, voyant le chef menacé, continuait de tisser sa toile. Dans les discours qu'il prononçait lors de conférences, il parlait toujours de créer de l'emploi en développant de vastes projets, en érigeant à la Baie-James d'autres grands barrages hydroélectriques. Et il attachait à son projet une idée neuve, audacieuse, que certains allaient considérer comme complètement farfelue : l'électricité produite par cette nouvelle centrale serait vendue aux Américains. Et enrichirait le Québec.

Or, voici que paraissait, dans *L'Actualité* de juillet 1981, un texte signé Michel Corbeil et intitulé « Bourassa *go home !* » qui se terminait par ces mots : « Deux fois la Baie-James ? peut-être ; deux fois Bourassa ? jamais. » Au cours des semaines suivantes, Bourassa a lu dans *Le Devoir* deux autres textes du même auteur, tout aussi durs pour lui. Dans l'un, Corbeil écrivait qu'il faudrait que Robert Bourassa apprenne à faire la différence entre l'exhumation et la résurrection. Autrement dit, selon lui, Bourassa était mort et enterré. On pouvait bien le sortir de terre, il ne serait plus jamais vivant. Corbeil s'était ainsi fait connaître dans le parti comme un farouche opposant à Bourassa et comme une plume brillante et assassine.

Bourassa admit, devant Jean-Claude Rivest, que les brûlots du jeune militant étaient joliment tournés. Il avait, comme toujours, une véritable fascination pour ses contempteurs, qu'il cherchait immanquablement à rencontrer, à connaître, voire à séduire. On lui a appris que Corbeil, vingt-trois ans, membre actif de la Commission-Jeunesse, avocat, était le fils de Jean Corbeil, ce maire de la ville d'Anjou qui avait été l'un des rares hommes politiques à avoir su tenir tête à Jean Drapeau dans plusieurs dossiers.

À l'instar de beaucoup de jeunes, Michel Corbeil considérait Bourassa comme responsable de la cuisante défaite qu'avait subie le parti le 15 novembre 1976. Il était de ceux qui réclamaient un grand ménage. Que Bourassa et ses conseillers, Charles Denis et compagnie, disparaissent eux aussi. La Commission-Jeunesse, alors présidée par Jean-François Thibault, parlait ouvertement d'épuration du parti et ne voulait même pas entendre ce que Bourassa avait à dire.

Pour la première fois de sa carrière, Robert Bourassa n'avait plus l'appui si précieux et si stimulant des jeunes.

Ryan s'est entêté. Il n'a finalement démissionné qu'en août 1982, près d'un an et demi après sa défaite. Le Parti libéral, dans l'opposition depuis près de six ans, se retrouvait de nouveau sans chef. Parmi ses membres, nombreux étaient ceux qui auraient aimé couronner Gérard D. Levesque, qui avait pris beaucoup d'ascendant au sein du parti. Tout le monde, même les plus anti-libéraux des péquistes, aimait ce sympathique et généreux gentleman qui avait assumé les fonctions de chef de l'opposition et assuré le leadership par intérim après le départ de Bourassa. Gérard D. avait su, au fil des crises, dont celle qu'avait engendrée la défaite de 1976, préserver la cohésion du parti. Beaucoup souhaitaient donc qu'il se présente à la chefferie. Il l'aurait peut-être fait si Bourassa n'avait pas été là, qui attendait son heure. Gérard D. avait beaucoup d'estime pour l'ex-premier ministre. Et assez de jugement et le sens du parti pour savoir que Robert ferait un meilleur chef que lui. Bien qu'il eût étudié à Brébeuf et à McGill, Gérard D. était loin des puissants milieux d'affaires montréalais. Et bien qu'il eût été membre du gouvernement depuis 1960 et qu'il eût dirigé, sous Bourassa, deux ministères (Industrie et Justice), il ne se sentait pas l'âme d'un premier ministre. Il tenait, en plus, à passer du temps dans son cher village natal, Paspébiac, et à s'occuper des électeurs de son comté, Bonaventure.

Raymond Garneau a décidé lui aussi de ne pas se présenter. Battu par Claude Ryan deux ans plus tôt, il était retourné dans le monde des affaires, où il réussissait fort bien. Il aurait sans doute été un adversaire dangereux pour Robert Bourassa. Il plaisait à l'électorat féminin. Il avait étudié en économie ; les milieux d'affaires anglophones et francophones lui faisaient pleinement confiance. Mais on peut supposer qu'il ne voulait pas connaître une rebuffade semblable à celle qu'il avait subie face à Ryan lors de la précédente course à la chefferie, et il fit rapidement savoir qu'il ne participerait pas à celle-ci. Si le parti lui avait préféré cet être austère et de peu de charme qu'était Ryan, il y avait de fortes chances qu'il lui préfère maintenant Bourassa, qui préparait sa rentrée depuis fort longtemps, qui avait rencontré à peu près tous les membres du parti et qui s'était assuré de l'appui de nombreux militants dans chacun des comtés du Québec.

Le problème, c'était encore et toujours l'opinion publique québécoise. D'après les sondages, la rue n'était toujours pas sympathique à l'idée de voir Bourassa de nouveau premier ministre. À quoi bon, pour un parti politique, prendre pour chef, si expérimenté soit-il, un homme que le peuple n'aime pas?

Mais qui d'autre?

Lui-même s'était sérieusement posé la question. Et il l'avait quelquefois posée à son ami Jean-Claude Rivest, à qui il avait demandé un jour, peu après la défaite de Ryan, avant même que celui-ci ait donné sa démission, qui il voyait comme remplaçant. Rivest lui avait répondu que plusieurs candidats se trouvaient déjà sur les rangs. Il pensait à Daniel Johnson fils, à Pierre Paradis, même à Raymond Garneau, que certains chercheraient sans doute à convaincre. Et plusieurs autres pourraient bien proposer leurs services.

« Mais qui, selon toi, dans le monde que tu connais, est susceptible de faire un bon premier ministre du Québec? »

Voyant hésiter Rivest, il insista: « Qui d'autre, je te le demande? » Il sous-entendait, bien sûr: « À part moi, qui d'autre peut remplir adéquatement cette fonction de premier ministre? »

Robert Bourassa n'était pas un homme imbu de lui-même. Mais il connaissait sa valeur. Et il était intimement, profondément persuadé que, pour le plus grand bien du Québec, il devait, lui, le plus expérimenté, le mieux préparé de tous, totalement indépendant de fortune, diriger et le parti et la nation. Il était évident pour lui qu'il était l'homme de l'heure, l'homme recherché, la perle rare. Il ne voyait pas, dans ce Québec du début des années 1980, un homme ou une femme capable de remplir mieux que lui la haute fonction de premier ministre. Sitôt connue la démission de Ryan, et malgré les avis et les conseils de sa femme et de ses amis, il décidait de se présenter à la course à la chefferie.

Il savait pourtant, sans l'ombre d'un doute, qu'il ne pouvait plus compter sur les deux forces majeures qui, en 1970, l'avaient mené à la victoire : la machine libérale, dont il n'avait plus l'exclusivité, et les jeunes, qui semblaient s'être massivement détournés de lui. S'il ralliait la portion congrue des jeunes du parti en 1970, il faisait maintenant à leurs yeux figure de *has been*. Il devait trouver ailleurs, d'autres collaborateurs, se réinventer en quelque sorte. Faire oublier le Bourassa hésitant d'autrefois, l'homme soumis aux diktats des faiseurs d'images. Rallier à sa cause des gens compétents, dynamiques, expérimentés. Les premières tentatives qu'il a faites en auraient découragé plus d'un.

Quand il apercevait, dans le paysage politique, un homme ou une femme de valeur, Bourassa tentait forcément de s'en faire un allié. Lucien Bouchard disait de lui qu'il était un charmeur compulsif. Les convertis, c'est-à-dire les libéraux qui lui étaient déjà acquis, lui semblaient de moindre intérêt que ceux qui ne partageaient pas ses idées et qu'il devait d'une certaine façon convaincre, convertir. Il est très souvent allé chercher ses proches collaborateurs parmi ses adversaires.

Ainsi, à l'été de 1982, il jetait son dévolu sur John Parisella. Jeune homme instruit, brillant et réfléchi, parfaitement bilingue, élevé à la jonction de cultures diverses, Irlandais par sa mère, Italien par son père, Parisella, trente-six ans, était diplômé en science politique, en management et en pédagogie des Universités Concordia et McGill. Il avait enseigné, travaillé dans le monde de la publicité et dans celui du syndicalisme. En 1970, séduit comme bien des gens par la jeunesse de Bourassa et la nouveauté de son discours, il avait voté libéral. Mais en 1976, considérant, comme Claude Ryan, que le Québec devait donner un électrochoc au Canada anglais, et que le gouvernement de Bourassa avait besoin d'une sérieuse leçon, il avait donné son vote au Parti québécois. En 1980, cependant, il avait milité pour le Non au référendum aux côtés de Ryan, un homme dont il admirait la rigueur et l'intégrité, et à qui il était resté fidèle même après la défaite électorale de 1981.

Ayant repéré ce brillant militant, Bourassa a voulu le rencontrer. Les deux hommes se sont vus une première fois en septembre 1982, quelques jours après la démission de Claude Ryan, dans un petit restaurant de l'avenue du Parc. Parisella est vite tombé sous le charme. Il découvrait un homme « à la fois cérébral et chaleureux, sérieux et intense, mais capable d'humour ». Mais avant de s'engager avec lui, il a tenu à consulter Ryan. Celui-ci, qui n'avait toujours pas beaucoup d'estime pour Bourassa, lui a recommandé de se ranger plutôt du côté de Daniel Johnson, dont il aimait le dynamisme et le style feutré. Johnson avait bon caractère, il était jeune, dynamique. C'est lui que Parisella allait appuyer lors de la course à la chefferie.

Robert Bourassa eut d'autres déconvenues de ce genre. Il avait bien quelques fidèles de la première heure sur qui il pouvait compter, des collaborateurs utiles et expérimentés comme Rivest, Poupart, Bibeau, mais les plus jeunes, les étoiles montantes du parti, n'étaient toujours pas au rendez-vous.

La nouvelle équipe

Bourassa avait alors une assistante personnelle, Jacqueline Boucher, hyperactive militante proche de Jean-Claude Malépart, le très populaire et populiste député libéral de Sainte-Marie à la Chambre des communes. Jacqueline donnait également de son temps à la Commission-Jeunesse. Elle tapait des textes, faisait des courses, aidait les jeunes à prendre contact avec les apparatchiks du parti. Peu après que Bourassa fut rentré d'Europe, elle s'est attachée à lui. Elle est rapidement devenue sa proche collaboratrice, sa femme de confiance, sa nounou, sa secrétaire. Elle lui servait aussi de chauffeur, repassait ses pantalons, préparait ses repas, en plus d'être, d'une certaine manière, une conseillère prolixe et prolifique, parfois écoutée.

À l'été de 1983, elle appelait Pierre Anctil et sa copine Carole Diodati, permanents de la Commission-Jeunesse, pour leur dire que Robert Bourassa, ex-premier ministre dont plus personne n'ignorait les ambitions, les invitait chez lui, à Sainte-Anne-de-Sorel. Le 14 juillet 1983, le jour de son cinquantième anniversaire. Les deux jeunes gens ont été impressionnés par la majestueuse beauté des lieux (la grande piscine, les pelouses et les plates-bandes fleuries, l'immense jardin potager, le fleuve au loin derrière les beaux grands arbres) et plus encore par l'affabilité et la bonne humeur de Bourassa. Mais quand celui-ci a voulu savoir s'il pouvait compter sur leur appui lors de la course à la chefferie, Anctil a eu le front de lui dire carrément non. Il a même ajouté qu'ils avaient pris connaissance des idées et du programme de Daniel Johnson, et que c'était lui qu'ils avaient l'intention d'appuyer. «Son programme me semble plus réaliste que le vôtre. Et son discours est plus neuf.» Anctil, étudiant à Polytechnique, avait accueilli avec grande méfiance le projet de barrage hydroélectrique de Bourassa, qu'il soupçonnait d'avoir vendu la peau de l'ours avant de l'avoir tué. Il voulait, selon lui, produire de l'électricité qu'il n'était même pas certain de pouvoir acheminer à des clients qui n'en voulaient peut-être pas.

Bourassa savait qu'Anctil et Diodati exerçaient un fort ascendant sur les jeunes militants et qu'ils allaient très certainement entraîner une partie importante des jeunes vers Daniel Johnson. Il n'a cependant pas manifesté la moindre impatience à leur égard, ni même laissé paraître la déception qu'il devait sans doute éprouver. Quand, sur ces entrefaites, le maire Drapeau a appelé pour lui souhaiter un bon anniversaire, Anctil et Diodati l'ont entendu dire qu'il se portait à merveille et qu'il était confiant de remporter la course à la chefferie.

Quelques jours plus tard, les jeunes libéraux tenaient leur congrès annuel au collège de Saint-Jean-sur-Richelieu. À l'ordre du jour : emplois, chômage et technologie. Et un slogan à saveur nationaliste : «Parce que le Québec me tient à cœur». Comme le voulait l'usage, les jeunes avaient invité les trois candidats à la chefferie à leur congrès. Bourassa a été plutôt froidement accueilli. Il a vite senti que les jeunes éprouvaient une certaine animosité à son égard, et qu'il gardait, à leurs yeux, l'image très négative qu'il avait acquise en 1976.

Dans les ateliers auxquels il participait, il était toujours capable de démolir en quelques mots des arguments que les jeunes considéraient comme irréfutables. Très préoccupés par le chômage fort élevé les touchant, ils avaient proposé une politique de main-d'œuvre axée sur le partage de l'emploi : plutôt que de donner quarante heures de travail par semaine à 75 personnes, on donnerait vingt heures à 150 travailleurs. Bourassa a rétorqué tout de suite que ce n'était pas le partage de l'emploi qu'ils proposaient, mais celui du chômage. Les jeunes, même le très disert Anctil, étaient alors restés bouche bée. Bourassa, redoutable débatteur et enseignant passionné, s'est ainsi prononcé sur tous les sujets à l'ordre du jour : la Constitution, la langue, l'économie... Dans presque tous les dossiers, il avait raison, indéniablement, objectivement. Mais les jeunes ne l'écoutaient plus avec cette ferveur qu'ils avaient autrefois.

Réalisant qu'il ne pouvait compter sur les militants libéraux pour mener sa course à la chefferie, Robert Bourassa s'est constitué une nouvelle équipe, dont il a choisi les membres dans de tout autres milieux. Pierre Desjardins, grand patron chez Labatt, ancien capitaine des Alouettes de Montréal, a accepté de présider sa campagne au leadership. Il y a tout de suite intéressé Mario Bertrand, vice-président aux communications et aux affaires publiques de la célèbre brasserie. Bertrand n'avait, au départ, pas beaucoup d'intérêt pour la chose politique, et aucune sympathie particulière pour Bourassa. Mais son cas l'intriguait. Chassé du pouvoir, mis au ban de son parti, démuni, délaissé par les jeunes qui autrefois l'appuyaient, cet homme-là s'entêtait depuis des années, envers et contre presque tout le monde, à vouloir faire un retour. « Quelqu'un qui s'est fait planter, qui se relève et qui est encore prêt à se battre, je trouve ça courageux et stimulant », disait-il.

Il y eut une première rencontre au très sélect Club Saint-Denis, rue Sherbrooke Est, que fréquentaient depuis des générations les gens d'affaires et les hommes politiques canadiens-français. Il y avait là une demi-douzaine d'hommes dans la jeune quarantaine, des cadres montants de divers milieux d'affaires. Bertrand, début trentaine, un costaud aux yeux très bleus, à l'énorme chevelure bouclée, très noire, était le plus jeune. On attendait Bourassa en prenant un verre. Quelqu'un a dit qu'il fallait être vraiment mal pris pour se retrouver avec ce *loser* comme candidat à la chefferie du parti. Un autre a ajouté que Bourassa était un mou, qu'il n'arrivait jamais à prendre des décisions. Un troisième a rappelé qu'il avait déjà conduit le parti au pire désastre de son histoire.

Bourassa est arrivé, accompagné de la fidèle Jacqueline Boucher, qui s'est assise un peu à l'écart et s'est absorbée dans des travaux d'aiguilles, pendant que Pierre Desjardins faisait les présentations. Ceux qui avaient dit des bêtises sur Bourassa se sont levés avec empressement pour lui tendre la main en déclarant : « Monsieur Bourassa, le Québec a besoin de vous. » Et : « Vous seul pouvez nous sortir du marasme. » Et tout le monde a acquiescé, sauf Mario, qui sentit le besoin de se dissocier. Il a avoué à Bourassa qu'il avait voté contre lui en 1976. Et pourquoi. Bourassa l'a écouté très attentivement. Par la suite, pendant son petit laïus au cours duquel il a souligné sa ferme intention de participer à la course à la chefferie, c'était à Mario surtout qu'il s'adressait. Il a expliqué qu'il voulait redevenir chef du Parti libéral, qu'il avait communiqué avec des délégués de confiance dans chacune des circonscriptions du Québec et qu'il voulait se constituer une équipe gagnante.

Puis il s'est excusé, il a annoncé qu'il devait aller à la piscine et il est parti. Jacqueline Boucher est revenue au Club Saint-Denis quelques minutes plus tard et a demandé à Mario son nom, sa carte professionnelle, ses numéros de téléphone au bureau et à la maison. En riant, les autres lui ont dit qu'il se ferait probablement casser les jambes.

Le lendemain, Bourassa lui-même l'appelait et demandait à le rencontrer. Ils ont lunché ensemble dans un petit restaurant d'Outremont. Bourassa, vraisemblablement, avait bien aimé le franc-parler de Mario Bertrand, sa capacité de dire ce qui était bien et ce qui ne l'était pas. Ils ont parlé de politique européenne. Et de la rencontre de la veille. Bourassa avait bien sûr remarqué lui aussi qu'il y avait des visages à deux faces autour de la table du Club Saint-Denis, mais il n'en a pratiquement rien laissé paraître, qu'un sourire en coin, pas un mot. Bertrand a compris que Bourassa n'était jamais direct, qu'il procédait de façon allusive et que, lorsqu'il disait qu'il avait bien aimé cette rencontre, avec son petit sourire en coin, c'était qu'il avait trouvé amusante cette fausse déférence qu'on lui avait manifestée. « J'ai su qu'on était faits pour s'entendre, lui et moi, dit Bertrand. Il était tout en nuances et en détours, il n'aimait pas la confrontation. Moi, je dis toujours ce que je pense, sans jamais mettre de gants blancs. »

Il y a eu d'autres rencontres au Cartier, où les Simard avaient leur holding. Avec Fernand Lalonde, Ray Boucher, Michel Le Rouzes. Pierre Bibeau, principal organisateur du parti, devait en principe rester neutre. Mais ses liens avec Bourassa étaient connus de tous. Mario Bertrand a créé un comité stratégique pour la campagne. On a pris l'habitude de se réunir tous les lundis soir au Club Saint-James, un lieu tranquille et cossu que fréquentaient les vieux Anglais de Westmount, sur le boulevard Dorchester Ouest, près de la rue Union. De temps en temps, Bourassa venait faire un tour. Il parlait peu. Il était toujours très calme, très serein.

Le 18 août 1983, au Holiday Inn de la rue Sherbrooke Ouest, à Montréal, il annonçait officiellement qu'il participait à la course à la chefferie, dans laquelle s'étaient déjà engagés Daniel Johnson et Pierre Paradis. Son équipe lui avait trouvé un slogan efficace et accrocheur : « La force de l'expérience ». Et une musique enlevante : *What a Feeling*, la chanson thème d'un film qui connaissait alors un phénoménal succès : *Flashdance.*

Qu'on joue sur le feeling et l'émotion et qu'on parle de danse autour de Robert Bourassa, voilà qui était totalement nouveau et puissamment étonnant. L'image était neuve aussi, celle d'un homme très décontracté, le cheveu parfois en bataille, le sourire plus ouvert, souvent sans cravate. On était loin déjà du *nerd* coincé des années 1970.

Au cours des semaines suivantes, l'ex-premier ministre parcourait la société québécoise, de bas en haut et de long en large. Il a personnellement rencontré 24 délégués dans chacune des 110 circonscriptions. On l'avait surnommé dans le parti « Monsieur B-24 ». Dès la fin de septembre, tous les sondages le donnaient gagnant.

Le congrès eut lieu au Colisée de Québec, le 15 octobre 1983. Robert Bourassa fut élu avec une écrasante majorité, les trois quarts des délégués ayant voté pour lui. L'exploit constituait l'un des exemples les plus forts de résilience politique. En 1970, on avait pu reprocher à Robert Bourassa d'avoir été soutenu par l'establishment du parti, d'être le candidat des grandes compagnies et d'avoir pu profiter de la fortune de sa belle-famille. Pas en 1983. Après sa longue traversée du désert, il avait reconstruit sa machine pièce par pièce, il l'avait lui-même huilée, rodée, ajustée. Et il avait reconquis pied par pied un terrain miné.

Dans son discours, ce soir-là, il a parlé très respectueusement, sans amertume aucune, de Claude Ryan qui, alors qu'il était lui-même chef libéral, l'avait si implacablement écarté. Il l'a remercié d'avoir dirigé le parti. Comme il l'avait fait pour Jean Lesage en janvier 1970.

Il a pris Rémi Bujold comme chef de cabinet de transition. Politicien libéral fédéral de la vieille école, proche de Gérard D. Levesque, Bujold n'était pas tout à fait son genre. Mais un chef de l'opposition n'a pas toujours les moyens de constituer une équipe qui le satisfasse. Bourassa continuait donc de consulter à gauche et à droite. Il voyait de temps en temps Mario Bertrand, retourné chez Labatt. Pour « parler stratégie », comme il disait. On savait que le Parti québécois était divisé et qu'il y aurait bientôt des élections.

Tout de suite, il entreprit d'unifier le parti. Johnson et Paradis, qui n'avaient récolté chacun que 12 % du vote, se sont rangés derrière lui. Leurs partisans également, de même que ceux de Gérard D. Levesque. Bourassa allait, au fil des mois, rencontrer un à un ses adversaires et s'en faire des alliés, reconquérir d'abord et avant tout les leaders de la très puissante Commission-Jeunesse. Et, ambitieuse entreprise : former un cabinet d'hommes et de femmes de valeur, parmi lesquels beaucoup avaient été des détracteurs souvent très durs.

Pierre Anctil, comme John Parisella, avait fait campagne aux côtés de Daniel Johnson, le plus coriace adversaire de Bourassa. Le 15 octobre, quand celui-ci, de nouveau chef, avait repris en main la machine libérale, la position du président de la Commission-Jeunesse était devenue pour le moins précaire, non pas que Robert Bourassa eût pu le chasser de ce poste, mais parce que les membres de la Commission, maintenant ralliés, par la volonté de leurs chefs, à Robert Bourassa, voudraient peut-être se débarrasser de lui. Le nouveau chef libéral lui a fait savoir par Pierre Bibeau qu'il était prêt à l'aider. « Dis-lui que je vais parler aux jeunes et leur dire que je l'appuie. »

Anctil a refusé l'aide de Bourassa. Il a convoqué la direction de la Commission à huis clos, a demandé et obtenu un vote de confiance, conservant son pouvoir au sein du parti sans rien devoir à Robert Bourassa. Il restait président de la Commission-Jeunesse du Parti libéral, mais n'était pas pour autant tout à fait acquis à Bourassa, le nouveau chef élu. Il était cependant devenu, aux yeux de celui-ci, un homme-clé, une tête dure avec qui il voulait à tout prix travailler. Bourassa avait toujours été très inclusif, il aimait parler avec l'adversaire, l'entendre, connaître ses idées. Le nouvel entourage qu'il s'était donné était composé de quelques fidèles, Bibeau, Poupart, Rivest, mais surtout d'hommes et de femmes qui, pendant un temps plus ou moins long, avaient été en désaccord à des degrés différents avec lui.

Il amorça donc une opération de séduction et de conversion auprès d'Anctil, de Parisella, mais aussi de Michel Corbeil, de Daniel Johnson, même de Claude Ryan, et de plusieurs autres. Comme politicien, il avait besoin d'eux, de leurs contradictions et de leurs différences, de leurs idées, de leurs critiques. Comme homme, il ne pouvait toujours pas supporter de ne pas être aimé. Il était toujours fasciné, étrangement, par ceux qui ne l'aimaient pas.

Le séducteur

Le quotidien *Le Soleil* avait confié la couverture de la campagne au leadership à un jeune journaliste, Michel David. Celui-ci, comme beaucoup de Québécois de son âge, gardait de Bourassa l'image d'un homme mou, du *nerd* à lunettes et à veston cintré qui avait conduit ses troupes à la désastreuse défaite de 1976. Sans le connaître, il ne l'aimait guère.

À leur première rencontre, lors d'une conférence de presse à l'Université du Québec, où le candidat Bourassa exposait sa politique scientifique, David lui a rappelé l'injure qu'il avait servie quelques jours plus tôt à Pierre A. Nadeau, un collaborateur de Daniel Johnson, qu'il avait traité de « pygmée intellectuel ».

Bourassa eut l'air contrit et ne sut que répondre. David et ses confrères présents ont alors compris que c'était une phrase maladroite qui vraisemblablement lui avait échappée. L'injure ou l'insulte *ad hominem* n'était vraiment pas son genre. Bien au contraire, il cherchait la plupart du temps à séduire, à charmer et ses adversaires et les journalistes.

Réalisant que David faisait un travail sérieux et intelligent, Bourassa a donc entrepris de faire plus ample connaissance. Il lui a dit un jour que son père lui avait déjà écrit. Le journaliste s'est informé auprès de son père, qui n'avait aucun souvenir d'avoir écrit à Robert Bourassa. Avant d'être vice-président directeur général des services français de Radio-Canada, à l'époque des *Beaux Dimanches*, de *Femme d'aujourd'hui*, de *Sol et Gobelet*, Raymond David avait enseigné la littérature à Brébeuf. Il avait eu Robert Bourassa comme élève et avait quelques fois annoté ses copies d'examen. L'élève avait conservé quelques-unes de ces copies, qu'il avait retrouvées en fouillant dans ses souvenirs pour l'émission *Avis de recherche*, animée par Gaston L'Heureux. On y avait invité sa classe, dont le père de Michel David avait été le titulaire. Un tiers de siècle plus tard, Bourassa avait utilisé cette note pour créer un lien avec le journaliste Michel David.

« J'ai réalisé à la longue que ce besoin de charmer était une seconde nature chez lui, dit David. Mais c'était fait avec tellement de naturel et de bonhomie qu'il ne pouvait pas croire qu'on ne s'en rendait pas compte. »

Alain Gravel, alors jeune journaliste à CKAC, a vécu une expérience très semblable avec Bourassa au cours de cette même campagne à la chefferie. Il avait été chargé de couvrir une conférence de presse durant laquelle le candidat libéral dévoilait son programme électoral. Avant de répondre aux questions des journalistes, Bourassa les a invités à se nommer l'un après l'autre. Quand Gravel s'est présenté, il lui a demandé, tout miel, des nouvelles de son oncle Julien. Julien Bigras (le père du chanteur Dan), bien que souverainiste militant, avait toujours été un proche ami de Robert Bourassa, qui l'estimait beaucoup. En s'informant de lui, il créait avec le jeune Gravel des liens de proximité et d'intimité, il en faisait un complice...

Ces entreprises de séduction ont peut-être contribué à alimenter les rumeurs que colportaient à l'époque les radios-poubelles de Québec, qui prétendaient que Bourassa était homosexuel, qui disaient avoir vu l'homme qui avait vu l'homme qui l'avait aperçu dans un sauna du Village gai de Montréal ou lors d'un voyage dans le Sud, organisé par des militants gais. Ces allégations lui déplaisaient, bien sûr. Mais il n'a jamais eu la moindre intention d'y répondre. Parce qu'elles étaient sans fondement. Et il n'était pas le seul à en être la cible. Trudeau et un nombre important de parlementaires se faisaient eux aussi traiter de tapettes ou de pédophiles par les grandes gueules des radios-poubelles de la Vieille Capitale. De plus, Bourassa était, on l'a beaucoup dit et répété, un formidable encaisseur. Il n'allait pas répondre à ces calomnies, pas plus que jadis, dans la cour d'école, il ne répondait à ses camarades qui le traitaient de « menette » parce qu'il n'avait pas envie de jouer au drapeau ou au ballon-chasseur. Il préférait essuyer les insultes de ces gens plutôt que de jouer leur jeu. Cette attitude cependant enrageait certains cogneurs, qui se sont acharnés pendant des années à démolir Bourassa, sa réputation, son moral. Et il est arrivé que ces rumeurs et l'insistance de certains animateurs de radio à les nourrir le blessent.

Ronald Poupart l'a vu profondément troublé un jour qu'il venait encore d'entendre l'un d'entre eux le traiter de pédophile. Des proches, dont sa propre fille, lui disaient qu'il devrait réagir. Il répondait que ça ne changerait rien. Ces gens mentaient par haine, pour le bête et méchant plaisir de le blesser. Dans l'absolu, ce n'était pas lui qui faisait le mal dans cette histoire. Il n'avait rien à se reprocher, il avait l'âme en paix.

En fait, il avait un côté innocent, au sens propre du terme. Il ignorait volontairement le mal, parce qu'il était sans malice. Jeune député, il fréquentait régulièrement la piscine du YMCA du centre-ville de Montréal. Il fut surpris d'apprendre un jour que c'était un lieu de rencontre très couru par les gais de la métropole. Il n'a pas pour autant cessé d'y aller. L'endroit était facilement accessible, même tard le soir, et l'eau était bonne. Tant pis pour ceux qui se faisaient des idées. D'ailleurs, rien ni personne, ni des rumeurs d'aucune sorte ne l'ont empêché de conserver des liens d'amitié avec des hommes comme Pierre Bourgault ou Claude Charron et d'autres homosexuels notoires. Ils étaient des amis qu'il aimait et admirait. Il a toujours été attiré par les gens intelligents, quelles que soient leurs allégeances politiques, et il a toujours cherché à s'en faire des amis.

Il voulait charmer, séduire ; et il le faisait avec beaucoup de candeur et de mansuétude. Et d'opportunisme, bien sûr. En fait, s'il recherchait l'affection des autres, journalistes ou politiciens, adversaires ou pas, c'était qu'il voulait leur assentiment, leur appui, leur vote. Il avait ainsi, dans ses rapports personnels, des attitudes souvent ambiguës. « On se demandait, disait Lucien Bouchard, pourquoi il était si fin avec nous, si gentil, si empressé. »

Bourassa se méfiait malgré tout de la classe journalistique, qui l'avait descendu en flammes en 1976. Mais il aimait tellement le monde des médias qu'il ne pouvait s'empêcher de s'y créer des liens.

Avec les journalistes, il ne se fâchait jamais, contrairement à beaucoup d'autres politiciens, comme René Lévesque ou Lucien Bouchard. Et il lisait toujours leurs textes. Pour être informé. Mais aussi pour pouvoir discuter avec eux, les mettre en contradiction avec eux-mêmes, les féliciter parfois, les séduire toujours.

Certains, qui s'étaient fait de lui ou s'étaient laissé imposer l'image de mollasson, de roseau, d'aplaventriste, découvraient en 1983, au moment de la course à la chefferie, un nouveau Bourassa, plus sûr de lui, souvent rieur. Il restait calme, ne semblait jamais blessé, même quand il était durement attaqué. Il savait que ça faisait partie du jeu et que les journalistes intelligents ne le méprisaient pas pour autant et que ça n'altérait pas l'estime qu'ils avaient pour lui.

Peu après avoir été réélu premier ministre du Québec, il a été invité au Département d'art et de technologie des médias du cégep de Jonquière. On lui avait demandé de parler aux étudiants de ses relations avec les médias. Après son exposé, qui a duré une quinzaine de minutes, on a simulé une conférence de presse. Les étudiants s'étaient bien préparés et ont posé des questions souvent très dures et très directes. Beaucoup plus que celles que soulèvent habituellement les journalistes professionnels, qui ne peuvent se permettre d'indisposer leur plus gros dispensateur de renseignements.

Ce jour-là, au lieu de répondre aux questions des étudiants, Bourassa s'est mis à en faire la critique ; il les soupesait, en évaluait la pertinence, la formulation, la structure, le nombre de fois qu'on les lui avait posées, qui l'avait fait, dans quelles circonstances, etc. Il faisait de la sémantique et de l'analyse littéraire. Mais il ne répondait pas aux questions.

Quelques journalistes professionnels étaient là. Eux aussi ont eu ce jour-là une leçon de travail. « C'était comme si Bourassa avait publiquement dévoilé les trucs qu'il utilisait quotidiennement pour nous mettre en boîte et nous posséder », disait Normand Girard du *Journal de Québec* (et du *Journal de Montréal*), qui avait suivi Bourassa pendant des années. En fait, Bourassa leur faisait un gros clin d'œil. Avec l'air de dire que tout cela était un jeu, le jeu sublime de la politique, et qu'on était entre amis, complices.

Les journalistes de la tribune parlementaire entretenaient alors avec le premier ministre Bourassa des relations que certains d'entre eux qualifiaient d'incestueuses. Il était effectivement beaucoup plus « facile à travailler » que Lévesque. Celui-ci était souvent bourru avec eux, critique aussi, moralisateur. Il leur reprochait de mal faire leur travail, de ne pas poser les bonnes questions, de mal rapporter ses propos. Bourassa, lui, ne faisait jamais de chantage émotif, pas de terrorisme sentimental. De la politique toujours. Et s'il disait qu'il était content des journalistes québécois, c'était qu'il pouvait avec eux véritablement parler de politique, à un niveau plus intéressant qu'il ne le faisait en Chambre, où les débats se réduisaient souvent à de stériles échanges d'insultes.

À Gaston Geens, ministre-président de l'Exécutif flamand, qui s'étonnait de cette familiarité, impensable entre politiciens et journalistes européens, il a dit, désignant avec un grand sourire ses amis de la presse québécoise qui l'accompagnaient: « Je les entraîne pour ma prochaine campagne électorale. » Il s'amusait vraiment beaucoup avec eux, il les citait parfois dans ses discours et dans les réponses qu'il leur faisait. Et alors ils étaient désarmés, charmés.

Cette complicité qu'il avait avec les journalistes, Bourassa ne pouvait cependant l'établir avec le grand public. En Chambre, en conférence de presse, au conseil des ministres, dans des comités, dans ses intimes mêlées avec les journalistes, c'était lui qui menait le bal, qui charmait et brillait, partout, tout le temps. Sauf avec le peuple. Pour lui, l'État-spectacle, l'État-showbiz restait une vulgaire aberration, une corruption. Il ne faisait pas de show-business, pas de théâtre. Que de la politique.

Le maître de l'inclusion

N'étant pas député, Robert Bourassa, nouveau chef libéral, ne pouvait siéger à l'Assemblée nationale. Il n'y tenait pas particulièrement, en fait. Il disait à ses proches, sourire en coin, qu'il était meilleur pour répondre à des questions que pour en poser. En fait, les fonctions de leader de l'opposition ne l'intéressaient pas vraiment. Mais il y avait autre chose : loin de l'Assemblée, le nouveau chef ne pouvait faire de gaffe, ni lasser ni flétrir son image. Il s'est entouré de Pierre Bibeau, l'ingénieux organisateur qui avait fait un bout de chemin avec Ryan, mais qui était fort heureux de retrouver Bourassa. Ronald Poupart a repris du service comme responsable des communications. Mais, désireux de se donner une image nouvelle, Bourassa a tenu loin de lui certains collaborateurs qui l'avaient accompagné lors de ses deux premiers mandats. Il a cependant gardé des liens très étroits avec la plupart d'entre eux. Charles Denis, par exemple, est resté dans l'ombre, où se prenaient beaucoup de décisions…

Pendant près de vingt mois, du 15 octobre 1983 au 3 juin 1985, ce fut Gérard D. Levesque qui a représenté le chef libéral devant l'Assemblée nationale. Bourassa, pendant ce temps, parcourait le Québec et travaillait à consolider le parti, mettait son monde en place, préparait l'affrontement qui ne saurait tarder avec le Parti québécois qui connaissait de douloureux tiraillements.

Il y avait alors beaucoup de changements dans le monde politique canadien et québécois. Trois mois après que

Bourassa est redevenu chef du Parti libéral du Québec, Pierre Elliott Trudeau annonçait qu'il quitterait la politique dès l'été suivant, après avoir pris soin de placer à des postes-clés un grand nombre de libéraux fidèles à sa cause et à ses idées. Sitôt élu chef du Parti libéral du Canada, John Turner déclencha des élections.

En tant que leader du PLQ, Bourassa ne pouvait prendre parti dans ces élections fédérales, mais ses préférences étaient connues. Ses libéraux et les conservateurs de Mulroney étaient très unis. Pierre Bibeau rencontrait régulièrement Bernard Roy, organisateur de Mulroney au Québec.

Le soir du 4 septembre 1984, Robert Bourassa et Brian Mulroney ont eu un long entretien téléphonique. L'un venait d'être élu premier ministre du Canada, avec la plus grande majorité (211 sièges) de l'histoire du pays ; depuis près d'un an, l'autre était de nouveau chef du Parti libéral du Québec et leader de l'opposition. « Dans pas longtemps, ce sera ton tour », lui prédisait alors Mulroney.

Il souhaitait bien sûr que son ami Bourassa, qui l'avait accompagné dans sa traversée du désert et qui avait mis sa machine électorale à son service lors des récentes élections, reprenne lui aussi le pouvoir ; mais en attendant, il n'allait pas pour autant s'empêcher de pratiquer avec le Québec une politique d'ouverture et de tendre la main au gouvernement péquiste de René Lévesque. Il s'était engagé, pendant sa campagne électorale, à faire tout ce qui était politiquement possible pour obtenir l'adhésion du Québec à la Constitution canadienne. Six jours plus tôt, à Sept-Îles, sa ville natale, dans un discours qu'il avait rédigé avec son ami Lucien Bouchard, il avait promis solennellement d'essayer, par tous les moyens raisonnables, de convaincre l'Assemblée nationale du Québec de donner son assentiment à la nouvelle Constitution canadienne, pour que le Québec réintègre la Confédération « dans l'honneur et l'enthousiasme ».

René Lévesque a accepté l'offre de Mulroney et s'est rangé lui aussi aux côtés des conservateurs au moment des élections fédérales. Les deux chefs se sont rencontrés à plusieurs reprises à Québec et à Ottawa. Ils en sont vite venus à une entente. Lévesque entreprit alors de convaincre les membres de son caucus de mettre de côté l'option souverainiste pour tenter, une dernière fois, de s'entendre avec le reste du Canada et de réintégrer la Constitution. C'est ce qu'il a lui-même appelé le « beau risque ». La réaction de son caucus, de son cabinet, des militants a été rapide et terrible ; plusieurs ministres ont démissionné.

Bourassa, lui, continuait d'unifier son parti. Il avait la confiance de Johnson, de Paradis et de leurs militants. Mais il voulait et devait reconquérir les jeunes. Ceux-ci, qui représentaient à ses yeux non seulement l'avenir du parti, mais aussi ses forces vives, lui avaient clairement signifié, l'été précédent, qu'il n'était plus leur candidat ; lors de la course à la chefferie, ils s'étaient, pour la plupart, rangés du côté de ses adversaires. Or ils constituaient au sein du parti une force déterminante. Et Bourassa croyait toujours en eux, il avait besoin d'eux, de leurs idées, de leur ferveur, de leurs constantes remises en question.

Peu avant le congrès général du parti, il apprenait que la Commission-Jeunesse se préparait à tenir une conférence de presse au cours de laquelle elle proposerait une réforme de l'aide sociale et exigerait du gouvernement qu'il annule la discrimination dont souffraient les jeunes vivant de cette aide et qu'il maintienne le gel des frais de scolarité. Ils s'étaient heurtés à Claude Ryan dans ce dossier.

Bourassa leur fit savoir, par le truchement de Mario Bertrand, son nouveau chef de cabinet, qu'il aimerait participer à leur conférence de presse. Pierre Anctil, le président de la Commission, refusa catégoriquement. « Si le chef veut une conférence de presse, qu'il s'en organise une. » Toujours à la demande de Bourassa, Mario Bertrand a insisté ; Anctil finit par lui dire que, si le PM voulait vraiment être à la conférence de presse de la Commission, les jeunes allaient eux-mêmes lui rédiger sa déclaration.

Bourassa a accepté. Il savait depuis longtemps ce que voulaient les jeunes. Et il avait besoin d'eux. Il s'est donc prononcé en faveur de la réforme de l'aide sociale demandée par la Commission-Jeunesse et du gel des frais de scolarité, que Ryan avait maintes fois refusé. Ça ne l'engageait pas sérieusement, au fond. Il n'était toujours que le chef de l'opposition. Mais il lui serait difficile de revenir sur ses positions. Le lundi suivant, 4 mars 1985, *La Presse* titrait : « Les jeunes prennent le contrôle du PLQ. » On aurait tout aussi bien pu titrer : « Bourassa prend le contrôle de la Commission-Jeunesse. » Car c'était de cela qu'il s'agissait réellement. Bourassa venait de refaire alliance avec les jeunes. Pierre Anctil, le jeune président de la Commission, allait bientôt devenir un conseiller très consulté, un homme de confiance.

Bourassa était content. Il avait eu ce qu'il voulait. Sous Ryan, les jeunes avaient perdu beaucoup de pouvoir au sein du parti. Ils venaient de reprendre la place qui, selon Bourassa, leur convenait.

Pendant ce temps, de nombreux militants, jeunes et moins jeunes, démobilisés par l'échec du référendum et les guerres intestines, quittaient le Parti québécois qui, au début de l'année 1985, comptait à peine plus de 150 000 membres, soit la moitié moins qu'en 1980.

En mars, Jacqueline Boucher, l'assistante de Bourassa, communiquait avec Michel Corbeil, qu'elle avait connu du temps qu'il était président par intérim de la Commission-Jeunesse. Elle cherchait un réviseur bénévole pour un livre, *L'Énergie du Nord*, signé Robert Bourassa, rédigé par Jan Charuk, très ferré dans le domaine de l'énergie, mais dont la plume était plutôt rugueuse. Corbeil a accepté, par amitié pour Jacqueline et par curiosité ; il commençait à être sérieusement intrigué par la personnalité et les idées de Robert Bourassa.

Quelques semaines plus tard, Jacqueline Boucher demandait à Corbeil de rédiger un discours pour son chef. Bourassa devait rencontrer les gens de la construction à Trois-Rivières, et l'équipe de recherche de l'opposition officielle lui avait concocté un texte qui ne le satisfaisait pas. Corbeil accepta encore une fois, à condition que le principal intéressé ne connaisse pas son nom ou seulement après coup.

Or Bourassa a aimé le texte qu'on lui a remis et il a insisté pour en connaître l'auteur. Son assistante lui a révélé que le rédacteur de son discours était Michel Corbeil, celui-là même qui avait signé dans *L'Actualité* et *Le Devoir* des textes extrêmement durs à son endroit. Nullement décontenancé, Bourassa s'est dit qu'il aimerait bien travailler avec ce jeune homme et il a chargé Jacqueline de lui demander s'il accepterait de se joindre au cabinet du chef de l'opposition officielle, à titre d'attaché politique chargé de la rédaction des discours.

Avant d'accepter cette offre étonnante, Corbeil a voulu rencontrer Bourassa. Rendez-vous fut pris à la permanence du parti, rue Gilford, un vendredi, en fin d'après-midi. Bourassa a d'abord parlé de la situation politique, sans doute pour tester les connaissances et la curiosité du jeune avocat et créer un plus étroit contact avec lui. Il a vite compris que son invité était très bien renseigné et que son analyse de la situation était fort pertinente. Corbeil avait lui aussi le sentiment que le Parti québécois n'allait pas trop bien et qu'il y aurait des élections au plus tard à l'automne. Quand Bourassa lui a offert de faire partie de son cabinet jusqu'aux prochaines élections, Corbeil a tenu à lui dire que, ce qu'il avait écrit dans *L'Actualité* et *Le Devoir*, il le pensait vraiment, qu'il n'avait donc pas du tout l'intention de s'excuser, mais qu'il était disposé à faire un bout de chemin avec lui.

L'Énergie du Nord, la force du Québec est sorti à la mi-avril de 1985 et a fait grand bruit. Lancé d'abord à Washington, où il était destiné à intéresser les investisseurs, il est devenu le fer de lance du grand retour de Bourassa. C'était un livre remarquable, à la fois très technique et très tendre, parfois exalté, parfois didactique. Dans son introduction, qui rappelle par certaines intonations celle qu'a écrite le frère Marie-Victorin pour sa *Flore laurentienne*, Bourassa parle longuement de la jeunesse du Québec, à qui il dédie son ouvrage. Jamais un homme politique n'a parlé avec autant de passion, de connaissance et d'amour du territoire physique et géographique du Québec, de ses eaux vives, de ses pierres, de ses forêts, de sa flore et de sa faune, de son histoire géologique.

Il dit « notre territoire », « notre Saint-Laurent », « notre baie James », « notre énergie », « notre avenir ».

Il se fait évidemment un malin plaisir de rappeler comment, lorsqu'il avait évoqué, au début des années 1970, la possibilité de vendre de l'électricité aux États-Unis, les péquistes, Jacques Parizeau en tête, s'étaient esclaffés et l'avaient traité de rêveur et d'illuminé. Puis il signale que la centrale hydro-électrique de LG2 fut mise en service le 29 octobre 1979 – ce jour inoubliable où il eut la confirmation qu'il pourrait redevenir premier ministre du Québec.

On savait alors que Robert Bourassa faisait encore des plans pour développer les ressources du Nord. Tous n'étaient pas d'accord, par contre. Dans une longue lettre ouverte parue dans *Le Devoir*, Jean-Paul L'Allier, un des ministres les plus influents de ses premiers mandats, résumait la pensée et le sentiment des opposants ; il reprochait à Bourassa, pourtant « pas insensible aux questions sociales et même aux questions culturelles », de ne penser qu'aux mégaprojets de la Baie-James, dont seules les firmes d'ingénieurs allaient tirer des bénéfices.

« Ce que nous payons très cher, aujourd'hui, comme société, c'est sans doute le fait de n'avoir pas consacré suffisamment d'efforts cohérents, d'énergie et même de ressources financières à l'éducation, à la santé, à la qualité de vie en milieu de travail, à l'éducation physique, aux relations de travail. »

Et il ajoutait : « Vous pourrez peut-être vous faire élire et gouverner dans la pénombre… Vous n'obtiendrez pas alors, je le crains, pas plus que dans les dernières années que nous avons partagées au gouvernement, ce à quoi vous teniez le plus et ce dont vous rêviez au-delà de toutes les Baie-James : le respect, l'amour, l'admiration et même l'amitié du peuple. »

Jamais, nulle part, on n'avait entendu pareil discours tenu par un collaborateur de Bourassa. Jean-Paul L'Allier, si dur qu'ait été son propos, était par moments presque tendre à l'égard de l'homme qu'il avait côtoyé, admiré et aimé. Il a cependant cru déceler chez Bourassa un désir très grand d'être reconnu du peuple. Et il a prédit qu'il ne pourrait sans doute pas assouvir ce désir. Il avait peut-être raison. Robert Bourassa voulait être aimé, indéniablement. Et de tout le monde. Mais qu'il ait rêvé du respect et de l'amitié du peuple « au-delà de toutes les Baie-James », rien n'est moins sûr. Robert Bourassa mettait par-dessus tout l'intérêt supérieur de la nation. Il n'aurait peut-être pas détesté être un leader charismatique, comme Lévesque ou Bouchard, un tribun flamboyant comme Bourgault. Mais il n'était pas de cette race, il n'avait pas cette nature. Il savait, et il le disait, qu'il ne serait pas aimé comme eux. Le peuple québécois aime les artistes, les chantres, les hérauts, les opérateurs de machines à rêver. Et Robert Bourassa n'avait rien d'un artiste. Il le savait.

De toute manière, à l'automne de 1985, déjà, comme le soulignait L'Allier dans son article du *Devoir*, il semblait plus que probable que Robert Bourassa serait de nouveau premier ministre du Québec. Au moment où paraissait *L'Énergie du Nord*, c'était presque chose faite. Le 3 juin, près de deux ans après avoir repris en main les rênes du Parti libéral, Robert Bourassa était élu député du comté de Bertrand lors d'élections partielles. Le Parti québécois était alors en très mauvaise posture. Désavoué par plusieurs de ses ministres, incapable de convaincre ses troupes de prendre le « beau risque », René Lévesque dut démissionner. Pierre Marc Johnson, couronné chef péquiste, devint *de facto* premier ministre du Québec quelques mois plus tard. Il n'allait pas occuper longtemps cette fonction.

Voulant profiter du regain de ferveur qu'on avait cru déceler au sein du Parti québécois pendant la course à la chefferie, Pierre Marc Johnson a annoncé, à la fin d'octobre, la tenue d'élections générales le 2 décembre. Peut-être aurait-il bien fait d'avoir lu lui aussi Sun Tzu : « Celui qui ne se connaît pas plus qu'il ne connaît son ennemi est déjà perdu. » Son parti était en effet divisé et affaibli par des disputes, des démissions, des défections. Beaucoup de membres s'étaient démobilisés. Et la caisse électorale était plutôt dégarnie, contrairement à celle du Parti libéral, qui comptait alors quelque cinq millions de dollars. Et les libéraux étaient très unis derrière leur chef, Robert Bourassa.

Mario Bertrand s'est totalement impliqué dans la campagne. Pierre Bibeau, Fernand Lalonde, Ronald Poupart également. Ils se réunissaient régulièrement dans la suite de la brasserie Labatt au Ritz-Carlton. Jean-Claude Rivest, qui se trouvait à Québec, se joignait parfois au groupe par téléphone. Comme Charles Denis.

Certains sondages les inquiétaient cependant. L'électorat n'était, semble-t-il, pas très enthousiaste à l'idée de revoir Bourassa à la tête du gouvernement. Pierre Marc Johnson restait nettement plus populaire. Il était jeune, beau, brillant, disert, avocat et médecin, fils d'un ex-premier ministre qu'on avait bien aimé.

Mario Bertrand et Pierre Bibeau ont alors proposé à Bourassa d'axer sa campagne non pas sur sa seule personne et ses seules idées, comme le faisaient les péquistes avec Pierre Marc Johnson, mais sur l'équipe libérale qu'ils avaient constituée. Bourassa a tout de suite accepté. Il n'avait sans doute pas oublié que l'une des raisons de la défaite de Lesage, en 1966, était justement que le chef, pourtant entouré de vedettes, comme René Lévesque, Paul Gérin-Lajoie, Pierre Laporte, Yves Michaud et plusieurs autres, avait tenu à être le seul en vue, le seul entendu.

On a monté une petite armée de candidats-vedettes, dont on a annoncé l'engagement à tour de rôle. Ainsi, pendant toute la durée de la campagne, la population a vu des gens importants et compétents se joindre l'un après l'autre à l'équipe libérale. Certains, comme Gérard D. Levesque, John Ciaccia, Lise Bacon, Yvon Picotte, étaient déjà connus du grand public. Mais il y avait aussi de nouveaux venus dont les états de service, les diplômes et les expertises ne pouvaient manquer d'impressionner l'électorat, comme Pierre MacDonald, vice-président de la Banque de Montréal, ou l'économiste André Vallerand, Paul Gobeil, vice-président des supermarchés Provigo, Gil Rémillard, éminent constitutionnaliste, professeur de droit public à l'Université Laval et invité de nombreuses universités nord-américaines et européennes, Herbert Marx, l'un des leaders de la communauté juive de Montréal, le Beauceron Robert Dutil, et Monique

Gagnon-Tremblay. On a ainsi créé une suite de vagues qui déferlaient sur le Québec, qui touchaient tantôt les communautés culturelles ou les femmes, tantôt les gens d'affaires ou les ouvriers ou encore les jeunes. Et ces candidats arpentaient le Québec, rencontraient les médias, les Clubs optimistes. On a ainsi donné l'impression d'une équipe extrêmement forte et séduisante, qui ne cessait d'attirer des gens de grande qualité et de haute compétence.

Le Parti québécois n'avait pas de quoi intéresser de semblables candidats. On ne voyait sur les affiches bleues et à la télé que le visage de Pierre Marc Johnson, on n'entendait que lui à la radio.

Pendant l'été et l'automne, Robert Bourassa et Michel Corbeil avaient travaillé ensemble à la rédaction d'un autre livre, *Le Défi technologique,* œuvre très aride et technique, destinée à faire connaître le programme scientifique du parti pendant la campagne électorale. Bourassa proposait de développer au Québec des industries de haute technologie, de manière à stimuler la recherche scientifique et à créer des emplois bien rémunérés. Sur la page couverture aux couleurs criardes, une petite affichette clamait « Création d'emplois ».

« Ce sont les nouvelles technologies qui créent les emplois de demain et qui définissent, dans une large mesure, la structure économique au sein de laquelle évoluera la prochaine génération. »

Il y eut un débat à la radio, une dizaine de jours avant les élections. Bourassa, qui se savait et se disait moins télégénique que Pierre Marc Johnson, avait refusé de le rencontrer devant les caméras. À la radio, il est facilement parvenu à l'entraîner sur le sujet de l'économie, où il n'en a fait qu'une bouchée. Il a demandé à Johnson s'il savait de combien les revenus du Québec avaient augmenté au cours de la dernière année fiscale. Voyant son adversaire hésiter, il a lui-même donné la réponse : « Un milliard et demi, monsieur Johnson. »

Le 2 décembre, plus personne au Québec ne pouvait douter que le Parti libéral remporterait la victoire. Ce soir-là, peu après la fermeture des bureaux de scrutin, Robert Bourassa est allé nager au collège Notre-Dame, puis il est rentré à la maison, rue Maplewood, où l'attendaient une bonne et une mauvaise nouvelle. Son parti était élu avec une très forte majorité ; mais il était lui-même défait dans le comté de Bertrand, par un peu plus de 100 voix. Personne, dans son entourage, n'avait vu venir cette défaite. Pendant toute la campagne, les organisateurs du comté avaient reçu et transmis des signaux positifs. En fait, on ne pouvait imaginer que le Parti québécois se donnerait la peine de dépenser beaucoup d'énergie pour battre un candidat qui, même s'il n'était pas élu dans son comté, resterait l'homme fort du Québec et le chef du parti au pouvoir. Il était fâché. « Ils tenaient à tout prix à me battre, disait-il à Andrée. Pour le plaisir de me battre. Ça ne leur a rien donné. Ça ne leur apportera strictement rien. »

Peu avant 21 heures, Mario Bertrand s'est rendu chercher le nouveau premier ministre, rue Maplewood, pour l'emmener au centre Paul-Sauvé, où l'attendaient les partisans libéraux. Il s'est formellement excusé auprès de lui. Directeur de la stratégie de la campagne, Bertrand avait pourtant bien des raisons d'être fier, mais il y avait cette défaite crève-cœur qu'il ne se pardonnait pas. La super machine libérale n'avait pu faire élire le chef, alors qu'elle avait écrasé le Parti québécois qui, quelques mois plus tôt, avait accueilli Pierre Marc Johnson comme un sauveur. « Je te promets que ça ne se reproduira plus jamais », a dit Bertrand. Bourassa fut étonné et vivement touché. Dans le milieu, on ne présentait pas ainsi ses excuses. Mais Mario Bertrand n'était pas un gars du milieu. Il n'était devenu membre du Parti libéral que trois jours avant d'entrer au cabinet de Bourassa. Ce soir-là, pendant que la limousine roulait vers le centre Paul-Sauvé, il lui a parlé des raisons qui l'avaient amené en politique. « Je suis ici pour apprendre.

— Apprendre quoi ? lui a demandé Bourassa.

— Apprendre à gagner, comme tu sais le faire, toi. Et apprendre à perdre aussi, à rester cool, quoi qu'il arrive. Je considère que travailler avec toi est un privilège. »

Bourassa était ému, sans doute flatté aussi de voir que cet homme fort, parfois brutal, costaud et abrasif, qui n'avait peur de rien ni de personne, avait pour lui une si profonde admiration. Il n'ignorait pas qu'en devenant son chef de cabinet Mario Bertrand avait accepté une importante diminution de ses revenus. Et il allait y rester, parce que l'aventure que lui proposait Bourassa le passionnait. Créer des emplois, réduire la dette, mieux répartir la richesse, régler une fois pour toutes la question constitutionnelle, exercer le pouvoir, tout ça présentait pour Bertrand, comme pour Bourassa, Rivest, Poupart, un défi intellectuel stimulant et captivant.

Six semaines plus tard, le premier ministre Bourassa · était élu dans le comté de Saint-Laurent, où Pierre Marc Johnson, chef de l'opposition, avait eu la bonne idée de ne pas lui opposer de rival. Ainsi, à la mi-janvier 1986, neuf ans et deux mois après avoir été chassé du pouvoir, Robert Bourassa rentrait à l'Assemblée nationale comme chef du gouvernement. Il était de nouveau au pouvoir, lui, l'homme défait, dont on avait dit déjà qu'il était le politicien le plus haï au Canada. Il venait de réaliser l'un des plus spectaculaires retours de l'histoire du parlementarisme britannique. Il avait cinquante-deux ans, il se sentait en pleine forme, en pleine possession de ses moyens, bien entouré.

Les gens d'affaires les plus puissants du Québec prenaient contact avec lui, le félicitaient, l'assuraient de leur appui. Bourassa, tout excité, disait à Jean-Claude Rivest que tel banquier, tel grand patron l'avait appelé. Et Rivest, ironique, lui demandait s'il s'agissait bien du banquier ou du grand patron qui, après la défaite de novembre 1976, avait cessé de lui parler.

Et ils riaient tous les deux. Parce qu'ils savaient bien que c'est ainsi que les choses se passent en politique. C'est la règle du jeu. Tous se détournent de celui qui a perdu. On n'a plus besoin de lui, plus de conseils à lui donner ou à recevoir de lui. Mais quand il reprend le pouvoir, ils sont tous là de nouveau, les plus puissants comme les nécessiteux, tout le monde, le conseillant, le suppliant, l'écoutant. Il a regagné tous les pouvoirs, toute l'attention, toute l'affection.

Quand Bourassa préparait son conseil des ministres, on s'interrogeait, dans son entourage et dans les médias, sur ce qu'il ferait de Claude Ryan. Celui-ci, lorsqu'il détenait le pouvoir, l'avait fermement tenu à l'écart du parti. Pierre Bibeau, directeur du parti, conseillait à son ami Bourassa de garder l'ancien chef. Il n'avait en effet rien à perdre en le prenant dans son cabinet. Si jamais, pour une raison ou pour une autre, ça ne marchait pas, il lui aurait donné sa chance. Si par contre il s'entendait bien avec lui, il aurait à sa disposition un homme d'expérience et de devoir. Bourassa a suivi ce conseil et ne l'a jamais regretté. Quel autre chef politique aurait fait de son plus intraitable rival un précieux collaborateur ?

Ryan a été ministre de l'Éducation, de l'Enseignement supérieur et de la Science, ministre responsable de l'application de la Charte de la langue française, ministre de la Sécurité publique et ministre des Affaires municipales. Il connaissait bien tous ses dossiers. Et il n'hésitait jamais à faire des remontrances, parfois de façon cinglante, à ses collègues qui connaissaient mal les leurs. Il a dit un jour, pendant un conseil des ministres, à Thérèse Lavoie-Roux, qui l'avait toujours appuyé, qu'elle devrait mieux faire ses devoirs. Jamais le très affable et très poli Robert Bourassa n'aurait dit une chose semblable. Mais il était fort aise que quelqu'un d'autre le fasse à sa place. Incapable par exemple de dire non à son amie Lise Bacon, il chargeait implicitement Claude Ryan de le faire.

Ryan a été très touché de l'attitude de Bourassa qui, selon lui, pratiquait de façon naturelle les qualités très profondément chrétiennes de miséricorde, de mansuétude, de bonté, de charité. Les deux hommes se sont rapprochés, ils ont travaillé ensemble dans une parfaite harmonie, éprouvant l'un pour l'autre une admiration et une sympathie qui n'allaient cesser de grandir.

Le miséricordieux

Quand il était redevenu chef de l'opposition, en 1983, Robert Bourassa s'était installé au Motel Universel, chemin Sainte-Foy, propriété de l'homme d'affaires Raymond Malenfant. Il a tenu à y rester une fois élu premier ministre. L'endroit ne payait vraiment pas de mine et se trouvait passablement éloigné du Bunker et du Parlement. Mais la piscine était accessible jour et nuit.

Gaétan Veilleux, le garde du corps auparavant attaché à René Lévesque, s'est installé lui aussi au Motel Universel. Jacqueline Boucher y prit également une chambre. Bourassa ne demandait pas mieux. Mais Mario Bertrand, Pierre Bibeau, Jean-Claude Rivest voulaient le sortir de ce lieu qu'ils trouvaient inconfortable, mal insonorisé, et surtout très peu sécuritaire. Chacune des chambres avait une sortie sur le couloir et une sur le balcon qui couraient tous les deux sur toute la longueur du motel. Devant le refus de Bourassa de partir, la Sûreté du Québec a décidé de faire installer des portes et des fenêtres blindées. Mis au courant du projet, Bourassa a protesté et interdit qu'on fasse la moindre dépense du genre. On a pris la décision d'agir sans son consentement.

Un soir, il est allé frapper à la porte de Gaétan Veilleux pour lui demander s'il voulait bien changer de chambre avec lui. Il disait qu'il y avait beaucoup de bruit dans la sienne, qui se trouvait juste au-dessus de la salle de lavage ou des cuisines. Et il n'arrivait pas à se concentrer.

Veilleux s'est installé dans la chambre de Bourassa, qu'il a trouvée tout à fait silencieuse ; aucun bruit de cuisine ou de salle de lavage. Alors il s'est souvenu du petit sourire en coin qu'arborait son patron quand il lui a proposé d'échanger leurs chambres. Il a tiré les rideaux pour constater que les vitres avaient l'éclat verdâtre du verre blindé. Bourassa avait dit à Mario Bertrand et à la Sûreté du Québec qu'il ne voulait aucunement qu'on fasse de dépenses pour sécuriser les lieux. Et eux l'avaient fait quand même. Et pour leur faire comprendre qu'il n'était pas dupe, il venait de déménager dans un lieu qui n'était pas sécurisé. Il n'a jamais accepté de dormir derrière des portes et des fenêtres blindées. Il a bien voulu cependant déménager, quelques mois plus tard, au château Frontenac, chambre 8257, avec vue sur la Citadelle, la si belle terrasse Dufferin, le Saint-Laurent, le couchant.

Mais il a continué de s'opposer systématiquement à toutes les dépenses qui ne lui semblaient pas réellement utiles. Pour qu'il accepte de faire changer les tapis qui couvraient depuis vingt ans les murs et les planchers du Bunker, on a fait appel à des gens du service de santé qui l'ont informé, documents à l'appui, qu'ils étaient chargés d'acariens et de moisissures et présentaient un réel danger pour la santé de son personnel. Et il n'a jamais voulu d'une nouvelle table en granite de Portneuf, qu'on lui avait proposée pour la salle du conseil des ministres. Son gouvernement fut très peu dépensier. Parce que lui-même ne l'était pas. Mais surtout, il ne voulait d'aucune manière donner prise aux critiques et aux accusations de laxisme et de mollesse qui avaient accablé ses ministères en 1975 et 1976. Il était d'ailleurs bien déterminé à sévir à la première occasion. Il était heureusement entouré de collaborateurs capables plus que lui d'intervenir avec fermeté quand il le fallait.

Afin de travailler avec Bourassa, Jean-Claude Rivest, dont les conseils et l'amitié étaient indispensables au politicien, ne s'était pas présenté aux dernières élections dans le comté de Jean-Talon, où il avait été élu à deux reprises pendant que son ami Robert effectuait sa traversée du désert. Pierre

Bibeau, organisateur en chef du parti, comptait également parmi la garde rapprochée du nouveau premier ministre, de même que Ronald Poupart, chargé des communications, et Robert Chapdelaine, responsable de la députation. Et ce nouveau venu, qui déjà occupait une place très importante dans les arcanes du pouvoir et dans l'estime du premier ministre, Mario Bertrand, dont la nomination avait créé certains tiraillements dans le parti, au sein duquel il n'avait jamais milité. Mais Bourassa considérait qu'il avait besoin de lui, de sa force, de son sens de l'organisation. Bertrand était connu et respecté des milieux d'affaires, de la culture, des communications; il était un « opérateur » hors pair, capable de mener de front, et de manière expéditive s'il le fallait, les dossiers les plus complexes.

L'efficience d'une équipe ministérielle dépend très largement de celle du chef de cabinet du premier ministre. C'est à lui qu'incombent les refus, les mauvaises nouvelles, les «jobs de bras» auprès des ministres et de leurs chefs de cabinet. Les bonnes nouvelles et les «jobs agréables», le premier ministre se les réserve. Un chef de cabinet n'est pas là pour être aimé ni adulé.

Mario Bertrand avait très bien compris cela. Il fut bientôt surnommé par certains journalistes de la tribune parlementaire « Mario l'Abrasif ». Quand Bourassa en avait fait son chef de cabinet, Mario Bertrand s'était lui-même chargé d'informer Rémi Bujold qu'il devait lui céder la place. Ce fut lui aussi qui s'est occupé, avec Ronald Poupart, de régler l'affaire Latulippe.

Trois mois à peine après le retour au pouvoir de Bourassa, des journalistes pointilleux menaient une enquête sur une histoire de conflit d'intérêts auquel était, semble-t-il, mêlé Gérard Latulippe, ministre de la Justice. Confronté par Mario Bertrand, Latulippe avoua avoir commis une erreur. Il avait demandé à un bureau d'avocats d'examiner un projet de loi qui devait créer un nouveau ministère de la Justice en fusionnant les fonctions du solliciteur général et celles du ministre de la Sécurité publique. En principe, il n'aurait pas dû avoir recours au secteur privé, mais aurait plutôt dû demander conseil et expertise aux juristes du gouvernement. Ce qui était plus grave, c'était que sa femme faisait partie du bureau d'avocats à qui il avait donné ce petit contrat de 4 900 dollars.

Poupart, Rivest et Bertrand étaient d'avis qu'il fallait se débarrasser de lui. Le ministre avait commis une erreur, bénigne certes, mais qui, dans les circonstances, pouvait avoir de fâcheuses conséquences. Dix ans plus tôt, le Parti libéral s'était fait reprocher son laxisme. Et lorsqu'ils avaient repris le pouvoir, les libéraux s'étaient juré qu'on ne les y reprendrait plus. Tolérance zéro en matière de conflit d'intérêts !

Bourassa persistait cependant à dire que la faute n'était pas bien grave et qu'elle serait rapidement oubliée. Poupart et Rivest comprenaient fort bien les réticences de leur premier ministre : il ne voulait pas blesser Latulippe, qui avait été l'un des artisans de son retour en politique. Robert Bourassa ne voulait jamais blesser, préférant être miséricordieux, même là où le bon sens exigeait parfois de sévir. Voilà pourquoi, entre autres choses, il avait besoin auprès de lui d'hommes comme Mario Bertrand, capables de jouer dur quand il le fallait et de sévir à sa place.

Poupart et Bertrand étaient tous deux persuadés que, sans oser l'avouer, leur patron souhaitait qu'ils lui tiennent tête et le débarrassent de Latulippe, mais il ne voulait pas être celui qui sacrifie un soldat qui l'avait aidé à reprendre le pouvoir. Mario Bertrand convoqua donc Latulippe à 16 heures, le samedi, et lui demanda de présenter sa démission. En fait, il n'avait qu'à signer. Le document avait déjà été préparé et dactylographié sur la machine à écrire IBM à boules du bureau du chef de cabinet. Le lendemain, dimanche, Latulippe put joindre le premier ministre par téléphone. Celui-ci l'a gentiment interrogé sur ses activités, ses projets, sa famille, il a fait comme s'il ignorait qu'il avait été « démissionné » pas plus tard que la veille. Et Latulippe a cru et croit peut-être encore que Bourassa n'était pas au courant et qu'il avait été mis devant le fait accompli par Bertrand, Poupart et Rivest. Le lundi matin, la nouvelle qu'on a apprise aux médias n'était pas qu'il y avait conflit d'intérêts dans l'entourage de Bourassa, mais qu'un de ses ministres avait démissionné. Le dossier était clos. C'était le premier et le dernier cas d'apparence de conflit d'intérêts au sein du nouveau gouvernement.

Ainsi procédait Robert Bourassa, en laissant faire les «jobs de bras» par ses collaborateurs. Il envoyait ensuite ses «bons gars» panser les blessures ou, comme ils disaient entre eux, répandre de la paille. Parce qu'il n'aimait pas la confrontation, Bourassa a laissé beaucoup de place et de marge de manœuvre à ses hommes de confiance.

Un beau souvenir

C'était une magnifique journée de janvier, à Paris, ciel bleu clair, grand air frais, belle lumière. Après la réception de clôture du premier Sommet de la Francophonie, qui s'était tenu à Versailles les jours précédents, les chefs d'État entièrement ou partiellement de langue française quittaient l'Élysée avec leur délégation. La grande cour était encombrée de limousines ; agents de sécurité, plénipotentiaires et secrétaires couraient à gauche et à droite. Brian Mulroney et Robert Bourassa, las d'attendre, ont décidé d'échapper à leurs gardes du corps et sont sortis à pied sur la rue du Faubourg-Saint-Honoré. Tous deux pris d'un irrésistible fou rire en pensant à l'effarement des agents de sécurité quand ils découvriraient leur disparition. Ils ont marché en direction de leur hôtel, ressassant des souvenirs, admirant Paris, faisant le bilan très positif de ces deux jours de discussion, se rappelant aussi la dispute qu'ils avaient eue pas plus tard que la veille.

Mulroney était premier ministre du Canada depuis près d'un an et demi ; Bourassa était, depuis quelques semaines, celui du Québec. Ils étaient depuis toujours de grands amis. Et ils avaient beaucoup de projets en commun, dont celui de réconcilier enfin le Québec et le Canada. Ils avaient donc harmonisé leurs politiques et mis leurs machines en couple. Ils aimaient le pouvoir ; ils aimaient l'idée de changer le monde. Et ils avaient tous deux la certitude qu'ils faisaient le bien du pays, qu'ils concevaient de la même manière. Ils se parlaient de leurs projets, se voyaient beaucoup, parfois, comme ce jour-là à Paris, à l'insu de leurs gens, en secret.

Avec l'aide de Lucien Bouchard, alors ambassadeur du Canada à Paris, ils avaient travaillé très fort pour donner au Québec une plus grande visibilité sur la carte du monde. De ce point de vue, ce premier Sommet de la Francophonie avait été une indéniable réussite. Et on avait convenu que le deuxième Sommet se tiendrait à Québec l'année suivante, ce qui allait sans doute froisser certaines provinces, mais Mulroney, qui comprenait les réalités québécoises, était prêt à prendre ce risque. On avait alors le sentiment général que Mulroney et Bourassa pourraient mettre un terme à la chamaillerie entre Ottawa et Québec, et qu'ils pourraient restaurer un climat d'entente entre les deux gouvernements et réparer les dégâts faits par Pierre Elliott Trudeau.

Bourassa n'entretenait toujours pas une grande passion pour les affaires constitutionnelles; il y avait à ses yeux infiniment plus urgent : créer des emplois et de la richesse, régler le problème du déficit. Il savait bien par ailleurs que le citoyen moyen s'intéressait fort peu au sort de la Constitution canadienne. Mais ce dossier était, en principe, le champ d'exercice du Parti québécois. Et en s'en emparant, il allait lui enlever de l'oxygène, un sujet d'inspiration, un fringant cheval de bataille.

Mulroney avait accepté et fait accepter par les autres provinces que le Québec parle désormais de manière autonome sur des sujets comme la culture, l'éducation, la langue. Tout le reste, cependant – comme l'économie ou l'environnement ou les relations internationales –, restait une prérogative fédérale. Si le premier ministre du Québec ou de quelque autre province voulait aborder de semblables sujets, il devait en faire la demande ou passer par le lien fédéral. Or, l'avant-veille, à Versailles, sans avoir prévenu Mulroney, Bourassa avait outrepassé ses pouvoirs en intervenant dans des champs de compétence fédérale. Il avait proposé, devant les 39 pays participant à la conférence, que les surplus alimentaires des sociétés du Nord soient distribués aux pays pauvres. Pire, il était ensuite revenu sur le sujet avec les journalistes rencontrés à l'issue de la conférence. Mulroney avait dû intervenir en disant froidement et sèchement que le Québec n'avait pas droit de parole dans ce domaine, qu'avait inopinément abordé Robert Bourassa.

Personne n'avait été dupe. Bourassa avait très habilement joué, il savait parfaitement ce qu'il faisait. Sa proposition, toute charitable qu'elle puisse paraître à l'égard des pays pauvres, consistait d'abord et avant tout à s'affirmer face au pouvoir fédéral, à révéler, en tout début de mandat, qu'il n'était plus le Bourassa hésitant et soumis qui avait gouverné le Québec de 1970 à 1976. Il voulait démontrer au Canada anglais et au Québec qu'il pouvait agir librement. Il a su profiter de cette occasion pour positionner le Québec sur la scène internationale et pour s'affirmer, lui, comme un véritable chef d'État.

Lucien Bouchard, qui avait assisté à la scène, considérait que tout cela était pleinement et brillamment calculé. « Robert savait pertinemment ce qu'il faisait, a-t-il dit. Pour se donner une marge de manœuvre, il a délibérément contrevenu à l'entente. Et il savait bien que Mulroney ne pouvait le laisser agir ainsi. Le Canada anglais, déjà très sensible sur ce sujet, n'aurait pas accepté que le Québec prenne impunément des libertés qui n'étaient pas accordées aux autres provinces. »

Mulroney ne pouvait en effet permettre que le Québec parle devant les autres provinces comme s'il était un pays indépendant. En même temps, il comprenait fort bien pourquoi Bourassa avait agi ainsi. C'était de la politique bien faite. Bourassa ne s'est donc pas excusé d'avoir voulu empiéter sur les prérogatives fédérales. Et Mulroney ne s'est pas excusé auprès de Bourassa de l'avoir brutalement remis à sa place. Tout cela était de bonne guerre ; c'était la règle du jeu, qu'ils connaissaient fort bien tous les deux. Et qu'ils respectaient.

Et en plus ils étaient, ce jour-là, très heureux, très en joie tous les deux. « C'est l'un des plus beaux souvenirs que je garde de Robert, se souviendra Mulroney, l'un des beaux moments que nous avons passés ensemble », moment qui s'est terminé de façon fort amusante. Chacun a par la suite raconté la scène à maintes occasions : arrivés à destination, ils ont réalisé qu'ils n'avaient pas un franc en poche ni l'un ni l'autre pour payer le taxi à bord duquel ils étaient montés. Mulroney a entrepris d'expliquer au chauffeur qu'il n'avait qu'à revenir plus tard dans la journée, il serait largement dédommagé. Il a ajouté, pour le rassurer, qu'il était le premier ministre du Canada et que son ami Robert était premier ministre du Québec. Et le chauffeur de taxi de répondre : « Et moi, bien sûr, je suis François Mitterrand. »

L'incontournable dilemme

Chaque fois que sur la scène internationale Bourassa affirmait, comme à Versailles, que le Québec était autonome, en quelque matière que ce soit, il indisposait le reste du Canada et rendait plus difficilement réalisable le projet de réconciliation. Les questions constitutionnelles ne l'intéressaient pas, mais il tenait au lien fédéral. Il l'avait toujours dit et répété. Sur toutes les tribunes, en anglais et en français. Mais en même temps, il travaillait à faire du Québec une société distincte, pouvant s'exprimer librement, sans tenir compte des diktats du gouvernement central.

Bourassa a entrepris des démarches auprès de ses homologues des autres provinces du Canada pour que soit réparée l'injustice dont le Québec avait été l'objet. Libéraux provinciaux et conservateurs fédéraux étaient révulsés par le rapatriement unilatéral de la Constitution, que Pierre Elliott Trudeau avait réalisé en novembre 1981, lors de ce qu'on a appelé la « nuit des longs couteaux ». Trudeau avait alors fait un arrangement avec sept premiers ministres provinciaux, sans l'accord du seul État représentant l'autre nation fondatrice du Canada, le Québec. Techniquement, légalement, celui-ci ne faisait toujours pas partie du Canada. On s'était arrangé sans lui pour constituer un pays dont on voulait par ailleurs qu'il accepte de faire partie. Pour beaucoup, cette humiliation et cet affront demandaient réparation. Mais Robert Bourassa s'était étonné à l'époque que les réactions populaires ne soient pas plus vives. Personne n'était descendu dans les rues. Dix ans plus tôt, le rapatriement uni-latéral de la Constitution aurait provoqué d'incontrôlables émeutes.

Depuis cette nuit des longs couteaux, le gouverne-ment péquiste s'était abstenu de participer aux rencontres fédérales-provinciales. La prochaine conférence constitu-tionnelle que Mulroney allait convoquer porterait unique-ment sur le cas du Québec. On planchait déjà, à Québec et à Ottawa, sur les modalités d'entente que la Belle Province pourrait établir avec le Canada, on réfléchissait à ce qu'on voulait, à la façon dont on croyait pouvoir vivre ensemble. On a préparé une liste de conditions, de clauses. D'abord et avant tout, on allait exiger que le Québec soit reconnu comme une société distincte, qu'il ait un droit de veto…

Jean-Claude Rivest est allé discrètement tâter le pouls du Canada anglais. Puis Bourassa a confié l'aride dossier consti-tutionnel à Gil Rémillard. Professeur de droit constitutionnel à l'Université Laval, celui-ci était l'auteur d'un ouvrage en deux tomes, *Le Fédéralisme canadien,* dont Rivest avait pris connaissance. Il maîtrisait bien toute notion touchant à l'appareil politique fédéral pour avoir été conseiller auprès du ministre des Affaires intergouvernementales. Avant même d'être reporté au pouvoir, sachant que tôt ou tard de dif-ficiles négociations devraient être menées avec le fédéral, Bourassa avait mis en place un véritable guet-apens pour faire entrer Rémillard dans son équipe. Au début de l'automne de 1985, il s'était adressé au politologue Léon Dion, cofon-dateur du Département de science politique de l'Université Laval, grand intellectuel qu'il consultait régulièrement. Dion avait invité son jeune confrère Rémillard chez lui, à Sillery, pour lui faire part des espoirs que Bourassa entretenait à son égard. Ils discutaient depuis un bon moment autour de la piscine quand Gérard D. Levesque, voisin de Dion et bras droit de Bourassa, était venu comme par hasard se mêler à la conversation. Le soir même, Brian Mulroney appelait Rémil-lard pour enfoncer le clou davantage. Et quelques jours plus tard, Bourassa le recevait chez lui, rue Maplewood, à Outre-mont. Rémillard avait finalement accepté de se présenter

DEUX PASSIONS   Les bains de soleil et la lecture des journaux ont long-temps été des habitudes chères à Robert Bourassa. Rien de l'actualité politique mondiale ne lui échappait.

1

LE POUVOIR
À la gauche du jeune premier
ministre et de son épouse, Paul
et Lise Desrochers, Jean et
Corinne Lesage. Dès 1968, les
dirigeants du parti libéral avaient
décidé d'imposer Robert Bourassa
comme futur chef.

LE COMPLICE
Brian Mulroney a été un grand ami
et un complice respecté de Robert
Bourassa. Les deux hommes ont
réellement tenté de réconcilier
le Québec et le Canada.

VISITE ROYALE
Robert Bourassa a tenu à présenter Marilynn, la gouvernante de la famille, à Élisabeth II en visite à Québec. Elles ont parlé ensemble des paysages du nord de l'Angleterre.

VISITE PRÉSIDENTIELLE
Robert Bourassa avait une grande admiration pour le président français François Mitterrand, qu'il a rencontré à plusieurs reprises, notamment lors des sommets de la Francophonie de Paris et de Québec.

GRAND-PAPA   Parce qu'il était libre de son temps, Robert Bourassa a été
plus proche de Mathieu, son petit-fils, que de ses propres enfants. Né
au moment où son grand-père apprenait qu'il était atteint d'une grave
maladie, Mathieu a illuminé les dernières années de sa vie.

SUCCESSION
Robert Bourassa en compagnie de
deux autres chefs du Parti libéral
du Québec : Claude Ryan,
à gauche, et Daniel Johnson,
à l'extrême droite. John Parisella
a conseillé ces trois hommes.

LA TRAVERSÉE DU DÉSERT
À l'automne 1981, Robert Bourassa
voyage en Égypte avec Andrée
et un couple d'amis. En politique
aussi, il connaît une traversée du
désert.

VIE DE FAMILLE Robert Bourassa n'était jamais aussi heureux que lorsque toute sa famille était réunie. En haut, un dernier Noël avec François et ses garçons, Mathieu et Simon. En bas, Marilynn, François et Andrée, lors du premier Noël sans lui.

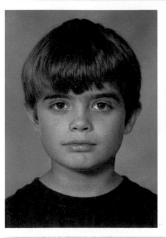

LES AUTRES PETITS-ENFANTS
Michelle a toujours été très proche de son père, qu'elle a tendrement aimé. « Il était si doux, si bon. » Un seul regret : que son fils Robert-Étienne et sa fille Mathilde n'aient pas connu leur grand-père.

D'AUTRES BONHEURS   En 1990, Robert Bourassa découvrait qu'il était atteint d'un cancer de la peau. Cette épreuve a changé sa vision du monde et de la vie. Il a tenu désormais à connaître d'autres bonheurs que ceux que lui avait apportés la politique.

dans le comté de Jean-Talon, dont Jean-Claude Rivest avait été député, et auquel il avait renoncé pour travailler avec Bourassa.

L'Université Queen's de Kingston, en Ontario, et l'ENAP (École nationale d'administration publique) préparaient alors un colloque sur la Constitution qui allait se tenir à Mont-Gabriel, en mai 1986. Rémillard s'y est rendu muni des idées de Rivest, de Poupart, de Bourassa, et des cinq conditions que le Québec entendait poser pour réintégrer le Canada. Qu'on reconnaisse la société distincte, qu'on lui accorde un droit de veto, un droit de regard sur la nomination des juges québécois à la Cour suprême, des pouvoirs accrus en matière d'immigration et un certain contrôle du pouvoir de dépenser d'Ottawa en territoire québécois. L'exercice académique à Mont-Gabriel eut un grand retentissement dans les milieux politiques canadiens, où les prétentions du Québec ont été, tout compte fait, fort bien accueillies.

Peu après, Brian Mulroney proposa aux premiers ministres provinciaux de tenir au printemps suivant, en 1987, une conférence constitutionnelle où l'on poursuivrait la discussion. Tout se présentait alors merveilleusement bien. Tous avaient espoir qu'une vraie réconciliation se ferait enfin. Et qu'on sortirait de ce dilemme dans lequel on était enfermés depuis trop longtemps.

En mars 1987, les provinces étaient conviées par Brian Mulroney à une autre conférence fédérale-provinciale, au cours de laquelle on devait discuter « du droit des peuples autochtones à l'autonomie gouvernementale ». Or, depuis la nuit des longs couteaux, le Québec s'était abstenu de participer à ces rencontres. Après en avoir longtemps discuté avec Jean-Claude Rivest, André Tremblay, conseiller constitutionnel, Diane Wilhelmy, sous-ministre, et Gil Rémillard, Bourassa décidait finalement que le Québec, cette fois, serait de la partie, mais qu'il ne serait pas représenté par son premier ministre et qu'il ne voterait pas. Il y a délégué Gil Rémillard, à titre de représentant du gouvernement québécois, à qui il a confié la mission d'expliquer pourquoi le Québec s'abstenait.

On craignait, non sans raison, que les autochtones soient meurtris et fâchés. Rémillard a expliqué que le Québec ne voterait pas, parce qu'il n'était pas signataire de la Constitution. «Quand il y aura un accord sur nos cinq demandes, on votera de nouveau parce que nous serons alors redevenus des partenaires à part entière dans la fédération canadienne.» Les autochtones ont très mal réagi. Cette conférence représentait leur dernière chance d'avoir un gouvernement autonome. Par le refus du Québec d'y participer vraiment, ils risquaient d'en être privés. Ethel Blondin, première femme autochtone élue députée au fédéral est allée voir Rémillard et lui a dit, en larmes: «*What have you done to my people? Why have you done that to my people?*» Le geste du Québec fut mal perçu au Canada anglais. On comprenait mal que le Québec ait de telles exigences, alors qu'il ne respectait pas celles d'une minorité infiniment plus démunie que lui. Par son attitude dans ce dossier, Bourassa s'était donné une posture très inconfortable.

Un mois plus tard, le 30 avril 1987, les premiers ministres provinciaux se sont retrouvés, à l'invitation de Mulroney, au lac Meech, dans le parc de la Gatineau. Gil Rémillard, Ronald Poupart et Jean-Claude Rivest accompagnaient Bourassa. Ils ne participaient cependant pas à la conférence, qui se tenait dans une grande salle à l'étage de la maison Willson. Bourassa avait des alliés parmi les premiers ministres provinciaux, David Peterson, premier ministre libéral de l'Ontario, et Don Getty, premier ministre conservateur de l'Alberta. Mais tous les autres semblaient eux aussi considérer favorablement les propositions du Québec. Dans l'après-midi, toutefois, on s'est mis à ergoter sur la notion de «société distincte», qui en froissait plus d'un. Le premier ministre du Québec tentait de définir ce qu'il entendait par cette notion quand on est venu lui porter une note qu'il a lue sans laisser paraître le moindre émoi. Mais, au grand étonnement de tous, il a demandé à être excusé et il est sorti de la salle.

Gil Rémillard, visiblement inquiet, l'a informé que Gérard D. Levesque, son ministre des Finances, l'attendait au téléphone avec une très mauvaise nouvelle. Il allait devoir démissionner, parce qu'une station de télévision anglophone, CFCF, avait révélé les grandes lignes du budget qu'il devait rendre public le surlendemain seulement. Pour le commun des mortels, un tel incident ne semblait pas devoir porter à conséquence. Mais pour les parlementaires, qu'un ministre n'ait pas su garder secret un document d'une si grande importance constituait une faute grave. Et l'usage exigeait qu'il démissionne.

Bourassa, lui, ne voulait pas de la démission de Gérard D. Levesque, qui était, avec Claude Ryan, l'un de ses ministres les plus compétents. Sans hésiter, il lui proposa donc de rendre son budget public le plus rapidement possible. CFCF en avait divulgué les grandes lignes au bulletin de nouvelles de 18 heures. Si le ministre des Finances présentait le tout à 21 heures, les médias radiophoniques et télévisuels pourraient en parler au bulletin de 22 heures; et tous les journaux du lendemain en feraient l'analyse. Bourassa chargea Ronald Poupart de convoquer par téléphone les chroniqueurs parlementaires à un point de presse que le ministre des Finances allait donner moins d'une heure plus tard. Et il retourna dans la salle de conférence, où il dut s'expliquer. Cette décision qu'il avait prise rapidement a été perçue par tous ses homologues comme un exemple de sang-froid qui a soulevé leur admiration, surtout celle de Brian Mulroney... En son absence, on avait continué de parler de la notion de société distincte. On avait convenu que chaque province consulterait son monde. Qu'on se reverrait dans trois ans, en juin 1990, pour signer cet accord du lac Meech, sur lequel tous semblaient bien s'entendre.

Lors de la conférence de presse qui a suivi, Bourassa a parlé d'un jour historique pour le Québec qui, selon lui, avait ainsi franchi « un pas de géant ». En fait, il s'agissait de bien peu de choses. Il n'est donc pas étonnant que certains aient alors pensé que, si le Canada refusait ces demandes, l'indépendance serait pensable pour beaucoup de Québécois.

Parmi les journalistes et les politiciens, plusieurs se demandaient pourquoi avoir accordé un si long délai aux provinces. Trois ans, mille quatre-vingt-quinze jours, soit cent fois plus de temps qu'elles n'en avaient eu pour considérer les propositions semblables que Pierre Elliott Trudeau avait faites à Victoria en 1971 ! Bourassa avait toujours considéré le temps comme son allié, le temps qui arrangeait toujours tout, disait-il. Ce jour-là, par contre, ce sont les autres qui ont gagné du temps à ses dépens. Et il les a laissés faire, ce qu'il regrettera plus tard amèrement.

En attendant, Robert Bourassa coulait au Bunker des jours heureux. Ses proches collaborateurs de l'époque n'ont jamais oublié les moments de grande euphorie et les séances de fou rire général qu'ils ont vécus pendant cette période. Ce jour par exemple où Robert Bourassa a reçu, dans son bureau de la tour d'Hydro-Québec, de hauts fonctionnaires coréens et des dirigeants du constructeur automobile Hyundai, qui venaient d'inaugurer une usine de montage à Bromont, à la suite d'une entente qu'avait faite Pierre Marc Johnson. L'un d'eux a remis au premier ministre une statuette antique pour, disait-il, marquer « l'indestructible amitié entre nos deux pays ». Robert Bourassa a tendu la main pour s'emparer de l'objet, qui lui a échappé, et la statuette s'est brisée. Il a tellement ri qu'il a dû s'excuser et se réfugier dans son bureau fermé.

Ce même hiver, un beau matin, on lui a remis au bureau une liste de noms parmi lesquels il repéra ceux de Jean Drapeau, Paul Gérin-Lajoie, la poétesse Rina Lasnier, le commentateur sportif René Lecavalier. En tout, une trentaine de personnalités à qui, en tant que premier ministre, il devait décerner un insigne de l'Ordre national du Québec, qu'avaient institué les péquistes alors qu'ils étaient au pouvoir.

Robert Bourassa exécrait ce genre d'événement, le décorum, les cérémonies, les remises de médailles, les décorations, toutes ces choses qu'il voyait comme des enfantillages, des pertes de temps.

« Dans tout métier, il y a des corvées, même dans le métier de premier ministre », lui disait Poupart en lui remettant les copies des boniments qu'il devait débiter à chacun des récipiendaires après lui avoir passé la médaille au cou.

Bourassa est resté un long moment debout à regarder la liste. Et soudain il a dit, franchement surpris :

« Ti-Louis est pas là !

— Ti-Louis ?

— Ti-Louis Laberge, voyons ! Cet homme-là est parti de rien, il a donné sa vie pour les travailleurs du Québec, il a eu la passion du Québec. Et il aurait pas droit à l'Ordre du Québec ! Il faut ajouter son nom à la liste. »

On lui a fait gentiment remarquer que, en tant que premier ministre, tout ce qu'il avait à faire, c'était de remettre les médailles à chacun après avoir lu le petit texte le concernant. C'était un comité qui choisissait les récipiendaires. Pas le premier ministre.

Robert Bourassa ne pouvait soumettre lui-même le nom de Louis Laberge. Il a demandé à René Lévesque de le faire. Et un an plus tard, en février 1988, quand on lui a remis la liste des récipiendaires de l'Ordre du Québec, le nom de Louis Laberge y figurait, aux côtés de ceux de Jean Béliveau, de Jean-Paul Riopelle... et de Paul Desmarais, le grand financier, l'homme le plus riche – et, selon Robert Bourassa, l'un des plus brillants esprits – du Québec. Louis Laberge et Paul Desmarais ! Deux êtres aux antipodes de la société québécoise, deux hommes qu'il admirait profondément, dont il fut par moments très proche, et avec lesquels il a entretenu des relations parfois harmonieuses, souvent orageuses. Un homme de gauche, rond et court, goguenard, mal embouché, mécanicien de son métier, militant syndicaliste pur et dur, bon vivant, le plus aimé des leaders syndicaux. Et un homme de droite, grand, fin et sobre, quasi inaccessible, créateur d'une nébuleuse financière internationale d'une géniale complexité.

Trois mois plus tard, à l'issue de la cérémonie de remise des médailles, le premier ministre s'est arrangé pour être photographié avec Laberge à sa gauche et Desmarais à sa droite. Le lendemain, en entrant au troisième étage du Bunker, il exhibait fièrement la photo devant son personnel politique : « Regardez ça, disait-il. Quand je serai mort, si on vous demande qui était Robert Bourassa, vous leur montrerez cette photo. À ma droite, le capital, Paul Desmarais ; à ma gauche, le travail et le peuple, Louis Laberge, le leader syndical. Entre les deux, moi, le premier ministre. Et vous pourrez dire au monde : "Ça, c'était le vrai Robert Bourassa." »

Le vrai Robert Bourassa, c'était aussi celui qui, dès qu'il a su que la reine d'Angleterre allait passer à Québec à l'automne de 1987, en compagnie de sa mère, a dit à sa gouvernante qu'il allait s'arranger pour qu'elle la rencontre. Marilynn a d'abord refusé. C'était trop. Chaque fois que quelqu'un venait à la maison, Robert et Andrée Bourassa présentaient Marilynn comme « un membre de la famille ». Elle avait ainsi plusieurs fois conversé avec Brian Mulroney, Claude Ryan, Jean-Claude Rivest, Lucien Bouchard, Lise Bacon, beaucoup d'autres personnes très importantes. Mais la reine d'Angleterre !

« *I can't,* disait-elle.

— *Why not ?* » demandait-il.

Il l'a convaincue qu'elle pouvait autant que n'importe qui d'autre rencontrer Élisabeth II, lui serrer la main. Et en octobre, Marilynn a été présentée à la reine et à la reine-mère qui, réalisant à son accent qu'elle était « *an English girl* », ont voulu savoir d'où exactement elle était originaire. Elles ont parlé ensemble un long moment des magnifiques paysages du nord de l'Angleterre.

Avec le temps

Il est difficilement possible de connaître l'issue d'une histoire pendant qu'on la vit. C'est pourtant ce que les hommes politiques tentent toujours de faire ; quand ils travaillent bien, ils influent sur le cours de l'histoire et en déterminent l'issue. Robert Bourassa était maître en ce domaine. Il n'était pas grand gestionnaire, ni habile opérateur, ni efficace administrateur, mais homme du long terme, prévoyant, capable d'anticiper. Il ne posait jamais un geste politique sans avoir longuement réfléchi aux conséquences qu'il aurait plus tard et aux réactions qu'il susciterait dans l'immédiat au sein de la population du Québec.

En 1985, lorsqu'il avait repris le pouvoir, la Charte de la langue française, digne fille de sa Loi sur la langue officielle, était durement contestée. Un an plus tôt, la Cour supérieure du Québec avait invalidé l'article obligeant l'affichage unilingue, qui violait selon elle la liberté d'expression garantie par la Charte québécoise des droits et libertés de la personne. Le gouvernement était allé en appel devant la Cour suprême du Canada. Bourassa se doutait bien, comme tous les juristes, que la haute instance allait maintenir le jugement de la Cour supérieure du Québec. Et il n'ignorait certainement pas que ce jugement, s'il l'acceptait, entraînerait de graves désordres sociaux, beaucoup de chicane, beaucoup de temps et d'énergie perdus. Il a donc pris la décision, longtemps avant que le jugement ne soit rendu, d'invoquer la clause nonobstant. Cette clause dérogatoire permet à une législature dont une loi a été invalidée par la Cour suprême de la maintenir ou de l'adopter de nouveau, pour une durée maximale de cinq ans, nonobstant la déclaration d'invalidité. Ronald Poupart l'avait assuré que les commerçants et les restaurateurs qui, en se pliant aux dispositions de la Charte de la langue française, avaient dépensé des fortunes pour se faire dessiner des affiches unilingues françaises, qu'ils allaient devoir conserver pendant encore cinq ans, ne voudraient pas payer une fois de plus pour avoir de nouvelles affiches bilingues. Et dans cinq ans, l'affichage unilingue français ferait partie du paysage familier des Québécois.

En décembre 1988, comme on s'y attendait, la Cour suprême du Canada confirmait le jugement de la Cour supérieure du Québec : le gouvernement québécois pouvait obliger les commerçants à utiliser le français sur leurs affiches, mais il n'avait pas le pouvoir de leur interdire l'usage de l'anglais ou de toute autre langue. Le jugement est tombé un vendredi matin, juste avant la période de questions à l'Assemblée nationale. Bourassa avait demandé que Robert Décary, l'avocat du gouvernement, qui se trouvait alors devant la Cour suprême, l'appelle sitôt le jugement rendu. On est donc allé le chercher dans la Chambre. Dans le petit bureau, derrière le trône, Ronald Poupart lui a tendu le combiné. Bourassa n'a même pas écouté le jugement. Il a tout de suite informé l'avocat de son intention d'invoquer la clause nonobstant et de maintenir l'affichage extérieur en français.

C'était une décision très lourde de conséquences. Ce premier ministre, qui se targuait de respecter les valeurs sociales-démocrates et d'avoir le plus grand respect pour les libertés individuelles, allait imposer une loi très contraignante pour la minorité anglophone du Québec, à qui il interdisait pratiquement, et malgré le jugement défavorable de la Cour suprême du Canada, le droit d'afficher les raisons sociales de ses commerces dans sa langue. Mais sa décision était prise et, comme il le disait à Ronald Poupart, qui avait beaucoup travaillé sur ce dossier avec lui, il ne changerait pas d'idée. Il était persuadé que le temps allait lui donner raison. Et que, dans cinq ans, plus personne ne contesterait cette décision. Il a donc demandé, le jour même, aux juristes du gouvernement de rédiger le projet de loi 178, qui maintenait la Charte de la langue française.

Mais il a subi, ce jour-là, dès que ses intentions ont été connues, de très fortes pressions venant de partout au Québec et au Canada anglais. Mulroney lui-même lui a dit au téléphone qu'il risquait par ce projet de loi 178 de compromettre toute entente entre le Québec et le Canada et de rendre les accords de Meech difficiles à avaler. Bourassa savait bien que les anglophones seraient outrés. Ils ne descendaient pas dans les rues comme le faisaient les francophones, mais ils manifestaient haut et fort dans les médias. Parmi ses fidèles conseillers, plusieurs étaient en désaccord. John Parisella, pour qui les valeurs libérales étaient sacrées, comprenait mal qu'on ne puisse trouver une solution sans brimer la minorité anglophone. Mais il se rallia finalement à Bourassa.

Le premier ministre a passé toute la journée du samedi dans sa chambre du château Frontenac avec sa femme Andrée. À chaque événement important, défaites ou victoires, elle était là, qui l'appuyait, le conseillait. Et elle savait qu'il était profondément troublé par cette affaire. Il allait à l'encontre de ses valeurs les plus chères. Et comme toujours, quand il était torturé, il se repliait sur lui-même, il parlait peu. Il n'aimait pas la coercition. Il devait agir contre certains de ses principes les plus fondamentaux. Même son ami Robert Chapdelaine, un grand nationaliste, qui était à l'époque très proche de lui, lui répétait qu'il n'avait pas le choix. Il était pris entre deux feux, en fait.

Andrée et lui ont fait une longue promenade sur les plaines d'Abraham, suivis de loin par leurs gardes du corps. Il faisait très froid, il y avait beaucoup de vent. Au retour, il a appelé Ronald Poupart et Mario Bertrand, non pour les consulter, mais pour les informer qu'il avait bien réfléchi et qu'il maintenait sa décision. Et il a demandé à Ronald de convoquer le conseil des ministres pour faire adopter ce projet de loi, dès le lendemain, dimanche.

Poupart et Bertrand ont eu la même réaction. « Tu vas perdre des joueurs.

— J'y ai pensé. Je risque de perdre six ministres. Mais je n'ai pas le choix. Et je regrette, mais le Québec passe avant tout. »

Ce qui devait arriver arriva… à moitié. Trois ministres seulement démissionnèrent, Clifford Lincoln, Herbert Marx et Richard French. Bourassa avait pensé que John Ciaccia partirait lui aussi, de même que Louise Robic et Michel Gratton, plutôt anglophiles. Ces deux derniers ont terminé leur mandat et sont partis ensuite. Ciaccia est resté parce que, lors du conseil des ministres qui s'est tenu le dimanche, il a demandé si la deuxième langue utilisée à l'intérieur des établissements commerciaux pouvait être une autre langue que l'anglais. Bourassa a répondu que ce serait celle que le propriétaire du commerce déciderait d'utiliser.

« Ça peut donc être l'italien ?

— Oui », répondit Bourassa, qui avait déjà réfléchi à la question.

Le soir, dans le Bunker, Rivest, Bertrand, Poupart et le premier ministre prenaient ce que celui-ci appelait leur « médicament », un verre de sancerre. Ils écoutaient les nouvelles : cinquante mille personnes déambulaient dans les rues de Montréal, brandissant des drapeaux du Québec. Bourassa a dit : « Imaginez ce que ça aurait été si je n'avais pas invoqué la clause nonobstant. »

L'avenir allait lui donner raison. À long terme, la Loi modifiant la Charte de la langue française aura exactement l'effet qu'il escomptait. On ne débattra plus de cette question de l'affichage. À court terme, cependant, elle a eu de désastreuses conséquences. Bourassa s'était de nouveau mis à dos la communauté anglophone du Québec. Un nouveau parti apparaîtrait bientôt sur l'échiquier politique québécois : le Parti égalité, qui ravirait quatre comtés aux prochaines élections. Le clivage entre Anglais et Français était de plus en plus marqué.

Le projet de loi 178, s'il avait calmé les esprits francophones, avait fait de graves dommages collatéraux. Le Canada anglais était en colère. Dès le lendemain, le lundi, le premier ministre du Manitoba, Gary Filmon, annonçait qu'il se dissociait de l'accord de Meech. Brian Mulroney, inquiet, voyait ses espoirs de réconciliation compromis.

Bourassa lui-même ne pouvait ignorer qu'il mettait Meech en péril. Mais il persistait à dire qu'il ne pouvait faire autrement. À Poupart, son directeur des communications, qui se désolait que cette histoire ait eu cet effet négatif, il répétait que le Québec demandait en fin de compte peu de choses au Canada anglais. «Juste un peu de respect», comme disait Parisella.

À la suite du projet de loi 178, les anglophones ont dit que Bourassa avait eu peur des francophones, et vice versa. Et c'est ce qui, d'abord et avant tout, a fait la manchette et retenu l'attention, la peur de Bourassa, sa faiblesse. Et comme toujours, il a laissé dire et croire. Rusé Bourassa qui préférait passer pour lâche et mou plutôt que pour calculateur et ambitieux! Brian Mulroney tardait à prendre une décision au sujet de l'agence spatiale. On s'en prenait à Bourassa, à qui on reprochait de ne pas mettre son poing sur la table. Et si Gary Filmon ou Frank McKenna, les premiers ministres du Manitoba et du Nouveau-Brunswick, menaçaient de ne pas signer l'accord du lac Meech, c'était toujours la faute à Bourassa, ce pleutre qui n'avait pas le courage ou la force de leur imposer ses volontés.

Simuler la faiblesse et l'indifférence est en effet l'un des bons trucs que proposait Machiavel à son Prince. Il l'assurait qu'il pourrait ainsi, pendant qu'on le croyait dépourvu de projets et de passions, agir librement, tisser patiemment sa toile dans l'ombre complice et faire la loi, régner. Robert Bourassa avait lu et relu Machiavel et Talleyrand, Alexis de Tocqueville et Adam Smith, et tous les grands théoriciens de la politique et de l'économie modernes. Il les citait de temps en temps, car il aimait bien étaler devant des connaisseurs (il y en a toujours dans une meute de journalistes) sa très grande culture politique. Et alors, tandis qu'il jouait avec ces sublimes et radieuses vérités, un sourire très doux inondait son visage. Il était dans son élément, la politique pure.

« Le temps finit toujours par arranger les choses, disait-il. C'est dans la deuxième lettre au Prince. Dans quelques années, vous verrez, on dira que le projet de loi 178 était un compromis honorable. » Il a souvent parlé du temps comme d'un grand guérisseur.

Au printemps de 1989, il s'est rendu au sommet économique de Davos, en Suisse, dans le but de convaincre des entrepreneurs et des investisseurs de faire des affaires au Québec.

Aux journalistes qui, à l'issue de sa tournée européenne, l'avaient invité à manger des moules et des frites Chez Léon, dans le vieux Bruxelles, il a rappelé, veste tombée, cravate dénouée, familier au point de tutoyer par moments les plus anciens, que Talleyrand avait l'habitude de dire que, lorsque ça allait mal à l'intérieur, on pouvait toujours créer une salutaire diversion en portant l'attention populaire à l'extérieur du pays.

C'était justement ce qu'on lui reprochait d'être en train de faire : créer une diversion. Pendant qu'au Québec des Hollandais achetaient le Groupe Commerce, que des Américains s'emparaient de Consolidated Bathurst, que la grosse chicane encore une fois était prise entre Alliance Québec et la Société Saint-Jean-Baptiste et que les journaux québécois, dont on lui télécopiait chaque jour les éditoriaux et les papiers politiques, étaient remplis à ras bord de gros nuages noirs, de pleurs et de grincements de dents, Robert Bourassa rencontrait des industriels européens et leur disait que le Québec était l'un des meilleurs endroits du monde pour investir : stabilité politique, « moins de 1 000 grévistes », main-d'œuvre disponible, hautement qualifiée, énergie pure, renouvelable et peu coûteuse, impôts à la baisse. Un rêve ! Le paradis !

Ronald Poupart disait aux journalistes d'écouter son chef qui, selon lui, ne parlait jamais si admirablement bien du Québec que lorsqu'il s'adressait à des étrangers. C'était vrai. C'était beau et enflammé. Et une fois partis les étrangers, Bourassa continuait sur sa lancée pour le bénéfice des journalistes québécois qui le suivaient : « Il faut engager la société québécoise dans le jeu de la concurrence internationale, disait-il. D'où l'importance du libre-échange avec les États-Unis et de ces accords commerciaux que nous faisons aujourd'hui avec les pays européens. C'est sûr qu'il y a des risques. Mais qui ne risque rien n'a rien. »

Il est rentré au Québec, après trois semaines de promotion, en annonçant qu'il s'était adressé en Europe à un millier d'industriels et de financiers, «des décideurs influents», et qu'il avait en main pour un milliard de dollars de contrats. Cet homme a toujours aimé les gros chiffres ronds. En 1970, il parlait de créer 100 000 emplois. En 1989, il souhaitait que les Québécois fassent 100 000 bébés afin de relancer leur économie, «car la première valeur économique, affirmait-il, c'est le monde. Et la base du progrès politique, la condition première de l'épanouissement et du bonheur d'un peuple, c'est le développement économique. Tout cela se tient. Pour développer l'économie, il faut faire des enfants».

«Quand même ! Un milliard de dollars, monsieur Bourassa ? N'est-ce pas un peu énorme ? demandaient les journalistes.

— Je suis optimiste de nature, répondait-il. Si tout marche comme prévu, ça fera pas loin d'un milliard. Vous verrez. »

Personne n'a fait la somme, ni le calcul des probabilités de réussite. Trop compliqué, trop aléatoire. Et surtout, personne n'osait s'aventurer dans le domaine des chiffres avec Robert Bourassa. C'était sa chasse gardée. Ceux qui osaient y pénétrer, il les harcelait et les torturait avec un effrayant raffinement. Comme il le faisait en Chambre avec Guy Chevrette et le critique financier de l'opposition. Comme il le faisait avec le journaliste Pierre Nadeau à qui jadis, au collège Brébeuf, il avait donné des cours de mathématiques. Chaque fois que dans une interview Nadeau avait le malheur de citer un chiffre, si précis soit-il, M. Bourassa lui souriait avec une bienveillance feinte et, plutôt que de répondre à sa question, le félicitait pour les beaux progrès qu'il avait faits et lui donnait en sus quelques conseils, histoire de mettre à jour ses connaissances. Et Nadeau, même s'il était bien documenté, perdait sa belle assurance et laissait Bourassa imposer ses chiffres bien dodus.

« C'est l'homme le plus difficile à interviewer que j'aie rencontré, confiait Nadeau à Jean Paré, du magazine *L'Actualité*. Bourassa ne détourne pas la question. Journalistes ou adversaires lui fabriquent des colles en béton, sans une ouverture : il trouve la fissure qui les rend insignifiantes, creuses. »

Bourassa est entré un jour, pris d'un fou rire irrépressible, dans le bureau de Marie Parenteau, qui tenait le bureau de Montréal. Un journaliste à qui il avait entrepris d'expliquer un détail d'économie très pointu l'avait interrompu pour lui dire qu'il ne comprenait rien à ce qu'il lui racontait, et que ses téléspectateurs ne pourraient pas suivre son exposé, eux non plus. Ce que Bourassa trouvait drôle, ce n'était pas seulement l'incapacité du journaliste et des téléspectateurs de comprendre ses chiffres, mais aussi sa naïveté à lui de croire qu'ils le pouvaient. Il aimait les chiffres passionnément, presque tendrement, et imaginait difficilement que certaines gens en aient peur ou le dégoût.

Tous les premiers vendredis du mois, dès son lever, avant même d'aller nager, il appelait Marie Parenteau. Elle lui donnait les chiffres qu'elle avait reçus par bélinographe (l'ancêtre du télécopieur) du bureau de Statistique Canada. Il avait les grilles de données en tête et pouvait demander un détail extrêmement précis, comme le sixième chiffre de la troisième colonne. C'était une sorte de jeu pour lui, un jeu qui le rendait heureux. Il voyait comment le nombre d'emplois avait diminué dans tel ou tel secteur, qu'on avait gagné de bons emplois ici et qu'on en avait perdu des petits là. Il faisait ainsi une lecture très pénétrante et instructive de la société, de son monde. Et à cette époque, à la fin des années 1980, malgré les disputes qu'il n'avait pas su apaiser, qu'il avait même contribué à envenimer, entre le Québec et le Canada, Robert Bourassa était optimiste, conscient que son monde était, comme lui, en forme et en santé.

Des élections sans surprise

Robert Bourassa aimait bien les campagnes électorales. Il s'y préparait avec joie et sérieux, comme un athlète devant livrer un important combat. C'était l'occasion de participer à des débats fondamentaux, de faire des propositions à la population, de tester et de faire avancer des idées.

À l'été de 1989, il était au pouvoir depuis près de quatre ans. Il aurait pu attendre au printemps suivant avant de déclencher des élections. Mais il y aurait alors l'échéance de Meech susceptible de soulever les passions et de brouiller le jeu politique. Il valait mieux appeler tout de suite aux urnes.

Le moment était bon pour déclencher des élections. Jacques Parizeau qui, en mars 1988, avait succédé à Pierre Marc Johnson, forcé de démissionner, avait hérité d'un Parti québécois divisé, déchiré. Tous les sondages donnaient aux libéraux près de 20 % d'avance sur les péquistes. Mais la faiblesse de l'adversaire n'avait rien de bien stimulant. Robert Bourassa s'en désolait. Avec ses amis, il s'était même quelquefois permis de dire que ces élections seraient « plates », sans beaucoup d'action. À part l'imbroglio constitutionnel, il n'y avait pas d'enjeu important, pas de nouveau grand projet à proposer, pas de loi qu'il faudrait défendre bec et ongles, rien de choquant. Les choses étaient vraiment trop simples. Un *deus ex machina* est venu les compliquer un peu. Bourassa voulait de l'action et du trouble ; il en a eu.

Le jour où il amorçait sa tournée électorale, le 23 août 1989, tous les médias rappelaient ce qui s'était produit un an plus tôt exactement à Saint-Basile-le-Grand, en Montérégie, la plus traumatisante catastrophe écologique de l'histoire du Québec : l'incendie de milliers de litres de BPC, des biphényles polychlorés, composés chimiques synthétiques très persistants dans l'environnement et les tissus vivants. On avait dû évacuer en pleine nuit 3 000 personnes des municipalités de Saint-Bruno-de-Montarville, Saint-Basile-le-Grand, Sainte-Julie ; elles n'étaient rentrées chez elles qu'à la mi-septembre, inquiètes, ne pouvant plus boire l'eau du robinet, la nappe phréatique ayant été contaminée. Plus de 25 000 tonnes de terre et de matériel contaminés ont dû être transportés sur des sites de décontamination.

Or, le 23 août 1989, un an plus tard, un cargo transportant des déchets toxiques prélevés à Saint-Basile-le-Grand rentrait dans le golfe du Saint-Laurent après un périple surréaliste sur les côtes de la Grande-Bretagne, où le déchargement vers des sites d'enfouissement de terres souillées avait été interdit. D'autres cargos allaient entrer dans le golfe au cours des jours suivants. Un problème dont le gouvernement du Québec avait cru s'être débarrassé revenait le hanter.

L'écologie et l'environnement n'ont jamais été le fort de Robert Bourassa. Il mesurait cependant les répercussions que pouvait avoir un tel événement sur sa campagne électorale. Il fallait rassurer, créer une diversion, surtout ne pas laisser les cargos remonter le Saint-Laurent et accoster dans les ports de Québec et de Montréal, où ils auraient été l'objet de reportages indignés qui auraient très certainement indisposé les électeurs. Placés dans un entrepôt que possédait Hydro-Québec près de Baie-Comeau, les BPC ont fait là-bas l'objet d'un orageux débat. Mais on en a finalement peu parlé ailleurs au Québec.

Le résultat des élections n'a surpris personne. Pour la quatrième fois de sa carrière, Robert Bourassa était élu premier ministre du Québec. Au soir de sa victoire, il a rappelé que le principal enjeu de ce mandat qu'on venait de lui confier serait la Constitution. Mais il était visiblement déçu, comme s'il s'agissait d'une épreuve à traverser. Rien à voir avec l'annonce des grands projets qui, lors de ses premiers mandats, créaient de l'emploi, stimulaient l'économie, donnaient aux Québécois espoir et fierté.

Mais au moins, le Parti libéral était très uni. Et le gouvernement de Bourassa était solide. Il n'y avait pas de crise à l'horizon. Le temps était propice au changement de garde. Mario Bertrand, Ronald Poupart et Pierre Bibeau ont alors quitté le Bunker, après avoir mis en place une relève compétente. Bertrand allait diriger TVA ; Bibeau était nommé à la tête de la Régie des installations olympiques ; Poupart devenait le haut fonctionnaire responsable de la métropole. Mais ils restaient tous les trois, malgré leurs nouvelles occupations, très proches de Robert Bourassa, qui les consultait de façon très régulière, comme s'ils avaient formé un cabinet hors les murs.

John Parisella, déjà conseiller du premier ministre, accédait au poste de chef de cabinet. Il allait donner un tout nouveau style au gouvernement Bourassa, plus conciliant, plus feutré. Bourassa était à une conférence fédérale-provinciale au château Montebello quand on lui a présenté Sylvie Godin, jeune avocate que Poupart avait choisie pour lui succéder. Elle avait soutenu Pierre Paradis contre Robert Bourassa lors de la course à la chefferie de 1983. Aux élections de 1989, elle avait travaillé avec les candidats-vedettes, Liza Frulla, Gérald Tremblay. Elle connaissait donc le milieu, les rouages et les usages, mais elle n'avait aucune expérience en relations de presse. Robert Bourassa l'a reçue dans sa chambre, en queue de chemise, affable et rieur. Elle lui a parlé de ses inquiétudes ; il l'a rassurée. « Je sais que nous allons bien nous entendre, tous les deux. » Et elle est tombée sous le charme.

Robert Bourassa a repris avec elle les habitudes qu'il avait du temps de Ronald Poupart. Il lui téléphonait tous les soirs de la semaine après les nouvelles de 22 heures. Et à la fin de l'avant-midi les jours de fin de semaine. Ils ont souvent voyagé ensemble, en Floride ou sur la côte du Maine. Il lui a fait connaître les joies du baseball, lui rapportant à l'occasion les commentaires de Rodger Brulotte, qu'il trouvait toujours d'une remarquable pertinence. Il a aussi initié sa nouvelle attachée de presse à la lecture des bilans et des budgets financiers, ces jouets toujours merveilleusement utiles.

Mais les temps avaient changé ; le monde également. Robert Bourassa avait su, une fois reconquis le pouvoir, composer avec les idéologies qui se trouvaient dans l'air du temps et utiliser fort habilement les outils disponibles dans le monde politique de son époque. Ainsi, au Bourassa social-démocrate des années 1970 a succédé, au milieu des années 1980, un Bourassa néolibéral, pour qui l'État devait intervenir moins lourdement.

À l'été de 1986, le comité des sages, présidé par le ministre Paul Gobeil, recommandait la réduction de la taille du gouvernement et la privatisation de plusieurs sociétés d'État. En quelques semaines, Quebecair, Madelipêche, la raffinerie de sucre de Mont-Saint-Hilaire, la papetière Donohue étaient cédées à des intérêts privés. Ainsi, le gouvernement que dirigeait Robert Bourassa cessait peu à peu d'agir en entrepreneur pour s'occuper mieux des affaires de l'État. Mais s'il a cherché à diminuer les interventions de l'État, le premier ministre n'a jamais voulu couper dans les dossiers sociaux, ni dans l'éducation, ni dans la santé.

Québécois, aujourd'hui et pour toujours

Robert Bourassa était remarquablement imperméable à l'insulte. L'une des très rares fois où on l'a vu réellement fâché, ce fut quand Jacques Brassard, député péquiste de Lac-Saint-Jean, a dit, en Chambre, que le premier ministre s'était comporté en amateur. Bourassa était furieux. Parce qu'il venait d'être attaqué dans ce dont il était le plus fier, son savoir-faire politique. On pouvait lui dire qu'il était mou, hypocrite, tricheur ou traître, nazi, le comparer à Pinocchio, le traiter de caméléon, de *marshmallow*, d'ecto-plasme, de tapette, de *snake with a suit*, de suppôt de la haute finance, il était capable de tout encaisser, même les plus douloureux uppercuts à l'amour-propre. Mais amateur, jamais de la vie ! Robert Bourassa savait pertinemment qu'il était le meilleur homme politique de son époque.

Au début des années 1990, après douze ans de pouvoir, il était au sommet de son art. Malgré les échecs et les épreuves qu'il a subis, les plus pénibles de sa vie, il a fait montre, dans toutes les joutes politiques auxquelles il a participé, d'une maîtrise stratégique impeccable, d'un sens inné de l'anticipation, déjouant un à un les plans de ses adversaires, magnifiquement, génialement machiavélique, composant avec les coups du sort, les refus, feignant au besoin la faiblesse ou l'indifférence, créant des alliances étonnantes, imprévues, écartant doucement, mine de rien, des joueurs qui auraient pu lui nuire ou lui enlever quelque pouvoir, pour finalement imposer sa vision, ses idées, pour « éviter la rupture », parfois aussi pour amuser la galerie, pour leurrer ses adversaires, pour esquiver, ne pas répondre aux questions.

Le 12 juin, quelques jours après l'altercation avec Bourassa, Brassard montait de nouveau sur ses grands chevaux, engueulait vertement le premier ministre qui défendait l'accord de Meech et le sommait de clarifier sa position constitutionnelle ; Bourassa s'est levé et, sur le ton inquiet, presque tendre, qu'on prend pour parler à un enfant malade, il s'est dit désolé de voir le député du comté de Lac-Saint-Jean de si mauvaise humeur le jour même de son anniversaire. Brassard, qui justement fêtait ce jour-là ses cinquante ans, est resté bouche bée. L'Assemblée a croulé de rire. Et on a parlé d'un autre sujet.

La position constitutionnelle de Robert Bourassa, qu'on lui a sans cesse demandé de préciser ou de clarifier, a pourtant toujours été, à très peu de choses près, la même depuis le milieu des années 1960, depuis ces discussions qu'il avait eues, avenue Brittany, avec René Lévesque. Il n'a jamais cru à la viabilité d'un Québec sans lien avec le Canada. Naturellement accommodant, il considérait que le Québec constituait d'ores et déjà, en pratique sinon sur papier, une société autonome et libre. Et que les liens qu'il entretenait avec le reste du Canada lui permettaient, en réalité, de faire sa vie comme il l'entendait, bref, d'être épanoui et heureux. Que la question constitutionnelle, qu'il traînait depuis vingt ans comme un boulet au pied, soit devenue essentielle et existentielle, et son règlement, condition *sine qua non* au bonheur du peuple québécois, était à ses yeux une aberration. Robert Bourassa avait un pays : le Québec. Et de son point de vue, ceux qui, vivant dans le même espace et en même temps que lui, continuaient aveuglément de se chercher un pays dépensaient en vain leurs énergies, leur temps, l'argent et le bonheur des contribuables.

Or, même si Bourassa n'avait aucun penchant pour ce genre de préoccupations, la réforme de la Constitution canadienne et la question du Québec restaient les plus importants chantiers politiques de l'époque. Il ne pouvait malheureusement pas sans sortir. Il a dit un jour à John Parisella, son chef de cabinet, qu'il regrettait par moments d'avoir refusé les propositions que Trudeau avait faites au Québec lors de la conférence de Victoria, en 1971. Ce n'était évidemment pas tout à fait ce que les Québécois souhaitaient avoir comme reconnaissance et comme pouvoir, mais depuis ce temps tout allait de pire en pire. Ce que le Canada offrait au Québec avec l'accord du lac Meech, c'était moins qu'à Victoria. Et au train où allaient les choses, en cet hiver de 1990, il semblait que tout allait encore empirer. Si, en juin prochain, l'entente n'était pas ratifiée, Bourassa devrait sans doute passer la majeure partie de son mandat à débattre de cette sempiternelle, fastidieuse, harassante et frustrante question constitutionnelle. S'il avait dit Oui à Victoria, il aurait, bien sûr, contrarié les Québécois; mais avec le temps, tout serait rentré dans l'ordre. Et il n'y aurait pas eu cette humiliante nuit des longs couteaux, qui a davantage divisé le Québec et le Canada. Et surtout, il aurait pu travailler à ce qu'il appelait «les vraies affaires», l'économie encore et toujours, la création d'emplois, la réalisation de grands projets qui stimulaient la société québécoise, la rendaient fière et prospère.

Mais il n'avait pas le choix. Dans quelques mois, en principe, on allait ratifier l'accord proposé lors des rencontres au lac Meech. Et alors le Québec devrait avoir normalisé ses relations avec le Canada. Il fallait donc revoir en profondeur le programme constitutionnel du parti, savoir ce que pensaient les militants, ce que voulaient les électeurs. Au début de 1990, Robert Bourassa a formé un comité *ad hoc*, dont il a confié la présidence à Jean Allaire, avocat de Laval, militant libéral de la première heure, qui connaissait bien le Canada anglais et le monde des affaires. Bourassa lui a demandé de remettre un rapport dans un an.

Jean Allaire allait préparer son rapport dans des circonstances terriblement difficiles, en pleine tempête. Plus rien, ni au Québec ni au Canada, n'était au beau fixe. Robert

Bourassa et ses proches conseillers se doutaient bien qu'ils allaient devoir traverser des mers agitées ; jamais cependant ils n'avaient imaginé qu'elles le seraient autant.

Déjà, au début de 1990, Bourassa se rendait compte que Meech commençait à battre sérieusement de l'aile. Rien ne semblait pouvoir réprimer la montée bien compréhensible du nationalisme souverainiste francophone. Quant aux anglophones de tout le pays, Bourassa les avait irrémédiablement mécontentés avec son projet de loi 178. Même au sein de son propre parti, on parlait de plus en plus ouvertement d'une solution qui ne serait peut-être pas fédéraliste. En janvier, peu après le sommet de Davos, en Suisse, il avait lui-même laissé entendre à des journalistes européens qu'une superstructure à l'européenne serait pensable, ce qui avait causé un vif émoi dans les milieux politiques canadiens. Et quand son ministre Gil Rémillard avait dit que le Québec ne pratiquerait plus « le fédéralisme à genoux », Bourassa ne l'avait pas rabroué comme auraient souhaité les fédéralistes purs et durs du parti.

Au printemps, Clyde Wells, *nouveau premier ministre de Terre-Neuve, faisait annuler l'accord qu'avait donné deux* ans plus tôt son prédécesseur aux propositions de Meech. Au Nouveau-Brunswick, le premier ministre Frank McKenna, lui aussi un proche de Pierre Elliott Trudeau, farouche opposant à l'accord de Meech, songeait à faire de même. À Brockville, en Ontario, des extrémistes s'essuyaient les pieds et crachaient sur le drapeau du Québec. Fièrement, devant les caméras de télévision. Une quarantaine de villes, surtout en Ontario, portées par un vent d'intolérance qui traversait le Canada anglais, suivaient l'exemple de Sault-Sainte-Marie, comptoir commercial français au temps des coureurs des bois, et se déclaraient unilingues anglaises.

Claude Ryan, indéfectible fédéraliste, déclarait en Chambre que, si de telles manifestations de haine envers le fait français devaient se multiplier, « il faudrait à n'en point douter que nous nous interrogions de manière décisive sur notre place dans ce pays ».

Un sondage Gallup révélait alors que près des trois quarts des habitants de l'Ontario, des Prairies et de la Colombie-Britannique jugeaient l'accord de Meech « mauvais pour le Canada ». Les anglophones étaient fortement opposés à toute forme de reconnaissance de la société distincte québécoise. Brian Mulroney parcourait le pays, rencontrait un à un les premiers ministres provinciaux. Espérant apaiser les esprits, il a formé une commission, dirigée par le conservateur Jean Charest, qui devait apporter des modifications à l'accord du lac Meech. Charest a remis son rapport le 17 mai, un peu plus d'un mois avant la grande échéance. S'il y eut un apaisement au Canada anglais, il a été à peine perceptible ; au Québec, par contre, le rapport Charest a eu un effet négatif considérable. Persuadé que les modifications proposées allaient diluer l'accord et diminuer davantage les pouvoirs du Québec et les demandes pourtant minimes que l'État faisait, Lucien Bouchard a quitté le Parti conservateur, brisant à tout jamais sa belle amitié avec Brian Mulroney.

Pendant tout ce temps, Bourassa et Mulroney se parlaient plusieurs fois par jour. Ils vivaient tous les deux un suspense presque intolérable. Souvent, Bourassa était au lit quand Mulroney appelait une dernière fois pour faire un bilan de la journée. Bourassa tentait toujours de le calmer… Quand Robert était à la maison, rue Maplewood, Andrée s'endormait en écoutant les paroles de réconfort que son mari, d'une voix calme et posée, servait à son ami, comme une berceuse. Il était pourtant, lui aussi, tourmenté et nerveux. Mais il n'en laissait pratiquement rien paraître.

Au début de juin, on a tenu ce qu'on a appelé la « conférence de la dernière chance ». Pressés ou séduits, convaincus par Mulroney, qui était allé rencontrer les plus récalcitrants chez eux, tous les premiers ministres provinciaux – même Clyde Wells, même Gary Filmon et Frank McKenna – ont fini par donner leur accord de principe, le 9 juin, après un marathon de près de vingt heures de discussion presque sans interruption.

Quand Robert Bourassa est rentré chez lui, à Outremont, le lendemain dans la journée, sa femme l'a trouvé fatigué, il avait les traits tirés, il était songeur et silencieux, comme toujours quand il était inquiet et stressé. C'était dimanche. Elle l'a laissé lire ses journaux et ses magazines, mais elle lui a interdit le téléphone et elle est allée se promener avec lui dans la montagne. Dès le lendemain, peu après que son mari fut parti pour Québec, elle réservait un chalet à Biddeford Pool, sur la côte du Maine, où elle avait décidé qu'ils iraient passer quelques semaines en famille, dès la fin de la session d'été, dès que serait terminée cette saga de Meech. Les sœurs de Robert, Marcelle et Suzanne, y seraient également, avec maris et enfants. Robert se reposerait, il nagerait dans la mer qu'il aimait tant, ils feraient ensemble de longues promenades sur la dune et des soupers en famille.

Ce même soir, de retour dans la timonerie du Bunker, en compagnie de ses collaborateurs, Robert Bourassa retrouvait son calme, sa détermination, sa bonne humeur. Et il avait de nouveau bon espoir que l'accord de Meech soit ratifié. C'était si peu de choses, au fond. Le Canada ne pouvait raisonnablement refuser au Québec le peu que celui-ci lui demandait. Et, question de bon sens, les premiers ministres des provinces anglophones souhaitaient certainement eux aussi en avoir terminé avec cette interminable question du Québec.

Mais le lendemain, 12 juin, un peu avant midi, il apprenait par Brian Mulroney qu'un problème se présentait dans les Prairies. Au bulletin de nouvelles de 18 heures, il a vu, comme des millions de Canadiens, le député du NPD, Elijah Harper, arborant sa plume d'aigle devant l'Assemblée législative du Manitoba, répétant qu'il ne signerait pas l'accord de Meech, qui ne garantissait pas les droits ancestraux des Premières Nations. Or, l'Assemblée législative devait être unanime. Mulroney avait déjà appelé le premier ministre manitobain, Gary Filmon, pour lui demander de prolonger la session parlementaire, le temps d'amener le député autochtone à changer d'idée. Mais celui-ci, sûr de son droit, est resté inébranlable.

Au Bunker, l'angoisse régnait. Parisella et Rivest étaient d'avis que Filmon, qui n'avait jamais prisé la notion de société distincte, ne ferait pas beaucoup d'efforts pour trouver une solution. Bourassa, étrangement, se disait confiant. Il répétait qu'il ne fallait pas s'inquiéter, que le bon sens finissait toujours par triompher. Rivest, qui le côtoyait presque quotidiennement depuis plus d'un quart de siècle, savait que ce n'était là qu'une façade et que, intérieurement, son ami était torturé et stressé, traqué. Il ne tenait pas en place. Il errait dans le Bunker, ostensiblement débraillé, sans cravate, chemise hors du pantalon, souliers délacés, sourire aux lèvres, comme pour se donner l'air détendu et détaché.

Le 22 juin au matin, la veille de l'échéance, de bons échos parvenaient du Manitoba où, semblait-il, l'Assemblée législative se prononcerait malgré l'obstruction que persistait à faire Elijah Harper. Par ailleurs, John Parisella avait parlé aux gens de Terre-Neuve, qui s'étaient faits rassurants. Les parlementaires devaient se prononcer dans la journée sur l'accord de Meech. Clyde Wells, on le sait, allait voter contre. Mais il avait promis de ne pas imposer de ligne de parti. Et l'opposition conservatrice, acquise à Mulroney, était en faveur de l'accord.

Quand, au milieu de l'après-midi, Pierre Anctil, le directeur général du parti, se présenta au troisième étage du Bunker, il fut frappé par le silence recueilli et tendu qui y régnait. Chacun semblait perdu dans ses pensées, John Parisella, Jean-Claude Rivest, Sylvie Godin, même Ronald Poupart, qui n'était plus membre du cabinet, mais que Bourassa avait tenu à avoir près de lui ce jour-là. «Des têtes d'enterrement, a pensé Anctil, des êtres pétris de stress et d'angoisse.» Et au milieu d'eux, Robert Bourassa qui se promenait, en queue de chemise, une orange à la main avec laquelle il jonglait.

Anctil, stupéfait, l'a entendu lui dire que Meech ne passerait pas et qu'il devait préparer une déclaration. Il avait bien réfléchi. Il connaissait assez Filmon, Wells, McKenna, leur irréductible fidélité à Pierre Elliott Trudeau, qui avait milité dès le début et jusqu'à la fin contre l'accord du lac Meech. Ces gens-là n'allaient pas lever le petit doigt pour empêcher l'entente d'échouer, malgré toutes les concessions que le Québec avait faites au cours des dernières semaines. Ainsi, Robert Bourassa admettait, devant ses collaborateurs ébahis, qu'il venait de subir un terrible échec. Il restait malgré tout étonnamment calme, apparemment serein. Il a répété qu'il devait préparer une déclaration. Mais il n'a demandé à personne d'y réfléchir avec lui, ni à Rivest, ni à Parisella, ni à Corbeil, ni à Poupart, à personne. Il tenait à rédiger seul cette déclaration historique.

À 18 heures, dans le petit salon du Bunker, Ronald Poupart, Jean-Claude Rivest et Robert Bourassa ont regardé les nouvelles à la télé. Ils ont vu Clyde Wells, le premier ministre de Terre-Neuve, annoncer qu'il ajournait pour l'été la session parlementaire, sans permettre à l'Assemblée législative terre-neuvienne de se prononcer, de ratifier ou de rejeter l'accord. Le Manitoba a fait de même, tout comme le Nouveau-Brunswick. Ainsi, le Canada disait non au Québec, qu'il refusait de reconnaître comme société distincte, et à qui il déniait les pouvoirs dont il avait besoin pour se protéger et s'épanouir.

Bourassa a tout de suite demandé à Ronald de convoquer l'Assemblée pour 19 h 30. Puis il s'est rendu dans son bureau dont il a laissé la porte grande ouverte, comme d'habitude. Rivest et Poupart, restés dans le petit salon attenant, le voyaient assis à sa table, son crayon-feutre noir à la main, écrivant sur ses cartons.

Puis Robert s'est levé et a fermé la porte, ce qu'il ne faisait que lorsqu'il téléphonait à Andrée. Celle-ci, qui se trouvait alors au château Frontenac, a écouté le petit discours qu'il avait préparé et l'a trouvé très beau, très émouvant. Bourassa est sorti de son bureau, il a dit à Rivest et à Poupart qu'il s'en allait nager et qu'il voulait les voir tous les deux derrière le trône vers 19 h 15. Puis il est parti, accompagné de John Parisella, qui l'a informé, une fois dans la limousine, que Grégoire Gaulin, le sondeur du gouvernement, lui avait signifié qu'une importante majorité de Québécois souhaitaient que leur premier ministre déclare officiellement que le Québec formait une société distincte, même si le Canada ne voulait pas le reconnaître. Bourassa a dit à Parisella qu'il savait ce qu'il devait faire et ce qu'il allait dire. Il ne lui restait qu'à formuler certaines idées. Une heure plus tard, en sortant de la piscine, il a terminé sa déclaration.

Ronald et Jean-Claude étaient derrière le trône à l'heure dite. Il y avait énormément de fébrilité dans toute l'Assemblée nationale, dont on entendait la confuse rumeur. Bourassa semblait toujours très calme. Il s'est enfermé un moment dans le petit bureau avec Jean-Claude Rivest. Quand celui-ci en est sorti, il a dit à Ronald Poupart qu'il avait corrigé quelques vétilles, rien sur le fond. Et il a ajouté que Robert avait écrit un texte qui était à la fois un bijou et une bombe.

Quand le premier ministre s'est présenté devant l'Assemblée, tous les parlementaires se sont tus. Debout devant son fauteuil, ses fiches manuscrites posées devant lui, il a prononcé son discours d'une voix grave, détachant bien chaque mot, très digne, affirmant pour conclure : « Depuis 1985, la question est : *What does Canada want ?* On attend encore la réponse du Canada à cet égard. » Il a fait une pause avant d'ajouter : « Monsieur le président, le Canada anglais doit comprendre d'une façon claire que, quoi qu'on dise et quoi qu'on fasse, le Québec est aujourd'hui et pour toujours une société distincte, libre et capable d'assumer son destin et son développement. »

Ses derniers mots ont été noyés sous les applaudissements, il y eut des cris, une tonitruante ovation, et une vague d'euphorie et de fierté a déferlé sur l'Assemblée nationale du Québec. Pour une très rare fois depuis longtemps, on se sentait tous profondément unis, tous dans le même bateau, péquistes et libéraux.

Jacques Parizeau s'est levé et a prononcé cette non moins fameuse et touchante phrase : «Je tends la main à mon premier ministre. Et je vous dis : cherchons cet automne, tous ensemble, la voie de l'avenir du Québec. » Il a traversé la Chambre et est venu féliciter son premier ministre, qui a accepté, ému, la main qu'il lui tendait. Ce qui, Robert le savait fort bien, n'était pas sans conséquence.

Le lendemain, 23 juin, le premier ministre a rencontré son caucus. Tout le monde était bouleversé. Même les députés les plus fédéralistes avaient été blessés. Claude Ryan qui, la veille au soir, avait dit à John Parisella que le premier ministre était allé « trop loin » à son goût et qu'il avait « peut-être dramatisé un peu », a reconnu que la réaction était bien compréhensible et qu'elle reflétait très justement celle de la population québécoise. Quant à John Ciaccia, député du très massivement fédéraliste comté de Mont-Royal, il était bien sûr inquiet de la tournure des événements ; mais il déplorait et désapprouvait l'attitude du Canada, et il comprenait la réaction de Bourassa. « C'était le moins qu'il pouvait faire, affirmait-il. Il a parlé avec son cœur. »

Bourassa, lui, voulait savoir d'abord et avant tout ce que pensaient les jeunes du parti. À plusieurs reprises, le matin et l'après-midi, il avait tenté de joindre au téléphone le président de la Commission-Jeunesse, Michel Bissonnette. Il a demandé à Parisella et à Sylvie Godin de le trouver. En vain. Même à la permanence de la Commission-Jeunesse, on ne savait pas où était passé le président.

Bourassa a donné ce jour-là une conférence de presse dans le Salon rouge du Parlement qui, bien qu'on fût un dimanche, était bondé de journalistes et de parlementaires. Le discours, soigneusement préparé avec Jean-Claude Rivest, qu'il a alors prononcé était d'une tout autre eau que celui de la veille. Il s'agissait du verso, en fait. Après la passion et l'émotion, voilà la raison, l'action. Il a rappelé essentiellement que, quoi qu'on dise et quoi qu'on fasse, le lien fédéral restait essentiel, et il a insisté sur le fait qu'aucun geste ne serait posé qui pourrait compromettre la sécurité économique du Québec. Mais il a annoncé que son gouvernement ne participerait plus aux conférences fédérales-provinciales ; le Québec se trouvait désormais face à face avec l'ensemble du Canada.

Il était rentré chez lui, dans sa petite suite du château Frontenac, quand Brian Mulroney l'a appelé. Ils s'étaient déjà parlé plusieurs fois dans la journée. Mulroney était dévasté, fâché, scandalisé. Il accusait Trudeau d'avoir tout manigancé. C'était lui, à n'en pas douter, qui avait stipendié Clyde Wells, Gary Filmon et Frank McKenna. Mais ce qu'il venait d'apprendre le choquait plus encore. Le jour même, à Calgary, où se tenait la course au leadership du Parti libéral du Canada, Jean Chrétien, qui allait en sortir gagnant, avait embrassé Clyde Wells et l'avait remercié pour son beau travail. Ainsi, celui qui avait saccagé le projet auquel Bourassa et Mulroney avaient travaillé pendant quatre ans était ouvertement félicité. Ceux qui avaient empêché le Canada de reconnaître le Québec comme société distincte et de lui donner les quelques pouvoirs auquel il prétendait avoir droit se réjouissaient. Mulroney ne décolérait pas. Il répétait à Bourassa que, plutôt que de travailler au mieux-être du pays, ils allaient devoir continuer tous les deux à s'échiner sur l'épineux chantier constitutionnel pendant des années encore.

Le jour de la fête nationale, le ciel étant incertain, le grand défilé et les mégaspectacles ont été remis au lendemain. Deux cent mille Québécois en liesse ont alors envahi les rues des grandes villes, rendus plus solidaires que jamais par le Non canadien. Lors d'une réception protocolaire chez le lieutenant-gouverneur, Robert Bourassa a croisé le chef autochtone Konrad Sioui, à qui il a dit, non sans amertume, faisant référence à l'opposition d'Elijah Harper : « On ne corrige pas une injustice en faisant une autre injustice. »

Il a suivi le défilé de loin, de très loin et de très haut, du douzième étage de l'édifice d'Hydro-Québec, où se trouvaient depuis peu ses bureaux. À la télé, il a vu l'énorme mouton noir monté sur un char lourdement décoré, symbole de fierté des Québécois. Le Québec, mouton noir du Canada, heureux de l'être. Les organisateurs de la parade lui avaient proposé d'y participer. On l'avait informé que Lucien Bouchard et plusieurs députés conservateurs fédéraux révulsés par le refus du Canada en seraient également. Il avait hésité. Il savait bien qu'il aurait été accueilli comme un héros s'il était descendu lui aussi dans la rue. Mais il n'avait jamais participé à ces marches. Ce n'était pas son style. Il n'aimait toujours pas cette liturgie violente, ces cris.

Pendant ce temps, Michel Bissonnette et le responsable des affaires politiques à la Commission-Jeunesse, Mario Dumont, et sa nouvelle compagne, Marie-Claude Barrette, roulaient vers Boston, histoire de se changer les idées. Abasourdis, tous les trois. Ils n'avaient pas cru à l'échec de Meech. Et n'avaient suivi que de loin le débat constitutionnel, qui présentait à leurs yeux peu d'intérêt. Ils concevaient difficilement ce qui s'était passé. Parce qu'ils ne s'étaient jamais vraiment intéressés à ces réalités. Parce que le Canada n'était pas vraiment leur pays, mais un partenaire essentiel de leur pays, le Québec. Quelles raisons le Canada pouvait-il bien avoir de ne pas reconnaître le Québec comme société distincte? Selon Dumont, les joueurs qui avaient brisé cet accord n'avaient pas le sens de l'histoire.

Ainsi, la mort de Meech a été une révélation, «notre chemin de Damas, notre réveil», dira Bissonnette. Les jeunes, et sans doute aussi une importante partie des moins jeunes, découvraient à quel point les liens entre le Québec et le Canada étaient mal définis.

Voilà pourquoi, dans les jours qui ont suivi, Robert Bourassa aurait tant voulu parler au président de la Commission-Jeunesse, pour savoir comment les jeunes avaient réagi à ce refus qu'avait essuyé le Québec, eux que les questions constitutionnelles n'intéressaient pas beaucoup. Mais Bissonnette restait introuvable. Pourtant, pas plus tard que l'avant-veille, le premier ministre lui-même avait insisté pour que, même s'il n'était pas un parlementaire, Bissonnette soit admis dans l'enceinte de l'Assemblée nationale, où il avait prononcé son fameux discours. Et il savait bien, connaissant le fougueux jeune homme, qu'il avait été sensible à la vague nationaliste qui avait alors déferlé sur l'Assemblée.

Bissonnette devait savoir quel bord prendraient les jeunes, dont le pouvoir et l'influence tant au sein du parti que dans les médias n'étaient toujours pas à négliger. Au cours de la dernière année, ils s'étaient exprimés avec force et clarté sur divers dossiers sociaux, exigeant et obtenant l'abolition des clauses de disparité, dites «orphelin», le gel des frais de scolarité, la suppression de la TPS sur les livres, réclamant des mesures de protection de l'environnement. Au printemps, quand Michel Bissonnette, leur président, était venu rencontrer Bourassa, il l'avait informé qu'ils aborderaient ces sujets lors de leur congrès d'été.

En 1980, Bissonnette, âgé de treize ans, avait milité en faveur du Non au référendum du 20 mai. Pour s'affirmer et prendre au mot un professeur péquiste, qui prêchait la liberté d'expression et d'opinion. Cinq ans plus tard, il était membre du Parti libéral et, lors des élections de 1985 et celles de 1989, il avait milité pour Bourassa dans le comté de Bertrand. Il était maintenant responsable de l'organisation des jeunes pour tout l'ouest du Québec, soit quelque 85 comtés de Montréal, de la Montérégie, de l'Abitibi, de la Mauricie, de l'Outaouais, qu'il parcourait sans relâche, rencontrant les responsables, les militants, choisissant les délégués de chaque comté. Pour Bourassa, formé à l'école du grand stratège Paul Desrochers, cette connaissance pratique, directe était extrêmement précieuse. Quand Bissonnette intervenait dans une réunion, il parlait au nom de tous ces jeunes, il savait ce qu'ils pensaient, ce qu'ils voulaient changer. De ce fait, de ces rapports, de ce savoir, de la connaissance qu'il avait des jeunes militants, de leurs idées et de leurs idéaux, il avait acquis aux yeux de Bourassa une crédibilité énorme, et un pouvoir politique important. Quand il y avait des conseils généraux du parti, des ministres venaient le rencontrer pour lui demander son appui parce qu'ils savaient qu'il avait, souvent plus qu'eux-mêmes, l'attention de Bourassa.

Celui-ci avait fait, lors de ses conversations avec Bissonnette, une découverte étonnante : les jeunes n'avaient jamais senti le besoin de faire le choix entre être souverainistes ou fédéralistes. Ils ne s'intéressaient pas à ces choses. Bissonnette avait d'ailleurs rappelé au premier ministre que la souveraineté n'avait pas vraiment été un enjeu dans la dernière campagne électorale, pas même pour Pierre Marc Johnson et les péquistes.

Quand ils sont rentrés de leur *road trip*, une semaine après la mort de Meech, Bissonnette et Dumont se sont précipités dans les librairies et les bibliothèques et ont ramassé tous les documents qu'ils ont pu trouver sur la question constitutionnelle canadienne. Sans s'être réconciliés avec le sujet, qui les ennuyait prodigieusement, ils avaient compris qu'il était incontournable et qu'il faudrait tôt ou tard trouver une solution au problème constitutionnel.

Au cours des jours suivants, ils ont repris contact avec les membres de la Commission-Jeunesse, qui avaient cheminé eux aussi et qui, à la suite de l'échec des négociations constitutionnelles, penchaient puis tombaient les uns après les autres du côté des souverainistes.

Ainsi, quand il a rencontré Bourassa, rue Maplewood, le vendredi soir suivant, 6 juillet, Michel Bissonnette lui annonçait que le programme du congrès de la Commission-Jeunesse avait changé. Plus question d'environnement, de clauses « orphelin » ou de frais de scolarité, ni même d'emploi. On allait parler d'abord et avant tout de souveraineté.

En attendant la tenue du congrès de la Commission-Jeunesse de la mi-août, Bourassa a reçu Bissonnette à plusieurs reprises, soit à Québec, sur le toit du Bunker, au gros soleil, ou dans un petit restaurant de la rue Laurier, à Montréal, soit chez lui, rue Maplewood. Marilynn venait alors répondre. Elle faisait passer Bissonnette au salon. Andrée Bourassa entrait parfois pour le saluer et lui disait : « Tiens ton bout, mon garçon. » Elle était fâchée, elle aussi, et peinée de la réaction du Canada. Quand son mari arrivait, elle les laissait. Andrée ne se mêlait jamais des conversations politiques, sauf en tête-à-tête avec son mari.

Bissonnette disait au premier ministre ce que les jeunes pensaient, jusqu'où ils étaient prêts à aller, jusqu'à la souveraineté, sans hésiter, sans équivoque ; le premier ministre l'écoutait, il le suivait, sans doute imaginant comme lui, pendant un moment, la fête que ce serait, il souriait, et il hochait la tête, comme s'il acquiesçait aux propos du jeune libéral. Il disait : « Oui, bien sûr, bien sûr, mais… » Toujours ce petit « mais » agaçant, suivi de considérations plutôt abstraites sur l'union douanière, la monnaie, les finances, les réactions de Moody's… Ou il entraînait le jeune homme dans de longs palabres sur la Communauté européenne qui, en adoptant le projet d'un marché européen unique, avait vite réalisé qu'il devait être complété par une monnaie commune et une banque centrale européenne. Dans les circonstances, ces considérations, d'où toute passion était absente, apparaissaient fort peu pertinentes à Bissonnette.

Il croyait quand même que Bourassa, qui hochait si gentiment de la tête, allait les suivre dans leur aventure souverainiste. Il retournait voir ses amis de la Commission-Jeunesse et leur disait que le Québec serait bientôt un pays. Il avouera plus tard avoir été naïf, au point de croire que les réticences exprimées par Bourassa, comme la nécessité d'une monnaie commune, étaient de peu d'importance. Mais peut-être aussi que quelque chose échappait à Bourassa dans les intentions de Bissonnette et des jeunes ? « Non, dit ce dernier. Bourassa savait parfaitement ce qu'il faisait. Il nous laissait toute la corde dont nous avions besoin pour aller au bout de nos discussions. » Il fallait bien que quelqu'un s'y rende. Il fallait bien que ce débat soit tenu et que chacun puisse s'exprimer.

Dans ce contexte extrêmement volatil et agité, s'il voulait garder le cap, Bourassa allait devoir manœuvrer habilement, ne pas se braquer, créer de nouvelles alliances, éviter à tout prix la rupture… Et c'est alors qu'il s'est révélé un si brillant stratège, un admirable tireur de ficelles. Et pour commencer, comment agir avec ce nouveau gros joueur qui venait d'entrer dans l'arène politique québécoise, Lucien Bouchard, démissionnaire du Parti conservateur fédéral et à l'origine d'un mouvement d'opposition, proche de la mouvance souverainiste qui excitait dangereusement le peuple québécois ?

L'été indien

Un beau jour de juillet, un mois après la mort de Meech, Lucien Bouchard se rendait chez Pierre Péladeau, à Sainte-Adèle, quand il a reçu un appel de Jean-Claude Rivest. Celui-ci l'informait qu'en vue des élections fédérales partielles qui devaient se tenir en août dans le comté de Sainte-Marie, dont le député Jean-Claude Malépart était décédé, le Parti libéral du Québec avait commandé un sondage dont les résultats devraient l'intéresser. On demandait aux gens pour qui ils voteraient : le jeune libéral Denis Coderre, qui s'était déjà manifesté, ou un candidat désigné ou proposé par Lucien Bouchard ? Celui-ci, déjà député, ne pouvait évidemment pas se présenter. Mais on parlait déjà beaucoup de ce nouveau parti qui commençait à prendre forme, le Bloc québécois.

« Ton candidat aurait 69 % des votes », a dit Rivest.

Lucien Bouchard ne pouvait douter que Rivest agissait sous l'impulsion de Robert Bourassa. Et que cet appel était un encouragement de la part du premier ministre du Québec à aller de l'avant, à créer un vrai parti nationaliste qui irait défendre le Québec à Ottawa. Bourassa considérait que le Bloc pourrait assurer devant le gouvernement fédéral les intérêts supérieurs du Québec.

En appuyant Lucien Bouchard, il marquait son désaccord de ce qu'était devenu l'accord de Meech, il affirmait son nationalisme. Et en même temps il écartait Lucien Bouchard de sa sphère. S'il était entré en politique au Québec, celui-ci aurait sans doute constitué un rival plus coriace, plus charismatique et plus dangereux que Jacques Parizeau.

De plus, Bourassa n'ignorait pas qu'il y aurait bientôt des élections fédérales. Les Québécois exprimeraient alors leur amertume envers le Canada, qui les avait rejetés, en votant pour le parti que Bouchard allait constituer. Quand, par la suite, on tiendrait des élections provinciales, ils se seraient défoulés et donneraient leur appui au Parti libéral du Québec.

En agissant de la sorte, en favorisant les projets de Lucien Bouchard, Robert Bourassa devait bien savoir que la belle amitié qui, depuis plus de vingt ans, le liait à Brian Mulroney allait en souffrir. Mais dans les luttes qu'il menait, son vieil ami ne pouvait plus vraiment l'aider. C'était maintenant chacun pour soi.

Au moment où Jean-Claude Rivest s'entretenait au téléphone avec Lucien Bouchard, Robert Bourassa faisait ses longueurs de piscine à Sainte-Anne-de-Sorel. Quand il est sorti de l'eau, sa belle-mère, Orise, lui indiqua qu'il avait un mince filet de sang au bas du dos. Son garde du corps, Gaétan Veilleux, avait remarqué quelques jours plus tôt, alors qu'il sortait en même temps que lui de la piscine du CEPSUM, qu'il avait une petite tache rouge, presque noire, juste au-dessus de son maillot. Le lendemain, Bourassa portait un pansement. Et Gaétan, rassuré, a pensé que son chef avait vu un médecin. François avait vu cette tache lui aussi. Il l'avait signalée à son père et lui avait dit qu'il devrait consulter. Mais Robert lui avait répondu qu'il n'avait pas le temps. Et qu'une si petite chose ne pouvait pas être bien grave.

Cette fois, cependant, Andrée, très autoritaire en ces matières, signifia à son mari qu'il n'était pas question qu'il vienne s'asseoir dans le sable de Biddeford Pool avec un bobo qui saignait. Elle a elle-même pris rendez-vous avec le médecin de famille, Michel Émond, un ami. Celui-ci a dit à Robert qu'il devrait voir un dermatologue le plus rapidement possible et se faire enlever cette tache, qu'il trouvait très inquiétante.

Mais Robert persistait à dire qu'il n'avait pas le temps. Il y avait cette commission qu'il devait mettre sur pied avec

Jacques Parizeau. Et en plus, l'une des pires crises qu'ait jamais connues le Québec venait d'éclater à Oka. Impossible dès lors pour le premier ministre d'aller flâner sur les dunes du Maine. Il dut annuler la rencontre projetée avec Michel Rocard, qui devait lui remettre la Légion d'honneur et recevoir de ses mains l'Ordre du Québec. Et il a insisté auprès de ses médecins et de sa femme pour qu'on ne parle de cette préoccupation à personne, que ça ne sorte surtout pas de la maison.

Andrée toutefois ne pouvait cacher son inquiétude. Elle s'est confiée à Marilynn, qui a elle-même réprimandé Robert Bourassa, lui répétant qu'il n'avait pas le droit de risquer ainsi sa santé. Il lui a répondu qu'il n'avait pas le choix. «Je ne peux pas faire autrement», disait-il. La même phrase qu'il servait à sa femme quand, pendant ses campagnes électorales, il rentrait fatigué à deux heures du matin et se levait quatre heures plus tard pour aller nager, afin de se mettre en forme et entreprendre une autre journée de réunions, d'entrevues, de discours et de débats.

À Oka, tout avait commencé plusieurs mois auparavant. Un promoteur avait entrepris d'agrandir le terrain de golf et de réaliser un projet domiciliaire qui empiétait sur une pinède et un cimetière ancestral, dont les Mohawks de la réserve de Kanesatake réclamaient la propriété. Le 11 mars, les Mohawks avaient érigé une barricade sur le petit chemin d'accès à la pinède. Quatre mois plus tard, le 10 juillet, la Cour supérieure du Québec ayant ordonné le démantèlement de cette barricade, ils ont pris les armes.

Le lendemain, avec l'aide de Warriors venus d'autres communautés mohawks, Kahnawake et Akwesasne, ils érigeaient de nouvelles barricades sur le pont Mercier et sur la route 344, paralysant la circulation automobile dans toute la région, créant un climat de peur et de rancœur. Dès l'aube, la Sûreté du Québec a donné l'assaut. L'affrontement a dégénéré ; un policier, le caporal Marcel Lemay, a été tué par balle. Et les barricades sont restées.

Le 14 juillet, le jour de son cinquante-sixième anniversaire, Bourassa rencontrait des fonctionnaires du ministère des Affaires autochtones et les grands patrons de la Sûreté du Québec. Était aussi présent John Ciaccia qui, à la demande du premier ministre, s'était déjà rendu à Kanesatake, où il avait pris contact avec les Mohawks. Ciaccia, qui avait très habilement négocié avec les Cris de la Baie-James au début des années 1970, avait découvert que la rébellion était menée par les membres lourdement armés de la Warriors Society, sur lesquels la petite communauté mohawk était sans pouvoirs. Bourassa a mis, dès cette première réunion, les choses au clair : on devait éviter toute effusion de sang. Mais il a chargé Ciaccia de faire comprendre aux Mohawks que le gouvernement québécois avait certaines exigences, dont celle de participer à une enquête sur la mort du caporal Lemay. Or, personne sur le terrain, à part les Warriors, qui n'en voulaient pas, n'était en mesure de recevoir ces conditions. Jusqu'à la fin du mois, l'agressivité n'a cessé de monter. Et tout est allé de mal en pis.

Chaque jour, des dizaines de milliers de personnes devaient faire de très longs détours pour se rendre à leur travail. Si une partie de la population avait au départ été sympathique aux revendications des Mohawks, il n'y eut bientôt plus aucune voix, ni dans les médias, ni dans les débats de l'Assemblée nationale, ni dans l'opinion publique, pour donner raison aux Warriors. Jacques Parizeau, chef de l'opposition, incitait Robert Bourassa à demander l'aide de l'armée canadienne. « Si j'étais premier ministre, disait-il, le pont Mercier serait ouvert. » Bourassa ne bronchait pas. Il répétait qu'il ne voulait pas d'affrontement, pas d'effusion de sang. Quelle opinion se ferait-on du Québec si l'on utilisait la force envers des autochtones, même s'ils avaient posé des gestes criminels ? Au Canada anglais, on disait déjà assez d'énormités sur le Québec et sur son premier ministre, qui par les lois qu'il avait imposées au cours des dernières années avait brimé les droits et libertés d'une partie de la population. On avait parlé de nazisme, de fascisme.

De l'étranger, on entendait également de vives protestations. En Europe surtout, on entretenait dans tous les médias un préjugé favorable à l'égard des autochtones, à qui l'on pardonnait tout sans aucunement chercher à comprendre ce qui se passait. Devant des journalistes qui évoquaient les réactions scandalisées de la presse française, Bourassa répondit un jour avec humeur : « Imaginez la réaction des Français si des ponts de Paris étaient bloqués pendant des semaines. » Il trouvait injuste et enrageant qu'on ne parle du Québec à l'étranger que lorsqu'un diplomate était enlevé, que des leaders syndicaux étaient emprisonnés ou que l'on empêchait des autochtones lourdement armés de poser des gestes criminels.

Il était toujours en étroit contact avec John Ciaccia, qui cherchait un terrain d'entente avec les Warriors. Tous les jours, Andrée lui rappelait qu'il devrait voir un médecin pour cette tache inquiétante qu'il avait au dos. Tous les jours, des membres de son caucus et de son cabinet lui faisaient savoir qu'ils souhaitaient briser tout lien avec le Canada, qui avait humilié le Québec en rejetant l'accord de Meech. De toutes parts, on le pressait de redéfinir les rapports du Québec avec le Canada.

Le 22 juin, en tendant la main à son premier ministre, Jacques Parizeau lui avait fait, devant l'Assemblée nationale, une proposition que celui-ci ne pouvait refuser : « Travaillons ensemble, entre nous, essayons de trouver une solution à nos problèmes, une voie pour le Québec. »

Au cours de l'été, les deux hommes se sont rencontrés à plusieurs reprises et ont convenu de composer un forum non partisan qui allait étudier et analyser le statut politique et constitutionnel du Québec, et formuler des recommandations. Ils avaient du respect l'un pour l'autre, mais il n'y avait pas beaucoup de chaleur entre eux. Afin d'éviter toute querelle, il fut entendu que chacun nommerait les commissaires de son choix. Il y aurait donc un juste équilibre entre souverainistes et fédéralistes, jeunes et aînés, gens d'affaires et d'art, patrons et syndiqués. Ils commencèrent leurs négociations à la fin de l'été. Après de longues tractations, ils ont confié la direction de la commission à Michel Bélanger, bon fédéraliste, un homme acquis à Bourassa, et à Jean Campeau, souverainiste notoire. Et chacun a continué de former son équipe en vue de la grande réflexion à laquelle on allait se livrer sur l'avenir du Québec.

Bourassa a joué un bien vilain tour à Jacques Parizeau. Il l'a d'abord laissé nommer sur la commission des gens qui n'interviendraient pas en faveur du Parti libéral, des souverainistes convaincus comme Louis Laberge, Gérald Larose, Lorraine Pagé. Et puis, un beau jour, il a lui-même appelé Lucien Bouchard au moment où celui-ci rentrait d'une randonnée dans Charlevoix. Il l'a invité dans son jardin, sur le toit du Bunker, il lui a répété qu'il mettrait sa machine à son service aux prochaines élections, si jamais il formait un parti politique, et lui a signifié qu'il souhaitait qu'il fasse partie de la commission Bélanger-Campeau, il le voulait dans son équipe. Il enlevait ainsi un homme de grande qualité à Parizeau. Deux mois plus tôt, Lucien Bouchard avait fait parvenir une lettre aux péquistes, alors en congrès à Alma, lettre que Parizeau avait lue devant le congrès, ouvrant toutes grandes les portes péquistes à son auteur.

Même s'il n'était pas clairement aligné, Lucien Bouchard allait jouer du côté de Bourassa. Cette nomination était de la part du premier ministre un coup remarquable. Lucien Bouchard lui-même en convenait: «Bourassa était un redoutable joueur d'échecs.» Mais, encore une fois, en s'associant à l'ancien ami de Brian Mulroney, Bourassa s'éloignait de ce dernier… comme s'il n'avait plus besoin de lui. Ils avaient perdu le combat qu'ils avaient mené ensemble. Bourassa le laissait à son désarroi et à sa colère, il passait à autre chose, se faisait de nouveaux amis et créait avec eux d'autres alliances.

Dans les derniers jours de juillet, Bourassa a finalement vu un dermatologue, qui a pratiqué une biopsie de la petite tumeur qu'il avait au dos. Une dizaine de jours plus tard, tandis qu'il se trouvait seul dans sa chambre du château Frontenac, il recevait un appel du médecin, l'informant qu'il avait un mélanome. Le mot lui était inconnu. Mais le médecin lui a dit brutalement que c'était très grave. Robert Bourassa l'a remercié et lui a demandé de le laisser annoncer lui-même la mauvaise nouvelle à ses proches. Mais il n'a parlé à personne. Pendant des jours, ce fut son secret exclusif. Il affichait devant tout le monde un calme absolu, un calme trop grand, trop lisse, qui a fini par inquiéter ses proches qui le connaissaient bien. « Qu'est-ce que tu as ? » lui demandait Rivest. Il répondait que cette commission non partisane qu'il devait former avec Parizeau requérait beaucoup de temps et d'énergie, et que les négociations avec les Mohawks le stressaient terriblement. Et chaque soir, à Andrée, restée à Montréal, il racontait sa journée d'une voix enjouée, rassurante, laissant croire que, si le médecin ne le rappelait pas, c'était qu'il n'y avait rien de sérieux à signaler.

Il avait en fait de nombreux et lourds sujets d'inquiétude : la maladie dont il ne parlait pas, le conflit qui perdurait à Oka, la montée du sentiment séparatiste au sein du Parti libéral, l'intolérance du Canada anglais à l'égard du Québec.

Le samedi 11 août, dans la soirée, Pierre Anctil s'est rendu au château Frontenac pour lui raconter ce qui s'était passé lors de la première journée du congrès de la Commission-Jeunesse à La Pocatière : Bourassa savait déjà que Bissonnette et Dumont avaient complètement changé leur ordre du jour. La question constitutionnelle, la réforme du Canada, la place du Québec dans la Confédération étaient désormais au programme. Ils avaient présenté une proposition très fortement souverainiste, créant une vague euphorique parmi les jeunes qui, presque unanimement, désiraient faire l'indépendance.

Robert Bourassa avait eu un petit sourire amusé en entendant Anctil. Il se rendait bien compte que les jeunes libéraux, en clamant bien haut leur nationalisme et en souhaitant faire l'indépendance, coupaient l'herbe sous les pieds du Parti québécois, ce qui servait drôlement bien le Parti libéral et son chef.

« On ne faisait pas ça par calcul politique, mais par conviction, a plus tard raconté Michel Bissonnette. On suivait le mouvement, en fait. À part quelques fédéralistes irréductibles, presque tout le monde était avec nous, même dans le caucus, même au sein du cabinet, même dans beaucoup de milieux d'affaires. » Et beaucoup ont cru à l'époque que Bourassa lui-même se laissait porter par ce mouvement.

Lucien Bouchard, qui n'a jamais semblé porter Jacques Parizeau dans son cœur, a raconté déjà qu'il avait alors entendu dire à travers les branches que celui-ci était malade à l'idée que Robert Bourassa fasse l'indépendance et qu'il aurait dit quelque chose comme : « Pas question qu'un autre que moi fasse l'indépendance ! » Ou : « Il n'y aura de référendum que celui que je ferai. » Mais le père du Bloc québécois s'empressait d'ajouter qu'il ne croyait pas cela, que M. Parizeau avait trop à cœur le bonheur du Québec et qu'il croyait trop aux bienfaits de l'indépendance pour regretter qu'un autre la fasse.

La théorie n'est cependant pas sans fondement. Les partis politiques sont jaloux de leurs programmes. En 1959, il y eut beaucoup d'émoi dans les rangs libéraux quand on a réalisé que Paul Sauvé, qui succédait à Duplessis, avait la ferme intention de faire les changements souhaités, cette Révolution tranquille que le Parti libéral avait déjà planifiée. La grande différence, c'est que Bourassa, en août 1990, n'avait aucunement l'intention de faire l'indépendance espérée par une majorité de Québécois. Mais à son habitude, il laissait le débat se faire, il laissait chacun aller au bout de son raisonnement.

Le 12 août au matin, Bourassa s'est rendu à La Pocatière pour parler à ses jeunes. Il les a considérablement refroidis, sans pour autant éteindre en eux la flamme nationaliste. Il a fait de la sémantique, il a joué sur les mots. Souveraineté ? Indépendance ? Bien sûr, si c'est ce que l'on peut aussi nommer néofédéralisme, ou fédéralisme renouvelé, ou asymétrique. Il a tenu un discours très technique, que les jeunes ne parvenaient pas vraiment à suivre. Il est resté évasif, les a félicités et remerciés, leur a dit qu'il allait penser à leur proposition souverainiste. Certains ont compris qu'il n'avait pas l'intention de remettre en question le lien fédéral. D'autres ont pensé qu'il était bien capable de s'embarquer avec eux sur le radeau de l'indépendance.

Or, Bourassa n'avait rien d'un rêveur. C'était un être pragmatique. Un pays devait, selon lui, composer avec ses réalités et ses moyens, s'accommoder de sa situation géopolitique. Il aimait citer cette phrase qu'il attribuait à Napoléon : « Un pays doit suivre les politiques que sa géographie lui impose. » Et le pays qu'il voyait, lui, ce pays du Québec dans lequel il vivait et qu'il avait pour mission de gouverner n'avait pas les moyens, à son avis, de vivre seul et indépendant, détaché d'un pays plus grand et plus stable, plus fort économiquement. Il devait donc rester dans le grand ensemble canadien, même s'il y était victime d'injustice et de mépris. Quoi qu'on dise et quoi qu'on fasse, un Québec indépendant ne serait pas moins la cible des sarcasmes et du mépris de certains éléments du reste du Canada.

Il savait bien, de par sa formation juridique, économique et fiscale, qu'un gouvernement qui ne peut gérer sa monnaie n'a aucun pouvoir sur son économie, et qu'il n'aura par conséquent jamais la pleine autonomie politique. Séparé du Canada, le Québec ne serait pas plus autonome, ni plus libre, ni plus riche, ni plus indépendant. Voilà ce qu'il a toujours pensé, ce qui ne l'a sans doute pas empêché de rêver par moments à ce qu'aurait été un Québec indépendant, à imaginer ce que serait un Québec coupé du lien fédératif. René Lévesque, à l'époque du « beau risque », avait rêvé, de son côté, à ce qu'aurait pu devenir un Québec ayant renoncé à l'indépendance et à la souveraineté, et restant au sein de l'ensemble fédéral. Ça n'en faisait pas pour autant un ardent fédéraliste.

De même, malgré sa nature nationaliste, et bien qu'elle eût toujours prôné une plus grande autonomie des provinces, l'Union nationale était restée un parti fédéraliste. Certains de ses chefs (Maurice Duplessis, Daniel Johnson père, Rodrigue Biron) avaient envisagé très sérieusement l'idée de la souveraineté du Québec ; aucun n'a pu ou n'a voulu se rendre jusqu'au bout de cette démarche.

Ce jour-là, à La Pocatière, le premier ministre a laissé les jeunes libéraux perplexes. Il a réaffirmé devant eux que le Québec constituait d'ores et déjà une société distincte, mais qu'il faisait toujours partie du Canada.

Ce 12 août au soir, quand il est rentré à Sainte-Anne-de-Sorel, Robert Bourassa a révélé à sa femme les résultats de la biopsie que lui avait communiqués son dermatologue quelques jours plus tôt. Assailli de questions par Andrée, il a fini par admettre que ce qu'il avait était grave, en effet, qu'il devait être opéré. Et que le plus tôt serait le mieux.

Andrée a demandé de nouvelles consultations auprès de ses amis médecins, qui, dès le lendemain, ont soumis le premier ministre à une nouvelle batterie de tests. Ils ont découvert que le mal avait progressé, il s'était déjà répandu aux ganglions de l'aine. Il toucherait bientôt d'autres organes si le patient ne se faisait pas soigner dans les plus brefs délais.

Afin que sa maladie reste inconnue et qu'on ne puisse croire et dire que le gouvernement était affaibli, Robert Bourassa ne voulait pas se faire opérer au Québec. Il y avait à l'époque deux centres de traitement de pointe en dermatologie, au Texas et près de Washington. Les médecins québécois qui le soignaient ont établi des contacts avec les oncologues de l'hôpital Bethesda, dans la capitale américaine, où l'on utilisait une méthode nouvelle, l'interleukine, extrêmement pénible, mais fort efficace.

Or, malgré les avis insistants de ses médecins et les supplications de sa femme et de ses enfants, Robert Bourassa a renoncé à partir, parce que de violents affrontements s'étaient produits quelques jours plus tôt à Oka et aux abords du pont Mercier. Peut-être avait-il mal évalué le danger. Peut-être voulait-il, après le douloureux échec de Meech, retrouver sa confiance en lui en dénouant la crise d'Oka. Son devoir n'était-il pas de faire comme il avait toujours fait : préserver sa santé, ménager ses forces, bien manger, bien dormir, s'entraîner, afin de bien servir, bien gouverner ?

Il venait d'avoir cinquante-sept ans. Il était en politique active depuis plus d'un quart de siècle. Il figurait maintenant parmi les politiciens les plus expérimentés à l'Assemblée nationale. Il avait exercé le pouvoir pendant plus de douze ans. Seuls Duplessis, Gouin et Taschereau avaient dirigé le Québec plus longtemps que lui. Il aurait bien pu laisser aller. Avouer publiquement qu'il était malade et qu'il avait choisi de laisser à d'autres le soin de régler le conflit d'Oka et de poursuivre la réflexion constitutionnelle.

Chose certaine, il y a eu là, de sa part, ce qu'il a lui-même qualifié de « peut-être une erreur de jugement » lors d'une entrevue qu'il accordait, en 1992, à son ami Jacques Godbout, qui préparait un documentaire, *Le Mouton noir*, sur l'après-Meech. «Je ne pouvais pas partir, a-t-il ajouté. J'aurais donné un signal de faiblesse dans un moment de crise. » À la mi-août, quand Robert Bourassa a décidé de faire appel à l'armée, personne, pas même parmi ses proches collaborateurs, ne savait qu'il était atteint d'une grave maladie.

Le 20 août au matin, le Royal 22e Régiment était déployé à Oka. En vertu de la loi canadienne, lorsqu'un premier ministre provincial fait appel à l'armée, il en devient le commandant en chef. Lui seul peut décider des opérations. Lors d'une réunion à laquelle assistaient le lendemain Claude Ryan, Jean-Claude Rivest, John Ciaccia et des dirigeants de la Sûreté du Québec, un officier de l'armée pressa Bourassa d'intervenir.

« Mon commandant, le pont Mercier, vous nous en donnez l'ordre et, dans moins de douze heures, on l'aura libéré. »

Bourassa l'a regardé et a laissé tomber, cinglant : «Ah! oui? Et ça ferait combien de morts?»

Il n'attendait pas de réponse. Sa question était une fin de non-recevoir. Il avait dit à John Ciaccia qu'il ne voulait pas d'affrontement et qu'il devait tout faire pour qu'on puisse négocier.

Le 28 août, alors que la crise d'Oka n'était toujours pas terminée, que la commission Bélanger-Campeau n'était pas encore tout à fait constituée, et que Robert Bourassa se savait en grand danger, quelqu'un est entré dans le monde du premier ministre, quelqu'un qui allait changer sa vie, l'illuminer comme jamais il n'aurait pu imaginer. Mathieu, son petit-fils, est né ce jour-là. Le nouveau grand-père venait de pénétrer dans le Bunker quand on lui a communiqué la nouvelle.

Ce même jour, Ciaccia réussissait à prendre contact avec les chefs de la Confédération iroquoise des Six-Nations qui, pour la plupart, désapprouvaient l'attitude intransigeante et belliqueuse des Warriors. Il a rencontré quelques-uns d'entre eux dans une petite suite du Hilton de Dorval, et on en est vite venus à une entente : les Mohawks acceptaient de démanteler la barricade du pont Mercier, mais maintenaient celle qu'ils avaient érigée neuf mois plus tôt sur le chemin de la pinède de Kanesatake. Ils amenaient les Warriors à rendre ou à détruire leurs armes et leurs munitions. Il n'y aurait pas d'amnistie, mais le gouvernement du Québec garantissait que les personnes arrêtées auraient accès à un avocat et droit à un jugement équitable. Il s'engageait par ailleurs à remettre aux Mohawks de Kanesatake les 97 acres de terrain à l'origine du conflit. La crise d'Oka tirait à sa fin.

Si, cet été-là, Robert Bourassa avait gouverné par sondages, comme le voulait un mythe tenace, il aurait tenu un référendum sur la souveraineté du Québec immédiatement après la mort de Meech, et il aurait mis rapidement un terme aux pourparlers avec les autochtones qui s'éternisaient pendant la crise d'Oka. Parce que c'était, selon les sondages, ce que voulait la majorité de la population. Il n'a pas tenu de référendum et n'a pas fait intervenir l'armée à Oka. Dans les deux cas, il avait l'opinion publique contre lui.

L'avocat des Mohawks, James O'Reilly, celui-là même qui, près de vingt ans plus tôt, avait si vertement critiqué Robert Bourassa pour son attitude désinvolte et son manque de curiosité à l'égard des Cris de la Baie-James, tenait maintenant un tout autre discours. « Si Robert Bourassa avait fait ce qu'exigeait l'opposition, il y aurait pu y avoir un massacre épouvantable à Oka. Il a su négocier de façon admirable. »

Pendant tout cet été, John Ciaccia avait été très proche de Bourassa. Il avait déploré avec lui le désastre de Meech. Il avait été son fidèle représentant auprès des Mohawks. Il avait vu, certains jours, son premier ministre inquiet et tendu ; jamais celui-ci ne lui a dit qu'il était atteint d'un cancer. Jamais non plus il ne lui a montré un signe de faiblesse. « Ça m'aurait déstabilisé, avoue Ciaccia. J'aurais peut-être essayé de jouer sur la pitié avec mes interlocuteurs, ce qui aurait sans doute été une grave erreur. »

Deuil

Le 4 septembre, Bourassa assistait à une séance extraordinaire de l'Assemblée nationale, qui a parachevé la création de la commission Bélanger-Campeau sur l'avenir politique et constitutionnel du Québec. Le 7 septembre, en conférence de presse, il a remercié l'armée canadienne et annoncé que la crise d'Oka était pratiquement terminée.

Il a passé la fin de semaine à Sainte-Anne-de-Sorel, son dernier week-end avant la terrible épreuve qu'il allait subir. Andrée avait en effet repris contact avec les oncologues de Bethesda qui attendaient son mari. Celui-ci était entouré de tous ceux qu'il aimait, sa femme, ses enfants, ses sœurs et cette merveille qui l'émouvait tant, Mathieu.

Le dimanche, il a lu comme d'habitude son *Canard enchaîné* et *The Economist*. Il est parti pour Québec le lundi soir. Andrée l'accompagnait. Le lendemain matin, au bureau, il informait John Parisella et Sylvie Godin qu'il ne serait pas en Chambre au cours des jours suivants et qu'il partait à Washington soigner un cancer. Il a été très rassurant. Il leur a même fait un pieux mensonge : son cancer n'était pas bien grave, et ils avaient là-bas, à Bethesda, des traitements de pointe. Qu'on ne s'inquiète donc pas, il serait bientôt de retour. John Parisella et Sylvie Godin l'ont reconduit dans l'ascenseur et jusqu'au garage, où l'attendait la limousine de la Sûreté. Avant de monter à bord, il leur a répété que personne ne devait savoir pourquoi il s'absentait et où il était. John lui a alors demandé depuis quand il connaissait son état.

Bourassa a répondu évasivement qu'il savait depuis quelques semaines qu'il avait une petite tumeur au dos. Il leur a fait un grand sourire et s'est glissé sur la banquette arrière auprès d'Andrée. En remontant vers le Bunker, John et Sylvie se sont dit que les dernières semaines avaient été terriblement occupées, et que leur patron, qui se savait malade, avait toujours été présent, s'impliquant dans tous les dossiers, participant à toutes les réunions, sans prendre un seul jour de repos.

Andrée, son mari et Gaétan Veilleux, le garde du corps, sont partis tous les trois à bord d'un petit avion de location le mardi 11 septembre au matin. Dès le lendemain matin, on faisait l'ablation du mélanome et des ganglions de l'aine.

Le 13 septembre, John Parisella téléphonait à Bethesda pour prendre des nouvelles du premier ministre et l'informer d'une importante démission d'un membre de son cabinet. Andrée répondit que son époux dormait et qu'elle lui ferait part de la nouvelle dès qu'il se réveillerait. Parisella fut surpris. Il venait de comprendre, au ton de Mme Bourassa, que la condition de Robert était plus grave que l'avait laissé entendre celui-ci deux jours plus tôt. John Parisella, homme d'une grande délicatesse, était à présenter ses excuses à Mme Bourassa quand il l'entendit répéter à l'intention de son mari l'information qu'il venait de lui transmettre. Robert Bourassa, ayant compris qu'on appelait depuis Québec, avait demandé à sa femme ce qui se passait.

Ce fut ainsi qu'il apprit que son ministre du Revenu, Yves Séguin, avait démissionné parce qu'il était en désaccord avec la décision du gouvernement d'harmoniser la taxe de vente provinciale, la TVQ, avec la taxe fédérale sur les produits et services, la TPS. Il y eut un court moment de silence. Et John entendit la voix affaiblie de son premier ministre qui, dans un souffle, demandait à sa femme de dire à son chef de cabinet que Gérard D. Levesque devrait nommer Raymond Savoie ministre du Revenu à la place de Séguin. Et qu'il fallait l'assermenter le plus tôt possible.

Quand Andrée raccrocha, son mari s'était rendormi. Mais elle crut voir un léger sourire sur ses lèvres. Elle est restée jour et nuit près de lui. À lui tenir la main des heures durant.

Seule avec cet homme qu'elle aimait tendrement, cet homme qu'elle n'avait jamais vu ainsi, réduit au silence, impuissant, démuni.

Au cours des jours suivants, Sylvie Godin devait répondre de façon à la fois très ferme et très évasive à tous ceux qui demandaient à parler au premier ministre. Les journalistes ont vite commencé à se questionner. En Chambre, l'opposition se scandalisait de son absence. On lui reprochait d'être parti en vacances à un moment très inopportun. Même au sein du caucus libéral, on ne s'expliquait pas ce silence, ce secret. Robert Bourassa n'avait pas voulu déléguer ses pouvoirs de premier ministre, ce qui aurait exigé une explication, la divulgation de son état. Il considérait toujours que lui seul pouvait, dans les circonstances, gouverner correctement le Québec.

À plusieurs reprises, Marie Parenteau a joint Gaétan Veilleux pour lui dire que Brian Mulroney voulait parler à M. Bourassa. Gaétan devait répondre que son chef n'était pas disponible. Lise Bacon, vice-première ministre, a dû recevoir le président allemand en visite au Québec. Celui-ci s'est étonné de ne pouvoir s'adresser au premier ministre. Et plus encore de constater que la vice-première ministre était incapable de lui dire où il se trouvait. Mme Bacon appelait elle aussi Gaétan Veilleux, qui lui répondait chaque fois que M. Bourassa était dans l'impossibilité de lui parler. C'était également ce qu'il disait à Brian Mulroney, qui avait lui-même téléphoné à plusieurs reprises. Il était inquiet et semblait se douter que quelque chose n'allait pas.

« Dites-moi au moins qu'il va bien ? »

Gaétan était tous les jours témoin des souffrances épouvantables qu'endurait Robert Bourassa. Il aurait aimé dire à M. Mulroney que M. Bourassa traversait une terrible épreuve et qu'il était chaque jour un exemple de courage et de force.

« Il va bien, monsieur Mulroney. Dès que possible, je lui dirai que vous avez appelé. »

Le premier ministre fut injoignable pendant six jours. Quand il a émergé, Gaétan l'a informé que Mulroney voulait lui parler. Bourassa eut un faible sourire. Ainsi, la vie avait continué sans lui. Mulroney voulait sans doute discuter de la possibilité de renflouer l'épave de Meech, peut-être aussi de son projet d'accord de libre-échange. En fait, Mulroney voulait simplement s'informer de sa santé. Il avait été, bien sûr, blessé de voir Bourassa se lier d'amitié avec Lucien Bouchard, qu'il considérait désormais comme un ennemi. Mais il avait de l'admiration pour le geste hautement politique qu'avait posé Bourassa en s'associant aux projets de ce dernier.

Une fois que son mari fut rétabli de son opération, Andrée l'a installé au Marriott. Il a récupéré très vite. Il nageait matin et soir, il dormait bien, mangeait avec appétit, et passait chaque jour des heures au téléphone avec John, Sylvie et Jean-Claude, qui le tenaient au courant des affaires publiques.

Il était de retour au Québec avant la fin de septembre. Il devait, dès le lendemain, rencontrer son caucus du centre du Québec dans une auberge de Nicolet. Il allait leur donner les raisons de son absence, leur avouer qu'il avait eu un mélanome, une tumeur maligne causée par le soleil, dont il avait, comme ils le savaient tous, abondamment abusé. Il s'adresserait aux médias également, qui avaient colporté diverses rumeurs à son sujet. Il était nerveux et tendu. Il craignait de donner à ses députés et au public l'image d'un homme affaibli. La veille au soir, il s'est ouvert de ces peurs à Jean-Claude Rivest et à Robert Chapdelaine, responsables des députés, devenus de bons amis. Et devant eux, il s'est laissé aller à pleurer, ce qui de son propre aveu lui a fait beaucoup de bien.

Le lendemain matin, avant qu'il rencontre ses députés, Sylvie Godin l'a légèrement maquillé. Hiver comme été, on avait toujours vu Robert Bourassa très bronzé. Depuis des années, avec Andrée et les enfants, mais aussi très souvent avec ses proches collaborateurs, il allait régulièrement à Miami. Quand Mario Bertrand était son chef de cabinet, chaque fois que possible, ils partaient tous les deux le vendredi soir pour ne rentrer que le lundi en fin de journée. Ils revoyaient tous leurs dossiers, préparaient des discours, discutaient de stratégie. Et ils passaient tous les deux beaucoup de temps au gros soleil. À Québec, par beau temps, ils travaillaient sur le toit du Bunker, où Bourassa avait fait aménager un petit jardin… sans parasol. Il n'utilisait jamais de crème solaire. Rien qu'un peu de zinc sur le nez.

Ce beau temps était maintenant révolu. Désormais, Robert Bourassa devait fuir le soleil qu'il avait tant aimé, il n'allait plus jamais passer des heures à marcher ou à lire sur les plages, il n'allait plus jamais arborer ce teint bronzé qui pour lui avait toujours été, paradoxalement, un indice de santé, de bien-être, de prospérité. Ce fut un deuil très pénible.

Il n'a rien changé à ses autres routines. Tous les jours, il allait nager au centre sportif de l'Université de Montréal ou au Club civique de Québec, parfois à la piscine du Rockhill, où habitait son ami Charles Denis. Il s'est de nouveau absorbé dans le travail et le passionnant exercice du pouvoir.

À la mi-octobre, il a rencontré Jean Allaire, à qui il avait confié la tâche de redéfinir le programme constitutionnel du Parti libéral. Allaire avait consulté et sondé les membres du caucus et les militants et il avait poursuivi avec eux sa réflexion sur l'avenir du Québec. Il informait maintenant le premier ministre que le parti dans son ensemble n'était pas loin de penser que la pleine souveraineté était possible, voire souhaitable. En fait, le rapport qu'il préparait allait ressembler à une proposition de souveraineté pour le Québec. Quant aux jeunes, ils étaient plus que jamais prêts à rompre avec le Canada, pour lequel ils semblaient avoir bien peu d'attachement. Bourassa croyait intimement que le parti faisait fausse route. Il y avait trop d'émotions dans ce cheminement. Trop d'improvisation. Un parti politique ne pouvait raisonnablement changer ainsi de programme. Mais en novembre, les membres du comité Allaire, réunis à huis clos au Alpine Inn, dans les Laurentides, se prononçaient très majoritairement en faveur de la souveraineté, 11 voix contre 2.

Aux Fêtes, Robert Bourassa a poursuivi sa convalescence et sa réflexion à Bal Harbour. Anctil lui lisait au téléphone de longs passages du rapport sur lequel planchait Jean Allaire. Considérant que les compétences du Québec devaient être grandement accrues aux dépens d'Ottawa, il proposait d'établir une nouvelle structure politique dans laquelle l'État québécois, reconnu comme société distincte, serait pratiquement autonome et libre d'agir à sa convenance dans de nombreux domaines, dont les affaires sociales, la culture, la santé, la formation de la main-d'œuvre, l'immigration, la sécurité publique, l'agriculture, l'environnement… En fait, il allait aussi loin que les programmes les plus audacieux du Parti québécois, jusqu'au point de non-retour, jusqu'à la souveraineté.

Bourassa, qui ne voulait pas s'engager dans cette voie, a exigé des réaménagements, des coupures, des adoucissements. Si bien que Jean Allaire s'est peu à peu dissocié du rapport qui allait porter son nom. Et que les jeunes, que la première version de ce rapport avait emballés, ont commencé à faire entendre des voix fortement dissidentes au sein du parti. Pendant ce temps, des dizaines de mémoires étaient déposés devant la commission Bélanger-Campeau. Ils provenaient des milieux les plus divers : affaires, enseignement, santé, patrons, syndicats… La grande majorité était à forte saveur souverainiste.

Ainsi, en cette année 1991, en plus de devoir rameuter le troupeau libéral et rétablir la cohésion de son parti, Robert Bourassa, s'il voulait éviter la rupture du pays, devait refroidir les ardeurs populaires, opérations délicates et exigeantes. Il devait écouter, comprendre, convaincre… Et d'abord laisser chacun parler et s'exprimer librement. Même en cette période de crise, Robert Bourassa restait profondément démocrate.

Depuis janvier, la Commission-Jeunesse avait un nouveau président, Mario Dumont, originaire de Cacouna, étudiant en économie à l'Université Concordia. Ayant compris que Jean Allaire, qu'il avait si ostensiblement désavoué, allait s'éloigner de lui, et ne voulant surtout pas perdre l'appui si précieux et si stimulant des jeunes, Robert Bourassa a entrepris d'amadouer leur nouveau président. Il l'a invité chez lui. Il voulait tout connaître de ce jeune homme capable d'une franchise brutale qui, dès leur première rencontre, lui avouait qu'il n'avait aucune sympathie pour les séparatistes, mais qu'il croyait que le Québec devait se comporter comme une société autonome, être très ferme devant le Canada, ne pas quémander des pouvoirs, mais les prendre.

La permanence du parti se trouvait alors à l'angle de la rue Laurier et de l'avenue de Gaspé, à Montréal. Parfois, quand les jeunes y tenaient d'importantes réunions, Bourassa y arrivait à l'heure du souper avec deux douzaines de poulets du Laurier BBQ.

Les jeunes étaient franchement étonnés de voir qu'un premier ministre s'intéressait autant à eux. Ils découvraient un homme plein d'humour, très chaleureux, très attentif… mais un peu dépassé dans certains domaines. Le Laurier BBQ, par exemple, était à leurs yeux un lieu franchement ringard, où les tranquilles petits bourgeois d'Outremont allaient souper en famille le dimanche soir ; eux fréquentaient plus volontiers les McDo et les Burger King. Par ailleurs, les manières à table de leur premier ministre en effaraient ou en ravissaient plusieurs. Intimidés, ils utilisaient tous des ustensiles et gardaient toujours une serviette de table à la main. Lui, il prenait ses cuisses de poulet à pleine main, les plongeait dans la sauce, rongeait les os, se léchait goulûment les doigts.

Il parlait peu. Il les écoutait discuter de la réforme constitutionnelle, du rapport Allaire qui les avait enthousiasmés. Il les entendait conclure que seule la souveraineté pouvait assurer au Québec la pleine maîtrise de son destin. Et qu'il fallait la faire dans les plus brefs délais. Alors il leur sortait quelques arguments économiques, quelques chiffres. Il replaçait le Québec dans sa géographie, dans son histoire, dans leur histoire à eux. « Quand Moody's confirme la cote du Québec, ce sont des dizaines de milliards de dollars que vous n'aurez pas à payer dans quinze, trente ou cinquante ans. En m'opposant à l'indépendance du Québec, c'est à vous que je pense. »

Les choses étaient claires maintenant : le premier ministre se disait contre la souveraineté. Mais beaucoup restaient encore convaincus qu'il y avait cru et qu'il pouvait encore y croire. Certains diront même plus tard que Bourassa a leurré les Québécois en leur disant, après la mort de Meech, qu'il était prêt à faire l'indépendance avec eux, alors qu'il n'y croyait pas du tout. Et que, pendant ce temps, il disait aux premiers ministres des provinces anglophones qu'il voulait seulement apaiser les esprits, refroidir les ardeurs souverainistes, faire semblant, endormir.

Mario Dumont qui, à l'époque, voyait beaucoup Bourassa, n'adhérait pas du tout à cette naïve théorie du complot, à l'existence d'un grand plan pour leurrer le peuple et calmer les esprits. Il était cependant persuadé que, pendant un bon bout de temps, quelques jours, peut-être quelques semaines, Bourassa ne savait pas ce qu'il allait faire. Il écoutait, il consultait, il réfléchissait. Comme toujours, il cherchait à comprendre ce qui motivait tous ceux qui prônaient la souveraineté. *Audi alteram partem.*

Il appelait régulièrement Mario Dumont, parfois tôt le matin, souvent tard le soir. Il le rejoignait chez sa compagne, à la permanence du parti, à l'université, jusqu'au Peel Pub, où le président de la Commission-Jeunesse prenait de temps en temps un verre avec des amis. Pour tâter le terrain. Mario était plus nuancé que la majorité de ses camarades. Il lui donnait l'heure juste. « On s'entend bien, tous les deux, disait-il à ses amis. Je ne crois pas à l'indépendance politique du Québec, lui non plus. Et, selon moi, il n'est pas du tout attaché au Canada ; moi non plus. »

Mais Dumont considérait et disait bien haut que Bourassa conservait une attitude servile à l'égard du Canada. Le chef libéral était fier de ce qu'il parvenait à arracher au gouvernement fédéral, des privilèges ou des octrois qu'il obtenait. Il parlait parfois de son père, Aubert Bourassa, petit fonctionnaire soumis qui ramenait à la maison la paye que lui avaient donnée ses employeurs unilingues anglais. Dumont lui a dit un jour qu'il faisait comme lui. « Vous êtes comme votre père. Vous acceptez le fait que les Québécois ont des maîtres à Ottawa, des patrons qui, en échange de votre travail et de votre soumission, vous accordent des faveurs, des subventions pour bâtir des usines, des routes, des hôpitaux. »

Remis le 26 mars 1991, le rapport Bélanger-Campeau faisait à peu de choses près le même constat que Jean Allaire et tirait de ses consultations les mêmes constatations : deux voies s'offraient au Québec, soit une nouvelle et ultime tentative de redéfinir son statut au sein du régime fédéral, soit l'accession pure et simple à la souveraineté. La commission recommandait en outre, comme l'avait fait Allaire, la tenue d'un référendum sur l'avenir constitutionnel et politique du Québec au plus tard le 26 octobre 1992, à moins que le gouvernement fédéral ne fasse d'ici là des propositions acceptables. Le Québec et le Canada étaient toujours divisés. Les sujets de discussion et les grandes questions restaient pratiquement les mêmes depuis des années. Pour le Canada : « *What does Quebec want ?* » Et pour le Québec : « Qui suis-je ? Que veux-je ? Où vais-je ? »

L'été est venu et la ferveur nationaliste ne semblait pas devoir diminuer. Marc-Yvan Côté, le député de Charlesbourg, disait alors que les colonnes du temple fédéraliste étaient en train de s'écrouler. Ce que beaucoup de gens croyaient.

Des sondages indiquaient que les deux tiers des Québécois auraient suivi Robert Bourassa s'il s'était engagé sur le chemin de la souveraineté. « Puisque le Canada ne veut pas de nous, disait-on à gauche et à droite, on n'a qu'à le quitter. » Lors d'un référendum qu'ils ont tenu, les étudiants des 35 cégeps du Québec ont voté à 82,2 % en faveur de la souveraineté.

Jamais un politicien québécois n'avait eu une telle occasion, un si vaste choix, un si pressant signe de l'Histoire. Robert Bourassa n'avait qu'un mot à dire et il entrait dans la légende. Des sondages le disaient clairement : « Déclare l'indépendance, et les deux tiers des Québécois seront derrière toi. » Et cette fois, ce n'était pas seulement les intellectuels, les artistes et les étudiants, mais des gens de tous horizons, des milieux d'affaires, certains même, et de plus en plus nombreux, au sein de son propre parti, hier encore fervents fédéralistes.

À sa fille Michelle, qui lui disait que le temps était peut-être venu, et qu'il pourrait, s'il le voulait, faire enfin l'indépendance du Québec, il a répondu qu'il avait été élu avec un programme fédéraliste et qu'il ne pouvait, en son âme et conscience, tromper les gens qui l'avaient élu et courir le risque de plonger le Québec dans un marasme économique. Il a ajouté qu'il ne voulait pas passer à l'histoire comme un aventurier, même si on lui promettait la plus grosse statue jamais érigée au Québec. Faire un pays par défaut, parce qu'on a été rejeté, parce qu'on est frustré de s'être fait dire non par le Canada, ce serait de la folie. «J'ai été élu parce que j'ai dit aux Québécois que, ma raison de vivre, c'était la force économique du Québec, je ne vais pas risquer de les appauvrir.»

Pierre Anctil, directeur général du Parti libéral, était comme beaucoup de gens tenté par l'aventure souverainiste. Un jour qu'il s'interrogeait devant son patron sur ce qui arriverait si l'on faisait un référendum sur la souveraineté, Bourassa lui a dit que le Canada anglais n'aurait alors aucun choix, puisqu'il n'avait pas d'interlocuteur averti et organisé.

«Ils en trouveraient un, rétorqua l'ingénieur Anctil. La nature a horreur du vide.

— Je comprends, mais le jour où moi, Robert Bourassa, chef du Parti libéral du Québec, premier ministre du Québec, je décide de faire la souveraineté, il n'y a plus de discussion possible. À partir du moment où les deux partis principaux du Québec sont d'accord, il n'y a plus de débat. Qu'est-ce qui se passe ensuite? Jusqu'à maintenant, le débat ne se fait pas entre le Québec et le Canada, mais entre nous, entre Québécois. Or, j'ai une responsabilité totale. Si je faisais ça, j'aurais décidé à la place de tout le monde. Le but, est-ce de passer à l'histoire ou de prendre la meilleure décision pour la population du Québec?»

Anctil ne fut pas entièrement convaincu, mais il ne pouvait nier que Robert Bourassa avait le sens des responsabilités et de l'État. «Dans toute cette histoire, il a été ferme, solide, évitant l'affrontement inutile… Aujourd'hui, je sais qu'il a eu raison. Et je suis persuadé qu'il n'a jamais eu de regrets. »

Michel David du *Devoir* croit lui aussi que Robert Bourassa a eu, à cette époque, des tentations souverainistes. « Ça n'a jamais dépassé le stade intellectuel, mais il y avait certainement là des idées avec lesquelles il aimait jongler. »

De même qu'en 1967, lorsqu'il faisait le pont entre les réformistes menés par René Lévesque et les conservateurs restés fidèles à Jean Lesage, sympathisant indifféremment avec les uns et les autres, il a réfléchi et cheminé, en 1991 et 1992, tant avec ceux qui étaient sensibles à la mouvance souverainiste qu'avec les fédéralistes purs et durs. Il portait en lui, comme disait Mario Dumont, l'ambivalence des Québécois. Quand, au printemps de 1991, Parizeau a sommé Bourassa de se brancher et de dire clairement s'il était souverainiste ou fédéraliste, québécois ou canadien, celui-ci a répondu qu'il était libéral, ce qui lui a attiré les huées de l'opposition.

Il eût été si facile pour lui d'épouser l'air du temps, de satisfaire une très grande majorité de citoyens et de citoyennes amèrement déçus par l'échec de Meech et de tenir un référendum possiblement gagnant. Il a préféré résister à la pression populaire. Certains lui en ont terriblement voulu et ont cru et dit et répété sur tous les tons qu'il avait agi par peur, pleutrerie, lâcheté.

À l'époque, pourtant, la pression venait beaucoup plus du Québec que du Canada. S'il ne voulait pas briser le pays, ce n'était pas parce qu'il craignait les représailles des autres provinces, d'où ne venait nulle menace, mais parce qu'il considérait en son âme et conscience que l'avenir du Québec était plus sûr au sein du Canada.

« On me disait que j'aurais pu passer à l'histoire si j'avais fait un référendum sur la souveraineté, confiait-il à son ami Godbout. "Tu gagnais, me disait-on, et tu devenais le premier chef d'un Québec souverain." Mais concrètement, avec quelles implications ? On ne fait pas la souveraineté pour avoir un chapitre à soi dans l'histoire. La souveraineté, faut que ça soit un progrès, que ça améliore le sort du monde. »

Le OUI de Charlottetown

Au printemps de 1992, Robert Bourassa et John Parisella ont fait une grande tournée des capitales canadiennes, afin de faire connaître les exigences du Québec en matière constitutionnelle et de mieux comprendre la position des autres provinces. À la fin d'avril, à Toronto, ils rencontraient Bob Rae, le premier ministre néo-démocrate de l'Ontario. Extrêmement populaire au cours des mois qui avaient suivi son élection en septembre 1990, Rae était alors en pleine dégringolade dans les sondages, l'économie de sa province connaissant sa pire récession depuis la Grande Dépression. Après avoir évoqué des souvenirs d'Oxford, où ils avaient étudié tous les deux, à vingt-cinq ans d'intervalle, les deux premiers ministres ont parlé d'économie. Puis ils ont abordé la question constitutionnelle, principal objet de leur entretien. Ils avaient quelques différends mineurs sur lesquels ils ont entrepris de s'expliquer.

Contrairement à plusieurs premiers ministres anglophones, Rae comprenait fort bien que trois des neuf juges de la Cour suprême du Canada soient originaires du Québec, où le Code civil en vigueur différait sensiblement de la Common Law britannique. Il voulait que l'assurance-chômage et l'immigration restent des secteurs de compétence exclusivement fédérale ; Bourassa, lui, souhaitait que le Québec ait plus de pouvoirs en ces matières. Il accepterait peut-être qu'on réduise le nombre de sénateurs du Québec, à condition qu'on augmente sa députation de manière à ce qu'il ait toujours 25 % de la représentation aux Communes, quelle que soit sa population. Une chose sur laquelle ils étaient tous deux parfaitement d'accord, c'était qu'il fallait que la conférence fédérale-provinciale prévue pour la fin de l'été soit la dernière à porter sur ce sujet. Tout le monde en avait assez. Quelques semaines plus tôt, le premier ministre du Canada, Brian Mulroney, avait fait savoir que, si les provinces ne parvenaient pas à s'entendre, il ferait lui-même adopter une proposition de réforme constitutionnelle qu'il soumettrait aux Canadiens lors d'un référendum.

Depuis des années, la question de l'avenir du Québec avait dominé l'agenda national. Dans la Belle Province, le comité Allaire et la commission Bélanger-Campeau avaient examiné le sujet sous toutes ses coutures. Le gouvernement fédéral avait créé, de son côté, un comité Beaudoin-Dobbie et une commission dirigée par Keith Spicer, chargés tous les deux de comprendre ce que les Canadiens voulaient et de faire des propositions de réaménagement constitutionnel. Mulroney avait également confié à Joe Clark, ex-premier ministre, le mandat de proposer une entente qui conviendrait aux gouvernements fédéral, provinciaux et territoriaux, de même qu'aux Premières Nations, aux Inuits, aux Métis. Bref, on cherchait un *modus vivendi* praticable et agréable pour tous, un consensus absolu dans lequel seraient enfin résolues toutes les disputes ancestrales entourant la répartition des pouvoirs entre le gouvernement fédéral et les gouvernements provinciaux. Les deux premiers ministres se sont promis en se quittant de travailler ensemble lors de la prochaine rencontre fédérale-provinciale pour trouver une solution définitive au mal de vivre du pays.

Robert Bourassa et son chef de cabinet ont quitté la Ville Reine à la tombée du jour. Déjà, dans la limousine qui roulait vers l'aéroport Pearson, le premier ministre s'était mis à parler de son petit-fils Mathieu. Plus question de Constitution, de nomination de juges ou de société distincte. Le premier ministre n'en avait que pour les prouesses d'un enfant d'un an et demi, son rire et ses pleurs, ses premiers mots, ses premiers pas. Bourassa aimait bien se confier à

John Parisella. Celui-ci était de bon conseil, il avait une vision politique claire et nette et un grand intérêt pour les rapports humains. Il avait deux filles, deux adolescentes, qu'il adorait.

Quand ils sont montés à bord de l'avion, Bourassa a dit au pilote qu'il descendrait à Montréal. Il voulait retrouver sa femme et Mathieu, son petit-fils. Chaque fois que possible, il allait voir ce dernier. Ou il suppliait les parents, Louise et François, de venir avec l'enfant, rue Maplewood ou à Sainte-Anne-de-Sorel. Il passait alors des heures à jouer avec lui, il l'emmenait au parc, le portait sur ses épaules, le gardait sur ses genoux pendant tout le repas, lui racontait des histoires pour l'endormir. François était ému et troublé ; jamais son père n'avait agi ainsi avec lui.

Robert Bourassa a dit à John, ce soir-là, qu'il regrettait parfois d'avoir été si peu présent auprès de ses enfants. Il n'avait en effet pratiquement jamais joué avec son fils. Il était fier de la carrière que menait maintenant François, mais il ne s'était jamais vraiment intéressé à sa musique. Michelle, c'était autre chose. Elle était si vive, elle allait spontanément vers les gens. Quand elle était petite, elle grimpait sur lui, dans son lit, dans son fauteuil… Mais il était alors si peu à la maison, il était si souvent parti, que parfois, lorsqu'il la retrouvait, elle était intimidée, comme devant un inconnu.

Ils ont parlé famille, enfance, amour et amitié, et du temps qui passe. Ils ont ouvert une bouteille de sancerre. Et pendant un moment, chacun est resté plongé dans ses pensées. Et Bourassa a dit à Parisella, déjà ému par les révélations qu'il venait de lui faire, qu'il songeait à prendre sa retraite à la fin de son mandat. Il réalisait, à bientôt soixante ans, qu'il y avait autre chose dans la vie que la politique. Il avait pris conscience qu'il ne pourrait plus jamais se passer de la joie que lui apportait son petit-fils. Pour la première fois depuis des années, il avait un portefeuille sur lui, qui ne contenait que des photos de Mathieu, de sa femme Andrée, de ses enfants, François et Michelle.

Et il y avait autre chose : cette épée de Damoclès qui, depuis deux ans, se balançait au-dessus de sa tête. Tous les trois mois, il devait passer de longs examens et des tests de résonance magnétique. C'était chaque fois un suspense épouvantable. Les médecins lui avaient dit que la maladie pouvait récidiver n'importe quand. Et si ça se produisait, s'il devait mourir dans quelques mois, il s'en voudrait énormément d'être passé à côté du plus beau de la vie.

Les deux hommes se sont mis alors à faire un bilan de carrière. Ils ont parlé de la Baie-James, de l'assurance-maladie et de la crise d'Octobre, de la guerre du Front commun, de la crise d'Oka et du projet de loi 22, toutes ces luttes perpétuelles, ces victoires aussi, et cette longue traversée du désert puis ce retour spectaculaire qu'il avait effectué en 1983, la reprise du pouvoir, glorieuse, si longtemps désirée… Un parcours sans faute, selon Parisella, sauf le projet de loi 178, qui n'était pas très libéral d'esprit parce qu'il brimait des libertés individuelles. Dans l'ensemble, cependant, Robert Bourassa était satisfait, même si, malgré toutes les concessions qu'il avait faites, toutes les solutions qu'il avait envisagées, il avait été constamment aux prises avec la question constitutionnelle.

Un mois plus tôt, après le sommet économique de Davos, à des journalistes belges qui l'interrogeaient sur ce débat sans fin, il avait rappelé une question qu'il avait lui-même formulée à la veille du référendum de 1980 : « Voulez-vous remplacer l'ordre constitutionnel existant par deux États souverains associés dans une union économique, laquelle sera responsable à un Parlement élu au suffrage universel ? » Cette sortie en avait froissé plus d'un au Canada anglais. En fait, personne ne pouvait dire quoi que ce soit sur la Constitution sans s'attirer des blâmes et des reproches… Ainsi, il avait mis de l'huile sur le feu quand, peu après cette controversée question de Bruxelles, il avait dit du rapport Beaudoin-Dobbie, remis à la fin de février, qu'il faisait montre d'« un fédéralisme un peu dominateur ». Au Canada anglais, les journalistes avaient repris sa phrase amputée du « un peu », pour faire plus mordant, plus choquant. Tout cela avait fini par créer un nouveau débat, un ixième débat dans l'interminable grand débat. Tout cela avait fini surtout par le lasser et l'ennuyer. Il aurait eu tant de plaisir à fignoler son budget et à redresser les finances publiques, plutôt que de fendre des cheveux en quatre avec ces histoires de Constitution. Il avait été élu pour gouverner, pour faire ce pour quoi il avait étudié pendant des années à Oxford et à Harvard, et accepté de vivre à Ottawa au début des années 1960 et à Bruxelles au milieu des années 1970.

Au Québec, on lui reprochait de fléchir trop facilement, de défendre mollement certains dossiers, comme celui de la langue, entre autres. Quand par exemple Joe Clark avait suggéré de lui céder tous les pouvoirs sur la langue, et qu'il avait répondu qu'il n'en voulait pas, on s'était scandalisé, on l'avait traité de faible. Mais il savait pertinemment que Mulroney n'était pas d'accord avec cette idée, et qu'il n'aurait jamais eu ces pouvoirs même s'il avait accepté la proposition de Clark.

L'été fut rempli à ras bord par la question constitutionnelle. En août, les premiers ministres se sont rencontrés à Ottawa. Ils en sont finalement venus à un accord qui semblait les satisfaire tous. Et ils ont convenu de se retrouver la semaine suivante à Charlottetown, là où s'étaient rencontrés les pères de la Confédération cent vingt-cinq ans plus tôt. Ils n'auraient alors qu'à signer l'entente qu'on soumettrait ensuite au peuple canadien lors d'un prochain référendum. Cet accord proposait des changements institutionnels qui devaient apaiser les esprits et changer le ton de la politique canadienne. Le Québec aurait 25 sièges supplémentaires au Parlement fédéral et trois juges à la Cour suprême, mais le nombre de ses sénateurs serait considérablement réduit. Ce n'était pas aussi avantageux que l'accord de Meech, mais Bourassa considérait qu'il fallait en finir et il a déclaré à ses homologues qu'il signerait l'entente à Charlottetown.

Il devait auparavant la faire entériner par les membres de son parti. L'entreprise a été beaucoup plus difficile qu'il n'aurait cru. Jean Allaire, toujours membre de l'exécutif, était en profond désaccord. Mario Dumont aussi. Tous les deux ont tenu tête à Bourassa. Selon eux, cette entente ne donnait pas au Québec les pouvoirs dont il avait besoin pour s'épanouir. Bourassa n'a pas vraiment cherché à convaincre Allaire. Mais il a tout fait pour récupérer Dumont. Il l'a rencontré seul, puis avec Anctil, Rivest, Parisella. Dumont, c'était la jeunesse, les forces vives du parti, son avenir. Bourassa avait toujours composé avec les jeunes, il leur avait donné énormément de pouvoir. Gouverner sans eux lui semblait inconcevable.

Il est parti pour Charlottetown le 26 août, inquiet, hésitant. Son caucus lui avait clairement signifié qu'il devait être combatif et exigeant, intransigeant ; mais il n'avait pas particulièrement envie de se battre… Depuis plus de deux ans, il devait vivre loin du soleil dont la chaleur et la lumière lui manquaient cruellement. Il n'avait plus l'énergie d'autrefois. Et il ne voyait pas vraiment de solution au psychodrame national.

Les négociations ont été plus longues et plus ardues qu'on l'avait prévu. Bourassa, fatigué, a même eu recours au soir de la première journée de discussion au service d'une interprète. Le 28 au matin, Clyde Wells, le fossoyeur de Meech, a exigé l'ajout d'une clause empêchant, à toutes fins pratiques, la nomination de juges souverainistes québécois à la Cour suprême du Canada. Bourassa a accepté. C'est un homme affaibli, mais souriant, soulagé, qui a signé la nouvelle entente constitutionnelle sur laquelle on a convenu de tenir un référendum pancanadien deux mois plus tard, soit le 26 octobre 1992.

Le soir même, rentré à Québec, il rencontrait Mario Dumont dans sa suite du château Frontenac. Dumont a été intraitable. Il ne voulait toujours rien savoir de l'entente, même s'il n'avait pas vu le texte final. Personne, en fait, ne l'avait vu. Mais tout le monde se doutait bien qu'il n'y avait pas là de quoi satisfaire le Québec.

Au premier jour du congrès du Parti libéral, alors que Bourassa était encore à Charlottetown, le député Henri-François Gautrin, fervent fédéraliste, avait proposé un amendement d'appui au chef dans sa démarche constitutionnelle. Une fois l'amendement accepté, on ne pouvait plus débattre.

Il s'est alors produit une scène qui a rappelé aux plus âgés du caucus celle qu'ils avaient vécue vingt-cinq ans plus tôt, en octobre 1967, quand René Lévesque avait quitté le parti. Mario Dumont s'est levé et est sorti de la salle de congrès ; une quarantaine de jeunes l'ont imité. Bourassa avait tout fait pour éviter ce schisme qui fragilisait le parti et rendait plus difficile la tâche de convaincre la population de voter en faveur de l'accord lors du référendum. Bourassa a été très peiné. Il n'avait pas su maintenir la cohésion du parti. Il n'était pas trop inquiet cependant. Mario Dumont était seul, ses jeunes étaient tous de parfaits inconnus, sans expérience. Pour une fois, Robert Bourassa ne croyait plus à la jeunesse. Pour la première fois de sa carrière, il ne disposait plus de l'armée des jeunes. Juste au moment où l'on s'engageait dans la campagne référendaire.

Le lendemain, devant les libéraux réunis en congrès à Québec, Bourassa a défendu avec ferveur l'accord de Charlottetown, même s'il savait que beaucoup de membres de son caucus étaient en défaveur. Espérant faire taire les dissidents, jouant sans vergogne sur les mots, il a rappelé que le Parti québécois avait perdu en 1981, lors de la nuit des longs couteaux, un droit de veto qu'il était allé récupérer à Charlottetown.

Allaire a quitté l'exécutif du Parti libéral pour se ranger du côté du Non, avec les péquistes de Jacques Parizeau, auxquels s'était joint Lucien Bouchard. Mario Dumont, que Bourassa avait tenté de retenir, est également allé de ce côté, emmenant avec lui les jeunes libéraux, ce qui affaiblissait considérablement le camp du Oui.

Un dimanche matin, alors que sa limousine roulait sur l'autoroute 73 en direction de Sainte-Marie, où il devait rencontrer son caucus beauceron et des gens d'affaires de la région, Bourassa a reçu un appel de Sylvie Godin, l'informant que la station de radio CJRP de Québec avait reçu anonymement l'enregistrement d'une conversation téléphonique entre deux des conseillers qui l'accompagnaient à Charlottetown. On n'en connaissait pas encore le contenu, mais selon des sources fiables les propos tenus par les deux fonctionnaires étaient très durs envers le premier ministre. Sylvie l'a prévenu que des journalistes allaient le relancer à Sainte-Marie et à Saint-Georges.

Bourassa rassura son attachée de presse. Ne connaissant pas le contenu de la conversation enregistrée, il ne pouvait rien faire. Il se contenterait de dire aux journalistes qu'ils devraient patienter un peu. Et c'est ce qu'il a fait.

Le lendemain matin, la station CJRP faisait paraître de grands placards publicitaires dans *Le Soleil* et *Le Journal de Québec* annonçant à ses auditeurs qu'elle avait la preuve que Robert Bourassa s'était « écrasé » à Charlottetown. Et qu'elle la ferait connaître le lendemain sur ses ondes. Le monde politique a appris ce même jour que les deux collaborateurs de Bourassa dont on avait enregistré la conversation téléphonique étaient Diane Wilhelmy, secrétaire générale associée aux Affaires intergouvernementales canadiennes, et l'avocat André Tremblay, expert en droit constitutionnel, bras droit du ministre Gil Rémillard.

Wilhelmy a aussitôt demandé une injonction qui lui fut tout de suite accordée. La station CJRP ne pouvait donc dévoiler son secret comme elle l'avait prévu. Mais rien ni personne ne pouvait empêcher la formidable bombe médiatique d'éclater avec encore plus de force. Le *Globe and Mail*, qui n'était pas tenu de se plier à l'injonction, a publié la conversation *in extenso* dans son édition du mardi matin. L'opposition, profitant de l'immunité parlementaire, et habilement informée par CJRP, a posé en Chambre des questions directes qui ont donné lieu à des débats que les journalistes se sont empressés de rapporter. Le mardi soir, tout le monde qui, au Québec, était le moindrement attentif aux affaires publiques, connaissait les propos dévastateurs tenus par Wilhelmy et Tremblay.

Wilhelmy se disait très déçue « qu'on ait réglé si bas » à Charlottetown. Tremblay a reconnu que le Québec avait effectivement « marché sur les genoux », mais il a tenté d'expliquer que « M. Bourassa n'avait aucune marge de négociation ». Et que le Canada anglais avait été très agressif avec le Québec. « Ils sont tous contre nous. Et les Ontariens, là, c'est les plus enfants de chienne que tu puisses imaginer. » Wilhelmy était d'avis que, dans les circonstances, Bourassa aurait dû dire non et refuser de signer l'accord. Et Tremblay a fini par admettre que « le premier ministre n'avait pas défendu avec vigueur les demandes traditionnelles du Québec ».

Ainsi, alors que la campagne référendaire n'était même pas lancée, le grand public apprenait que Bourassa était désavoué par ses propres conseillers, et que cet accord qu'il allait demander aux Québécois d'entériner lors du prochain référendum ne leur apporterait pas de réels avantages. Pour Bourassa, la divulgation de cette conversation était profondément humiliante. Des fonctionnaires qu'il avait choisis tenaient sur lui des propos très durs. André Tremblay, voulant défendre ou excuser son premier ministre qu'il avait mis dans l'embarras, a rappelé aux journalistes que son chef était fatigué, ce que Bourassa a dû, par un pieux mensonge, nier vigoureusement.

Quand la campagne référendaire a été lancée le 22 septembre, Robert Bourassa était, selon tous les sondages, plus populaire que les leaders du camp du Non, Jacques Parizeau et Lucien Bouchard. La maladie qu'il avait vaincue lui avait attiré beaucoup de sympathie. Et il offrait aux Québécois une nouvelle image, celle d'un grand-père souriant tenant par la main son petit-fils, Mathieu. Aux partisans du Oui réunis ce soir-là à l'hôtel Bonaventure, il a cependant donné l'image d'un homme peu combatif, laissant entendre que le grand avantage de l'accord de Charlottetown était qu'il apporterait la paix constitutionnelle.

Déjà, le camp du Oui qu'il dirigeait tirait dangereusement de l'arrière. Pierre Elliott Trudeau, sorti de sa retraite, avait qualifié l'entente proposée à Charlottetown de « gâchis ». Tous les ténors du Parti libéral fédéral l'avaient applaudi.

Bourassa s'est résolu à participer à un débat télévisé avec Jacques Parizeau deux semaines avant le référendum, le 12 octobre. Il n'aimait toujours pas paraître à la télévision, où il ne se sentait jamais aussi à l'aise qu'à la radio. En Chambre, il parvenait presque toujours à confondre ou à désarçonner Parizeau. À la télévision, ce serait autre chose ; le chef péquiste savait être ironique, mordant, brutal s'il le fallait. Pour le déstabiliser, Bourassa a utilisé un subterfuge habile et génialement machiavélique.

Juste avant le débat, il est allé rencontrer son adversaire dans sa loge, il s'est enquis de sa santé, il lui a parlé gentiment, comme à un ami, il s'est informé de sa femme, du vignoble qu'il venait d'acquérir dans le sud-ouest de la France, il lui a même demandé s'il pouvait faire quelque chose pour lui et il lui a avoué qu'il était fatigué. Pierre Duchesne, le biographe de Parizeau, raconte que ce dernier a été charmé et désarmé par la mansuétude du premier ministre, cet homme affaibli par la maladie, ce politicien brisé par les querelles au sein de son parti.

Or, quelques minutes plus tard, dès les premiers échanges de vues devant les caméras, Bourassa a été très agressif et a complètement déstabilisé Parizeau. L'opinion générale l'a donné gagnant. Mais l'écart entre les deux camps était dès lors impossible à combler. Le 26 octobre, le Non l'a remporté avec près de 57 % des voix. Au Canada anglais, comme au Québec, la population a refusé l'accord de Charlottetown. Pour des raisons diamétralement opposées. L'incompréhension perdurait. Mulroney, comme Trudeau, avait échoué dans sa tentative de redéfinir le Canada.

Le lendemain matin, Bourassa a tenu un conseil des ministres. Il était d'excellente humeur. Il a rappelé, simple constat qu'il fit en moins de deux minutes, que les Canadiens avaient refusé l'accord de Charlottetown. Il n'a pas dit un mot sur l'affaire Wilhelmy, qui occupait encore beaucoup d'espace dans les médias. Il a tout de suite parlé de l'urgence de relever les finances publiques, de créer des emplois… Il était de nouveau dans son élément. « Business as usual », a-t-il répondu à un journaliste qui, ce jour-là, lui avait demandé ce qu'il comptait faire après Charlottetown. Il n'avait pas eu la paix constitutionnelle qu'il espérait. Mais au moins, il ne serait pas embarrassé par cet encombrant dossier au cours des prochains mois.

Brian Mulroney, avec qui il s'est entretenu ce même soir, était d'une tout autre humeur. La mésaventure de Charlottetown l'avait dévasté. Il était amer et fâché. Il en voulait aux libéraux fédéraux, surtout à Pierre Elliott Trudeau qui, par ses manigances auprès de Clyde Wells entre autres, avait coulé le projet de sa vie. Bourassa, lui, n'éprouvait nulle amertume, ce qui avait toujours fasciné Mulroney, qui réalisait, en parlant à son ami, qu'il ne l'avait appelé en fin de compte que pour être apaisé.

Descente aux enfers

Il devait retrouver sa famille en Floride quelques jours avant les Fêtes de 1992. Quand Andrée, déjà à Bal Harbour avec les enfants et le petit Mathieu, a téléphoné le 22 au soir, Marilynn lui a dit que son mari avait été retenu à Québec, où siégeait toujours l'Assemblée. C'était un pieux mensonge. Robert Bourassa avait découvert qu'il avait une autre petite tache irrégulière et foncée sur la poitrine. Il était allé rencontrer ses médecins, qui avaient fait une biopsie dont il attendait les résultats.

Il n'est arrivé en Floride que le jour de Noël. Andrée a compris en le voyant qu'il était porteur d'une mauvaise nouvelle, infiniment plus grave et troublante que tous les échecs de Charlottetown. Mais il ne voulait pas parler. Elle a dû insister, aller marcher avec lui sur la plage, pour qu'il avoue qu'il avait un autre mélanome visible. Et peut-être aussi quelque chose de malin sur un poumon, une tache diffuse qui inquiétait ses médecins, qui avaient déjà pris les arrangements pour qu'il soit admis à Bethesda au début de janvier. En préparant sa valise, Marilynn avait ajouté des pyjamas, des pantoufles et, à sa demande, le chapelet qui depuis plus de vingt ans se trouvait sur sa table de chevet, rue Maplewood.

Au printemps de 1971, quand il était allé en Europe rencontrer des financiers qu'il voulait intéresser à son projet de la Baie-James, Robert Bourassa s'était rendu à Rome, où Paul VI l'avait reçu avec quelques amis, dont Charles Denis. Après qu'ils eurent parlé un moment, on avait apporté un plateau sur lequel étaient posés des chapelets. Voulant en prendre un à l'invitation du Saint-Père, Robert Bourassa a fait se renverser tout le plateau. Le pape a ri de bon cœur. Et tous se sont penchés pour ramasser les chapelets. Robert Bourassa, confus mais réprimant difficilement un fou rire, a demandé s'il pouvait en avoir un pour sa mère, un pour chacune de ses deux sœurs, un pour lui. Le pape a accepté avec plaisir. Il a béni les chapelets ainsi que le premier ministre et ses amis. Depuis plus de vingt ans, Robert Bourassa gardait ce précieux objet près de lui. Il n'allait pas à la messe, ni à confesse. Il pratiquait une religion extrêmement discrète et privée. La séparation de l'Église et de l'État était pour lui une réalité indiscutable, indubitablement démocratique. Il gardait cependant de son éducation une religion de cœur et de culture, une morale sans doute un peu surannée, un attachement indéfectible à certains rites, à l'ensemble des valeurs chrétiennes qu'on lui avait inculquées dans son enfance et son adolescence.

Il n'a, par exemple, jamais été à l'aise dans les débats sur l'avortement. Un jour qu'il regardait une émission d'affaires publiques avec John Parisella, il a vu Jacques Parizeau affirmer que la question de l'avortement relevait des femmes exclusivement. Sans être tout à fait en désaccord, il a dit qu'il fallait peut-être réfléchir davantage à cette question et qu'il serait sans doute plus sage de laisser les tribunaux décider. Parisella a compris alors que son premier ministre était embarrassé devant cette réalité. Et il a pensé qu'il était probablement plus proche de la mouvance provie que du mouvement prochoix, comme l'auraient été ses parents et ses maîtres jésuites. Il était très certainement resté attaché aux commandements de l'Église, aux vérités et aux dogmes qu'on lui avait jadis enseignés ou imposés. Et peut-être qu'il prêtait au chapelet béni de Paul VI des vertus curatives et réconfortantes, des pouvoirs spirituels. À Bethesda, où il est entré le 6 janvier 1993, il le gardait toujours sur sa table de chevet, à portée de main.

À l'examen, les médecins ont réalisé que la tache au poumon n'était qu'une cicatrice, vestige d'une pneumonie qu'il avait faite dans sa jeunesse. Mais le mélanome, lui, indiquait que le mal avait progressé et qu'il était entré en profondeur dans l'organisme. Cette fois, il ne s'agissait pas simplement de faire l'ablation de tumeurs ou de ganglions, mais de soumettre le patient à un traitement très invasif.

Robert Bourassa allait affronter la plus terrible épreuve de sa vie. Les biochimistes et les oncologues de Bethesda avaient mis au point un nouveau traitement du mélanome malin métastatique, l'interleukine 2, dont les résultats semblaient encourageants. Il s'agissait d'une sorte de vaccin constitué de cellules à activité antitumorale qui, mêlées aux cellules du patient, participaient à la régression de la tumeur. L'interleukine 2 pouvait être associée à des chimiothérapies et à des interférons capables de modifier certaines propriétés des cellules cancéreuses.

On avait prévenu le malade que les effets secondaires étaient extrêmement pénibles, il éprouverait une faiblesse épouvantable, des nausées, des étourdissements, il ressentirait les effets du traitement dans son foie, ses reins, son cœur, il sombrerait par moments dans un état comateux et devrait alors être placé aux soins intensifs. Dès qu'il serait revenu à lui, on lui injecterait, s'il en avait le courage, un nouveau vaccin. Il allait ainsi passer une quinzaine de jours aux limites de la vie et de la conscience, à bout de forces, enveloppé d'une douleur constante.

Andrée a fait installer un lit de camp dans la chambre de son mari. Elle est restée jour et nuit près de lui. À la mi-février, quand ont cessé les traitements, elle l'a installé dans un hôtel Marriott, à Washington. Dès le lendemain matin, moins de vingt-quatre heures après être sorti des soins intensifs, Robert Bourassa descendait avec son garde du corps, Gaétan Veilleux, à la piscine de l'hôtel et faisait une dizaine de longueurs de piscine. Il a dormi un peu. Il a mangé. Il a regardé les grands titres des journaux québécois des jours précédents. Puis il a téléphoné à Jean-Claude, à John, à Sylvie, il leur posait mille questions, insatiable, curieux. Il leur disait qu'il allait bien, qu'il serait de retour au Québec avant la fin de février. Incluant le temps des Fêtes passé en famille à Miami, l'hospitalisation à Bethesda, le repos au Marriott, le premier ministre aura été parti cinquante-sept jours. Jamais, depuis le séjour qu'il avait fait à Bruxelles à la fin des années 1970, il n'avait été si longtemps absent du Québec.

Marilynn, qui était allée le voir quelques semaines plus tôt à Bethesda, a eu un choc quand il est arrivé, rue Maplewood, à la mi-février. Qu'il était pâle et maigre ! Et que sa voix était faible ! Ses gestes lents, incertains ! Mais il a récupéré vraiment très vite. Marilynn lui préparait des poissons pochés, des pâtes aux fruits de mer, des salades de légumes et de fruits. Il mangeait, sans faim au début, puis avec de plus en plus d'appétit.

Il était encore au Marriott quand Brian Mulroney l'avait appelé pour prendre de ses nouvelles et lui apprendre qu'il allait bientôt démissionner. Ainsi, ils quitteraient le pouvoir presque en même temps. Au printemps de 1993, même s'il pouvait espérer une période de rémission, Robert Bourassa savait que le temps lui était maintenant compté et que, comme il l'a dit un soir à Marilynn, chaque jour désormais serait un cadeau du ciel. Les médecins avaient été explicites : la prochaine récidive serait fatale. Il lui semblait, parfois, qu'il n'avait plus l'énergie nécessaire pour bien pratiquer son métier de premier ministre. Et il avait d'autres priorités. Sa famille venait de s'agrandir. En décembre, au moment où il apprenait que son cancer récidivait, François et Louise lui donnaient un deuxième petit-fils, Simon. Et Michelle avait enfin rencontré l'homme de sa vie ; ils auraient des enfants, eux aussi. Ni son garçon, ni sa fille, ni sa femme, ni ses petits-enfants n'avaient besoin de lui, mais il savait maintenant qu'il pouvait connaître au milieu d'eux de très grandes joies et donner à sa vie un tout nouveau sens.

Mais pour un homme qui, depuis près de trente ans, avait été presque constamment plongé dans l'action, ayant tenu en main pendant treize ans les rênes du pouvoir, la perspective d'entrer dans l'ombre était quelque peu terrifiante. Certains jours, il hésitait, il doutait.

Ses proches s'attendaient cependant à cette décision. Il en parlait depuis un an et demi. Avec Andrée surtout, mais aussi avec Jean-Claude Rivest, Charles Denis, John Parisella. Et il avait quelquefois abordé le sujet avec Mario Bertrand, Ronald Poupart et Pierre Bibeau, avec qui il était resté en étroit contact même s'ils ne se voyaient plus qu'à l'occasion. Sylvie Godin imaginait bien elle aussi qu'il allait tôt ou tard s'éloigner de la politique active. Il avait parfois effleuré le sujet devant son personnel politique. Il disait en riant à l'un ou l'autre de ses collaborateurs qu'il ne serait pas là indéfiniment et qu'ils devraient apprendre à se débrouiller sans lui.

Mais c'était son attitude surtout qui avait changé. Plus que toute autre personne, en dehors du cercle familial, Gaétan Veilleux, son garde du corps, qui l'avait accompagné à Bethesda et qui le voyait tous les jours, avait observé les transformations que subissait cet homme. Quand, par exemple, ils voyageaient le jeudi soir, entre Québec et Montréal, le patron n'était plus constamment plongé dans ses dossiers ou branché sur le téléphone. L'homme que Gaétan voyait dans son rétroviseur regardait le paysage, parfois un léger sourire aux lèvres. Et quand il parlait au téléphone, c'était, plus souvent qu'autrement, à son petit-fils Mathieu. Une fois à Montréal, ils ne se rendaient plus, comme autrefois, à la permanence du parti ou chez Mario Bertrand ou chez Charles Denis pour discuter de politique ; ils passaient au magasin de jouets de la rue Laurier ou ils se rendaient directement voir Mathieu et Simon.

Il avait aussi des projets encore vagues, mais quand même passionnants. Il songeait à revenir à son plan B, le journalisme ; ou même à son plan C, l'enseignement, ou la rédaction de ses mémoires. Il envisageait très bien de se retirer de l'arène politique, de n'être plus qu'un simple observateur, tranquille. Andrée l'encourageait en ce sens. Ses amis, Jean-Claude, Charles, Brian, tous ceux qui l'aimaient lui recommandaient de se reposer, de profiter de la vie.

Mais avant toute chose, il avait quelques petits dossiers à régler. Lorsqu'il faisait le bilan de sa carrière, il y avait toujours

cet accroc qui le taraudait, le projet de loi 178 qui, s'il proté-
geait les droits collectifs des Québécois francophones, brimait
les libertés individuelles des anglophones. Il a tenu à modifier
la Charte de la langue française de façon à permettre l'affichage bilingue avec prédominance du français dans les lieux
publics. Le 17 juin, quand l'Assemblée nationale a adopté le
projet de loi 86, Bourassa pouvait considérer qu'il avait fait
son devoir. L'opposition péquiste lui a reproché d'affaiblir
encore la Charte. Mais il n'y eut pas de grandes manifestations de rue, comme au temps du projet de loi 178.

Bourassa a alors entrepris de placer son monde. Une
cinquantaine de personnes de son entourage ont été nom-
mées à des postes importants dans des délégations, des ministères, des organismes paragouvernementaux, des conseils
d'administration. Trois ans plus tôt, à Brian Mulroney qui se
proposait d'appeler Jean-Claude Rivest au Sénat, Bourassa
avait fait savoir qu'il voulait le garder près de lui à Québec.
Rivest était alors le conseiller essentiel, ses analyses des situa-
tions politiques étaient toujours d'une pertinence totale, ses
conseils, indispensables. Le temps était maintenant venu de
récompenser ce vaillant et brillant soldat. Au printemps, à
la demande de Bourassa, Brian Mulroney a donc nommé
Jean-Claude Rivest sénateur. Dès qu'ils ont connu cette nomination, les observateurs n'ont plus eu de doute : Bourassa
allait bientôt partir. Personne, parmi tous ceux qui l'avaient
observé de près depuis 1970, ne pouvait imaginer en effet
qu'il puisse gouverner sans Rivest, qui avait été de toutes les
discussions et de toutes les décisions importantes.

Le 14 septembre 1993, lors d'une conférence de presse au
Salon rouge, où il s'est présenté accompagné de sa femme
Andrée, Robert Bourassa, calme, laconique, annonçait sa
démission, sans en préciser les raisons, ni parler des projets
auxquels il comptait se consacrer à l'avenir. Il a seulement
dit que sa décision avait été longuement mûrie, qu'il quitterait ses fonctions de premier ministre en janvier, mais resterait député du comté de Saint-Laurent pendant quelque
temps encore.

Les médias ont cependant manifesté un certain étonnement. Les sondages lui étaient favorables, son parti était très uni. Charlottetown avait certes été un cuisant échec, mais au moins on ne parlait plus, pour le moment, de la question constitutionnelle. Il aurait bien pu, comme il l'avait toujours souhaité, s'occuper d'assainir les finances publiques, mitonner son budget annuel, lancer de nouveaux projets créateurs d'emplois, gouverner.

Le jour où il a quitté pour de bon ses fonctions de premier ministre, en janvier 1994, Sylvie Godin lui a dit, dans la limousine qui filait sur l'autoroute Jean-Lesage en direction de Montréal, qu'elle croyait bien ne plus jamais travailler en politique. Elle trouvait tout cela trop dur. Pas la vie politique même, mais l'après, le vide, l'indifférence, le silence. Les appels qui n'étaient plus retournés aussi rapidement. Et ce sentiment que désormais la roue continuait de tourner sans qu'on y soit pour quelque chose.

Son patron voyait maintenant la vie tout autrement. D'abord, il avait déjà perdu le pouvoir, il était déjà entré dans l'ombre, dans l'oubli. À l'époque, il y avait connu un grand désarroi. Il était aujourd'hui serein. Rentrer dans l'ombre était son choix. Et il avait des projets, disait-il. Il écrirait ses mémoires. Surtout, il verrait ses enfants et ses petits-enfants. Il serait heureux. Il n'avait plus d'ambition, plus de pouvoir à exercer, plus de pays à gouverner. Rien que la vie à vivre. Bien sûr, il avait toujours cette épée au-dessus de la tête, retenue par un fil ténu qui pouvait se rompre à tout moment. Mais n'est-ce pas le lot de tout homme?

Le charmeur charmé

À la fin des années 1950, Ben Bradlee, journaliste au *Washington Post*, était devenu un bon ami de John Kennedy. Ils habitaient tout près l'un de l'autre. Leurs femmes s'entendaient bien. Les Bradlee et les Kennedy faisaient des barbecues ensemble, des sorties au restaurant, des pique-niques avec les enfants, des voyages. Or, chaque fois qu'il avait passé quelques heures avec le politicien, le journaliste rentrait chez lui et notait soigneusement tout ce qu'il avait entendu. En 1960, Bradlee a couvert la campagne présidentielle opposant son ami à Richard Nixon. Les Bradlee ont continué de fréquenter les Kennedy après que ceux-ci furent entrés à la Maison-Blanche. Et le journaliste a gardé l'habitude de noter ce qu'il avait entendu pendant la soirée ou le week-end passés en compagnie du jeune président. Il en a fait un livre, *That Special Grace*. Ce fut la fin de leur belle amitié.

Bourassa connaissait très certainement cette histoire. Il s'intéressait, en véritable fanatique, aux faits et gestes des politiciens de son époque et du temps jadis, aux rumeurs qui circulaient à leur sujet, à leurs manies, leurs phobies, leurs erreurs. Il connaissait les menus détails de leurs déboires aussi bien que de leurs victoires. Il ne pouvait ignorer les dangers que présentait pour un homme politique une trop grande proximité avec la presse. Mais il adorait les journalistes. Et eux l'adoraient, parce qu'il leur parlait, comme s'il était l'un des leurs. Et il l'était, d'une certaine manière.

Observateur éclairé et passionné du monde politique, il a donc entretenu, surtout au cours de ses derniers mandats, des liens très étroits avec la presse, parfois trop. S'il savait séduire les journalistes, il arrivait parfois qu'il succombe lui aussi à leurs charmes. L'un d'entre eux, Jean-François Lisée, a fait la preuve indéniablement que le politicien aguerri qu'était Robert Bourassa pouvait être naïf et bon enfant.

En 1990, au moment où l'on croyait voir se redessiner le paysage politique canadien, Lisée a proposé au premier ministre de tenir la chronique de ces changements du point de vue qu'offrait le Bunker, dont Bourassa lui a ouvert les portes toutes grandes. C'est lui qui a voulu ou, en tout cas, a approuvé cette intrusion du journaliste au cœur du parti, dans l'intimité du pouvoir. Il croyait sans doute que Lisée se contenterait d'y jouer un rôle analogue à celui qu'avait tenu le chroniqueur Philippe de Commynes auprès de Louis XI, de Charles VIII et de Louis XII, dont il a gentiment raconté les règnes dans ses *Mémoires.* Plusieurs des collaborateurs de Bourassa avaient l'intention de ne pas parler à Lisée, dont ils se méfiaient ; Bourassa a lui-même incité Poupart, Rivest, Anctil, Bissonnette, Dumont, beaucoup d'autres à répondre à ses questions. « On n'a rien à cacher », leur disait-il.

Lisée est donc entré dans le Saint des Saints. Il a observé, interviewé, posé mille et une questions. Et il a échafaudé une prémisse artificielle qu'il a tenté de consolider pendant des années, cherchant et croyant trouver partout, à gauche et à droite, en bas et en haut, derrière et devant, des matériaux divers pour étayer une thèse souverainiste voulant que Bourassa ait contrecarré l'élan qui, au lendemain de l'échec de l'accord du lac Meech, portait selon lui le peuple québécois de façon certaine et irréversible vers l'indépendance politique. Même si Bourassa avait été élu, à quatre reprises depuis 1970, avec un programme franchement fédéraliste, Lisée considérait que le premier ministre aurait dû se plier à des sondages d'humeur passagère et faire la souveraineté. Il affirmait, sans jamais l'ombre d'un doute, que Robert

Bourassa avait leurré le peuple québécois en lui faisant croire qu'il ferait l'indépendance, alors qu'il disait aux fédéralistes et aux premiers ministres des provinces anglophones de ne pas s'inquiéter, qu'il ne suivrait jamais le peuple dans cette voie. Or, pendant plus d'un quart de siècle, sans jamais dévier de sa route, Bourassa avait repéré et signalé, comme des écueils à éviter, les risques économiques, financiers, culturels et sociaux de la souveraineté.

Les deux ouvrages de chacun quelque 800 pages de Lisée, *Le Tricheur* et *Le Naufrageur*, brillamment écrits, remarquablement partiaux, sont parus au cours de l'année 1994. Jamais homme politique n'a été à ce point, et aussi férocement, maltraité et vilipendé, insulté et humilié. Avant la parution du premier tome, mis au courant de son contenu, Bourassa a demandé aux éditeurs, dont son ami d'enfance Jacques Godbout, de changer le titre, ou au moins d'y ajouter un point d'interrogation. Lisée a été intraitable. À sa fille Michelle, qui croyait qu'il devait lui répondre, Robert Bourassa a rappelé que Talleyrand avait toujours choisi le silence devant des attaques non fondées. Il a ravalé sa peine et est passé à autre chose. Comme il l'avait toujours fait. Il s'est seulement étonné qu'un intellectuel militant ait investi autant de temps, de talent et d'énergie dans une illusoire entreprise de destruction d'un seul homme plutôt que dans une œuvre utile, éclairante, capable de changer pour le mieux la société québécoise.

Dans son entourage, par contre, on s'est scandalisé des propos de Lisée. Personne, parmi tous ceux que Bourassa avait convaincus de parler à Lisée, ne s'est plaint ouvertement d'avoir été mal cité. Beaucoup cependant considèrent qu'ils l'ont souvent été, dans un tout autre contexte que celui où le chroniqueur avait recueilli leurs propos, qu'il a fréquemment relocalisés de manière à leur donner une portée ou un sens différents ou à évoquer une réalité plus ou moins fictive. Comme quand on force les pièces d'un puzzle à entrer là où elles ne devraient pas normalement loger, pour créer un paysage très différent, méconnaissable, parfois hautement abstrait.

Au moment où paraissait l'ouvrage de Lisée, Robert Bourassa entrait comme professeur associé à la Faculté de droit et à la chaire Jean-Monnet de la Faculté des études supérieures de l'Université de Montréal. Au cours de l'automne, il y a donné quelques conférences. Toujours sur ses sujets favoris : la fiscalité, la monnaie, l'intégration économique et politique européenne. Robert Cléroux, le doyen de la faculté, lui a alors proposé un projet qui l'a tout de suite emballé : faire un survol de sa carrière en compagnie de chercheurs universitaires.

Devant des professeurs et des étudiants de maîtrise et de doctorat des Facultés de droit, d'histoire, de sciences économiques, de criminologie et de relations industrielles, tous intéressés par divers aspects de la politique québécoise, il a présenté, en février et en mars 1995, quatre conférences d'une heure suivies d'une période de questions qui, en principe, devait également durer une heure, mais qui a été chaque fois beaucoup plus longue.

Tous les événements significatifs des vingt-cinq années précédentes ont été passés en revue en un gigantesque retour en arrière, de la crise d'Octobre à la crise d'Oka, de la Baie-James au lac Meech, de Victoria à Charlottetown. De ces rencontres, on a tiré un livre, *Gouverner le Québec*, le testament politique de Robert Bourassa.

Un homme politique, lorsqu'il est au pouvoir, tente toujours, par son discours et son action, de convaincre, de défendre ses positions, d'imposer ses idées. Le contexte dans lequel Robert Bourassa s'est exprimé, en cet hiver de 1995, était tout autre. Ses interlocuteurs ne demandaient pas à être convaincus, ils cherchaient simplement, avec discernement, à comprendre le déroulement de l'histoire en écoutant et en interrogeant le principal acteur de cette histoire, tentant de connaître sa pensée, de saisir ses motivations, ses intentions, de voir quel regard il jetait, avec le recul, sur les événements.

À la fin d'août, tandis que *Gouverner le Québec* sortait en librairie, on savait déjà que Daniel Johnson, qui en janvier 1994 avait succédé à Robert Bourassa à la tête du Parti libéral, allait perdre ses élections et que le gouvernement péquiste dirigé par Jacques Parizeau allait prendre le pouvoir et tenir un nouveau référendum sur la souveraineté. Bourassa avait promis à sa femme qu'il ne s'impliquerait pas dans la campagne. Il n'a pu s'empêcher, par contre, tout en faisant la promotion de son livre, de prendre fermement position. Selon lui, l'association économique que le Parti québécois proposait d'établir avec le Canada ne pouvait être fonctionnelle. À quelques années de l'an 2000, la souveraineté du Québec était, disait-il, « un concept désuet ».

Le dernier hiver

Peu à peu, le retraité Robert Bourassa a délaissé l'étude et cessé de prononcer des conférences. Il s'intéressait toujours à la politique, celle du Québec d'abord et avant tout, et il restait un boulimique lecteur de magazines et de journaux. Mais pour la première fois de sa vie, il n'avait aucune obligation, pas de devoir, ni de responsabilité.

Les hommes politiques sont souvent désemparés quand ils doivent s'éloigner du pouvoir. Bien souvent, ils ne pensent qu'à le reconquérir. Pendant le long et pénible exil qu'il avait connu, Bourassa avait travaillé sans relâche ; et une fois au pouvoir, il n'avait plus jamais connu de repos. Il a fallu qu'il tombe gravement malade pour réaliser que le pouvoir était plus souvent qu'autrement une véritable servitude. Et il a choisi, pour la première fois de sa vie, de goûter pleinement à la liberté. Il allait s'éloigner du pouvoir pour se rapprocher de sa famille, de ses amis, de lui-même et de son bonheur. Il était menacé, bien sûr, mais il avait autour de lui de quoi être émerveillé et heureux.

Le Parti québécois, qui avait été si dur avec lui après sa défaite de 1976, lui avait cette fois laissé sa limousine et son garde du corps, le fidèle Gaétan Veilleux, pratiquement devenu, comme Marilynn, un membre de la famille Bourassa. Plusieurs fois par semaine, en fin de journée, les deux hommes se rendaient chercher Mathieu à l'école Buissonnière, rue Querbes, à Outremont. Puis ils passaient prendre Simon à la maternelle ou chez ses parents. Et ils les emmenaient jouer dans un parc ou marcher sur la montagne. Robert Bourassa oubliait alors les blessures que la vie lui avait infligées. Il ne pensait plus à cette menace, à ce mal qui, depuis près de six ans, cheminait en lui.

En mai, Andrée est partie à Londres avec une amie. Elle appelait matin et soir rue Maplewood. Son mari lui disait chaque fois qu'il allait bien. Elle était inquiète pourtant. Il lui semblait faussement enjoué, trop serein, trop détendu. Elle le connaissait assez pour savoir qu'il ne lui avouerait jamais, surtout pas au téléphone, qu'il éprouvait quelque malaise. Il n'aimait pas parler de sa maladie, il avait toujours détesté avouer qu'il avait mal ou qu'il était fatigué. Et il résistait de plus en plus fermement quand sa femme, ses enfants ou ses amis voulaient qu'il voie de nouveau le médecin, probablement parce qu'il se doutait certains jours que celui-ci n'allait plus jamais lui donner de bonnes nouvelles. On l'avait bien prévenu que, s'il faisait une rechute, ce serait très grave.

À son insu, Andrée a communiqué avec Gaétan et Marilynn, afin d'avoir l'heure juste sur l'état de santé de son mari. Gaétan lui a raconté qu'il l'avait vu tituber, un matin, après qu'il eut fait ses longueurs de piscine au Rockhill, où habitait son ami Charles Denis. Il s'était vite rétabli cependant. Dans l'après-midi, il avait marché pendant plus d'une heure avec ses petits-fils sur le mont Royal. Il paraissait alors en meilleure forme, selon Gaétan. Mais quelques jours plus tard, il avait dû l'aider à sortir de la piscine du CEPSUM. Et ce même jour, après avoir mangé avec appétit le homard que lui avait préparé Marilynn, il avait fait une grosse indigestion.

Andrée est rentrée plus tôt que prévu. Son mari a été visiblement content de la voir. Elle a été, elle, inquiète comme jamais ; son homme avait les traits tirés, le teint pâle. Il s'est endormi dans ses bras, comme un enfant effrayé qu'on vient de rassurer. Un matin du week-end du Grand Prix de Montréal, comme elle s'apprêtait à partir déjeuner avec des amis, elle s'est alarmée de le savoir toujours au lit. Elle l'a trouvé au bord des larmes, n'arrivant pas à se lever. Il avait des étourdissements, des nausées, sa vue était troublée. Il restait cohérent toutefois. Le docteur est venu, il a cru ou voulu croire qu'il s'agissait d'une labyrinthite, dont le malade présentait tous les symptômes, mais l'a prié de se rendre à l'hôpital afin d'y subir des examens plus sérieux. Andrée a dû insister pour que son mari, pratiquement incapable de marcher, accepte de partir en ambulance.

À l'hôpital Notre-Dame, où il est entré au début de l'après-midi, on lui a fait passer un encéphalogramme. Il a connu le soir même la terrifiante réalité : le cancer avait atteint le cerveau, y créant un œdème qui, faisant pression sur le cervelet, provoquait des étourdissements et des maux de tête. Pour diminuer cet œdème, les médecins ont prescrit de la cortisone. Andrée préparait elle-même les doses de comprimés. Très rapidement, l'œdème a diminué, la vue s'est rétablie, les nausées et les étourdissements ont disparu.

Une semaine plus tard, quand le défilé de la Saint-Jean est passé sous les fenêtres de sa chambre, Robert Bourassa avait retrouvé l'équilibre, l'appétit et l'espoir. Et le 14 juillet, on a célébré ses soixante-trois ans, rue Maplewood. Les enfants étaient là. Mathieu a passé le repas sur les genoux de son grand-père, toujours heureux quand toute la famille était réunie. Robert a mangé avec appétit et fait honneur au Château Haut-Brion qu'avait apporté François.

Quelques jours plus tard, Mario Bertrand, resté très proche de Robert Bourassa même après avoir quitté son cabinet, se trouvait au Vietnam, où il s'était rendu avec sa femme pour adopter une petite fille, qui était malade à leur arrivée. Il sortait de l'hôpital quand son portable a sonné. C'était Robert qui appelait depuis Montréal pour le féliciter. Les deux hommes ont parlé un long moment des joies de la paternité. « On viendra vous montrer notre bébé à l'automne », a dit Mario Bertrand, qui habitait alors à Monaco. « Prends le temps de mettre ta fille en santé, lui a dit Robert Bourassa, y a que ça qui compte au fond. » Il avait toujours terminé ainsi les très nombreux appels téléphoniques qu'il faisait à ses collaborateurs du temps qu'il était en politique active. Immanquablement, avant de raccrocher, il leur disait : « Fais attention à toi » ou « Repose-toi » ou « J'espère que tu prends soin de toi. » Mais c'était comme pour se faire pardonner, après avoir longuement parlé de politique. Cette fois, rien de tel. Rien que la vie, l'amitié, la santé. « Prends soin de toi. J'ai hâte de vous voir », a-t-il dit.

Les amis de Robert Bourassa croyaient alors, tout comme lui, qu'il connaissait une nouvelle rémission. Il les appelait encore, le soir surtout, Jean-Claude, John, Lise, Claude, Pierre, quelques autres. Il les écoutait commenter l'actualité politique, lui raconter ce qui se passait en France, aux États-Unis, à Québec ou à Ottawa. Il leur parlait de ses petits-enfants, d'Andrée qui prenait si bien soin de lui, de la musique de François, des chevaux et des amours de Michelle. Il a longuement conversé un jour avec Marcel Bélanger, cet homme qui, trente-cinq ans plus tôt, lui avait donné sa première chance en l'invitant à participer à la Commission royale d'enquête sur la fiscalité qu'il dirigeait et, plus tard, en lui présentant le grand patron, Jean Lesage. M. Bélanger avait été son mentor. Il était resté un proche ami de la famille. Ils ont évoqué la mémoire de Paul Desrochers, de Jean Prieur, d'Eric Kierans, de tous ces hommes jeunes et forts dont ils étaient autrefois entourés quand ils étaient eux-mêmes des hommes de pouvoir. Et Robert Bourassa a dit qu'il ne regrettait pas du tout ce temps-là, même s'il avait alors été très heureux.

Pendant cet été de 1996, il s'est rendu à quelques reprises à l'hôpital Notre-Dame pour y recevoir des traitements de chimiothérapie, auxquels il réagissait remarquablement bien. Il mangeait même avec appétit. Et il s'accrochait à tout espoir, même infime. Rentrant un jour de la mi-août à Sainte-Anne-de-Sorel, il a demandé à Gaétan de s'arrêter à un comptoir de fruits et légumes, où il a acheté des blés d'Inde et tout ce qu'il fallait pour faire un bouilli de légumes. Au souper, il a mangé plusieurs épis, du bouilli avec beaucoup de pain, et a même bu un verre de rouge. Il a bien digéré, bien dormi. Le lendemain, frais et dispos, il parlait de sa rémission comme d'une chose possible. Pourquoi un nouveau miracle ne pourrait-il pas se produire ?

Il était pourtant très bien renseigné sur la nature de sa maladie. Dès son premier séjour à Bethesda, en 1990, il s'était intéressé aux traitements que lui proposaient les médecins, aux médicaments qu'il devait prendre, à leurs effets à court et à long terme ; et il s'était sérieusement documenté sur l'évolution des cancers de la peau. Il n'ignorait pas que, lorsque le mélanome entre sous la peau et atteint le derme et les tissus vascularisés, il se répand dans tout l'organisme, qu'il colonise de métastases dévastatrices. Les traitements à l'interleukine 2 qu'il avait subis en janvier 1993 avaient été horriblement pénibles, mais ils avaient stoppé l'avancée du mal. Au printemps de cette année-là, il avait même dit à son fils François qu'il était guéri ; on ne décelait en effet plus de traces de cancer dans son organisme. François avait alors composé une musique très douce et réfléchie, rayonnante, qu'il avait intitulée *Espoir*.

À l'été de 1996, Robert Bourassa s'est donc mis dans la tête de recevoir de nouveaux traitements à l'interleukine 2, persuadé que le mal allait encore régresser, comme il l'avait fait trois ans plus tôt. Les oncologues consultés lui ont dit que ce n'était plus possible. La cortisone qu'il prenait afin de ralentir la croissance de l'œdème créerait, combinée à l'interleukine, de désastreux effets secondaires. On ne pourrait lui administrer d'autres traitements qu'à partir du moment où il n'y aurait plus aucune trace de cortisone dans son corps. Mais alors l'œdème gonflerait de nouveau et la douleur reviendrait ainsi que les étourdissements et les nausées. Et ça ne changerait probablement pas grand-chose, disaient les médecins. Robert Bourassa a quand même demandé à sa femme de diminuer les doses de cortisone. Il ne voulait pas mourir, il voulait vivre encore un peu, encore un an, deux peut-être. Et il était prêt pour cela à endurer toutes les souffrances…

Avec l'assentiment des médecins, Andrée a donc diminué les doses de cortisone. Ce ne fut qu'arrivé au bout de ses forces que Robert Bourassa l'a accepté. Comme prévu, l'œdème s'est remis à croître ; les maux de tête, les nausées, les troubles de la vision sont revenus. Le malade se retrouvait une fois de plus au terrifiant pays de la douleur. Et même alors, très affaibli, par moments à demi conscient, il gardait toujours quelque espoir.

Claude Simard, venu le visiter un soir, lui a transmis les salutations d'un ambassadeur du Canada à l'ONU qu'il avait rencontré par hasard. Claude parti, Robert n'arrivait plus à se souvenir du nom de ce diplomate qu'il avait pourtant bien connu. Il a été dévasté. Au cours des jours suivants, il a plusieurs fois mis sa mémoire à l'épreuve, lui demandant de se souvenir des noms des médecins qui l'avaient soigné à Bethesda, des ministres de son dernier cabinet ou des gars de sa classe au collège Jean-de-Brébeuf. Et il a constaté, effaré, que cette amie fiable et fidèle avait maintenant de graves défaillances.

Il se rappelait le visage des gens, mais souvent il avait oublié leurs noms. Lui qui pouvait autrefois nommer tous les chefs d'État du monde et tous les députés québécois, tous les présidents français, japonais ou américains avec leurs années au pouvoir, et parler de leurs bons et de leurs mauvais coups, il ne savait plus qui faisait quoi dans ce monde.

Andrée, Marilynn et Gaétan étaient constamment auprès de lui. Souvent aussi Michelle, la sœur d'Andrée. Et les enfants venaient régulièrement le voir. Il leur parlait comme jamais il ne l'avait fait, de leur vie, de leurs amours. Quand ils partaient, il disait à Andrée qu'il était fier d'eux, rassuré quant à leur avenir. « On a de bons enfants, affirmait-il. Ils ont réussi leur vie, ils seront heureux. Je suis content pour vous. »

Mais lui, avait-il été heureux ? Tous ceux qui l'ont connu de près affirment aujourd'hui sans l'ombre d'un doute qu'il l'a été, autant qu'on peut l'être en ce bas monde. Il avait pleinement réalisé son rêve d'enfance et de jeunesse, qui était d'être un jour premier ministre du Québec. Et il avait toujours agi, en son âme et conscience, sans jamais tricher. Il se demandait cependant, dans ces jours de fin d'été, les derniers de sa vie sur terre, s'il avait su rendre plus heureux et meilleur ce pays qu'il avait tant aimé gouverner. Avec John Parisella, venu le rencontrer un matin à l'hôpital Notre-Dame, il a longuement parlé de cela, du bonheur des Québécois, de leur avenir. Et il a répété qu'il croyait avoir bien fait. « Au moins, nous avons réussi à éviter la rupture. »

À la fin d'août, Mathieu, qui venait juste d'avoir six ans, est venu voir son grand-père vêtu de l'uniforme de l'externat Mont-Jésus-Marie, où il allait entrer en première année. Il a été intimidé par cet homme qu'il avait connu si enjoué et qu'il retrouvait affaibli et amaigri, incapable de le prendre dans ses bras comme il le faisait autrefois. Quand François et Mathieu sont partis, Robert a dit qu'il ne voulait plus revoir ses petits-enfants. Il entreprenait ainsi son deuil ; il renonçait en effet à ce que la vie lui avait donné de plus beau, de plus vivant. Il ne voulait plus que ces enfants qu'il avait tant aimés le voient, bouffi par la cortisone, ravagé par la chimio, presque chauve, le geste lent, la voix rauque. Qu'ils gardent de lui l'image du grand-papa doux et rieur, qui les emmenait au parc ou sur la montagne quand il faisait beau et chaud et qui, les jours de pluie ou de grand froid, jouait à cache-cache avec eux pendant des heures.

Un matin, à Sainte-Anne-de-Sorel, Robert est tombé dans la douche. Andrée et Marilynn ont dû l'aider à se relever, elles l'ont séché, mis au lit. Tous ont compris ce jour-là qu'il devrait bientôt partir, pour ne plus revenir. Il ne mangeait presque plus. Pendant des jours, il s'était forcé à le faire, même s'il n'avait pas du tout d'appétit, et même si tous les aliments goûtaient la même chose, le métal, la terre. Et il a cessé d'appeler ses amis, de penser à la politique, cessé de penser à la vie…

Mais il aimait toujours le soleil, ce méchant soleil qui chaque jour le tuait. Désormais, quand il s'assoyait dans le jardin ou sur la véranda, c'était toujours dos à lui et souvent en fin de journée quand ses rayons déclinaient et que sa lumière dorait les champs et se coulait entre les arbres, là-bas, au-delà du grand potager, sur le fleuve et les champs. Il sentait sa chaleur sur ses épaules et sa nuque. Il regardait les ombres s'allonger devant lui, fuir, se dissoudre dans le crépuscule, et ce paysage tant aimé entrer dans la nuit hostile et froide.

Par une belle matinée, alors qu'il se trouvait dans son fauteuil près de la fenêtre par où entrait le soleil levant, il a demandé à Andrée : « Penses-tu que je peux encore m'en sortir ? » Elle a répondu oui, bien sûr. Mais elle voyait bien, au triste sourire qu'il lui a fait, qu'il savait qu'elle mentait. Ils ont vécu un temps dans ce faux mensonge, ce vrai et dérisoire déni. Mais de jour en jour, ils se rapprochaient de la vérité.

Il a accepté enfin de quitter Sainte-Anne-de-Sorel. Il était si faible que Gaétan a dû le descendre dans ses bras et l'étendre sur la banquette arrière de la limousine. Et ils ont roulé vers l'hôpital Notre-Dame. En silence. Ils savaient tous les trois qu'il ne reverrait jamais Sainte-Anne-de-Sorel ni le fleuve, qu'ils ont franchi par le pont Jacques-Cartier, comme le soir tombait.

Il a retrouvé la grande chambre dont les fenêtres donnaient sur la rue Sherbrooke et qu'Andrée avait déjà aménagée. Des fauteuils confortables, un petit lit pliant pour elle tout près du sien, un four à micro-ondes, un petit réfrigérateur, un grille-pain, quelques livres, de la musique et des fleurs. Il est entré, pour n'en plus ressortir, dans la pénombre, loin, très loin du soleil dont il ne devait plus jamais goûter la lumière et la chaleur. Andrée dormait chaque nuit tout près de lui. Elle ne le quittait qu'une heure ou deux, au milieu du jour, pour passer se changer, rue Maplewood. Et alors il était agité, assailli par des peurs, même si Marilynn ou Michelle était auprès de lui. Il n'était rassuré que lorsque Andrée était de retour.

Et ce fut l'attente. Paisible. Terrible. Avec des moments de profonde angoisse. Et des moments de grande sérénité. Ils faisaient des prières le soir. Un *Notre Père*, des *Je vous salue, Marie*. Il n'appelait plus personne, ne lisait plus les journaux…

Bientôt, il ne voulut plus recevoir de visites. Claude Ryan est quand même venu le voir quelques fois, sans jamais s'être annoncé. Andrée les laissait seuls. En partant, M. Ryan lui disait qu'il allait prier pour eux. Ce catholique militant s'était profondément attaché à l'homme Bourassa, qui n'allait pas souvent à la messe du dimanche, ni à confesse, et qui ne faisait peut-être pas ses Pâques, mais qui avait pratiqué naturellement, dans sa vie de tous les jours et tout le long de sa carrière, les grandes vertus chrétiennes de bonté, de paix, de charité, et fait la preuve qu'on peut exercer le pouvoir sans être dur, mesquin et méchant. Il disait même qu'il avait beaucoup appris de lui et qu'il sortait apaisé de ces rencontres. Aux gens qu'il rencontrait à cette époque, Claude Ryan répétait que c'était un privilège que d'avoir connu cet homme admirable qu'était Robert Bourassa, qui lui avait donné de grandes leçons de vie.

Dans les derniers jours de septembre, ses sœurs Marcelle et Suzanne sont venues le voir. Il les a fixées longuement de ses grands yeux doux de myope. Elles le regardaient, ne sachant quoi dire, les larmes aux yeux, debout au pied de son lit. Quand finalement Marcelle lui a dit qu'elles reviendraient le voir, il a eu un faible sourire et lui a déclaré qu'elles feraient peut-être mieux d'appeler avant.

Ses sœurs parties, il est resté longtemps silencieux, puis il s'est tourné vers Andrée et lui a dit : « Je viens de penser qu'on n'a pas de terrain au cimetière. » Elle a compris alors qu'il acceptait de mourir. Le lendemain, avec Suzanne, elle est allée acheter un terrain au cimetière Notre-Dame-des-Neiges.

Le mardi 1er octobre, après avoir reçu les derniers sacrements, il a demandé qu'on lui apporte un crayon et du papier. Il avait, disait-il, une importante réunion à préparer. Il n'a rien écrit, il a laissé son regard se perdre au-delà des érables du parc La Fontaine et il a dit à Marilynn qu'il trouvait que la mer était belle. Et celle-ci, retenant ses larmes, lui a dit que la mer était en effet très belle et très calme. Il allait dormir un peu. Puis il irait nager avec Gaétan. Comme d'habitude.

Dans la soirée, François, Michelle et Marilynn sont venus lui faire leurs adieux. Andrée et sa sœur Michelle sont restées près de lui. Il est mort vers 5 h 45, le 2 octobre 1996. Le jour se levait sur Montréal, très beau, un vrai jour d'été, chaud, tout plein de soleil.

Crédits photographiques

Cahier 1

p. 1 haut et bas, p. 2 bas, p. 3 haut et bas, p. 4 haut et bas, p. 5, p. 6 haut et bas : archives personnelles Andrée Bourassa

p. 2 haut : archives personnelles Marcelle Bourassa

p. 7, p. 8 haut et bas : © Gaby

Cahier 2

p. 1 haut et bas, p. 4 haut, p. 5, p. 7 : archives personnelles Andrée Bourassa

p. 2 : Archives nationales du Québec à Québec

p. 3 : © Len Sidaway, *The Gazette*

p. 4 bas : ©Aussie Whiting

p. 6 haut : © Roger Lamoureux, *Le Petit Journal*

p. 6 bas : © Réal Tremblay

p. 8 haut : © Steven Aumand

p. 8 bas : © Donald Crousset

Cahier 3

p. 1 : © Julie Paquet / archives personnelles de Marilynn Domleo

p. 2 haut, p. 5 haut et bas, p. 7 haut, bas à gauche et bas à droite : archives personnelles Andrée Bourassa

p. 2 bas, p. 3 haut, p. 4 : Ministère des Communications du Québec

p. 3 bas : © A.P.A. Yves Chouraquis

p. 6 haut et bas, p. 8 : archives personnelles de Marilynn Domleo

L'éditeur a déployé tous les efforts possibles afin de retracer les auteurs et propriétaires des photographies apparaissant dans cet ouvrage. En cas d'erreur ou d'omission, il apprécierait toute information à cet égard.

De plus, l'éditeur tient à remercier chaleureusement tous ceux et celles qui ont généreusement contribué à la réalisation de ces cahiers photo.

Suivez les Éditions Libre Expression sur le Web :
www.edlibreexpression.com

Cet ouvrage a été composé en ITC New Baskerville 11,5/13,65
et achevé d'imprimer en mars 2012 sur
les presses de Marquis imprimeur, Québec, Canada.

certifié

procédé
sans chlore

100 % post-
consommation

archives
permanentes

énergie
biogaz

Imprimé sur du papier 100 % postconsommation,
traité sans chlore, accrédité Éco-Logo et fait à partir de biogaz.